国家出版基金项目
NATIONAL PUBLICATION FOUNDATION

高校马克思主义理论教学与研究文库

亲历与思考

高校思想政治理论课建设与改革研究

王展飞◎著

QINLI YU SIKAO

GAOXIAO SIXIANG ZHENGZHI LILUNKE JIANSHE YU GAIGE YANJIU

中国人民大学出版社
·北京·

总　　序

高校承担着学习、研究、宣传马克思主义，培育和弘扬社会主义核心价值观，为实现中华民族伟大复兴的中国梦提供人才保障和智力支持的重要任务。为推动高校马克思主义理论教学研究人员围绕重大理论和现实问题以及学生关心的热点问题开展研究，提升马克思主义理论学科发展中基础性、导向性和战略性重要问题的研究水平，教育部社科司精心策划，组织相关领域知名专家编写出版“高校马克思主义理论教学与研究文库”，集中推出了一批高质量的研究成果。

本套丛书在已有相关研究成果的基础上，着眼于马克思主义理论的运用，着眼于对实际问题的理论思考，着眼于帮助大学生解决思想认识问题和理论困惑，着眼于新的实践和新的发展，从马克思主义经典著作研究、马克思主义理论学科基础理论研究、中国特色社会主义重大理论和现实问题研究、思想政治理论课理论和现实问题研究、大学生高度关注的热点难点研究等方面，开展了全面深入的研究，提出了具有较强创新性和重要学术价值的观点。

本套丛书从编委会到每卷作者，体现了国内相关学科领域老、中、青三代的结合，既有相关领域的权威作者，也有近几年成长起来的中青年学者；既有国内著名的马克思主义理论专家，也有具有丰富一线教学经验的名师。队伍齐整，阵容强大。

希望本套丛书的出版，可以从理论和实践两个方面更好地助力和推进高校马克思主义理论教学与研究工作，从而促进马克思主义理论学科建设与发展，扎实推进高校宣传思想工作，促进高校马克思主义理论教师素质提升，提高学生对思想政治理论课的认同度和满意度。希望本套丛书成为推动马克思主义中国化、大众化、时代化，坚定中国特色社会主义道路自信、理论自信和制度自信的重要的理论成果。

前　言

写这本书稿用了6个多月的时间，而它的内容却凝聚着我60多年的心血和生命。我于1949年底参加中国人民解放军，在军事院校担任宣传干部和政治教员。18年革命熔炉的锻炼使我初步树立了共产主义理想信念，奠定了我从事马克思主义理论教育的基础。转业后仍然在高校担任马克思主义理论课教师，其间经历了高校马克思主义理论教育“85方案”“98方案”“05方案”的贯彻实施。

书稿回顾了60多年来我从事马克思主义理论教育的历程。全书分为军校教学篇、思政教育篇、理论研究篇，共14章，记叙了个人从事马克思主义理论教育的经验、体会和理论思考，阐释了高校马克思主义理论教育的发展、改革与创新。书稿的内容是平实的、浅显的、真切的。如果说书稿有一定的分量，那么是因为它承载着立德树人的历史使命，凝聚着对党的教育事业的忠诚，也许对青年同志和理论工作者有一定的启迪作用。

回顾60多年走过的道路，我为我所从事的事业感到自豪、感到幸福、感到光荣。为什么感到自豪？因为我以科学的理论培育了莘莘学子，使他们成为社会主义事业的建设者和接班人。为什么感到幸福？因为我作为一个普通教师先后三次步入庄严的人民大会堂，聆听了三位总书记的重要讲话。为什么感到光荣？因为我在耄耋之年还能为党的理论教育尽绵薄之力，被遴选为马克思主义理论研究和建设工程的首席专家。

谈到写这本书的缘起，我要感谢教育部社科司领导同志对我的关心和帮助。早在20世纪八九十年代，我同社科司的老领导杨瑞森、徐维凡、赵军等有较多的接触，得到了他们的帮助和指教。参加马克思主义理论研究和建设工程重点教材《马克思主义基本原理概论》的编写工作后，又多次同杨光司长和陈矛、陈睿等领导同志在一起开会。我曾经对他们讲，云南高校的马克思主义理论教育确有一些特点和经验，有机会我想把它们记下来、传下去。他们表示赞许。2015 年 5 月，陈矛同志告诉我，社科司正在建设“高校马克思主义理论教学与研究文库”，希望我提供一本书稿。她还告诉中国人民大学出版社的编辑余盛同志同我联系。但因当时有些任务缠身，未能动笔。2016 年春节刚过，陈睿同志又同我谈及此事，并通知云南省委高校工委宣传统战部部长杨国良，请他对我撰写书稿提供帮助。随后，国良部长又同昆明理工大学马克思主义学院的领导沟通了此事。马克思主义学院院长樊勇、党委书记王海云立即和我通了电话，表示学院全力支持，并指派学院王威副教授协助我撰写书稿。于是，这件事情就此定了下来。这就是撰写这本书的缘起。

这本书的写作是在云南省委高校工委、云南省高校思想政治理论课教学研究会、昆明理工大学马克思主义学院的指导下，在王威副教授的协助下进行的。就在陈睿同志通知国良部长一周之后，我们召开了书稿提纲的讨论会。国良部长和樊勇院长主持会议，参加会议的还有张建国、王海云、潘先银、杨少龙、白利鹏、郭璐恒等同志。在撰写过程中，云南省委高校工委副书记陶晴以及宣传统战部、昆明理工大学马克思主义学院继续给予指导和帮助。写出初稿后，又请他们审阅，提出修改意见。温茂芬、吕有文、李云芳、杨丽、杨丽宏、张仲华、韩跃红等同志也提出了修改意见。在此一并表示衷心的感谢！特别要提出的是，王威副教授为书稿的撰写付出了辛勤的劳动，本书第二篇的多数章节是由我口述、王威同志整理修改完成的。他还同其他几位学生一起四处查找有关资料和文件，充实了书稿的内容。可以说，这本书稿是我和王威同志共同完成的。

此外，郭璐恒同学和刘育英教授也为书稿的撰写做了大量工作。郭璐恒同学是昆明理工大学马克思主义学院硕士研究生，他负责校对和整理了本书的第三篇，还参与了相关资料的查阅。在此表示感谢！刘育英是我的夫人，曾担任云南工业大学中国革命史教研室主任。由于是同行，我撰写的许多书稿都是同她的帮助分不开的。在此，也顺便说上几句。

在送审过程中，教育部社科司的领导和专家对本书提出了宝贵的修改意见。谨表示衷心的感谢！

中国人民大学出版社的余盛、徐小玲等同志对本书的撰写做了多方面的指导，除了对本书提出有关要求外，还对书稿的写作提纲提出了意见建议，对书稿的编辑出版做了富有成效的工作。在此，也表示衷心的感谢！

由于撰写的时间紧迫和本人的水平有限，书稿必有不完善之处，敬请同志们提出宝贵意见。

王展飞

2016 年 9 月于昆明

目　录

第一篇　军校教学篇

第二篇　思政教育篇

第一篇　军校教学篇

第一章　走上马克思主义讲坛

我从事马克思主义理论教学与研究已经66年了。新中国成立前，我先后接受过封建主义的教育和“三民主义”的教育，也曾接触过当时的“实业救国”思想，对当时国民党当局的有些做法深感不平。正是在这个时候，我开始了解共产党。现在看来，这也许就是我走上马克思主义讲坛、为马克思主义理论教育与研究倾情奉献60余载的最初的动因。1949年，我以优异的成绩考入重庆大学法律系，被选为法律系学生会的负责人之一。其间，我和其他同学参加了一个名叫“拓荒社”的社团，主要是组织大家一起读书。记得参加的第一次“拓荒社”的活动，就是学习不知谁写的《论唯物史观》。这是我第一次接触关于马克思主义的理论，当时对许多东西并不明白。后来，又参与了“英雄造时势”与“时势造英雄”的讨论，这使我对人民群众在历史中的作用有了一定的了解。

一、学习《共产党宣言》

重庆解放前，国民党统治下的社会十分黑暗，社会秩序很乱，时不时有国民党的特务来学校抓人。大家都期望着解放军尽早到来。1949年11

月 30 日，重庆终于解放了！第二天，我就和几个同学一起报名参加了中国人民解放军。对我来说，考上大学是件很不容易的事，也是多年梦寐以求的。为什么要参军？恐怕除了革命理想高于天以外，再找不到其他的原因了。当时，个人的一切已经置之度外，脑子里只有一个念头：参军！参军！参军！

我参加的是十二军军政大学，在那里学习了半年。我国的军事院校十分重视马克思主义理论教育和思想政治工作，在长期的实践中，积累了许多政治教育的经验，教学方法别具一格。在军政大学学习期间，我们学习的内容有很多，有军事训练和政治教育，还参加了"阶级自觉运动"。军政大学的政治理论学习，主要学习的是马克思主义经典著作以及毛泽东的著作。老师讲课的内容生动具体，实际事例很多，即使是理论性很强的内容也容易听明白。时任十二军政治部主任唐平铸同志的讲课给我留下了十分深刻的印象。有一次，他给我们讲了共产主义基本原理，用的原著就是马克思恩格斯合著的《共产党宣言》(简称《宣言》)。

《共产党宣言》是马克思主义的纲领性文献，在马克思主义发展史上具有十分重要的地位。《宣言》是一个历史文件，尽管马克思恩格斯后来指出，"《宣言》中所阐述的一般原理整个说来直到现在还是完全正确的。某些地方本来可以作一些修改。这些原理的实际运用，正如《宣言》中所说的，随时随地都要以当时的历史条件为转移"①，但是，《宣言》的理论意义和现实意义都是十分重要的。《宣言》阐明了马克思主义的基本观点，体现了马克思主义的基本立场、方法。在《宣言》中，马克思恩格斯用历史唯物主义的观点分析了资产阶级以及资本主义制度的历史进步性，揭示了资本主义制度的内在矛盾，阐释了其发展的最终命运，从而科学论证了人类社会的发展规律，特别是资本主义必然走向灭亡这一历史规律，指出了无产阶级的历史使命和无产阶级政党的奋斗目标，并且对共产主义社会做了初步的说明。因此，《宣言》是学习研究马克思主义的基本文献。《宣言》的发表标志着科学社会主义的诞生，它向世人宣示了共产党人的观

① 马克思，恩格斯. 马克思恩格斯选集：第 1 卷. 北京：人民出版社，1995：258.

点、目的和意图，为世界各国的无产阶级运动指明了方向。《宣言》中提出的基本观点也是区分科学社会主义与各种“社会主义”流派的重要依据。它的发表对欧洲的无产阶级运动的发展产生了直接的推动作用，特别是在它的指引下，列宁发动并领导了十月革命，进一步使科学社会主义实现了从理论到实践的重大飞跃。

《宣言》在我国的传播时间很长，影响十分深远。早在20世纪初就有人把《宣言》翻译为中文。它是中国共产党人必读的马克思主义理论经典著作，李大钊、陈独秀、毛泽东等许多共产党人都受到《宣言》的影响，中国共产党第一次全国代表大会通过的《纲领》和《决议》直接继承了《宣言》中的基本思想。唐主任当时讲授这门课的情形我还清楚地记得。他在讲课一开始就提出问题：“什么是共产党，什么是共产主义，大家知不知道？有人说共产主义是吃人的魔鬼，共产党要共产共妻，是不是这样？今天我就给同学们讲讲《共产党宣言》，你们自己再去思考。”他读了《宣言》开头的一段话后说：“马克思恩格斯说有一个幽灵在欧洲徘徊，这个幽灵就是共产主义。大家注意这个幽灵是对谁来说的？是对反动阶级来说的。共产主义是一种思想、理论，主张用革命的办法、用阶级斗争的办法推翻反动阶级的统治，消灭剥削制度，建立没有剥削、没有压迫，人人过着幸福生活的共产主义社会。谁来领导这个革命斗争？共产党来领导，共产党是工人阶级的政党，是代表劳动人民的利益的，我们人民解放军就是共产党领导的军队，是人民的子弟兵。”当时，我们学生兵中许多人对什么是阶级、阶级斗争，什么是无产阶级、资产阶级都搞不清楚，他引用了《宣言》中的观点做了详细的解释，从奴隶同奴隶主、农民同地主、无产阶级同资产阶级的斗争讲到中国人民同帝国主义、封建主义、官僚资本主义的斗争，讲得有声有色，引人入胜。在讲到《宣言》中关于“资产阶级的灭亡和无产阶级的胜利是同样不可避免的”① 这一观点时，他联系中国近百年的历史，讲了中国工人、农民的苦难，帝国主义的侵害，地主、资本家的剥削，以及中国人民推翻“三座大山”的斗争，充满了爱憎分明

① 马克思，恩格斯. 马克思恩格斯选集：第1卷. 北京：人民出版社，1995：284.

的感情。

唐主任讲的《宣言》对我是非常有用的启蒙教育，也是非常重要的阶级觉悟教育，使我对马克思主义基本原理有了初步的了解。这是我人生中十分重要的一次学习经历。

一是懂了什么是无产阶级和资产阶级。我 20 岁前都在旧社会的旋涡中挣扎，出生在农村，读过私塾，上过小学，这个时期受到的教育受孔孟的影响不小。《宣言》中表述的原理过去很少听说，讲课的内容也让我们耳目一新。《宣言》中讲道，资本主义创造了巨大的物质财富和精神财富，同时也锻造了自己的掘墓人，也就是原来资产阶级对准封建主义的东西，现在对准了自己。可以说，我们当时在军政大学，最先接受的就是阶级斗争的教育，阶级斗争的观点在头脑中是印得很深的。

二是初步懂了什么是共产党，什么是马克思主义。我们那个时候许多青年人都是向往革命的，虽然对共产党和人民解放军的情况不了解，但从传闻中得知共产党要领导解放军解放全中国。中学的时候，我从《新华日报》等报刊上知道中国有共产党，有朱德、毛泽东，他们主张在中国搞共产主义，但对什么是共产主义并不了解。正是通过学习《共产党宣言》，我初步了解了共产党是干什么的，马克思主义、共产主义的主张是什么，共产党和解放军的关系是什么，等等。

三是对共产主义和马克思主义有了初步的认识。我在 20 世纪 30 年代和 40 年代受儒家思想教育较多，当时的年轻人大多如此。再加上少年时期坎坷的人生经历，“学而优则仕”的观念还是影响比较大的。正因如此，我在遭遇不佳之际读大学之志不移，认为只有读大学才能改变自己的境遇。当然，作为一个进步青年，我对国家的前途十分关心，认为日本人侵占我国，就是因为我们落后。至于为什么贫穷落后，就不清楚了，虽然想为国家做点什么，但始终没有找到门路。后来由于参加革命，参加的学习多了，再加上自己在旧社会长大，对旧社会的政治、经济状况有一些了解，我从两种不同的社会生活中、两种不同的知识体系中进行比较，天秤的一边倾向了马克思主义。我最终选择了真学、真信、真教、真用马克思主义的道路。

总之，在军政大学学习《宣言》对我的人生影响是十分巨大的。它让我对马克思主义、对中国共产党有了初步的了解，思想上出现了一个重大的变化。我认为，这是自己马克思主义教学与研究的起点。我在军政大学参加的学习远不止这些。比如，我们当时学习了毛泽东的《将革命进行到底》，认识到了革命虽然取得了伟大胜利，但今后的道路还很长，这只是万里长征的第一步；同时，也认识到反动派还会反抗，我们一定要“宜将剩勇追穷寇，不可沽名学霸王”。此外，我们还较为系统地学习了人民军队、人民战争的思想，学习了人民军队的诞生和发展壮大的过程，学习了人民军队的性质、任务和光荣传统，其中包括关于坚持党对军队的绝对领导、党指挥枪、决不允许枪指挥党，军民一致、官兵一致等思想。关于人民战争思想的学习，重点是学习毛泽东的著作，如《中国革命战争的战略问题》。这些内容对我都产生了重要的影响，使我对毛泽东的人民军队和人民战争思想有了一定的认识，使我对部队的情感不是停留在作为一名解放军的自豪感，更有了一种新的责任感和使命感，加深了对部队的感情。

二、一篇学习心得，引我走上马列路

1950 年 7 月，经过十二军军政大学半年的培训，我被分配至十二军三十四师一〇一团团部任文化教员，后又调入中国人民解放军西南军区通信学校直属队担任主任文化教员。第二次的调动是由我写的一篇学习《实践论》的心得引起的，也正是这篇心得使我走上了马克思主义宣传教育的道路，决定了我毕生的奋斗方向和目标，虽然后来又有多次单位和部门的调动，但始终没有改变工作的性质和任务。转业到地方后，我也一直耕耘在马列主义教育园地上。

新中国成立不久，毛泽东著作的单行本陆续发行出版，中国人民解放军西南军区通信学校党委号召和组织大家学习毛泽东的著作。我先后阅读了《为人民服务》《纪念白求恩》《反对自由主义》，还学习了《实践论》《矛盾论》等哲学著作。我在阅读中感到毛泽东的文章有一种吸引人的逻辑力量，使人越读越想读。新中国成立前我曾读过一点中国古代哲学家的书，对王阳明、王船山等人的思想有些许了解，比较起来，似乎毛泽东的观点更容易使人接受，读后确实有一些心得感受。所以我在学习每篇毛泽东著作时都撰写了学习心得。其中，《实践论》的心得写得比较长，内容也相对比较丰富。

《实践论》是毛泽东的重要哲学著作之一，也是学习毛泽东思想的必读理论著作之一。在党的历史上，曾经有一部分犯教条主义错误的同志长期拒绝中国革命的经验，否认“马克思主义不是教条而是行动的指南”这个真理，而只生吞活剥马克思主义书籍中的只言片语去吓唬人们；还有一部分犯经验主义错误的同志长期拘泥于自身的片面经验，不了解理论对革命实践的重要性，看不见革命的全局，虽然也是辛苦地但却是盲目地在工作。这两类错误思想曾在1931—1934年使中国革命受到了极大的损失，教条主义者披着马克思主义的外衣，使许多革命同志受到迷惑。为此，毛泽东于1937年发表了《实践论》，对这两类错误思想特别是教条主义错误思想进行了批判，从理论上肃清了党内错误思想产生的根源。

《实践论》阐述的是认识和实践的关系，也即知和行的关系。《实践论》生动完整地阐明了马克思主义关于辩证唯物主义认识论的基本原理，创造性地发挥了关于实践在认识过程中作用的基本原理，是毛泽东对马克思主义哲学的重要贡献。毛泽东指出：“通过实践而发现真理，又通过实践而证实真理和发展真理。从感性认识而能动地发展到理性认识，又从理性认识而能动地指导革命实践，改造主观世界和客观世界。实践、认识、再实践、再认识，这种形式，循环往复以至无穷，而实践和认识之每一循环的内容，都比较地进到了高一级的程度。这就是辩证唯物论的全部认识论，这就是辩证唯物论的知行统一观。”① 《实践论》和《矛盾论》并称为“两论”，这两篇哲学文章在革命时期切实起到了武装全党的作用，为延安整风运动做了理论准备。同时，这两篇文章在我国高校马克思主义理论教育中具有十分重要的地位，新中国成立初期，我国掀起工农兵学哲学运

① 毛泽东．毛泽东选集：第1卷．北京：人民出版社，1991：296-297.

动，其中十分重要的就是学习毛泽东这两篇文章。

现在回想起来，当时写的《实践论》学习心得有 5 000 字左右，第一部分是理解性的，如实践是认识的源泉，认识要从实践中来，经过从感性认识到理性认识的飞跃，再回到实践中去。在这部分内容中我用实例做了大量的证明，对毛泽东在文中讲到的历史上的典故、成语，根据我的理解做了阐释。另外，结合我参军后的实践，说明一年多来我如何从获得的大量感性材料中进行“去粗取精，去伪存真，由此及彼，由表及里”的分析，从而不断加深了对中国人民解放军、中国共产党的认识，逐步懂得了中国人民解放军是人民的子弟兵，中国共产党是伟大光荣正确的党。这种认识使我更加热爱共产党，热爱人民军队。这样的观点，现在看来很是一般，但在当时确实是我们这一代人的真实的思想感情。第二部分是探索性的，有些问题不知如何理解，试着提了自己的看法。例如，《实践论》开头那一段话：“马克思以前的唯物论，离开人的社会性，离开人的历史发展，去观察认识问题，因此不能了解认识对社会实践的依赖关系，即认识对生产和阶级斗争的依赖关系。”① 这一论述理论性很强，又较为抽象，我过去对马克思主义以前的旧唯物主义的观点不了解，就去找一些资料看，然后提出自己的见解，认为毛泽东讲的旧唯物主义就是英国的培根到德国的费尔巴哈等的唯物主义思想，它的特点是直观性、非历史性；他们所说的人是生物学意义上的人，是脱离社会实践的人，因此，他们缺乏实践的观点，不了解实践对认识的决定作用。又如，为什么人的正确认识需要经过反复的实践—认识—再实践—再认识的过程才能得到，为什么真理的发展是相对真理向绝对真理无限转化的过程？这些问题都是我第一次接触，一时理解不了就努力去揣摩，提出一些自己的看法。学习心得的第三部分是联系自己的实际谈改造思想的问题。毛泽东在《实践论》的最后谈到人们认识世界是为了改造世界，改造世界包括改造客观世界和主观世界，要在改造客观世界的同时改造主观世界，我认为这个观点非常重要，尤其是对我们从旧社会来的参加革命不久的青年知识分子有现实意义。我们出生

① 毛泽东. 毛泽东选集：第 1 卷. 北京：人民出版社，1991：282.

在旧社会，那时的社会实践，那时的学校教育和家庭环境，都给我们打上了旧思想的烙印，如缺乏生产劳动的观念，缺乏劳动人民的感情，个人名利思想、个人英雄主义思想较重。所以，必须加强思想改造，清除剥削阶级的思想影响。如何加强思想改造？一是要听党的话；二是要努力学习毛主席著作；三是要在人民解放军这座大熔炉中锻炼自己；四是要认真开展批评与自我批评，克服缺点和错误。

站在今天的角度来看，这样一篇学习心得，对《实践论》的理解是很粗浅的。但在当时，在我们同时参加革命的知识分子中，写这样的心得笔记的不多。所以，在评定分数时，我这篇心得得了88分，是干部中得分最高的。学校领导知道了这个情况，当时政治处需要宣传干部，就把我从机务系调到了政治处。

通过这一时期学习毛泽东的哲学著作，我还养成了一个好的学习方法——写心得、做笔记。我认为其好处是：可以使你读得专心些；有助于启发思维和加深理解；不懂的问题多问几个为什么，能从中悟出新的道理来。此外，学习的过程也是联系自己实际改造自己思想的过程，我们这代人对马克思主义的真心信仰不是偶然的。我认为，当时的学习发挥了重要的作用，真正做到了联系自身的思想实际改造世界观。正是这样，我现在还经常说："一篇学习心得，引我走上马列路！"

值得一提的是，当时举国上下特别是党员干部的学习风气是很浓厚的，广大干部和学员如饥似渴地学习马列主义著作，虔诚地相信马列主义是科学真理，自觉地对照所学的立场、观点、方法改造主观世界。其认真钻研的精神、改造思想的愿望，也是值得今天的广大党员干部学习的。

1953年7月，我被任命为政治部宣传干事，负责在职干部的政治、理论教育，除了做一些学习计划、检查管理等具体工作，还要讲一点课。我虽然喜欢政治理论教育，也有志于学习、研究马列主义、毛泽东思想，但懂的东西不多。新中国成立后，我在十二军军政大学学了一些马克思主义的基本观点，但既不系统，理解也不深刻。凭我当时的基础和水平，显然是难以胜任政治理论教学工作的。我遵照毛主席的指示，在干中学、边学边干。好在我已经确定了把学马列、宣传马列作为自己的理想，也就有了为之而努力的热情和信心。

当时，我主要承担的是中共党史课和政治常识课的教学，授课对象是部队连、排以上干部。张家口高级通信学校干部初级班的中共党史课由我和另一位同志讲授。为了配合广大干部的党史学习，中央有关部门在北京组织系统的党史专题讲座，由著名专家如凯丰等讲授，每周星期一上午在怀仁堂、中山公园等地举行。张家口离北京只有七个小时的火车路程，学校派我和另一同志去听课，星期日晚上坐车，星期一早晨抵京，听完课后，星期一晚上又乘火车回张家口。听课时，认真做好笔记，回来再认真复习，参阅一些资料，照本宣科地给初级班的干部讲一遍。这种讲课的效果可想而知。我既未学过党史，又无实际体验，历史事实不熟，理论分析也缺乏功底。干部们听课后有意见。我尚有自知之明，虚心接受意见，不断改进教学。

与此同时，上级还安排我讲一个学员班的政治常识课。这是教学计划中规定了的，由于政治教员少，我只好勉为其难。那时招收的学员不是应届初中或高中毕业生，而是从部队选拔来的通信干部，有一定的实践经验和分析问题的能力。政治常识课的内容又比较广泛，就我当时的理论水平要讲好这门课，确实很困难。我在思想上总想着一句话：天下无难事，只怕有心人。我把备课作为一个决定性环节，狠下功夫。每一堂课，我都写出详细的教案，然后关起门来或跑到东山坡上面对蓝天绿树反复试讲，思考如何突出重点、如何掌握节奏、如何表达感情、如何把握好时间，直到自己比较满意为止。几堂课下来，自我感觉比中共党史课讲得好一些，征求学员意见也认为基本可以。但毕竟由于理论功底浅，讲课中难以有生动的发挥和深入浅出的论述。尤其是当学员提出一些问题时，实在难以招架。不过，我不惧怕学员提出问题，尽管有些问题我回答不了。但我感到那些不断涌来的问题，就好像是兴奋剂，使我的大脑处于紧张状态，开启着我思维的闸门，催我奋进，催我去探索新的知识。若干年后，当我看到西方科学哲学家波普尔提出的一个公式——从问题出发，探索新知识，向科学研究的高峰挺进时，似乎有一种似曾相识的感觉。

事实说明，要当好一名马克思主义理论教员是不容易的，必须学习，学习，再学习！

三、初步树立辩证唯物主义和历史唯物主义的世界观

1954年初，为了更好地做好教学工作，我受学校指派参加总参直属政治部、中国人民大学、中共中央党校合办的哲学教员培训班的学习，内容是学习辩证唯物主义和历史唯物主义，由中共中央党校的艾思奇、孙定国和中国人民大学的肖前、方华等老师授课。

艾思奇同志是我党著名的马克思主义哲学家、教育家和革命家，为毛泽东哲学思想的形成做出了突出的贡献，也为我党培养理论人才做出了重要的贡献。早在20世纪30年代艾思奇就写出了许多哲学著作。他的《大众哲学》在全国范围有广泛的影响，深受广大读者的喜爱，是开辟中国马克思主义哲学中国化、大众化、通俗化运动先河的光辉著作。《大众哲学》在我国的影响是不可估量的。据说，蒋介石曾多次讲道，“一本《大众哲学》，冲垮了三民主义的思想防线”。蒋氏父子认为，国民党的失败不是军事上的失败，而是败于《大众哲学》。在革命年代，有人称《大众哲学》为“时代的火炬”，据说当时西南联合大学的青年学生们几乎人手一本《大众哲学》，许多青年人正是读了《大众哲学》才斗志昂扬地奔赴延安参加革命。《大众哲学》教育和影响了几代人，无论是新中国成立前，还是新中国成立后，《大众哲学》都是党员干部理论学习的重要书目之一。

孙定国同志原是部队的高级指挥员，后来到中共中央党校工作。他不仅实践经验十分丰富，而且在理论方面也有较深的造诣。肖前老师和方华老师是新中国第一代颇有学术造诣的哲学工作者。肖前老师主编的《辩证唯物主义原理》和《历史唯物主义原理》，在新中国哲学发展史上书写了浓墨重彩的一笔，是在中国学术界和社会上产生了深远影响的哲学经典教科书。方华老师在逻辑学和方法论方面颇有建树，是中国人民大学逻辑学专业创始人之一，为党的教育事业贡献了全部精力，为中国人民大学哲学系和逻辑教研室的建设与发展做出了杰出的贡献。当时，肖前和方华两位

老师都还比较年轻，但也是广大理论工作者和哲学工作者十分敬重的老师。我们能聆听这些老师的教诲，当然是十分高兴的。

培训班的教学方法主要是讲课，辅之以读书讨论。艾思奇、孙定国老师主要讲授辩证唯物主义部分，肖前、方华老师主要讲授历史唯物主义部分。共分十几个专题，每个专题都讲两三次。这些老师各有不同的风格，思奇老师讲课精练、平稳，论述十分深刻；定国老师讲课则非常活跃，不时引得哄堂大笑；肖前、方华老师治学严谨、思维敏捷，颇有学者风度。虽然风格不一，但他们所讲的内容都深深地吸引了我们，为我们做出了榜样，也进一步坚定了我们学好马克思主义理论的决心。

这次培训安排的时间较为充裕，一共学习了五个半月。学习的目的是使学员比较系统地掌握马克思主义基本原理，初步树立辩证唯物主义和历史唯物主义的世界观，为从事马克思主义哲学教育打下思想和理论基础。为此，老师们讲的课相当细致和全面。每个专题的讲授大体都包含三个层次：一是基本概念，二是基本原理，三是原理的实际运用。对于为什么要采取这样的讲法，老师们认为，要掌握一门科学的体系，首先就要搞清楚基本概念，概念不明确，原理就无法理解，原理是从概念的联系中引申出来的。原理是对事物性质及其发展规律的理论概括，是人们认识世界和改造世界的理论武器。原理不是僵死的，而是同实践紧密联系的，只有从理论和实践的结合上去把握基本原理，才能真正理解马克思主义的基本观点。肖前老师在讲授生产力同生产关系、经济基础同上层建筑这两个专题时反复向我们强调了这个道理。他在讲生产力和生产关系这两个概念时，讲得十分具体，把同这两个概念相关的其他概念，如劳动者、劳动资料、劳动对象和生产资料所有制、分配关系、消费关系的内涵及其体现的社会关系都做了阐述。然后从生产力同生产关系的内在联系和辩证关系中阐发生产关系一定要适合生产力状况的规律。对于这个规律在社会历史的进程中是如何发挥作用的，他从原始共产主义社会一直讲到社会主义社会，尤其是对旧中国和新中国生产力同生产关系的矛盾运动做了详尽的分析。他还特别讲道，作为教员，一定要准确地理解和把握科学概念和原理，这是基础。离开了这个基础，理论联系实际就是空的。我们主张有的放矢，反对无的放矢，同时也强调要有好矢、精良的矢。他的这个观点对我影响还是比较大的，我后来发表的一篇文章还专门引用过这个观点。

培训班的学员除了把重点放在听好课外，还读了些原著和参考材料，组织了一些讨论。讨论有两种形式：一是学习小班（学习小组，我们当时的培训班分为八个学习小组）的讨论，这种讨论是根据教师的布置进行的；另一种形式是全体学员在一起的自由讨论，这种讨论由学习委员主持，讨论的问题较广较深，有提问、有争论，氛围相当活跃。我是全班的两个学习委员之一，曾组织过几次自由讨论。其中有一次是讨论新民主主义的经济基础和上层建筑问题，会上争论很大，有的同志认为新民主主义是向社会主义的过渡，其经济成分应当是多样的、综合的，应该允许资本主义经济、个体经济在较长时间内存在并发挥其积极作用，不能急于过渡。有的同志则认为从生产力发展的要求出发，从巩固社会主义上层建筑考虑，应当较快地改造资本主义经济、个体经济，使之向社会主义所有制过渡。对这个问题存在不同看法与当时理论界关于“综合经济基础论”的讨论是有联系的。当时，国内理论界有些人认为任何一种社会形态都包含着几种生产关系，并以其中一种生产关系为主导，彼此间构成统一的经济基础。因此，我国过渡时期的经济基础应该是以社会主义经济成分为领导包括其他四种经济成分的综合。这就是所谓的“综合经济基础论”。也有许多人认为，经济基础是占统治地位的生产关系的总和，把非社会主义的经济纳入过渡时期的经济基础是错误的。这就是当时的“单一经济基础论”。理论界对这两个问题的争论自 20 世纪 50 年代开始，并持续了很久。后来学术争论逐渐演变成了政治倾向的讨论。有些学者对这场争论进行了总结和反思并发表过一些比较有分量的学术文章。现在看来，当时的讨论是有积极意义的，至少是有助于深化我们对马克思主义哲学基本原理的理解的。

此外，我们在培训期间还讨论过马克思主义哲学关于自由和必然的关系、绝对真理和相对真理的关系以及无产阶级的群众观点等问题。在我看来，那时的学术讨论还是比较自由的。

通过将近半年的学习，由于老师都是国内一流的专家，学习的内容和时间又比较集中，我们每个学员都可谓是满载而归，我的听课笔记就有三大本，读书笔记也有三大本。这次学习主要有以下几方面收获：

第一，对马克思主义哲学的基本概念、基本原理有了比较系统的了解，激发了我学习、研究哲学的兴趣。哲学对于认识社会和改造社会、认识人生和创造有价值的人生都有很多益处。正如陈云所说："学习哲学，可以使人开窍。学好哲学，终身受用。"① 哲学中的许多问题发人深省，学习起来不会使人感到枯燥，颇能启迪人的思维。老师们关于马克思主义哲学的产生及特征、关于哲学的历史发展、关于辩证唯物主义和历史唯物主义的科学性等问题的讲授，使我认定了马克思主义哲学是科学的世界观和方法论，这就进一步坚定了我去了解马克思主义哲学、探究其奥秘的决心。

第二，在学习中体会到了哲学是批判的、革命的学说，培养了自己喜欢思考的精神。哲学就其实质来讲是一门反思的学问。这在唯物辩证法中体现得最为彻底。马克思指出："辩证法对每一种既成的形式都是从不断的运动中，因而也是从它的暂时性方面去理解；辩证法不崇拜任何东西，按其本质来说，它是批判的和革命的。"② 恩格斯也指出："他们不承认任何外界的权威，不管这种权威是什么样的。宗教、自然观、社会、国家制度，一切都受到了最无情的批判；一切都必须在理性的法庭面前为自己的存在作辩护或者放弃存在的权利。"③ 所以，学习哲学关键是要培养善于思考的精神，必须能够透过现象把握事物的本质，从一级本质到二级本质，哲学是思考的学问。肖前老师在课上讲道，学哲学一定要善于思考，而且要思考得比较深。他说，"涉浅水者见虾，其颇深者察鱼鳖，其尤甚者观蛟龙"。这种反思和批判的精神在我的头脑中印得很深。因此后来，我对一些重大实践问题和理论问题都不人云亦云、随波逐流。

第三，这次学习为我树立正确的世界观和人生观提供了科学的理论指导。在旧社会 20 多年的生活中，我经过磨难，但是始终没有屈服，始终在

① 陈云．陈云文选．第 3 卷．北京：人民出版社，1995：362.
② 马克思，恩格斯．马克思恩格斯选集：第 2 卷．北京：人民出版社，1995：112.
③ 马克思，恩格斯．马克思恩格斯选集：第 3 卷．北京：人民出版社，1995：355.

努力追求光明的前途。现在回想起来，这可能是进步青年的一个共同特点，也是苦难所激发起的一种自我抗争。但严格说来，这种抗争更多的是想改变自己的命运。近半年的学习给我最深的启示是，人必须有远大的理想，而远大的理想应当同社会发展的趋势相一致，必须以科学的理论为指导。历史唯物主义科学揭示了人类社会发展的客观规律，指明了资本主义代替封建主义的历史必然性，更科学地论证了资本主义走向灭亡并且最终被社会主义、共产主义代替的历史必然性。然而，人类社会发展的规律不同于自然界发展的规律，需要人的自觉的活动，通过无产阶级的革命斗争来打破旧世界、建立新世界，进而逐步达到人类社会最美好、最幸福的境界——共产主义社会。近百年来，无数仁人志士前仆后继，流血牺牲，一直在为中华民族的富强而奋斗，然而只有中国共产党以马克思列宁主义为指导，认识了中国社会的发展规律，才找到中国革命的正确道路，建立了新中国。但是，对于共产主义事业来说，这只是万里长征的第一步，未来的道路还很漫长。我们每个人都必须以更加奋发有为的精神“将革命进行到底”。这些认识可以说对改造我的旧思想、树立新的世界观起到了直接的推进作用。

此外，我还于1956年参加了华北军区组织的政治经济学教员培训班的学习。这次学习一共有四个半月的时间，在学习中，我们读了《资本论》第一卷、斯大林的《论苏联社会主义经济问题》等著作。通过这次学习，我对马克思主义政治经济学有了进一步的了解，更重要的是，这次学习使我对马克思主义基本原理有了更加全面的理解，对马克思主义的科学性、真理性有了新认识。列宁曾说过，马克思主义有三个来源和三个组成部分。所谓三个组成部分是马克思主义哲学、马克思主义政治经济学和科学社会主义。现在有些学者不赞同列宁的这个观点，认为马克思主义不仅仅是这三个组成部分。这个问题实际上涉及了马克思主义的整体与部分之间的关系。对此，我也进行过一定的思考，而且思考的时间不能算短。进入新世纪后，我以前些年的思考和积累为基础，申报并获准立项了国家社科基金项目，项目名称是“整体把握马克思主义科学体系研究”。这个项目的研究成果得到了国内学界同行较好的评价。

总之，这两次培训班对我的教育是很大的。在学习中，我认识到了马克思的“两个伟大发现”，进一步明确了“两个必然”这一结论的科学性。可以说，这两次学习初步打下了我的马克思主义的理论基础，开启了我的马克思主义理论教育的道路。

四、对党的三条总路线的宣传

1954年，我参加哲学教员培训班的学习后就投入了哲学教学工作中。正是在这段时间，我国教育科研部门掀起了“向副博士进军”的热潮。我到北京大学哲学系找到了一份哲学专业向副博士进军的必读书目，学习了中外一些著名哲学家的著作，中国哲学史、西方哲学史以及马恩列斯毛的哲学著作。虽然当时对有些内容只是一知半解，但毕竟扎实了哲学的基本功，而且养成了喜欢读书的习惯。从此，读书与思考就成为生活中不可或缺的重要内容。

新中国成立后，我们党很重视宣传工作，宣传的内容也是多样的。宣传毛主席著作，宣传党的路线、方针、政策，宣传党的优良传统，宣传社会主义、爱国主义、集体主义，等等。在这当中，党的路线的宣传占有很重要的地位。党的路线是一定时期党的纲领的具体体现，是根据特定历史时期国内外形势而做出的战略性决策。毛泽东历来重视对形势的科学判断和路线的决定性作用。民主革命时期，每当历史发展到重要转折关头，毛泽东都要就形势问题发表讲话，提出正确的路线、方针。新中国成立以后，毛泽东延续了这种做法。从20世纪50年代初到“文化大革命”开始前，我们曾大张旗鼓地宣传三条路线：党在过渡时期的总路线、党的社会主义建设总路线、党在整个社会主义历史阶段的基本路线。

第一条路线是党在过渡时期的总路线，是指从新民主主义向社会主义转变时期的总路线，概括为要在一个相当长的时期内，基本上实现国家工业化和对农业、手工业、资本主义工商业的社会主义改造。这条总路线为全国人民指明了奔向社会主义的光明前途，焕发起亿万群众对社会主义改造的热情，把广大干部群众的思想、精力集中到“一化三改”上来。在我们部队院校，由于广泛深入的宣传工作，总路线的内容做到了家喻户晓、深入人心，干部战士纷纷向家人、亲属写信宣传合作化，推动农业向互助组、初级社和高级社迅速发展。学校还派遣政策水平高的干部深入农村、工矿企业宣传党的社会主义改造的路线和政策，做民族工商业者的思想工作。各种报刊大量报导社会主义改造过程中的先进人物、事迹和成功经验。可以说，党在过渡时期总路线的宣传工作是相当成功的，声势浩大，工作扎实，主观性、片面性的东西较少。1956 年，党的第八次全国代表大会充分肯定了党在过渡时期的总路线及其在实践中取得的巨大成就。随即毛泽东在《关于正确处理人民内部矛盾的问题》中指出我国的社会主义制度已基本建立，正确处理人民内部矛盾成为国家政治生活的主题，号召全国人民集中力量发展生产力，向自然界开战，发展我们的经济，发展我们的文化，建设社会主义新国家。这些思想观点是符合我国实际情况的，是坚持了实事求是的思想路线的。所以，从总体上说，对党在过渡时期总路线的宣传教育应当加以充分肯定。

第二条路线是党的社会主义建设总路线，即鼓足干劲，力争上游，多快好省地建设社会主义。这条路线提出之前，1957 年我们党开展了整风运动，本来是发动群众给党提意见，以便在新的形势下改进党的工作、改善党的领导，更好地带领全党和全国人民进行社会主义建设，但是情况发生了变化，毛泽东在这一年的 7 月发表了题为《一九五七年夏季的形势》的讲话，掀起了一场大规模的急风暴雨式的反右派政治运动。反右的扩大化，严重地破坏了社会主义民主，损害了社会主义建设事业。但是，党和国家还是决定大力发展生产，加快社会主义建设步伐，于是在 1958 年党的八届二次全会上正式通过了社会主义建设总路线。

对这条总路线的宣传力度，不亚于过渡时期的总路线。

当时，我们在宣传工作中正是这样来认识这条总路线的。“鼓足干劲，力争上游”反映了时代的要求、人民的精神面貌、社会主义制度的优越性和强大的生命力；“多快好省地建设社会主义”是全党和全国人民的任务和奋斗目标；多快好省这四个方面是统一的，其中的核心是“好”和

"快"，即高质量和高速度地建设社会主义的工业、农业和其他一切事业。至今我也认为这条总路线的指导思想基本上是正确的。

然而，在实践中这条总路线的贯彻却出现了问题。本来在社会主义建设总路线的指引下，全国人民意气风发，斗志昂扬，以只争朝夕的精神和愚公移山的气概向自然界开战，使工农业生产获得了前所未有的发展。但是，由于"大跃进"和人民公社化运动的实施，夸大了人的主观能动性，背离了事物发展的客观规律，使这条路线没有得到很好的贯彻。例如，宣传"大兵团作战""大炼钢铁""大搞人民公社""大干快上""人有多大胆，地有多大产""不怕做不到，就怕想不到""十五年超英赶美""向共产主义迈进""共产主义是天堂，人民公社是桥梁"等，似乎美好的共产主义前景指日可待。神州处处炼钢铁，处处办公社，天天"放卫星"。我们通信兵学院也把课停了下来，不搞教学，不抓军事训练，搞起了十来座小高炉，到处去捡废钢铁来炼，可是，十天半个月也没有炼出一炉钢。为了奔向共产主义，苦干，苦干，再苦干，大家没有一句牢骚话。在大炼钢铁、大办人民公社时，不少农村过军事共产主义生活，实行供给制，吃公共食堂，男女老少都走几里路到公社去吃大锅饭，家里的铁锅砸了用来炼钢铁，农民盘了几十年甚至上百年的灶都被掀掉了，灶里的土用来做肥料。对于这种情况，广大群众也没有怨言。这是一种什么精神？当时称作"大跃进"精神、共产主义精神。究竟是什么精神，现在我也说不清。

对这条路线的宣传，我认为工作中的失误是比较多的。一是对"三面红旗"尤其是对"大跃进""人民公社"的宣传在理论上有不少错误的东西，把实践中的许多错误做法都当作先进的、正确的东西来宣传。那时全国性的党报党刊天天都在宣传先进典型，宣传"放卫星"。今天这里亩产2 000斤，明天那里亩产5 000斤，到处都是粮食大丰收。今天这里一个乡成立一个公社，明天那里一个县成立一个公社，"一大二公"就是共产主义。当时，河北的徐水县（今徐水区）全县成立一个公社，是全国的先进典型，前去参观的人络绎不绝，去的人都受到热情接待，吃饭住宿不要钱。这一类宣传的推波助澜作用是显而易见的。二是文过饰非，不仅在宣传中夸大成绩，而且讳言缺点，回避问题，造成"三面红旗"真是"红"

的印象。当然，那些年的社会主义建设也是取得很大成绩的，不能全盘否定。广大干部、群众的热情和创造精神是史无前例的，国家对工农业基本建设的投入也是巨大的，特别是农田水利和现代化基础工业的建设，那时打下了很好的基础，没有那时的基础也不会有今天的发展。

第三条路线是党在整个社会主义历史阶段的基本路线，即1962年党的八届十中全会提出的："在无产阶级革命和无产阶级专政的整个历史时期，在由资本主义过渡到共产主义的整个历史时期（这个时期需要几十年，甚至更多的时间）存在着无产阶级和资产阶级之间的阶级斗争，存在着社会主义和资本主义这两条道路的斗争。……这是马克思列宁主义早就阐明了的一条历史规律，我们千万不要忘记。"①

严格意义上说，当时没有明确地将上述内容表述为"基本路线"，但在事实上是将其作为"基本路线"来宣传的。报刊上连篇累牍地大讲阶级斗争，工作中风声鹤唳地大抓阶级斗争，党的八届十中全会决议发布后，我所在部队的政治理论教育进行了新的部署和调整。通信兵学院的"哲学""社会主义经济建设""中共党史""军队政治工作"等课程的教材都进行了修改，以充分体现"以阶级斗争为纲"的思想。我所讲授的马克思主义哲学课，内容突出了阶级、矛盾、斗争的观点，从哲学的高度为"党的基本路线"做论证。也就是那个时候，有人开始把马克思主义哲学称为"斗争的哲学"。我们在讲授对立统一规律时，也强调矛盾斗争性特别重要，而忽视斗争形式的多样性，并把斗争性完全归结到政治斗争上。这种倾向一直延续了近20年。一些人为了给"以阶级斗争为纲"这个观点寻找理论根据，就把毛泽东关于矛盾斗争性是绝对的、矛盾同一性是相对的这一理论抬出来，说"马克思主义哲学是斗争哲学"。甚至今天还有人从《矛盾论》中去找我们党屡犯"左"的错误的理论根源，认为《矛盾论》中关于"矛盾的斗争性是无条件的、绝对的"、矛盾"同一性是有条件的、相对的"的论点，正是"斗争哲学"的表现，是"左"的思想的哲学基础。我以为，这个观点在列宁的哲学笔记中已有论述。毛泽东的发挥恰好

① 中共中央文献研究室．建国以来重要文献选编：第15册．北京：中央文献出版社，1997：653.

是在明确指出："有条件的相对的同一性和无条件的绝对的斗争性相结合，构成了一切事物的矛盾运动。""推动一切事物的发展。"这个观点揭示了事物发展的源泉和动力。问题出在"左"的思想影响下对马克思主义、毛泽东思想的随心所欲的曲解，把一些错误的东西附加在马克思主义的科学体系上。为此我曾在80年代初写了一篇文章，阐述了我对矛盾同一性与矛盾斗争性关系的认识。这个事实也告诉我们，应当把毛泽东晚年的错误理论观点同毛泽东思想的科学体系区别开来，把对毛泽东的理论观点的宣传同毛泽东的理论本身区别开来。事实上，毛泽东在党的八届十中全会上提出的关于阶级斗争的理论和路线是有其主客观原因的，不能归咎于《矛盾论》。

从主观原因讲，是对阶级、形势、矛盾的错误估量，导致毛泽东"左"的思想越来越严重，陷入了人为地制造所谓"路线斗争"的泥沼。这里面有权力斗争的因素，但不能归结为权力斗争，实质上是以自身的错误路线对正确路线的斗争。从客观原因讲，国际形势的紧张、中苏关系的恶化、蒋介石叫嚣反攻大陆、美帝国主义的亡我之心不死，以及党内坚持实事求是思想路线的力量对毛泽东绝对权威的威胁和挑战、广大群众中潜在的对错误路线的不满情绪等等，都对突出阶级斗争产生了不同程度的影响。

这条路线的实践表现在许多方面，贯穿于社会生活的各个领域。在国际上突出表现为加强反对苏联赫鲁晓夫修正主义的斗争、反对美帝国主义霸权的斗争，扩军备战，准备打世界大战，把两个超级大国捆在一起作为敌人来反对，要在政治上把它们批倒批臭。在国内，从文学艺术战线开刀，进而延伸至政治、经济、科学、教育等领域。文艺战线被说得一团漆黑，是"帝王将相、才子佳人占领舞台"，是"反革命裴多菲俱乐部"。毛泽东对文艺工作的几次批示在文艺界掀起了阶级斗争的滚滚浪潮，这一浪潮至少在客观上全盘否定了17年文艺战线的成绩。而农村的"社会主义教育运动"也在这条基本路线的指引下步入了歧途，大批基层干部遭到打击，被定为"四不清"干部，被定为"党内走资本主义道路的当权派"。这一运动也为几年后毛泽东发动"文化大革命"打下了实践基础。至于在哲学上一场声势浩大的对“合二而一”的批判，则为把阶级斗争逐步推向高潮做了广泛而深入的舆论准备。在军队，阶级斗争的弦绷得更紧，大讲突出政治，《解放军报》发表评论员文章，从“一论突出政治”到“十论突出政治”，各级宣传部门闻风而动，组织干部战士学习，清理对阶级斗争的麻痹思想和各种不突出政治的问题，从严进行批判。与此相适应，大力宣传林彪提出的“四个第一”（人的因素第一、政治工作第一、思想工作第一、活的思想第一）。这“四个第一”的核心仍然是突出政治。以我当时的思想认识水平，我是赞成“四个第一”的提法的，并且把它作为宣传工作的指导思想，认为“活的思想第一”是一个创造，生动地体现了宣传工作的“有的放矢”，是搞好思想政治工作的突破口。在这段时间，我们被派到各部门去了解情况，就是把重点放在抓活的思想上，而抓活的思想中又是特别注意那些同党的路线政策以及阶级斗争相关的东西。这“四个第一”给部队的政治工作造成很大的压力，我们这些具体做宣传工作的，思想上也有很大的压力，部队不仅在意识形态领域加强阶级斗争，而且在组织上纯洁队伍，千方百计地挖掘“深藏在部队的阶级敌人”“反革命分子”以及一切“帝修反的代理人”。这既不符合部队的实际情况，也不符合党的政策，伤害了许多好同志，也损害了部队的团结统一。

这三条路线实践的时期早已过去，但它们留给我们的思考是深长的。当党的路线、方针、政策不符合实际、出现错误的时候，要不要原原本本地宣传，能不能提出批判性、修正性的意见？这个问题一直困扰着我。

第二章　通信兵学院的哲学教学

1957年部队院校进行调整，张家口高级通信学校与沈阳通信学校合并，组建了中国人民解放军通信兵学院，我随学校到了沈阳。我在这以后的十年里一直从事理论教育工作，直到转业到地方。1957—1960年，我一方面从事宣传教育工作，一方面为在职干部讲授哲学和政治经济学。1961年我被调到政治部政治教研室任哲学教员，专门从事哲学教学。政治教研室是师级单位，设有哲学教研室、中共党史教研室、社会主义建设教研室、政治工作教研室、资料室等。哲学教研室有七位教师，其中有两位是长期在部队从事政治工作的干部。当时全国掀起了学习毛泽东著作的热潮，部队院校也下大力气抓了这项工作，并且在许多方面都结合学员的理论水平和教学实践进行了卓有成效的创新。我们认为学习马克思主义理论不仅要掌握其基本原理，还要学以致用，即用马克思主义的立场、观点、方法分析和解决问题。这也是我在通信兵学院哲学教学中最大的体会。就我们当时在通信兵学院的哲学教学来看，这一方法也是富有成效的。

一、指挥系的毛泽东哲学著作教学

通信兵学院是中国人民解放军国防信息学院的前身。它主要是培养中国人民解放军通信部队的指挥干部，以营团级干部为主。作为一所军事院校，通信兵学院不同于地方院校。其学习内容包括两个方面：一是根据部队建设需要，培养业务能力；二是结合当时的形势任务，对学员进行马克思主义理论教育，特别是毛泽东哲学著作的教育。在这方面，通信兵学院要求是比较高的，不仅要使学员学好原著，而且更加注重理论联系实际，要求联系国家、社会生活的实际，联系军队建设的实际，联系个人思想的实际，着力解决学员的实际思想问题，突出认识世界与改造世界的统一，特别是强调改造主观世界。因此，学习的内容、要求和具体学习方法都跟地方院校有较大差别。

1960 年以后，通信兵学院有两个系，一个系叫基本系，这个系的学员主要是学专业技术，哲学课的教学仍然采用辩证唯物主义与历史唯物主义的体系，选用艾思奇同志主编的教材并结合军事院校的特点编写了补充参考材料。教学方法以讲课为主，辅以自学讨论，要求学员掌握马克思主义哲学的基本原理，在改造世界观上下功夫。另一个系是指挥系，学员都是通信部队的领导干部，如通信处处长、通信团团长等。为了改进教学内容和方法，提高教学质量，增强教学效果，经反复研究并报校党委批准，实施了新的教学方案。其主要做法是：

第一，在教学内容上，突出毛泽东哲学思想。以毛泽东四篇哲学著作为主要内容，深入进行马克思主义唯物辩证法、认识论和唯物主义历史观的教育。整个课程分为四个单元：第一个单元学习的主要著作是《实践论》《人的正确思想是从哪里来的?》；第二单元学习的主要著作是《矛盾论》；第三单元学习的主要著作是《关于正确处理人民内部矛盾的问题》；第四单元是总结提高，除集体总结外，每个学员都要在教员指导下认真思考，写出一篇联系自己思想、工作实际的文章。文章要写得具体、实在，有一定的理论深度。

第二，教学时间由分散变为集中。每个单元安排 10 个学习日左右的时间，全部用于学习哲学课，使学员精力集中，便于深入学习和研究问题。

第三，改变以往哲学课以讲课、讨论为主的方法，增强教学环节的实践性，体现认识过程的反复性。具体做法为：提示原著、粗读原著提问题、讲课、精读原著和讨论、小结五个教学环节。提示原著由教员分自然段解释毛泽东的哲学著作并将相关的一些自然段按问题进行归纳性介绍，引导学员去阅读原著。学员在粗读原著中要大体地了解基本内容，并根据自己的思考和理解提出问题。提的问题可以是多方面的，但主要是原著中理论上的重点、难点和与实际相联系的重要问题。第三个环节是教师讲课，不是一般地讲授原著的内容，而是归纳学员的问题，围绕本单元的主题，抓住重点、难点讲清问题。这对教员的要求是很高的，一是因为准备讲课的时间紧，二是因为学员提的问题中有一些是很难回答的。水平高和经验丰富的教员可以预先做些准备，但毕竟学员提的问题较多仍然需要重新准备。教员讲课之后，第四个环节是学员精读原著加深对重点、难点问题的理解，并选择几个带有普遍意义的、理论与实践相结合的重要问题开展讨论，集思广益，深化认识。这一环节既是加深理解的环节，也是体现学习效果的环节。最后一个环节是教员小结，也就是对本单元的学习来一个总结提高，既要有针对性，又要有概括性和理论性。一是力求把学员的认识和理解的情况加以概述；二是对学员在讨论中的模糊认识要从理论上加以分析；三是对学员提出的新的有启发性的问题要予以回答；四是对学员的收获——包括理论方面和联系实际方面的——要进行总结。所以，这个小结应是理论与实际相结合的。学员十分重视教员的小结，为了做好小结，主讲教员除了同教员组的同志集体研究外，还要同学员的党支部委员会一起讨论。

第四，发挥哲学教研室集体的力量。每个单元的教学都由教研室组织一个教学组去完成，由一个水平较高的老教员担任主讲，另有 2～3 名教员做助教，共同确定教学计划，共同讨论讲课和小结的内容，共同进行调查研究。

第五，教学过程中，上述教员组的人全部下到班里，与学员同吃、同住、同学习、同劳动。开课前提前下去搞调查，摸思想情况，摸学员原有的哲学理论基础，至少要同 1/3 的学员做个别交谈，并召开座谈会，写出简要的调查报告。学习开始后，参加学员的一切活动，进行答疑、辅导，协助学员组长组织讨论。

这样的教学环节，一环扣一环，教员思想上的压力很大，尤其是联系学员的思想实际，抓准主要问题，做到有情有理地分析，实在不易。学员都是营团领导干部、校级军官，而多数教员比他们的级别低。但学员的学习态度都很好，尊重教员，遵守纪律。学员提出的问题相当有分量，意见也很尖锐。我们都担心教不好砸了锅。有的教员说，这种教学不是战斗胜似战斗。从早忙到晚，从始累到终，比以往的上课要加倍地付出。

这样的教学环节，对于提高学员的学习主动性、培养学员的钻研精神很有好处。对于一般性的听课和最后一次考试，学员可以少动脑筋，而这样的教学环节每个学员都得认真思考和研究问题。有的学员对教员说，我们要过的关比你们还多，最后一关更难过。最后一关指的是写学习心得，写得好不好，都是向党的汇报，写得好受表扬，写不好做检讨，还要装进档案。

这样的教学环节在一定程度上体现了由浅入深、由一般到重点、由理论到实践的过程，也就是认识不断深化的过程。经过两个反复，必然会增进对原著的理解。教员的小结和学员自己写的心得又进一步使认识得到提高。

这样的教学环节也是教学相长的过程。教学的互动活动较多，教员与学员互相交流，互相切磋，有时还会有交锋，这就使教学主体和教学客体处于对立统一状态。就教员这方面来说，通过教学可以从学员那里学到不少东西。诸如他们工作中的经验、认识上的创见、学习精神和思想方法。当时我们哲学教研室有两位刚从地方大学分来的学生，他们作为助教参加教学活动，经过几次这样的教学实践，深感收获很大，认认真真地写了心得体会。我们同他们一样，每次教学之后都有一些新的收获。

1962—1965 年，我们在指挥系的八个班采用的这种教学方式，总的来看是有成效的，多数学员反映收获较大。

第一，对毛泽东的四篇哲学著作有了较全面而深入的理解。过去不少学员也曾读过这些著作，但大多是了解其大意，浅尝辄止，或者知其然而不知其所以然，懂了的就懂了，不懂的也不深究。这次学习下了功夫，排除了一些“拦路虎”，能够把有关的原理连贯起来，比较系统地了解了毛泽东哲学思想的基本观点。

第二，对一些重点、难点问题虽未能完全搞清楚，但经过思考讨论，能大体把握基本思想。例如，关于认识运动的总规律问题、绝对真理和相对真理的关系问题、矛盾同一性和矛盾斗争性的关系问题、辩证法的实质和核心问题、社会主义时期两类不同性质的矛盾问题等，教员在教学中都将其作为重点来反复研究，从而使学员的认识有所提高。

第三，教学中还对毛泽东的《人的正确思想是从哪里来的?》一书中的新理论观点，如三大实践活动、物质变精神与精神变物质、实践作为检验真理标准的绝对性和相对性等，进行了认真的学习和探讨。学员认为，在这些方面受到的启发和教育是比较大的。另外，对当时理论界和哲学界争论的一些问题，如“一分为二”和“合二而一”的问题、社会主义社会基本矛盾的性质和特点等，也有所涉及。

第四，学员认为最突出的收获是联系实际方面。由于要联系自己的思想和工作实际，找准问题，用哲学理论加以分析，防止理论与实际相互脱节，学员们开动脑筋，在理论同实践的结合上下功夫，从而提高了用辩证唯物主义的立场、观点、方法分析问题的能力。先后有数百名团以上干部从不同的层面联系自己的实际，其中有理论分析，有经验总结，有思想批判，其内容相当丰富。

学校党委和政治部的领导对我们在指挥系进行哲学教学的做法和经验给予了充分的肯定，并写出总结上报通信兵政治部。这种教学内容和方法也得到沈阳市一些地方大学的重视，东北工学院和辽宁大学等单位组织哲学教师来我院观摩、听课。他们认为我们的讲课针对性强，教学方法很有特点，比较适合于干部教育。而对地方大学的青年学生，由于各方面条件的限制，难以采用这种方法。我们感到他们的看法是比较客观的。

另外，在教学内容和对实际问题的分析方面，仍然不可能不受当时历史条件的影响。《关于正确处理人民内部矛盾的问题》中关于阶级斗争的观点，党的八届十中全会关于社会主义历史阶段两个阶级、两条道路斗争的论述，社会主义教育运动中毛泽东的一些指示，也是教学中的重要内容。无论是教员还是学员都没有也不可能对这些内容提出不同看法，只能是认真去理解和执行。这就难以避免在理论联系实际中，在学员的思想小结和学习心得中，在教员的讲课中，存在一些非科学的观点。

二、关于《矛盾论》的教学体会

教学计划是确保教学顺利开展、实现教学目的的重要条件。但是，提高马克思主义理论教育的实效性必须处理好课程建设稳定性与灵活性的关系、常规教学与集中教学的关系。教学计划是为教学效果服务的，在有些情况下，根据实际教学需要调整教学安排是十分必要的。

1962 年上半年，通信兵学院二系五、八班安排了七天哲学课。当时的情况是：之前已经学习了《实践论》，还有《矛盾论》《关于正确处理人民内部矛盾的问题》《人的正确思想是从哪里来的?》没有学。在学员中较突出地存在如下一些思想：对将要进行的减薪定级工作缺乏正确认识，存在骄傲自满情绪，贪图安逸、斗志减退、不够安心于部队工作，等等。领导对这次哲学教育的要求是：在七天时间内，既要使学员学好原理，又要解决他们的实际思想问题。这样就突出了时间少、内容多、要求高的矛盾。但这次教学在院系党委领导下，在班支部的领导下，充分发挥了干部、教员、学员三结合的能动作用，使七天时间的哲学教学取得了较好的效果。这次教学活动结束后，我们进行了总结，写了一篇教学的体会。这篇体会至今还保留着。现转录于此，以供参考。

（一）关于教学内容、方法、步骤的安排

对于时间少、内容多、要求高的矛盾，我们在制订哲学教育计划时就考虑到必须从妥善的教学安排上来解决。

在教学内容上：确定学一篇，学《矛盾论》。我们认为时间少，假如什么都学，就会什么都学不深透。只有集中精力学一篇，才能学得更扎实、更深透一些。又为什么选定《矛盾论》呢？我们当时的考虑是：(1)《实践论》已经学过，《人的正确思想是从哪里来的?》可以在学习《实践论》的基

础上进行自修，《关于正确处理人民内部矛盾的问题》可以在《矛盾论》中涉及一部分。(2) 学员反映《矛盾论》比较难学，“一分为二”是辩证法的最基本的规律，“一分为二”与“合二而一”的对立又是当前哲学战线上论战的中心，因此对学习《矛盾论》要求迫切。(3) 用“一分为二”的世界观和方法论更便于解决学员的实际思想问题。

在教学方法上：遵循启发式教学原则，采取大讲大用的小整风形式来学。启发式教学原则，贯穿于整个哲学教育过程的始终，以充分启发学员的自觉性和调动他们的学习积极性。为了解决时间少、内容多的矛盾，在讲课方法上就必须抓住重点原理讲深透；在联系学员实际讲原理时，只提线索，不展开论述，把《矛盾论》的讲课时间压缩在四至五小时，增加学员独立思考的时间。同时，正因为时间少，我们才坚决采取了大讲大用的小整风形式来学哲学。我们认为，只有采取这种方法，才能在有限的时间内，既学好原理又解决学员的实际思想问题。

在教学步骤上：由于时间紧，我们没有专门组织讨论，而采取启发报告、读书、大讲大用、小结四个环节（课前利用一至二小时课余时间进行一次文章辅导，介绍每节的中心思想和段落大意）进行。假如时间充裕，在大讲大用之前能安排一次讨论，并使讨论与大讲大用有明确分工，效果会更好些，我们在以后时间较多的班正是这样做的。

（二）学原理和解决学员实际思想问题紧密结合

根据领导提出的既要学好原理，又要解决实际思想问题的要求，在整个教学过程中，我们都始终注意了这二者的紧密结合。

1. 联系学员的实际思想问题，有重点地学习原理

时间少，就更加突出了“抓重点”的重要意义。在原理上，我们重点抓了内外因的辩证关系、矛盾的普遍性、具体问题具体分析、矛盾诸方面的同一性和斗争性等原理。

抓重点原理的思想贯穿于教学的各个环节。教员的启发报告，主要是讲透重点，帮助学员解疙瘩。对那些既是重点又是难点的问题，就举学员喜闻乐见尤其是学员经常接触的实际来阐明它的基本精神；对那些是重

点，但比较好懂的就少讲，而主要是给学员指明一些关节点；对一些非重点，讲课中或者只提简要线索或者不讲。在读书过程中，我们又给学员强调指出一些重点段，并将读书时间主要用于理解一些重点原理。对读书中学员提出的一些疑难问题，也是只挑重点解答，非重点问题只做个别辅导。大讲大用和教员的小结，都是认真运用原理，使学员对原理的领会更具体、生动、深刻。怎样在时间短的情况下把重点原理学好？关键在于联系实际活学活用。因此，无论是教员讲课还是学员读书，我们都始终明确一定要联系实际地领会原理。这一段的联系实际，可以拓展为联系国内外阶级斗争形势、党的路线方针政策、军队革命化现代化建设等方面的实际问题。此外，同样重点联系一些学员的思想实际来阐释原理。这样的联系，消除了哲学的神秘感，学员感到格外亲切，对哲学学习产生了浓厚的兴趣。

2. 运用哲学原理，解决学员的实际思想问题

大讲大用的哲学学习小整风阶段，侧重于运用原理来解决学员的实际思想问题。在整个这一阶段，我们都反复强调了必须以毛泽东的哲学思想为指导，防止和克服泛泛的思想检查，把学习效果提高一步。原理的运用又有两个方面：

首先运用原理不断端正对讲用哲学的态度，抓住自己的问题。比如运用矛盾普遍性的原理启发了学员大胆揭露自己的问题。起初有一部分学员认为：“我就那么点问题，早就抖出去了，哪有那么多问题可抖?”还有少部分学员认为：“反正是错的，谈出来要受批判，不如自己偷偷改掉算了。”学习了矛盾的普遍性原理，懂得了矛盾普遍性和客观性，大家承认和大胆揭露自己的思想矛盾。又比如，以主要矛盾的原理为指导，启发学员抓准自己的主要问题。懂得了抓主要矛盾就可带动其他矛盾的解决，抓住了自己思想上的关键问题，就可扫清自己前进道路上的主要障碍。再如，同一性斗争性的原理，启发了学员的自觉革命精神，使学员积极开展批评与自我批评来解决矛盾。等等。因此说，毛主席的哲学思想成了指导学员解除思想顾虑、搞好哲学讲用的锐利武器。学员通过思想斗争的胜利，又加深了对这些原理的理解。

其次运用原理来具体分析实际思想问题。比如，用两种宇宙观的观点以及具体问题具体分析的原理来分析批判自己看问题的形而上学观点，在分析自己的具体问题时，一般都是从思想方法着手，揭示自己一些错误思想在思想方法上的形而上学实质。对于骄傲自满和红专关系等问题的分析是如此，对于个人主义问题则从个人与集体、局部与全部、暂时与长远、得与失等方面的正确关系入手，揭示思想方法上的形而上学实质，然后再提高到立场、观点上去分析。

又如，用矛盾转化的原理来分析各种非无产阶级思想的危害。运用矛盾转化的原理分析骄傲自满的危害，就可以看到骄傲自满可以使先进变后进、有利变不利、成功变失败，它涣散革命组织、损害革命集体的团结。所谓“小小的个人主义”或“生活小事”，起初有部分学员也不以为然。运用矛盾转化的原理一分析就懂得了小与大互相转化的道理。学员张殿韶说：“大错误是从平时的小问题开始的。量变到一定的时候就会引起质变。”学员梁增福也说：“学习后懂得了必须从小处着手。小是大的基础，大是小的发展。细菌虽小可以葬送生命，个人主义也可以损害我们的政治生命。”

再如，运用内外因关系的原理来认识产生各种非无产阶级思想的原因以及找到正确克服的办法。懂得了问题的产生，既有社会方面的原因，又有自身的原因，如毛泽东的著作学习得不够，无产阶级的立场、观点、方法树立得不牢，对各种非无产阶级思想的侵蚀抵制不利，从而懂得了要克服各种非无产阶级思想意识，就必须在改造客观世界的实践中努力改造自己的主观世界，努力学习毛泽东的著作，使自己的思想更加革命化。

只有运用原理来分析自己的实际问题，才能使这些问题的解决建立在科学理论的基础上，才能避免过去那种泛泛检查、事后重犯的毛病，使问题解决得比较彻底。同时，通过对原理的实际运用，反过来又加深了对原理的理解，使原理学得更透、记得更牢。因此，我们认为在时间少的情况下，只有更好地联系实际，运用大讲大用的方法学，才能达到既学好原理，又解决实际问题的目的。

（三）学员对这次学习的反映和具体收获

1. 方针正确、方法好，真正启发了自觉

通过这次学习，学员对贯彻教育方针有了较深的体会。有的说：“这次学习时间短、收获大，主要是联系了自己的实际问题，改造了思想。”有的说：“这次学得扎实，学到一点就用上一点。”还有的说：“不论是学原理和解决实际问题都贯彻了少而精、抓重点的原则，力量集中，解决得彻底。”还普遍反映：“思想上没有压力，真正启发了自觉，拿出了自己的第三本账。”

2. 效果大，获得了理论、思想双丰收

对于原理，学员反映：“过去感到神秘的、抽象的哲学原理，这次具体化了。”“把无形的原理变成了活的东西，既好理解，记得也牢。”还有的反映：“过去专门学了 20 多天，也不如这次学 7 天印象深。”

学员普遍反映收获大还表现在：“通过这次学习，找到了自己问题的老根，敲响了警钟，明确了方向”。有的说：“过去总是浮皮潦草，这次的确做了认真斗争，规规矩矩地学了一次。”还有的说：“这次对自己的问题打得痛，醒得快。”学员付德辅还痛哭流涕地谈了自己对盲目骄傲的认识，并诚心感谢大家的帮助。总之，学员们都普遍从内心感到自己前进了一大步，特别高兴。

这次学习，学员的具体收获就是运用原理解决了自己一些切身问题。这些问题大体上有：

第一，关于思想意识修养方面的问题。其中又包括：（1）骄傲自满问题。这是大量的，占此次问题的 1/3～1/2。这主要是由于五、八班学员资历较老，抗日战争和解放战争时期入伍的占 70%以上，大多数又在部队担任过一些领导职务，认为自己有功劳、有贡献，过去什么也不会，现在懂得不少事情了。（2）斗志减退，抱有中游思想，贪图安逸享受，不安心部队工作。一些学员认为年龄较大，身体条件较差，工作水平不能适应部队革命化现代化建设的要求，总感到自己不属于接班之列而属于交班之列。加上较长时期和平环境里资产阶级思想的影响，一些学员逐渐厌倦部队的紧张生活，留恋小家庭，认为不如到地方清闲。（3）级别待遇问题。这次五、八班的哲学教育是正当减薪定级的宣传教育时期，因而对这个问题反映也较多。（4）红专关系问题。关于这一问题，这次反映的不像上述问题普遍，这是由于上述问题较之更严重一些。但实际上它是较普遍地存在着的一个重要问题。（5）斗争性不强，批评与自我批评开展不力。这是与上述中游思想相关联的一个问题。

第二，部分同志解决了一些老大难的问题。在剥削阶级家庭出身的学员中，有部分同志长期以来没有划清自己作为一个共产党员与剥削阶级家庭之间的界限，当别人一说到剥削阶级甚至一提到阶级斗争时就感到“直不起腰，说不起话”。对党的干部政策产生抵触，对个人前途产生悲观情绪。通过这次学习，这些同志懂得了必须与自己的剥削阶级家庭划清界限，因而思想豁然开朗了，丢掉了沉重的思想包袱，精神面貌起了根本的变化，心情特别愉快。

此外，也还有少数犯过错误或受过批评的学员长期以来背着包袱。比如，有一位学员徐满友是贫农成分，1945 年入伍，曾在 1950 年被一个资产阶级坏女人拉下水，1952 年主动交代后，因受到处分而不满，认为坦白忠诚反而倒霉，从此一蹶不振，到小说中找安慰，用吃、喝、玩消磨时间，并逐渐发展为对党的政策越来越不满，离心离德。通过这次《矛盾论》的学习，他运用内因和外因的原理，懂得了自己的问题应该自己负责，并说：“这次主席著作的学习，使我懂得了应怎样做人。多年来不愿往外拿的问题这次自己痛快地拿出来了，我要卸掉包袱，轻装前进。”

第三，解决了同志间的现存关系问题，促进了团结。原来，组与组、同志间存在着的一些关系问题，通过这次学习，都得到了解决，学员们主动承担责任，通过运用“一分为二”的观点促膝谈心，消除了成见，从而增进了同志感情、增强了团结。

（四）几点粗浅认识

通过上述教学实践，我们对时间少、要求高的情况下如何搞好哲学教育有如下几点粗浅认识：

第一，贯彻少而精方针是解决时间少、要求高的矛盾的最好办法。首先，在学原理方面，我们认为，在时间少的情况下，必须减少篇数。假如学两篇时间紧，学一篇时间比较富余，那就宁愿学一篇，把一篇学得深透一些；即使学一篇，也必须集中精力，抓住重点原理学深学透。要想在有限时间内把一篇中的所有原理都学得深透实际上是不可能的。

其次，在解决学员的实际思想问题方面，也同样要坚决抓住主要矛盾。在有限时间内解决学员关键性的问题，也就基本上达到了教学目的。因此，我们在哲学讲用时，提出每人抓准一个主要问题，运用原理来解决，在运用原理分析自己一个主要问题的时候，也是号召学员抓住问题中的一个关节点来进行深入分析。

这里必须处理好得与失的矛盾关系。这样的学法，虽然原理学得不够系统、完整，但学到的是精华；实际问题虽然解决得不多，但解决的是学员的关键问题。对比起来，得大失小，是合算的。同时，这次学习为学员今后活学活用毛泽东著作打下了基础，学员就能够在今后毛泽东著作的学习中不断运用这种方法，不断解决其他方面的矛盾。

第二，只有联系实际才能学透原理，只有运用原理才能将实际问题解决得彻底。联系实际学原理，在教员讲课时是这样做的，在学员读书时也是这样要求学员的。我们的教学实践证明，学员在最后运用原理来分析自己的一些实际问题的时候，不仅解决了这些实际问题，同时也加深了对原理的理解。正像学员所体会的："运用原理比从字面上去理解原理更难。"因为要运用，就必须对原理有深刻的理解，促使学员用脑子去思考、钻研原理。由此也证明即使学一篇哲学著作也要搞大讲大用，因为它能起到既解决实际思想问题又加深对原理的理解的双重作用。

三、为通信系统团级干部讲授"两论"

1964年，通信兵部在通信兵学院举办了三期团级干部读书班，学习内容也是毛泽东哲学著作，但学习方法与前面讲的指挥系学员的学习方法不同，主要是讲课和读书，每期一个月。我受命承担《实践论》和《矛盾论》的教学。根据学员的特点，我对授课内容做了调整，把原著的基本思想进行归纳概括，通俗而简明地讲给学员，然后有重点地讲清几个问题。

关于《实践论》的学习，我首先提示大家要从总体把握以下几点：

（1）一条红线：理论与实践具体的历史的统一。这是贯穿于马克思主义认识论中的中心线索。认识论的基本原理就是围绕这条思路展开的。

（2）两个飞跃：在实践的基础上由感性认识到理性认识的飞跃，又由理性认识到实践的飞跃。实现这两个飞跃需要反复的过程，不是一次完成的。

（3）三个关系：真理同谬误的关系、绝对真理与相对真理的关系、改造客观世界与改造主观世界的关系。在整个认识过程中必须正确处理好这三个关系。

（4）一个落脚点：学习辩证唯物主义认识论要落脚到认识真理，坚持真理，发展真理，为真理而斗争。

关于《矛盾论》的学习，我提示学员把握以下几点：

（1）一个核心：对立统一规律是唯物辩证法的实质和核心，坚持一元论的唯物辩证法。

（2）两条界限：学习《矛盾论》要划清辩证法与形而上学的界限、客观辩证法与主观辩证法的界限。

（3）三个关系：矛盾普遍性与矛盾特殊性的关系、矛盾同一性与斗争性的关系、主要矛盾与次要矛盾的关系。这三个问题是《矛盾论》的重要原理，应重点把握。

（4）一个落脚点：《矛盾论》指出，学习唯物辩证的宇宙观在于敢于承认矛盾，正确分析和解决矛盾，“促成事物的转化，达到革命的目的”。

上述对《实践论》《矛盾论》的提示似乎简单了一些，但学员反映有一定启发性，可以作为理解原著、思考问题的线索。

之所以用上述线索进行《实践论》《矛盾论》的教学，主要的目的是用比较通俗的方法、比较简练的内容引导学员学习“两论”，使学员认真阅读原著并不断加深思考和加强实践运用。除此以外，我们还在教学中增加了大讲大用这一环节。现在看起来，当时的有些做法未必正确，但这确实是当时教学改革的具体措施之一。为了进一步研究和思考这方面的问题，我将当时的主要做法概括如下：

提倡大讲大用，主要是为了贯彻毛泽东提出的关于启发式教学的指示，使理论和实践相结合，着力改造人们的主观世界。在这方面，当时国内许多高校和部队都进行了尝试。为此，通信兵学院还专门学习了长沙政治学院的教学经验和红九连用“小整风”方法学习“毛著”的经验，并决定在教学过程中增加大讲大用环节。这个方法曾先后在通信兵学院六个班的教学中采用，受到了普遍欢迎，收到了良好效果，学员反应很强烈。比如，当时五、八班只有七天时间学《矛盾论》，由于搞了讲用，大家也感到收效很大、印象很深刻，尝到了活学活用毛泽东著作的甜头。甚至有的学员还将大讲大用的经验介绍到了原单位，希望在他们所在的部队推广。

要搞好哲学“讲用”，就必须进行一系列深入而细致的思想工作和组织工作。我们的大体做法分为以下几个步骤：第一，在学习毛泽东四篇哲学著作的基础上，在讲用正式开始前，学员班党支部进行动员，统一教学思想，解除顾虑。第二，运用典型在全班做示范讲用。第三，个人准备。带着讲用的问题重点学习毛泽东的哲学著作，开展谈心互助等活动，然后写出讲用提纲。第四，小组普遍讲用。一般都是同类型的问题集中讲，讲完一种类型的问题后进行议论。全组讲完以后，对带共性的问题再集中研究一次，以进一步提高认识。第五，在学员座谈收获体会的基础上，由党支部进行总结，进一步宣扬贯彻方针、表扬先进、指明努力方向，号召继续巩固、落实。

通过大讲大用各个班所取得了多方面的收获。从讲用的内容来看，涉及调查研究、活学活用毛泽东著作、主观片面、骄傲自满、名利思想、离队思想、阶级斗争、中游思想、批评与自我批评、红专关系、政治工作、管理教育等方面的十多个问题都有了不同程度的解决。尤其是带普遍性的问题解决得更好一些。此外，大讲大用还使一部分学员较好地解决了思想、工作中的一些“老大难”的问题。

大讲大用的收益不仅表现在学习过程中提高了认识，而且它的后续效果也是好的，为活学活用毛泽东著作打下了基础。大讲大用这种方法否定了那种先生讲、学生听，只重视理论、不重视联系实际，或者只联系工作方法、不联系思想的教条主义学习方法；它把改造思想放到了首位，把发挥群众的主观能动作用放到了首位。具体来讲，它有如下一些特点：

第一，大讲大用就是哲学教学中的小整风。一方面，讲用是在学习几篇哲学著作后进行的，毛泽东的哲学思想充分启发和动员了群众自觉革命的积极性，学员感到这样的整风是完全自觉自愿的，这样既改造了思想，心情又特别愉快。另一方面，由于它是在毛泽东哲学思想指导下的自觉革命，容易使学员对自己的问题抓得准、挖得深、提得高。比如学员以主要矛盾的原理为指导，一般都抓准了自己现实思想、工作中的主要问题，进而起到了“抓一带十”的效果。又比如在矛盾的普遍性原理的指导下，学员一般都敢于揭露自己的问题，挖得较深。好些同志讲出了自己多年来所不愿讲或害怕讲的问题。

第二，大讲大用还是活学活用毛泽东哲学思想，让哲学走出课堂、走出书本，变为群众手里尖锐武器的好办法。为了把问题提到世界观的高度来加以解决，需要带着问题认真钻研有关原理。在教员的启发诱导下，学员通过联系实际的独立思考，通过运用原理来分析自己的问题，能更好更活地掌握原理。学员为了深入分析某一具体问题，往往走路、吃饭的时候都在思考，甚至晚上睡不着觉。正因为下的功夫大，所以书本上的抽象原理变成具有丰富内容的活生生的东西了，对实际问题的分析也更加有条理了。学员说：“通过大讲大用，不但知道原理是什么，而且也知道怎么用了。”

以骄傲自满为例，学员带着这个问题认真研究了毛泽东“一分为二”的思想，又用“一分为二”的思想来认识骄傲自满的表现、实质、危害，这样就比较深刻地认识到骄傲自满正是不折不扣的形而上学观点。归纳学员的认识：骄傲自满者往往不能正确处理内因与外因的关系，有了成绩挂在自己账上，有了缺点强调客观原因；骄傲自满者不承认自己比别人差，不能虚心向先进学习，违背了矛盾普遍性的原理；骄傲自满者也不能对具体问题进行具体分析，常常犯主观随意的错误；骄傲自满者不能运用同一性和斗争性的原理，自觉进行批评和自我批评，往往在成绩面前裹足不前，在缺点面前丧失信心。同时在分析的时候，学员还结合实际情况，研究在什么情况下容易骄傲自满，在什么情况下特别要虚心注意“一分为二”等。学员不仅对骄傲自满做了有说服力的批判，明确了克服的办法，而且加深了对“一分为二”的理解。

第三，大讲大用能取得较好的效果，还因为它贯彻了群众路线的教学方法，充分发挥了学员的主动性。学员每个人的讲用都是建立在自觉革命的基础上的，讲用什么问题，如何分析批判，都从学员实际出发，由学员自己确定。领导、教员只是做些启发诱导工作。学员之间的群众性思想互助，也是出自自觉革命的要求，因此提出意见的态度诚恳、开门见山，接受意见的也感到痛快、舒服。另外，这种方法既然是群众性的讲哲学用哲学，因此人人是先生，人人是学生，每个人的讲用都是一堂生动具体的哲学课，而且讲用内容多样、具体生动。

总之，我们认为哲学大讲大用是贯彻理论联系实际和少而精教学原则的好方法，也是使哲学从哲学家的课堂上和书本里解放出来，变为群众手里的尖锐武器的好方法。

四、对“一分为二”与“合二而一”争论的思考

通信系统团级干部读书班开班之时，社会上正在大讲“一分为二”，批判“合二而一”的观点，学员们要求就此问题做一个专题来讲。

事情的起因和经过大体是这样的。毛泽东于1957年在《在莫斯科共产党和工人党代表会议上的讲话》中提出了“一分为二”的观点。他先后讲道：“一分为二，这是个普遍的现象，这就是辩证法。”“对立面的统一是无往不在的。”“无论什么世界，当然特别是阶级社会，都是充满着

矛盾的。"① 这一观点总体上是符合唯物辩证法的精神的。它强调了矛盾的普遍性以及矛盾的斗争性和同一性，从某种程度上说是对《矛盾论》中基本思想的发展，也为人们在实践中提供了科学的思维方法。但是，在实际生活中，人们对"一分为二"的理解却出现了偏差，即夸大了矛盾斗争性的方面。

1957 年以后，中国共产党内部的"左"倾思想有所抬头，特别是反右扩大化以后，党内的一些同志对阶级斗争的形势做出了错误的估计。1958 年 8 月，当时的中共中央直属高级党校（今中共中央党校）校长杨献珍在《略论两种范畴的"同一性"》一文中就批判了一些人只讲对立面的斗争、不讲对立面的统一的现象。1963 年 3 月，杨献珍在给中共中央直属高级党校 61 班学员讲授《唯物主义引言》时，第一次使用了"合二而一"的概念。他说，事物既是"一分为二"的，也是"合二而一"的。1963 年 11 月，他在给中共中央直属高级党校学员和工作人员讲授《认识论》时又说，"合有无谓之元""合二而一"，这些都是中国古代关于对立统一规律的光辉思想。1964 年 5 月 29 日，《光明日报》哲学专刊上登出了中共中央直属高级党校哲学教研室艾恒武和林青山合写的《"一分为二"与"合二而一"——学习毛主席唯物辩证法思想的体会》的文章。这篇文章认为，事物是由对立的两个方面构成的，而两个方面是不可分割地联系在一起的，"合二而一"正是表达了辩证法的最基本的规律，即对立统一规律。因此，他们认为，要用"一分为二"的方法分析事物，通过"合二而一"来把握事物的发展规律②。

正是这篇文章引起了一场轩然大波。有的人认为"合二而一"是"阶级调和论"，是"修正主义"。许多支持"合二而一"观点的人受到了斗争和打击。

现在回想起来，在当时的争论中，"一分为二"的观点几乎是以压倒性优势取得了"胜利"。但是，当时不少人对"一分为二"的理解是片面

① 毛泽东. 毛泽东文集：第 7 卷. 北京：人民出版社，1999：332-333.

② 中国人民大学哲学系资料室. "一分为二"与"合二而一"的讨论日志. 教学与研究，1964（5）：27-36.

的甚至是错误的，这就带来了思想上和理论上的混乱。

首先，对“一分为二”做了简单化的理解。人们认为，“一分为二”就是要分出对与错、好与坏、资与无、敌与我。“一分为二”成了口头禅，成了一个套子。其次，对“一分为二”做了经验化的理解，认为有些事物也不能讲“一分为二”。比如，共产党不能一分为二，国民党也不能一分为二，毛泽东和毛泽东思想更不能一分为二。这实际上是否定了“一分为二”的客观规律性。最后，人们把“一分为二”理解为只讲分、不讲合，只讲斗争、不讲统一。谁要是讲合、讲统一，那就是“阶级调和论”。这就为“马克思主义哲学是斗争哲学”做了论证。

实际上，上述几个方面反映出当时人们的思想状况。在我看来，“一分为二”是一个内涵丰富的哲学命题。当时人们的一些理解和做法，是把本来内容丰富的哲学概念变得教条化、绝对化、经验化了。

鉴于不少人对“一分为二”的简单化理解，我做了较为充分的准备，力求讲得准确些、全面些。经领导同意并审阅讲稿后，我做了专题讲座。我主要讲两个问题：一个是介绍理论界批判“合二而一”的观点，另一个是如何把握“一分为二”的观点。我的认识是：

第一，任何事物都是一分为二的，这个观点应该坚持。因为矛盾是普遍存在、无时不有的，我们绝不能认为有的事物有矛盾、有的事物没有矛盾。毛泽东指出：“任何事物内部都有这种矛盾性，因此引起了事物的运动和发展。”① “矛盾存在于一切事物的发展过程中；……没有什么事物是不包含矛盾的，没有矛盾就没有世界。”② “矛盾是普遍的、绝对的”③。因此，否认某些事物的可分性必然导致否认事物的矛盾。

第二，任何事物的一分为二都有自身的特点，这就是矛盾的特殊性。毛泽东在《矛盾论》中鲜明地指出：“矛盾的普遍性即寓于矛盾的特殊性之中。”④ “各种物质运动形式中的矛盾，都带特殊性。”⑤ “任何运动形式，

① 毛泽东. 毛泽东选集：第1卷. 北京：人民出版社，1991：301.

② 同①305.

③ 同①307.

④ 同①304.

⑤ 同①308.

其内部都包含着本身特殊的矛盾。这种特殊的矛盾，就构成一事物区别于他事物的特殊的本质。”① 同时，毛泽东还批判了有些同志对待事物矛盾的教条主义态度。他强调：“关于矛盾的特殊性的问题，则还有很多的同志，特别是教条主义者，弄不清楚。”“他们也不了解研究当前具体事物的矛盾的特殊性，对于我们指导革命实践的发展有何等重要的意义。”② 因此，我们在分析事物的矛盾时，不能简单地用正确错误、优点缺点、先进落后去划分，要按照事物的性质认识事物矛盾的自身特点。有些同志之所以认为某些事物不是一分为二的，正是因为不懂得任何一分为二都具有特殊性。一分为二是事物的共性，具体事物如何一分为二有其个性，应当用矛盾特殊性的观点去认识具体事物的一分为二。比如，我们在讲到毛泽东思想是一分为二的时候，是说毛泽东思想既是绝对真理，又是相对真理，是绝对真理、相对真理的统一；讲共产党一分为二的时候，是说共产党内部也存在着内部矛盾，存在正确思想与错误思想、正确路线与错误路线的斗争，甚至不同派别的斗争。

第三，任何事物的一分为二的两个方面都不是平衡的，不是半斤和八两的关系，而是有主次的，即有主要矛盾和次要矛盾、矛盾的主要方面和次要方面。毛泽东指出：“任何过程如果有多数矛盾存在的话，其中必定有一种是主要的，起着领导的、决定的作用，其他则处于次要和服从的地位。”③“不能把过程中所有的矛盾平均看待，必须把它们区别为主要的和次要的两类”④。因此，我们在实际工作中，对事物一分为二的两个方面不能平等看待，要善于分析主要矛盾和次要矛盾、矛盾的主要方面和矛盾的次要方面。

第四，任何事物的一分为二的两个方面既互相斗争又互相联系、互相依存，并且在一定条件下互相转化。这就是矛盾斗争性和矛盾统一性的问题。通过对立面的统一和斗争，矛盾发生转化，旧的矛盾为新的矛盾所代替。这种又同一又斗争的关系构成事物的矛盾运动，推动事物的发展。人

① 毛泽东．毛泽东选集：第1卷．北京：人民出版社，1991：308-309.
② 同①304.
③④ 同①322.

们在认识和处理矛盾双方的关系时，应注意在对立中把握同一，在同一中把握对立。这就是说“一分为二”与“合二而一”都是从不同侧面对矛盾关系的表述，不能把它们对立起来。

第五，任何事物的一分为二都不是静止的、孤立的。不是静止的，是说矛盾是不断变化发展的过程，旧的矛盾解决了，新的矛盾产生，旧的一分为二被新的一分为二代替，这是事物矛盾运动的客观规律。旧事物为新事物所代替，新事物仍然是矛盾的统一体，是一分为二的。如果事物作为一个统一体永远不会分裂，那么事物就不能发展。一分为二作为矛盾概念的通俗表述，其实质在于标示事物的发展性。

第六，事物内部的矛盾和事物外部的矛盾是联系在一起的。我们既要善于把握事物内部的矛盾，也要善于从外部联系中观察和分析问题；既要看到内部矛盾的决定作用，也要看到外部环境对事物发展的推动作用；既要坚信事物发展的规律性，又要善于利用外部矛盾、抢抓机遇，促进事物的不断向前发展。

对“一分为二”的这种理解，读书班的同志认为符合《矛盾论》的观点，有助于克服对“一分为二”的片面理解。同时，学员也提出了许多问题。例如：一个事物的内部是否只分为两个方面，有没有三个方面、四个方面？如通信兵学院这个事物内部就包含着校长、政委、教员、政工干部、后勤人员以及不同级别的学员等。又如，社会主义中国这个事物包含着工人、农民、知识分子、革命干部，还有阶级敌人，这种情况应如何理解？经过讨论，大家得出了比较一致的看法：首先，任何事物作为哲学意义上的矛盾统一体，其内部都是一分为二的，即都存在着既同一又对立的两个方面，无一例外。其次，事物就其内部的结构来讲，其构成的要素是多方面的、多样的。如一个学校，它内部的要素不止两个方面，它内在的矛盾也不止一个，但归根到底其内部矛盾集中体现为教和学的矛盾，即“教”和“学”是学校这个统一体的一分为二的两个方面。这里的“教”不仅包括教员，还包括领导和学校各部门的工作人员，因为他们都承担着贯彻教育方针、为教学服务、培养人才的任务。这里的“学”也不仅包括学员，就是学校的领导、各类干部和教员也有学习的任务。所以，教和学的矛盾是错综复杂的，它贯穿于学校的一切活动中，教与学的联系是学校这个事物的最本质的联系。以教学为中心正是这个本质的联系的体现。人们要在实际工作中认识客观事物，不能不分析它组成要素的多样性，也不能不揭示其内在的本质联系。本质存在于多样性中，事物都是多样性的统一。

此外，读书班的学员提出如人民内部矛盾如何一分为二，工人、农民、知识分子如何一分为二，反动派能否一分为二，物质如何一分为二，精神如何一分为二等问题。对于这些问题，大家在讨论中都取得了一些正确认识，但不可能完全搞清楚。我向学员反复强调的是，应当坚信唯物辩证法关于事物都是矛盾的这一观点，这是辩证法的实质所在。然而要认识事物的矛盾，就必须坚持认识的客观性原则，全面而真实地反映认识的对象，不仅反映其现象，还要深入事物内部进行分析。这是一个认识不断深化的过程，是不容易的事，需要有广博的知识、深入的调查研究、敏锐的分析能力。只凭一般性的观察，眉头一皱，就想对某个事物做出一分为二的判断，是不可能的。从这个意义上讲，“一分为二”的表述又重在分析。至于对“合二而一”观点的批判，囿于当时的政治大气候，学员又都是共产党员，我们没有展开讨论，基本上是按党报上的观点做介绍的。

总之，我认为，学习马克思主义哲学，学习毛泽东的哲学著作，从最终的意义上说，就是要解决世界观和方法论问题，引导人们树立辩证唯物主义和历史唯物主义世界观，启迪人的创造性思维活动，提高人的辩证思维能力。20 世纪五六十年代的哲学教学比较重视人的世界观的改造，不大重视哲学的方法论功能。而对世界观的改造，其正面效果应当肯定，负面影响也是有的。

第三章 对几个问题的认识

20 世纪 50—60 年代，我国思想战线的斗争是连绵不断的，甚至是汹涌澎湃的。由于一直在思想政治战线上工作，这些斗争我都是身临其境的。虽然时间已经过去了 60 多年，但至今仍然记忆犹新。这里仅结合自身的经历谈谈对新中国成立后党的理论教育的方针、知识分子政策问题以及 20 世纪 50—60 年代马克思主义理论教育成效的认识。

一、对党的理论教育方针的认识

马克思主义理论教育方针问题，从根本上讲是如何以科学态度对待马克思主义的问题，是如何坚持马克思主义的科学性的问题。对于马克思主义的科学性，马克思、恩格斯以及列宁、毛泽东都有许多重要论述。概括起来，我以为主要有以下几点：第一，马克思主义是实践的产物，它的一切理论观点都是以实践为依据、从实践中产生的。实践的观点是马克思主义哲学的首要的基本的观点，也是全部马克思主义的基本观点。马克思主义不仅在实践中产生，而且经受实践的不断检验，随实践的发展而发展。第二，马克思主义不是离开世界文明大道的宗派主义的东西，而是充分吸取世界优秀文明成果，适应时代的发展而发展的，马克思主义始终是高扬的时代旗帜。第三，马克思主义是无产阶级进行革命斗争的思想武器，具有鲜明的阶级性。同时，在马克思主义的理论体系里，阶级性同科学性又是统一的。因为马克思主义以充分的事实做根据，揭示了人类社会的发展规律，揭示了阶级斗争的规律。无产阶级是人类社会长河中最后一个被压迫、被剥削的阶级，也是人类社会中最进步、最伟大的阶级。无产阶级的利益是同社会发展的客观要求相一致的。无产阶级的思想意识是最先进的思想意识。马克思主义作为无产阶级意识形态的理论表现，必然具有能动地认识世界和改造世界的伟大作用。第四，马克思主义不是僵死的教条，而是科学的世界观，它为人们提供的是认识和分析问题的立场、观点、方法，而不是一成不变的结论和论断。因此，绝不能用已有的结论和论断去裁剪现实生活，而要用生活检验理论。第五，马克思主义是科学的真理，但它并没有结束真理，而是为人们不断认识真理开辟道路，这就要求人们在实践中把坚持马克思主义和发展马克思主义统一起来，从而实现打碎旧世界、建设新世界的历史使命。归结以上这五个方面，马克思主义的本质特征就是在实践基础上的科学性和革命性的统一。这个本质特征决定了马克思主义理论教育方针必然是理论联系实际。

关于马克思主义理论的教育方针问题，我们党是十分重视的。因为这不是一般的工作方针，而是党的思想建设的根本问题，关系到干部的培养，关系到党和革命事业的前途、命运。中国共产党成立后的相当长的一段时间内，马克思主义与中国具体实践相结合的问题没有解决好，产生了“左”右倾机会主义，给党的事业造成了巨大损害，特别是20年代末和30年代初的几次“左”倾路线错误，几乎断送了革命。这个问题的实质就在于能不能以科学的态度对待马列主义。

到了延安整风时期，毛泽东在《改造我们的学习》《整顿党的作风》等文章中，对马克思主义理论教育方针、学习马克思主义的态度和方法等问题做了全面而深刻的阐述。他指出：“马克思列宁主义是从客观实际产生出来又在客观实际中获得了证明的最正确最科学最革命的真理；但是许多学习马克思列宁主义的人却把它看成是死的教条，这样就阻碍了理论的发展，害了自己，也害了同志。”① “教条主义、经验主义，两者都是主观主义，是从不同的两极发生的东西。”② “对于在职干部的教育和干部学校的教育，应确立以研究中国革命实际问题为中心，以马克思列宁主义基本原则为指导的方针，废除静止地孤立地研究马克思列宁主义的方法。”③ 毛泽东的这些论述，对于延安整风运动具有直接的现实意义，对于党的思想理论建设具有深远的影响。从此，理论联系实际、理论与实践相结合，就成为我们党关于马克思主义理论教育的根本原则、根本方针。这在全党是达成共识的。

新中国成立以后，全国掀起了学习马列主义、毛泽东思想的热潮，但对于如何学习、学习中应该采取什么态度和方法，许多人是不了解的。对许多在新中国成立前受过较多教育的知识分子来说，如何学习马列主义也是一个新课题。为此，20 世纪 50 年代初，我们党又反复宣传理论联系实际的方针，广泛进行党的三大优良作风的教育，强调反对教条主义和经验主义的学习方法。在有关报刊上介绍党在延安时期的学习经验，介绍当时中共中央党校和其他省区党校的教学经验。这些做法帮助了干部和青年学生以正确的态度和方法学习马克思主义。

然而，马克思主义理论教育方针也不是一成不变的。随着形势和任务的变化、教学主体和客体的变化、教学内容和要求的变化，对这一方针的概括以及人们的认识和理解也必然会发生变化，特别是在贯彻中会遇到一些新的问题。1953 年前后，马列学院（今中共中央党校）提出了 16 字的教育方针——“学习理论，提高认识，联系实际，改造思想”，这个方针引起了广泛关注，部队院校也在研究这个方针。我们在 1954 年总参直属政治部等单位合办的哲学教员训练班上，也讨论过这个问题。开始时有些同志认为这个方针适用于干部教育，似不能照搬到青年学生和广大群众的学习中，后来又认为这一方针对任何人都是适用的。

广大理论工作者对中共中央党校提出的这一方针是赞同的，认为它坚

① 毛泽东．毛泽东选集：第 3 卷．北京：人民出版社，1991：817.
② 同①819.
③ 同①802.

持了理论联系实际的原则，体现了理论对实践的指导作用，明确了学习的目的要求，指出了正确的学习方法，四个方面是一个有机统一体。但是，在理解上特别是在如何贯彻上，仍然有分歧，做法也不尽一致。因此，在20世纪50年代中期对这个问题展开了一场讨论。当时，中央宣传部办的《学习》杂志上刊登了一些这方面的文章。《学习》杂志是全国权威性的理论刊物，在国内外都有影响。苏联著名学者格列则尔曼曾来信就这个问题发表意见。

格列则尔曼是苏联著名哲学家。1955年担任苏共中央直属社会科学院辩证唯物主义与历史唯物主义教研室主任。中共中央直属高级党校曾将马克思主义哲学教学的一些总结和经验以及16字教育方针与苏联有关同志交流。格列则尔曼于1955年8月给中共中央直属高级党校校长杨献珍写信，信中强调了中共中央直属高级党校教学经验的重要性，同时也介绍了苏联哲学教学的经验以及苏联同志对中国哲学教学的意见和建议。这封信后来发表于1955年9月17日的《人民日报》上，毛泽东曾于1955年9月8日阅读过这封信。

我认为，格列则尔曼信中谈到的意见是正确的，是富有启发性的。但是，在实践中有些问题还值得认真研究。例如，有些同志把学习理论和联系实际看作学习过程中的两个不同阶段，主张先学习理论然后再联系实际、改造思想。1956年初，我就这个问题写了一篇文章，标题是《读“对‘格列则尔曼同志寄来的一封信’的座谈”以后》，文章涉及的内容有较强的针对性。我的文章不仅谈了理论上的问题，还谈了联系实际中的不良倾向。这篇文章被刊登在了《学习》杂志1956年第3期上。

首先，我不赞成把这16个字分作两个阶段，即“学习理论，提高认识”为一个阶段；“联系实际，改造思想”又是一个阶段。分作两个阶段的意思是先要学习理论，提高认识，然后才能联系实际，改造思想。这显然是割裂了理论与实际的联系。理论本来是来自实践的，不联系实际也就无从了解理论的精神实质；离开实际，理论只能是空洞的理论。因此，联系实际应该贯穿于整个学习理论和运用理论的过程中，只不过联系实际的内容和要求有所不同。在理解马克思主义基本原理、基本观点的过程中，联系实际侧重于弄懂理论，提高认识；而在对马克思主义基本原理有所理解的基础上，联系实际则侧重于用马克思主义的立场、观点、方法分析和解决思想上与工作中存在的问题，研究革命和建设中遇到的问题。学习马克思主义就是为了认识世界和改造世界。无论是认识世界还是改造世界都必须联系实际，否则，没有认识和改造的客体，理论就成为无“的”之“矢”，理论的指导作用就无从谈起。另外，改造世界应当包括改造主观世界和改造客观世界，上述 16 字方针只谈“联系实际，改造思想”也欠严谨。在新中国成立初期，为了以马克思主义理论帮助人们提高思想水平，树立无产阶级的世界观，强调改造思想是必要的，但把学习理论的目的仅仅归结到改造思想上显然是不全面的。

其次，当时教育工作中对理论联系实际方针的贯彻存在问题。从那段时间所接触的情况看，我认为联系实际中有两种倾向是不好的，应当加以纠正。一是简单化倾向，二是庸俗化倾向。简单化倾向指的是运用理论批评不正确的思想或检讨工作时不是以理服人，而是以理压人，存在着以偏概全甚至无限上纲的现象，尤其是对知识分子的批评往往有不实之词。当时，在一些日常的学习讨论会上、在公开出版发行的报刊上，对知识分子的批评是比较多的，而许多知识分子也是自觉地主动地改造自己思想的，所以一般都把这种批评看作组织上的关心。然而，有的问题也确实令人费解。比如，一谈到知识分子的思想就说是资产阶级思想，一谈到知识分子的世界观就说是资产阶级世界观。什么“个人主义”“名利思想”“白专道路”等，成了知识分子的“专利”，甚至把知识分子等同于资产阶级知识分子。这一类的批评对于那些在旧社会受过长期教育的老知识分子来说无疑是一种沉重的压力，也给年轻的知识分子造成了思想上的负担。事实上，绝大多数知识分子与资产阶级是无缘的，他们连什么是资产阶级世界观都不清楚。而批评知识分子的人也没有把这些问题讲明白，只不过千篇一律地套用相关的词汇罢了。我认为用这样的做法来联系实际，改造思想，就是一种简单化倾向。简单化倾向当然还有其他表现，譬如，主观武断、随意下结论、乱贴标签、牵强附会等。这些都是同理论联系实际的方针格格不入的，是一种不良的学风。当然，在我的文章中没有具体而明确地加以阐述，只是提到理论联系实际的简单化问题。这一方面是由于我的认识比较肤浅，没有达到应有的深度；另一方面也是受到一定历史条件的限制。

所谓联系实际的庸俗化倾向，是指不顾马克思主义的科学性、严肃性，不管什么问题都套上所谓“马克思主义观点”，连鸡毛蒜皮的事也用“马克思主义”去分析，一切好的结果都归功于马克思主义。工厂的某个工人、学校的某个学生、生产队的某个农民在生产劳动和学习中取得优异成绩，一律同马克思主义挂上钩。这种倾向到1958年以后更加普遍，被称为“马列主义群众化”，实际是庸俗化。

那么，如何认识20世纪50—60年代中期马克思主义理论教育中所实行的方针呢？我认为：第一，倡导理论联系实际是完全正确的，这在全国开创了一种新的学风，为广大干部和群众学习和接受马克思主义提供了有效的方法。第二，强调思想改造也是有道理的。一则因为马克思主义具有阶级性，要真正把握它，彻底地实践它，就必须具有无产阶级的立场；二则由于当时的干部和知识分子一般都存在一些非无产阶级思想，面临转变思想、树立科学世界观和人生观的任务。可以认为，国家需要一个过渡时期来建立社会主义的基本制度，广大干部也需要一个过渡时期来逐步改造旧的思想，树立科学的世界观和人生观。问题在于受“左”的思想影响，在引导人们改造思想中没有掌握好分寸，存在粗暴、急躁等缺点。第三，对干部、知识分子政治思想状况的分析缺乏科学的态度，低估了他们思想上与社会主义相一致的东西，夸大了他们世界观中消极落后的东西，使理论联系实际方针的贯彻受到影响。第四，理论学习中既有教条主义的毛病，也有经验主义的影响。教条主义主要表现在：囿于马克思主义经典作家的某些观点和论断，缺乏对马克思主义科学体系的深刻把握；寻章摘句，一知半解；沿袭苏联理论界的某些不切合中国实际的观点；不是用实践检验理论，而是用理论裁剪现实生活；原则加例子，联系实际模式化。经验主义主要表现在：固守民主革命时期某些过时的经验，思想落后于实际；现有的经验不能上升到理论高度。两者相比较而言，教条主义的影响更严重些。第五，从新中国成立后的十多年看，1957年以前贯彻理论联系实际的方针是比较好的，理论教育取得了良好效果。此后的一段时间里，理论教育受“左”的思想影响较大，教条主义带有浓厚的政治色彩，在一定程度上人们对马列主义和毛泽东思想的信仰变成了对毛泽东个人的崇拜。这是一个严重的教训。

总之，我认为把整个教学过程划分为学习理论和联系实际两个阶段是不恰当的。它在理论上是割裂了理论同实际的联系，在实践中也是行不通的。理论联系实际的方针应该贯彻在整个教学过程中。但是，在教学过程中的一定时期内应该有所侧重，即学习理论的第一步主要是掌握理论的精神实质，这时的联系实际也是围绕这一目的来进行的。在此基础上，就应该着重运用理论来系统地检查我们的思想、工作，联系党的政策和现实斗争，从而提高我们的思想觉悟，指导我们进行斗争。到这个时候，学习理论联系实际的过程是否完成了呢？回答是：又完了又没有完。所谓完了是从某一理论原理的教学的意义上来理解；所谓没有完，是指我们还必须不断地在实践中创造性地运用理论来指导我们的实践活动。

最后，我认为格列则尔曼同志来信中关于“实际工作中的错误并不总是人们的世界观的缺陷造成的结果”的认识，对于克服哲学理论联系实际中的简单化倾向有着重要的意义。它的主要的精神，不是要我们找出哪些错误不是世界观造成的，而是建议我们在联系实际的时候要根据具体问题进行具体分析，要从多方面来考察一切错误、缺点产生的原因；这些原因往往是错综复杂的，我们的责任就是要从中分析出什么是本质的、主导的，什么是非本质的、次要的。绝不能存在这样一种企图：力求把任何一个错误、缺点都提到世界观的“高度”。这似乎把世界观当成一个目标，不达目的，绝不休止。这种态度并不是实事求是的态度。

二、对知识分子政策问题的认识

20 世纪 50 年代意识形态领域的斗争无不与知识分子相联系，在一定意义上，可以说是围绕知识分子问题而展开的。因为新中国成立后大批知识分子参加到革命队伍中，有老专家，有旧社会过来的一般知识分子，更有为数众多的青年学生。据有关部门统计，有四五百万人。文化艺术战线、宣传理论战线、经济工作部门、学校都是知识分子成堆的地方。有不少知识分子还进入了各级领导班子。在社会主义改造和社会主义建设中，知识分子无疑是一支十分重要的力量，理所当然受到党和国家的重视，中央领导人在这方面有很多论述。但是，从我的亲身体会看，党对知识分子的政策并不是一以贯之的，毛泽东对知识分子的认识也出现过一些失误。

20 世纪 50—60 年代，党对知识分子的态度和政策走过一条弯曲的路，知识分子则在荆棘丛生的泥泞路上艰难跋涉，但绝大多数知识分子对党、对社会主义的感情并没有因此而磨灭。许多知识分子为国家、为人民做出了重要贡献。新中国成立初期，大批青年学生、知识分子投身革命队伍，有的不顾家庭的挽留、反对，有的中断、放弃大学学业，有的舍去自己热爱的专业，有的离开优越的生活环境……，踊跃参军参干，为建设新中国贡献力量，可以说是一颗红心、一片深情。党对知识分子投身革命熔炉热烈欢迎、关怀备至，诚心诚意地培养教育，充分发挥其作用，肯定其业绩；党团组织和老同志帮助他们学习马列主义，树立正确的世界观和人生观，培养和吸收大批青年知识分子入团、入党。据我所知，到部队的知识分子都安排了能够发挥作用的工作岗位和职务，对工作成绩显著的给予评功奖励，使人们真正感觉到进入了革命的大熔炉、革命的大家庭。1952 年部队定级时，参军不到两年的知识分子一般都成了干部，有的还当了基层领导。

1954—1955 年这段时间，情况有了一些变化，对知识分子提出了团结、教育、改造的政策，其中特别强调改造。在实践中，又形成了批判知识分子资产阶级思想的潮流，甚至称知识分子为资产阶级知识分子，许多知识分子干部在“肃反”运动中受到了不同程度的冲击，有的被打成“反革命分子”。在批判知识分子的过程中，往往无限上纲，动辄扣上资产阶级世界观的“帽子”，出现了简单、粗暴的现象。对此，不少知识分子干部是心有疑虑的，这也挫伤了知识分子的革命热情。我于 1956 年 3 月发表在《学习》杂志上的文章中提出的“理论联系实际要防止简单化、庸俗化倾向”的观点，也内含我对上述情况的思考。我认为对知识分子及其世界观要做具体分析，在党的教育下和几年的革命实践锻炼中，广大知识分子的世界观正在经历深刻的转变，不少人初步树立了为人民服务、为社会主义新中国献身的理想和信念，尽管个人主义、个人英雄主义的影响在不少知识分子的思想中还或多或少地存在，但他们都在自觉地改造自己，自觉地克服这种影响。知识分子在政治思想上的进步是明显的，工作上是努力的，各条战线的伟大成就是同他们的创造性劳动分不开的。把知识分子的世界观统统冠以资产阶级世界观，既不符合客观实际，同时也否定了我们党用马克思主义理论教育青年学生和知识分子的成绩。事实上，新中国成立后的几年是马列主义理论教育、革命传统教育成绩最显著的时期之一。我们这一代知识分子在几十年后回顾当年的思想改造时，都有共同的体会：正是党的阳光雨露滋润了我们，正是马列主义武装了我们，我们才能够有比较坚定的社会主义和共产主义信念，才能够在艰难曲折的道路上百折不回，才能够具有为党的事业奋斗终生的精神。

在对待知识分子的认识和政策上出现的问题，党中央注意到了，加之随着社会主义改造的即将完成，大规模的经济建设即将开始，知识分子问题更受到重视。1955 年初，毛泽东提醒要重视这方面的工作。1955 年 11 月 23 日毛主席召集中央书记处会议，商定召开全面解决知识分子问题的会议。1956 年 1 月在北京召开了关于知识分子问题的会议，周总理代表党中央做报告，毛主席做了重要讲话。会后根据会议精神发出了《中共中央关于知识分子问题的指示》。

这次会议具有重要的理论意义和实践意义：第一，充分肯定知识分子在社会主义建设中的重要地位和作用。毛泽东指出：现在我们革什么命，革技术的命，革没有文化的命，愚昧无知的命，所以叫技术革命，文化革命。搞技术革命，没有科技人员不行。中国要培养大批知识分子，要有计划地在科学技术上赶超世界先进水平，把中国建设得更好。周总理说，社会主义建设“除了必须依靠工人阶级和广大农民的积极劳动以外，还必须依靠知识分子的积极劳动，也就是说，必须依靠体力劳动和脑力劳动的密切合作，依靠工人、农民、知识分子的兄弟联盟”①。第二，正确表述了知

① 周恩来. 周恩来选集：下卷. 北京：人民出版社，1984：160.

识分子的阶级属性。周总理指出，我国知识分子中的绝大部分“已经成为国家工作人员，已经为社会主义服务，已经是工人阶级的一部分”①。第三，指出了“目前在知识分子问题上的主要倾向是宗派主义”②，“低估了知识界在政治上和业务上的巨大进步，低估了他们在我国社会主义事业中的重大作用”③。同时，也指出了知识分子存在的问题、弱点：“知识分子的思想状态同他们在政治和社会地位上的变化并不是完全相适应的。许多进步分子也还有程度不同的资产阶级唯心主义和个人主义的思想作风，更不要说中间分子了。”④ 党要加强领导，促进他们的改变，并且要看到他们的改变。第四，对执行知识分子政策中存在的问题提出了原则性的解决方法。改善对知识分子的使用和安排，发挥其专长；充分了解知识分子，给予应得的信任和支持；为知识分子创造必要的工作条件，重视他们的业务研究和工作成果；政治上、生活上关心知识分子，积极吸收符合条件的知识分子入党，调整工资，修改制定合理的升级制度，以及学位、学术、荣誉称号，发明创造和优秀著作奖励等制度。

这次会议意义深远，时间越久，越显出它的思想光辉。会议精神传达后，在知识界以至全国干部群众中引起了强烈反响。我所在部队的党委在传达会议精神后，组织我们宣传部的工作人员深入各部门听取意见，开座谈会。无论是年长的知识分子还是年轻的知识分子都无比激动，认为毛主席的讲话、周总理的报告说出了知识分子的心里话，指明了应当遵循的方向，表示要更加严格要求自己，努力改造思想，积极进行科学技术和理论研究，为社会主义建设贡献力量。同时，大家也对知识分子的地位、作用、阶级属性、世界观状况以及党对知识分子的政策等问题进行了讨论。许多知识分子干部还制订了学习、研究计划和改造思想计划。我根据座谈、讨论的情况和学习体会，写了《关于党对知识分子的几点认识》，文章发表在解放军总政治部主办的《八一杂志》上。

我主要谈了三个问题：一是讲知识分子在社会主义建设中的重要作

---

① 周恩来. 周恩来选集：下卷. 北京：人民出版社，1984：162.

②③ 同①166.

④ 同①163.

用，说明现代科学技术正在一日千里地突飞猛进，新中国的建设要依靠科学技术，而科学技术需要知识分子去掌握和运用。党和国家要把知识分子作为依靠力量，知识分子则应更深刻地认识自己的历史使命，积极响应党关于“向科学进军”的伟大号召，努力学习马列主义，学习苏联和世界先进科学技术成果。当时，苏联帮助我们搞建设，派来了许多军事技术专家，我们学校也有苏联专家。文中也提到了向苏联专家学习的问题。二是讲对知识分子团结、教育、改造方针的认识。我认为三者应统一起来，不能分割，不能强调教育、改造而忽视团结，也不能强调团结而忽视教育和改造。团结是基础，教育、改造是手段，其目的在于提高知识分子的政治思想水平和业务能力，发挥他们在社会主义建设中的作用。文中也谈了知识分子世界观的转变问题，肯定了广大知识分子是有树立科学世界观的迫切愿望和自觉性的。只有承认这种自觉性才能满腔热情地去帮助他们、教育他们，而不是只把他们当作改造和批判的对象，使他们处于被动状态。我谈这些观点当时是有思想斗争的，怕说得不妥又挨批判，因为“肃反”运动刚结束不久，心有余悸。但通过学习文件和讲话，反复思考，还是写了出来。文章发表后，学校的副政委还称赞写得不错。三是讲对贯彻党的知识分子政策的意见，主要讲了坚定、全面、实效三层意思，即思想要坚定，态度要坚定；全面理解，全面贯彻；讲究实在，务求实效。

这次会议在我们思想上留下了深刻的印象。遗憾的是，会议提出的对待知识分子的正确政策、中央根据会议做出的《中共中央关于知识分子问题的指示》没有得到很好的贯彻。1957 年春夏之交，极少数资产阶级右派分子的猖狂进攻，改变了党和毛泽东对阶级斗争形势的估计，在指导思想上出现了“左”的错误，导致了反右派斗争的扩大化，又把所谓“资产阶级知识分子”推向了阶级斗争的浪尖上。1957 年 7 月 9 日，毛泽东在题为《打退资产阶级右派的进攻》的讲话中，讲知识分子的地方有十来处，有些话讲得很重。他说，右派只有极少数，北京大学学生中，只有 1%～3%；教授、副教授中大概有 10%的右派，“左”派也有 10%左右，中间派占 80%左右。这实际上给知识分子划了“左”、中、右，而且做了数量规定。抓右派也主要是在知识分子中抓。他还说："中间派的特点就是动摇，不然为什么叫中间派？这一头是无产阶级，那一头是资产阶级，还有许多中间派，两头小中间大。但是，中间派归根结底是好人，他们是无产阶级的同盟军。"这种分析，实际上改变了知识分子绝大多数是工人阶级的一部分的提法。毛泽东在这篇讲话中还多次批评知识分子："我历来讲，知识分子是最无知识的。……知识分子把尾巴一翘，比孙行者的尾巴还长。""过去知识分子这个'毛'是附在五张'皮'上，就是吃五张皮的饭。"所谓五张"皮"是指帝国主义所有制、封建主义所有制、官僚资本主义所有制、民族资本主义所有制、小生产所有制。现在那五张"皮"没有了，有些知识分子是十五个吊桶打水，七上八下，成了"梁上君子"。"我们现在就是劝他们觉悟过来。经过这一场大批判，我看他们多少会觉悟的。那些中间状态的知识分子应当觉悟，尾巴不要翘得太高，你那个知识是有限的。……现在不去讲那些右派知识分子，那是反动派。中间派知识分子犯的错误就是动摇，看不清楚方向，一个时候迷失方向。你那么多的知识，为什么犯错误呀？你那么厉害，尾巴翘得那么高，为什么动摇呀？墙上一蔸草，风吹两边倒。可见你知识不太多。在这个方面，知识多的是工人，是农民里头的半无产阶级。"毛泽东的这些话是有一些道理的。知识分子与工、农相比，确有许多弱点。但在当时大举反击资产阶级右派的条件下，把知识分子当作斗争对象，许多知识分子被打成右派、受到了批判，这严重地伤害了知识分子，给我们国家造成了很大的损失。

反右派斗争后，除了那些所谓的"右派"知识分子被踢出革命队伍外，还有一些"中右"被列入另册，"内控"使用，有些出身不好或有"历史问题"的人被下放到新疆、北大荒等地去劳动，或从部队复员、转业到原籍。我虽被留在部队，但心情是抑郁的。许多知识分子在此之后都提心吊胆，不知今后命运如何，只有谨小慎微，夹着尾巴做人，唯恐又一次"割知识分子的尾巴"。有的人私下讲，"割尾巴倒问题不大，搞不好割了脑袋就全完了"。

1958 年以后，大树"三面红旗"、大放"卫星"浮夸风阵阵刮来，实事求是的思想路线受到了破坏，一向敢于提意见的知识分子也缄口不言。与此同时，在知识文化界和科技界又开展了“红”与“专”问题的大讨论，提倡又红又专，批判“白专”道路。从积极方面看，这场讨论对知识分子关心政治、重视思想改造是有好处的。但其主要倾向是强调“红”，把那些认真钻研业务，努力学习技术并取得良好成绩的知识分子，批判为走“白专”道路、“红”“白”不分、是非混淆，挫伤了知识分子求知识、钻业务的积极性。总之，从反右派运动开始到60年代初，党在对待知识分子的政策上是有严重失误的。

60年代初期，我们党在对国民经济进行全面调整的同时，对知识分子的政策也进行了调整。知识分子政策的调整是同制定科研、高教、文艺等方面的工作条例结合在一起的。在制定这些工作条例的过程中，中央检讨和批评了在知识分子政策上的偏差和失误。一是批评了党内存在的“五子（套框子、抓辫子、挖根子、戴帽子、打棍子）登科”的不良风气，重申要认真执行“双百”方针，营造又有统一意志，又有个人心情舒畅，生动活泼的政治局面。二是批评了在对待知识分子问题上的片面认识和简单粗暴现象，强调要团结使用好知识分子，对知识分子要落实政策，为知识分子“脱帽加冕”。三是批评了强调“红”而忽视“专”、把“红”与“专”对立起来、混淆学术问题和政治问题的错误观点和做法。周总理在《关于知识分子问题的报告》中重新肯定了我国知识分子绝大部分“已经是工人阶级的一部分”，承认了党在知识分子问题上的错误；并在第二届全国人民代表大会上所做的《政府工作报告》中指出：“我国的知识分子，在社会主义建设的各个战线上，作出了宝贵的贡献，应当受到国家和人民的尊重。我国知识分子的状况，已经同解放初期有了很大的不同。新社会培养出来了大量年轻的知识分子，他们正在沿着‘又红又专’的道路成长。从旧社会来的知识分子，经过十二年的锻炼，一般地说，已经起了根本的变化。知识分子中的绝大多数，都是积极地为社会主义服务，接受中国共产党的领导，并且愿意继续进行自我改造的。毫无疑问，他们是属于劳动人民的知识分子。我们应该信任他们，关心他们，使他们很好地为社会主义服务。如果还把他们看作是资产阶级知识分子，显然是不对的。”[①] 由于党对知识分子政策的调整，先后为30多万人摘掉了“右派分子”的帽子，其中主要是知识分子。同时从生活上对重点保护的知识分子给予照顾。

知识分子的积极性重新得到了发挥。当时，我国正处于困难时期，很多人的身体状况很不好，但广大知识分子同全国人民一道克服困难，一心扑在教学、科研、文艺等工作上。但是，应当承认，这个时期对知识分子政策的调整，也存在着历史局限性，主要是对知识分子比较集中的科技、教育、文化等领域的一些“左”的观点和错误认识，没有从根本上加以清理，没有从根本上拨乱反正，因而对这些领域发生的错误纠正得并不彻底，而且不久又出现了反复。“文化大革命”十年对知识分子的打击和摧残已是众所周知的，直到党的十一届三中全会以后，知识分子才又迎来了阳光明媚的春天。

我在这几十年中，亲身经历了党对知识分子政策的变化。我认为在这方面的主要问题和主要教训是：

第一，对知识分子在社会主义建设中的地位和作用认识不足。新中国成立以后很长的时期内，我们没有把解决知识分子问题提到“安邦治国”的高度来认识。轻视知识、轻视人才的观念始终不同程度地存在。这一方面是封建社会的影响所致，另一方面又同中国革命是工农打天下这一事实相关联。我国没有经过工业革命，科学技术比较落后，人们对知识和科学技术的作用体会不深。而新中国成立以后，各方面的领导骨干多是从战场上下来的工农干部，他们有战功，有实际锻炼，也有一定的组织领导能力，但他们文化水平不高，科学知识缺乏，对知识分子不熟悉、不了解，影响了对知识、人才的重要性的认识，武断地认为“工农可以打天下，也完全可以坐天下”“外行可以领导内行”，殊不知“天下可以马背上得之，不可以马背上治之”，在取得政权之后，巩固政权，建设社会主义强国，不依靠知识，不发展科学技术，不充分发挥知识分子的积极性、创造性，是绝对不行的。

---

① 周恩来. 周恩来统一战线文选. 北京：人民出版社，1984：426.

第二，对知识分子的政治思想状况、阶级属性认识有偏颇，对知识分子在革命实践中的进步性认识不足。中国的知识分子在“三座大山”的重压下，走过十分艰难的道路，一般都是具有爱国心、正义感的，有追求真理、追求民主自由、为国家富强而奋斗的精神，相当多的知识分子还具有不同程度的革命性，倾向于革命。抗日战争前后大批知识分子奔向延安和其他革命根据地；国民党统治地区，许多先进的知识分子不畏艰险，不惜牺牲宝贵的生命，为争取自由、民主和民族的解放而英勇斗争；1949 年新中国成立，上百万知识分子积极参军、参干，在各地的军政大学、革命大学以及其他学校培训学习，接受马列主义教育、军事教育和革命历史、革命传统教育，其思想觉悟迅速提高，世界观发生了显著变化，这完全可以从当时广大知识分子对革命工作的态度，对党的路线、方针、政策的态度，对处理国家、集体、个人的关系的态度中得到证明。但是，到了 50 年代中期还把他们作为资产阶级知识分子看待，还把知识分子的世界观看作资产阶级世界观，这显然是不符合实际的，不仅说明党在知识分子问题上存在“左”的思想，而且在某些方面还表示出宗派主义的倾向。即使如此，大批知识分子在受到批判斗争甚至残酷斗争之后，仍然没有割舍对党的感情，没有背弃对党的信赖，仍然兢兢业业地做着革命工作。那些被错划为“右派”，错打成“反革命”的知识分子，在历经 20 多年磨难之后，党才为他们落实了政策，平反昭雪，他们仍然无怨无悔，在有生之年为改革开放和社会主义现代化建设贡献力量。这些难道不能说明中国知识分子之可贵吗？当然，这绝不是说中国的知识分子没有弱点和缺点，问题在于如何客观地、全面地看待知识分子的思想状况：是否定他们的主流，还是承认他们的主流；是信任他们、帮助教育他们，还是歧视他们、打击他们；是充分发挥他们的积极作用，还是轻视或限制他们的作用。这个问题在今天也是值得我们深入思考的。

第三，在知识分子的使用问题上思路太窄。薄一波在谈到这个问题时说：“我们过去往往总是习惯于按‘发展党员、选拔干部’的思路去培养和使用知识分子。显然这是不全面的。然而长期跳不出这个‘模式’的束缚，几乎成为一个痼疾。那么多的知识分子，情况各异，专业不同，怎么可能都按这样的‘模式’去套呢？其实，知识分子只要热爱祖国，拥护共产党，拥护社会主义制度，就应充分信任他们，大胆地放手使用他们。”①这个看法是很有道理的，是从知识分子的实际出发的。回想50年代，在我们部队，许多知识分子有才华、有能力、有专业技术，也热爱党、热爱人民军队，但因出身于剥削阶级家庭而得不到充分发挥作用的机会，有的还被复员。也有一些知识分子对政治活动不甚关心，潜心于自己的专业技术，并在本职工作中取得了突出成绩。对于这样的知识分子本应鼓励和支持，他们有多大本事、多大才能，就应放到与之相适应的岗位上，充分发挥他们的本事和才能。但当时这样的人，往往被视为走“白专”道路，受到批判。这种做法使许多知识分子的报国热忱和工作积极性受到很大挫伤。

第四，知识分子工作的失误，是与我们党在一段时间内缺乏民主精神、在学术领域没有贯彻“双百”方针相关联的。我们党本来具有密切联系群众、倾听群众呼声、开展批评与自我批评的优良传统作风，但在一段时间专断之风盛行，一听到某人对党有批评意见，就认为其不听党的话，同党不是一条心。而绝大多数知识分子素有忧国忧民之心、疾恶如仇之情，喜欢针砭时弊，爱提意见，有时意见也难免有偏颇之处。而在执政岗位上的一些人却喜欢听奉承的话，听不得不同意见，忘记了古人所云：“千人之诺诺，不如一士之谔谔。”在很长时期内，“双百”方针被“以阶级斗争为纲”毁掉了，学术问题也被视为政治问题，首当其冲的当然又是知识分子。在这方面，在自然科学领域工作的知识分子所受的冲击要小些，而在社会科学、文学艺术领域工作的知识分子所受的冲击就大多了，损失也更为严重些。我是在社会科学战线工作的，对此有深切体会。我认为，一切问题的根本，还是在于是否坚持实事求是的原则，是否真正用马克思主义的立场、观点、方法来认识知识分子、正确对待知识分子。

党的十一届三中全会以来，中央在落实知识分子政策方面做了大量工

① 薄一波．若干重大决策与事件的回顾：上卷．北京：中共中央党校出版社，1991：518.

作，重申了知识分子是工人阶级的一部分，强调尊重知识、尊重人才，强调科学技术是生产力，而且是第一生产力，提出了科教兴国的战略任务。知识分子的使用和工作都有很大改善。广大知识分子也感到精神振奋、大有作为，并在各条战线上勤奋工作。但是也要看到，在尊重知识、尊重人才、充分发挥知识分子作用等方面需要解决的问题还很多。我们要在总结以往经验教训的基础上，面向新世纪知识经济的滚滚浪潮，把知识分子工作做得更好。

三、对20世纪50—60年代马克思主义理论教育成效的认识

新中国成立以后到“文化大革命”以前，我们党和国家在干部和青年学生中进行马列主义理论教育，花了很大功夫，地方和部队高等院校都把马列主义课作为重要课程。这是因为“领导我们事业的核心力量是中国共产党，指导我们思想的理论基础是马克思列宁主义”。中国共产党和革命人民以马列主义、毛泽东思想为指导，经过长期艰苦卓绝的斗争，取得了革命的胜利，建立了新中国。建设社会主义的新中国仍然必须坚持以马列主义、毛泽东思想为指导，这是不容置疑的。只有坚持以马列主义、毛泽东思想教育干部群众，才能使全党和全国人民团结一致、同心同德，为建设社会主义而奋斗。然而，由于我们党在指导思想上产生过“左”的错误，社会主义事业出现了曲折，毛泽东在这段时间提出的某些理论观点又有偏颇之处，因此，对那个时期的马克思主义理论教育如何认识就成为一个值得研究的问题。究竟哪些方面是应当肯定的，哪些方面是需要否定的？有什么经验教训？有的同志提出，在那些年中，马克思主义理论教育是否做到了“以科学的理论武装人”，是否贯彻了理论联系实际的方针？传授给干部群众的是科学社会主义还是空想社会主义，是科学的世界观方法论还是唯心主义形而上学的世界观？马克思主义理论教育在干部和青年学生中的作用如何，效果怎样，培养的人才素质有哪些优势又有哪些不

足？诸如此类的问题，我也曾做过一些思考，但觉得问题复杂，难以说清。在这里，仅根据自己的体会谈一些看法。

总体来讲，对于五六十年代干部和青年学生的马克思主义理论教育的成效和作用，人们的看法不尽相同。有的肯定多于否定，有的否定多于肯定。一般说来从那个年代走过来的人，基本上还是肯定的。不少老同志认为，正是那个时期的理论教育为他们的世界观和理想信念打下了基础。年轻的同志没有那个时期的实际体验，也缺少比较深入的调查研究，听说过"文化大革命"和"文化大革命"前的一些情况，读到过批评那段时间政治生活的文章，并从现实生活中看到了党在思想路线、政治路线上的错误所造成的影响和后遗症，故对那段时间的政治理论教育给予了较多的否定。有的同志认为五六十年代的理论教育"假、大、空"。有的称之为"教条主义"的教育、"奴隶主义"的教育、"实用主义"的教育。所谓"教条主义"的教育，是说那时的马克思主义理论教育照搬经典作家的词句，照搬苏联的理论，让人们学的是名词概念和空洞的道理，叫人信仰的是政治教条；那时的社会主义理论不是科学社会主义理论，而是中国化的农业社会主义理论；那时的共产主义理想不是科学的共产主义理想，而是空想社会主义理想；那时的马克思主义实际被归结为阶级斗争的学说，所生成的社会思想观念是僵化的、封闭的思想观念，是一切都讲阶级斗争的观念；所培养的人才是缺乏创造精神，只知照抄书本、机械执行上级指示的"人才"。所谓"奴隶主义"的教育，是教育人们盲从、绝对服从，提倡至高无上的偶像崇拜，维护神圣不可侵犯的绝对权威，不知何谓独立思考、何谓民主精神，一切唯命是从，当唯唯诺诺的驯服工具。所谓"实用主义"的教育，是说那时的马克思主义理论教育，不敢坚持真理，不敢批判已为实践所证明的错误路线；不敢针砭时弊，不敢维护实事求是的原则，唯上是从，随波逐流，屈服于政治权势，培养的是分不清是非、辨不明真理与谬误的人。

我认为上述看法是失之偏颇的。

批评那时的理论教育存在教条主义倾向是对的，但不能归结为教条主义。从教学内容看，主要是马列主义的基本原理，其科学性是不能否定的，是任何时候都必须坚持的，无论现在还是今后它都应是理论教育的重要内容，例如辩证唯物主义与历史唯物主义中的一系列理论观点，政治经济学中马克思对资本主义的一系列论述。把马克思主义的基本原理原原本本地教授给学生，不能叫教条主义。从教学方法看，存在着理论脱离实际的弊病，但也并非完全是理论脱离实际的。如联系干部的工作、思想还是比较好的，是严肃认真的，也确实起到了教育作用。至于所谓“奴隶主义”“实用主义”的教育，这种说法更不切合实际。在那个时期有些干部唯上唯书，有些干部缺乏独立思考和创造精神，有的干部奉行实用主义，这些都是事实，但不能把社会上存在的一些弊端和干部中出现的问题，完全归咎于马克思主义理论教育。而且不能否认，当时的党风、民风、社会风气是比较好的，干部中也有大量敢于坚持真理、坚持实事求是，敢于创新，敢于同错误做斗争的人，这不能不说是同当时重视马列主义教育有关。至于“驯服工具”问题，我以为亦应做具体分析。

总之，不能由于当时党在指导思想上存在某些错误，就否定马克思主义理论教育的成绩和作用。就以马克思主义的三个主要部分来说，情况也不尽相同。在什么是社会主义、如何建设社会主义问题上，我们的盲目性多一些，宣传教育中不科学的内容和不符合中国国情的东西多一些，但我们也有不少创造性的探索。毛泽东等老一辈无产阶级革命家和一些卓越的理论家在经济、科技、教育等领域坚持和发展马克思主义而取得的成果也是数不胜数的。若以“左”的影响而论，不同战线上的情况也有所区别，有的影响大一些，有的影响则小一些。

我还认为“路线决定一切”的观点也过于武断。政治路线、思想路线当然重要，它的正确与否必然影响社会生活的方方面面。但是，路线是要通过人去理解和贯彻的。正确路线有人不去贯彻，错误路线有人坚决抵制，这类事情经常发生。因为人是有头脑、有思想的，真正的革命者认为“砍头不要紧，只要主义真”。任何时候，包括像“文化大革命”十年中也有不少干部群众能够辨清方向，为真理而斗争。这就说明，人的品格、素质、觉悟不同，必然在实际工作中、在执行一定的路线政策中会有不同的态度、不同的作为。从事马克思主义理论教育的人也是如此。就我所接触的政治理论课教师来看，绝大多数都是努力工作，诚心诚意地宣传马列主义、毛泽东思想的。从主观愿望讲，也是力图克服教条主义式的教学内容和方法的，相当一部分教师受到学生欢迎。教学中当然会存在某些问题，但大家都比较重视总结经验，改进教学。尽管有的教师理论水平不高，实践经验缺乏，甚至对工作没有责任感和事业心，但他们不是马克思主义理论课教师的主流。

考察20世纪50—60年代中期马克思主义理论课的效果作用，我认为还要注意以下两点：

第一，当时的历史条件。新中国成立伊始，高校马克思主义理论教育处于初始阶段，许多高等院校都是新开设这方面的课程，青年学生对什么是马克思主义也并不了解。广大干部中绝大多数人也是初次接触马列主义、毛泽东思想，三四十年代参加革命的干部在战争环境中也很少读这方面的书，他们具有一定的马列主义水平，但主要是在实践中获得的，一般都缺乏系统性。因此，当时的马列主义理论教育，从面上看，着重于初步了解马克思主义的基本原理和基本观点，学习中理论联系实际的要求也不可能很高，不可能要求一般干部和青年学生深入地掌握马克思主义的立场、观点、方法，并用以正确分析和解决社会生活中的各种问题，只能根据不同对象提出有针对性的要求。如对青年学生主要是通过教育使他们初步懂得马列主义、毛泽东思想是科学，是指导我们事业的思想理论基础，帮助他们逐步树立社会主义信念和革命的世界观、人生观。对一般干部的要求也主要是了解马克思主义的基本观点，为做好工作提供一定的理论指导。至于对马克思主义重大问题的研究、党内路线斗争中的重大问题的研究，那是研究机构和决策部门的任务。考察50年代马克思主义理论教育的效果和作用时，不能脱离当时的实际，不能把要求定得太高。

第二，马克思主义理论教育的功能是多层次、多方面的。在考察它的效果和作用时要用全面的观点，不能因其某一方面的效果不佳而否定其他方面。一般说来，马克思主义理论教育的功能表现在以下几个方面：一是知识性功能，即懂得一些基本知识；二是解释性功能，即对马克思主义的基本原理有一定深度的理解；三是认识性功能，即能运用马克思主义的基本观点分析主客观世界的一些问题；四是研究性功能，即利用所掌握的理论和方法研究社会生活和马克思主义发展中的某些重要问题；五是实践性功能，即运用马克思主义的立场、观点、方法指导改造世界的活动，包括改造主观世界和客观世界的活动。此外，由于马列主义、毛泽东思想是我们党的指导思想，是我们国家占主流的意识形态，因此它还具有凝聚人心的功能，是全党和全国人民的精神支柱。这一功能是上述功能的综合体现。

如果从上述几方面的功能来看，50 年代的马克思主义理论教育的作用和效果还是比较明显的。

第一，在全党干部和全国人民中进行了马克思主义基本知识的普及工作，为在全党和全国确立马列主义、毛泽东思想的指导地位，为广大干部群众进一步学习马克思主义理论奠定了基础。马列主义系统传到中国是在 20 世纪 20 年代，“十月革命一声炮响，给我们送来了马克思列宁主义”。以后由于中国共产党人和革命知识分子的宣传，马列主义在中国得到传播，并与中国革命具体实践相结合得到了发展，形成了毛泽东思想。这个结合的过程就是毛泽东思想形成和发展的过程，也是中国革命在艰难曲折中从失败走向胜利的过程。然而，就全国范围而言，懂得马列主义、毛泽东思想的人是不多的。新中国成立后，百废待兴，需要有一种符合社会发展要求的共同思想、共同信念来凝聚、鼓舞、感召全国人民进行新的伟大事业，这个共同的思想就是马列主义、毛泽东思想。

第二，教育全体党员和干部牢记全心全意为人民服务的宗旨，发扬党的优良作风。50 年代我们的党员和干部勤勤恳恳，忠于党，忠于人民，密切联系群众，与人民同甘共苦，廉洁奉公，甘为人民公仆，“先天下之忧而忧，后天下之乐而乐”，在广大群众中产生了良好的影响，起到了先锋模范作用。这种精神至今广为传播。这种精神实为马列主义、毛泽东思想哺育的结果。

第三，激发了广大干部和群众崇高的革命精神。50 年代，广大干部和群众在党的领导下，在马列主义、毛泽东思想的指引下，意气风发，斗志昂扬，为实现党在过渡时期的总路线，为社会主义建设事业，在各条战线上做出了巨大的努力。那种艰苦卓绝、无私奉献的革命精神也是今天的人们应当继承和发扬的。

第四，50 年代的马克思主义理论教育指引着广大知识分子和青年学生逐步树立科学的世界观和人生观，立志为社会主义、共产主义事业而奋斗。我们这一代人和比我们稍晚出生的人，能够走上革命道路，能够在革命的征途上经受风吹雨打，能够在新的历史时期继续前进，能够不遗余力地为建设有中国特色社会主义做奉献，是同 50 年代的马克思主义理论教育分不开的，是那时的教育为我们打下了比较坚实的思想基础，使我们确立了社会主义必胜的信念。

此外，在理解和执行党的路线、方针、政策方面，我认为那段时间马克思主义理论教育的作用是双重的。一方面，对宣传党的正确路线、提高广大干部执行正确路线的自觉性起到了积极作用。但另一方面，当党的路线、方针、政策出现失误时，也曾为其进行宣传和论证，产生了消极作用。例如，宣传反右、反右倾，夸大阶级斗争形势，夸大人的主观能动作用，等等。尤其是在党的八届十中全会以后，在马克思主义理论教育中，非科学的东西日益增多，“以阶级斗争为纲”和突出政治的思想更加明显。这当然不能归咎于马克思主义本身，但不能不说是马克思主义理论教育的严重教训。

以上仅是从个人体会的角度简要说明 50—60 年代中期马克思主义理论教育的作用，涉及的内容虽然不够全面，但从中也可看出，用马克思主义教育人仍是党的思想理论教育的主流。就以我曾经工作过的单位的情况而论，所培养的大批干部都是党的宝贵财富，都具有较好的思想政治素质。这个结论虽不是进行了大量调查研究和全面统计而得出的，但也并非毫无根据。因为“文化大革命”以后，我曾四次回到南京通信兵学院和武汉通信指挥学院，接触过编写校史的同志，访问过当时学院的教员和学员。他们对于张家口高级通信学校和沈阳通信学校的马克思主义理论教育都是予以肯定的。

此外，1961—1965 年，我先后撰写了多篇理论文章，内容涉及学习宣传毛泽东的著作、爱国主义和党的优良传统、新中国成立初期的意识形态斗争、思想战线的得失等方面。其中，学习毛泽东著作的文章占了多数。1963 年，我还十分荣幸地成为《八一杂志》《解放军报》的特约作者。通过宣传哲学、撰写理论文章，我对马克思主义的精神实质、立场、观点、方法有了进一步的理解。从这整个时期来看，我一直在努力实现一个目标，即真学、真信、真教、真用马克思主义。当然，这绝不是一朝一夕完成的，而是一个青年逐步树立并坚定马克思主义信仰的过程。在60年代，我在思想上也渐渐产生了一些困惑。哲学成了为政治做注释的工具，自己虽然想努力跟上形势，但总是力不从心。究竟什么是马克思主义，什么是非马克思主义和反马克思主义，真是分不清楚了。

1966年5月，我服从组织决定，从部队转业到地方，17年的军旅生涯在无限留恋中结束了。之前，通信兵学院党委决定我转业并找我谈话时，我只提了一个要求，到地方后继续在学校当一个马克思主义理论教员。“文化大革命”已经开始，联系了几所大学都未成功，我最后被分配到云南第一工业学校。当然，以后的日子也并不如意。在云南第一工业学校的几年，正是“文化大革命”的高潮期。坦率地讲，对于当时的许多“新事物”，我是无力透过现象看本质的；对所谓的“斗争的大方向”和“文化大革命”将何去何从，我是无力辨析的；对当时人们提出的马克思主义哲学是斗争哲学，一切“以阶级斗争为纲”“为阶级斗争服务”，以及当时所谓的“不斗则修”“不斗则垮”，我是持怀疑甚至是否定态度的。但是，我始终相信，马克思主义的红旗绝不会倒，科学社会主义所指示的人类社会历史发展总趋势不会改变。

1969年6月，我和其他几位同志到云南省思茅（今普洱市）第四“五七”干校搞“斗、批、改”。其间自然少不了挨批斗。但是，在“五七”干校一年多时间里，体力劳动使我的心情稍有放松，并有了时间进一步思考一些问题。比如，为什么要发动“文化大革命”？共产党内有那么多走资本主义道路的当权派吗？无产阶级专政条件下继续革命的理论是不是对马克思主义的新发展？“卫星上天，红旗落地”是不是客观必然性？马克思主义的道路能不能归结为“造反有理”？马克思主义哲学能不能说就是只讲斗争的“斗争哲学”？总之，许许多多的问题萦绕脑际，有时也同比较接近的同志议论一番。这些问题，我在当时仍然没有想清楚，但是却萌生了一个念头，必须进一步地学习马克思主义。我们不是说马克思主义的立场、观点和方法是观察事物的望远镜、显微镜吗？我们还没有真正掌握这个工具，只有重新学习，才可能明白一些道理。在等待回昆明的日子里，我与另一位政治教师组织大家学习了毛泽东的《实践论》《矛盾论》《关于正确处理人民内部矛盾的问题》。每天上午，大家坐在一起，边读原著边讨论，切切实实地谈体会，无拘无束地讨论问题，并引发出许多新的思考，激发了认真学习马列主义的热情。我觉得，参加“五七”干校有两大收获：一是通过反思更加坚定了对真理的追求，二是通过劳动锻炼了身体。

1971年，云南大学同云南省重工业厅联合举办了“六本书”读书班，学习《共产党宣言》《反杜林论》《唯物主义和经验批判主义》《国家与革命》《实践论》《矛盾论》。这个读书班名实相符，主要是讲原著、读原著，了解原著的时代背景、基本思想、主要内容，不着力于联系实际。学习期间，读书班的领导云南大学政治系党总支书记沈振寰知道我在部队院校担任过哲学教员，让我讲《反杜林论》的部分章节和《矛盾论》，我就讲了几次课。这次学习我也有两个收获：一是聆听了云南大学教师的讲课，重新阅读了上述原著，有了一些新的认识；二是认识了云南大学的教师沈振寰、马啸原、郭文卿、董继美、徐学铣、申有龙等。此后，同他们多有接触，曾经同他们一起写文章、编教材、讲哲学，结下了友谊。其间，他们曾动员我到云南大学工作，云南大学也发了商调函，但单位领导不同意，未能成事。

1974年，我所在的云南第一工业学校与第三工业学校、农业机械化学校合并，成立了云南工业学院。1976年10月，在一大批老同志的支持下，党中央执行人民的意志一举粉碎了“四人帮”。是时，云南工业学院的建设也开始走上正轨，我也开始了坚定不移地献身马克思主义教育事业的新的开端。1994年，云南工业学院与其他三个大专合并成立云南工业大学，1999年云南工业大学与昆明理工大学合并成立新的昆明理工大学。我在此一直从事马克思主义理论教育工作至今。

在云南工作的50多年中，我行进在马克思主义理论教育的道路上，取得了较好的成绩。这些成绩的取得，是同人民军队对我的教育培养分不开的。17年的军校生活始终铭记在我的心中。

第二篇　思政教育篇

第四章　新时期高校马克思主义理论教育的良好开端*

“文化大革命”的结束，令举国上下为之振奋。但是十年“文化大革命”给国家带来的创伤是巨大的，积累了许多严重的政治问题和社会问题。十年内乱给高校马克思主义理论教育带来了严重的冲击。“文化大革命”结束后，党中央一方面着力恢复高校马克思主义理论教育，不断肃清“文化大革命”对人们思想的影响；另一方面不断推动高校马克思主义理论课程改革。尽管面临着许多困难，但是党中央坚强领导、各级教育主管部门和广大教育工作者积极发挥主动性，为推进高校马克思主义理论课建设开了个好头。

一、高校马克思主义理论教育面临的形势

粉碎“四人帮”后，党面临的形势是十分严峻的。邓小平恢复工作后，主管科学教育工作。由于他的领导作用，文化教育事业出现了新的面貌，高校马克思主义理论教育也朝着好的方向发展。但是，由于十年“文化大革命”的破坏，高校马克思主义教育面临着严重的困难。

---

* 本章主要论述党的十一届三中全会至1985年我国高校思想政治理论课的恢复与重建，以及云南省高校思政课建设的探索。

（一）十年“文化大革命”给人们的思想造成了极大的混乱

“文化大革命”把“斗私批修”作为思想纲领，被宣传为“灵魂深处的革命”。其结果就是人们对社会主义的理解出现严重的错误，社会主义建设的许多正确的原则，如发展生产力都被当作修正主义和资本主义加以批判，大批修正主义，“割资本主义尾巴”，盲目追求“一大二公三纯”，致使一些人对马克思主义的信仰和社会主义的信念受到严重削弱。“文化大革命”把阶级斗争摆在了错误的位置，强调阶级斗争要年年讲、月月讲、天天讲，严重地混淆了敌我和是非界限，无政府主义、极端个人主义、个人崇拜以及各种愚昧落后的思想行为泛滥开来。我们的党风被破坏了，社会风气明显不如以前了，道德水准下降了。它名义上是坚持和捍卫社会主义、坚持和捍卫马克思主义，实际上严重损害了党和社会主义，给党、国家和人民带来了史无前例的巨大灾难。

为此，必须从思想上、理论上实现拨乱反正，教育人们正确认识马克思主义、社会主义、毛泽东思想，进一步树立对马克思主义的信仰。

（二）高校马克思主义理论课面临的问题

“文化大革命”结束后，高校马克思主义理论课建设面临的形势是十分严峻的。

第一，马克思主义理论课得不到应有的重视。高校马克思主义理论教育是党的思想理论建设的重要组成部分，是宣传马克思列宁主义、毛泽东思想和党的理论创新成果的重要阵地，是培养千千万万的“四有”社会主义建设者和接班人的重要力量。但是，“文化大革命”结束伊始，许多人不能正确认识马克思主义理论教育的重要地位，有些学校的领导认为政治教育是“假、大、空”的东西，认为“政治课里没有真理，没有科学”。相应地，马克思主义理论课教师在高校的地位也比较低，福利待遇、职称评定等方面面临的困难都比专业课教师多，必要的教学条件、科研条件得不到改善，学校对马克思主义理论课的经费投入也得不到保障。正是这样，当时在高校中流传着马克思主义理论课教师是“二等公民”的说法。

青年学生不重视马克思主义理论课是个十分严重的问题。经过“文化大革命”的青年人，考入大学以后，对马克思主义理论教育不重视，认为马克思主义是教条的东西、假的东西。不仅理工农医专业的学生重理轻文，忽视政治，对马克思主义理论课不感兴趣，甚至政教专业和党史专业的学生也不安心学习。许多学生认为，政治理论“可有可无”，甚至有的政教专业的学生想“改行”。青年学生不仅态度上不重视政治理论课，而且政治理论水平很低。教育部曾就此专门下发了《高等学校政治理论课的基本情况和存在问题》，指出：“近年来高等学校政治理论的教学，效果差，质量低。”① 有的大学生竟然连中国共产党成立的时间、中国革命道路是“农村包围城市”还是“城市包围农村”等常识性问题都不了解。这说明，十年“文化大革命”对青年学生的影响、对政治理论课的破坏已经到了十分严重的程度。

第二，课程设置没有理顺。高校马克思主义理论课的课程设置是比较突出的问题。当时的开课情况是，一年级设“党史”，二年级设“政治经济学”，三年级设“哲学”，文科四年级另设“国际共产主义运动史”。但是由于高校党史课与中学历史课重复较多，加之党史中遗留的问题较多，学生对党史课意见最大。教育部组织征求意见时，各高校的意见和建议也难以统一。比如，有的学校主张先学“哲学”“政治经济学”，后学“中共党史”；有的主张遵循感性认识到理性认识的过程，主张先开设“中共党史”；有的主张延续当时的课程安排；还有个别学校和教师主张将基本原理都放在中学，高校只开设专题课或提高课。

第三，教材和教学大纲建设亟须加强。粉碎“四人帮”后，高校马克思主义理论课教材一般由各校教师自行编写，或由部分院校教师协作编写，或使用“文化大革命”前出版的教材。各校自行编写教材造成了大量的重复劳动，使教师不能集中精力从事教学活动和科研活动，教材的内容也存在较多的重复。同时，由于各项工作都在恢复重建之中，中宣部、教育部统一编写教材、教参以及教学大纲等工作，在短时间内还不能实现。

---

① 教育部社会科学司．普通高校思想政治理论课文献选编（1949—2008）．北京：中国人民大学出版社，2008：75.

总体来看，当时的许多高校没有马克思主义理论课的教学大纲和教材。这就使得各高校马克思主义理论课缺少科学的、统一的遵循。

第四，教师队伍建设十分迫切。“文化大革命”期间，知识分子受到严重摧残。许多科学家、知识分子被打成“反动学术权威”，甚至受到迫害。这使得高校教师人数锐减，教师结构严重失衡，教师知识水平普遍偏低。截至 1979 年 5 月，全国共有 13 458 名高校政治课教师，其中全国共有教授 75 人、副教授 136 人、讲师 2 565 人、助教 7 244 人、教员 3 441 人。其中，青年教师约占 1/3，多数人理论水平低，文化科学知识差，有的还读不懂马列原著。中老年教师，或由于受到迫害而造成精神负担严重，或由于身体健康原因不能承担讲课任务。据统计，当时因水平低而不能上政治理论课的教师约占 30%。

第五，教学保障和教学管理工作都亟须加强。全国各高校普遍存在着马克思主义理论课的经费投入严重不足的问题，正常的教学活动缺乏必要的保障，教师培训的机构和有能力承担教师培训的高校和单位都不同程度受到“文化大革命”的破坏，马克思主义理论课的组织领导机制还没有建立起来。

第六，“文化大革命”结束后，党中央逐步开始探索实施改革开放。正如邓小平所说：“实行开放政策必然会带来一些坏的东西，影响我们的人民。要说有风险，这是最大的风险。”① 同时，西方国家对我国进行“西化”“分化”的政治图谋始终没有变，思想道德领域不断呈现新的情况和问题。这些新情况和新问题也是高校马克思主义理论教育不能回避的重大课题。

总的来看，“文化大革命”结束后，高校马克思主义理论教育面临的困难比较多，1978 年正式招收本科生以后，恢复和重建高校马克思主义理论课的任务十分迫切。

（三）党的十一届三中全会为高校马克思主义理论教育指明了方向

粉碎“四人帮”后，人们迫切希望彻底纠正十年“文化大革命”的错误，解决“文化大革命”遗留的问题。但是，当时党的主要领导人推行

① 邓小平．邓小平文选：第 3 卷．北京：人民出版社，1993：156.

“两个凡是”的错误方针。1978年5月，中共中央党校《理论动态》第60期刊发了《实践是检验真理的唯一标准》一文，由此拉开了“真理标准大讨论”的帷幕。这次大讨论是一次深刻的思想解放运动，它极大地解放了人们的思想，为恢复党的实事求是的思想路线，为党的十一届三中全会的召开，做了思想上、理论上的准备。

1978年12月13日，在中央工作会议闭幕会上，邓小平发表了题为《解放思想，实事求是，团结一致向前看》的著名讲话。邓小平指出：“一个党，一个国家，一个民族，如果一切从本本出发，思想僵化，迷信盛行，那它就不能前进，它的生机就停止了，就要亡党亡国。”① 邓小平强调，解放思想是一个重大的政治问题。这一讲话在党的思想理论教育史上具有十分重要的意义。

1978年12月18日至22日，党的十一届三中全会在北京召开，全会根据中央工作会议的讨论，做出了把全党工作的重点和全国人民的注意力转移到社会主义现代化建设上来的重大战略决策。全会确立了解放思想、实事求是的思想路线，否定了“两个凡是”的错误口号，并且号召全党和全国各族人民为在20世纪内把我国建设成为社会主义的现代化强国而进行新的长征。全会进一步继承和发扬了毛泽东所倡导的马克思主义学风，即坚持唯物主义的思想路线。会议一致认为，只有全党同志和全国人民在马列主义、毛泽东思想的指导下，解放思想，努力研究新情况新事物新问题，坚持实事求是、一切从实际出发、理论联系实际的原则，我们党才能顺利地实现工作重点的转变，才能正确解决实现四个现代化的具体道路、方针、方法和措施，正确改革同迅速发展的生产力不相适应的生产关系和上层建筑。

为了进一步总结新中国成立以来思想理论战线的经验教训，党中央于1979年1月至4月召开了理论工作务虚会议。会议期间，针对一些人主张否定毛泽东思想以及社会上出现错误思潮，邓小平发表了题为《坚持四项基本原则》的讲话。他指出：“为了实现四个现代化，我们必须坚持社会主义道路，坚持无产阶级专政，坚持共产党的领导，坚持马列主义、毛泽

① 邓小平．邓小平文选：第2卷．北京：人民出版社，1994：143.

东思想。……如果动摇了这四项基本原则中的任何一项，那就动摇了整个社会主义事业，整个现代化建设事业。”① 四项基本原则的提出意义是十分重大的，既同党内的教条主义做了斗争，又严厉地回应了社会上的自由化思潮。

总之，党的十一届三中全会是我党历史上具有深远意义的伟大转折。这次全会冲破了长期“左”倾错误思想的严重束缚，端正了全党的指导思想，重新确立了马克思主义的思想路线、政治路线、组织路线，开启了建设社会主义现代化的新的历史时期。邓小平旗帜鲜明地提出坚持四项基本原则，为思想理论教育提供了基本的遵循，为划清马克思主义与反马克思主义的界限提供了重要的依据。党的十一届三中全会为高校马克思主义理论教育指明了方向，开启了高校马克思主义理论教育的新阶段。

二、高校马克思主义理论课的恢复与重建

为了尽快恢复高校马克思主义理论课，贯彻邓小平在全国教育工作会议上的讲话精神，扭转高校马克思主义理论教育的局面，中宣部、教育部先后就加强高校马克思主义理论教育做出了一系列部署，从而开始了对高校马克思主义理论课的恢复与重建。

（一）高校马克思主义理论课的恢复

1978 年 4 月，邓小平在全国教育工作会议上的讲话指出，“应该使受教育者在德育、智育、体育几方面都得到发展”②。他特别强调：“毫无疑问，学校应该永远把坚定正确的政治方向放在第一位。”③ 邓小平指出，坚定正确的政治方向与学习科学文化是不矛盾的，而且还能进一步促进学生学习科学文化知识。

为了贯彻全国教育工作会议精神以及邓小平在全国教育工作会议上的讲

① 邓小平．邓小平文选：第 2 卷．北京：人民出版社，1994：173.
② 同①103.
③ 同①104.

话精神，1978年4月，教育部办公厅下发了《关于加强高等学校马列主义理论教育的意见》（简称《意见》），对马列主义理论课在高等教育中的地位、目的和任务、教材、教学方法、教师队伍建设、领导体制等方面的问题做了明确的规定，同时对高校马列主义理论课的课程设置提出了初步的要求。

《意见》强调："马列主义理论课是社会主义各类高等学校的必修课；开设马列主义理论课，是新中国大学区别于旧中国大学，社会主义高等学校区别于资本主义高等学校的一个重要标志。教师必须教好，学生必须学好，各级领导必须管好。"[①] 这一论述对恢复高校马克思主义理论课的意义是十分重大的。它明确提出了马克思主义理论课的课程性质，强调了马克思主义理论课的重要地位，强调了在社会主义大学里，无论是文科专业还是理工农医专业，马克思主义理论课绝不是可有可无的，而是一门必修课，它突出了马克思主义理论课是学生学习中必须学习掌握的课程，是培养专门人才的重要保证。因此，高校师生必须认真对待。同时，《意见》还强调了高校马克思主义理论课的主要任务，即对学生进行马克思主义三个组成部分的基本理论教育，武装学生的头脑。

此外，《意见》还对马克思主义理论课的课程设置和学时做了较为灵活的安排。关于课程设置，《意见》提出："一般认为，今后高等学校应开设哲学、政治经济学和中共党史。理工农医专业有条件的还应开设自然辩证法。文科应另加国际共产主义运动史。理工农医专业，要不要开或如何开国际共运史的问题，各校可以酌情处理。也有不少人认为，停开国际共运史，改为科学社会主义，构成马克思主义三个组成部分，和哲学、政治经济学一起，是所有高等学校的必修课。文科另加党史。上述两种意见，均可由各校根据条件试行，暂不做统一规定。对各门马克思主义理论课开设的顺序问题，一般是党史、政治经济学、哲学、共运史。"关于学时问题，《意见》提出："理论课的学时问题，应根据专业性质和学制长短确定。理、工、农、医专业的理论课，一般应占教学计划总学时的10%；文科专业一般应占20%左右。至于政治、法律、哲学、历史、财经等各科，

① 教育部社会科学司. 普通高校思想政治理论课文献选编（1949—2006）. 北京：中国人民大学出版社，2007：70.

根据培养目标的需要，学时比例还可相应增加。为了保证学生对理论课的自习时间，也可以文科每周课程表上排六节课，理工科排四节课，包括讲授与自学。”

为了更好地研究高校马克思主义理论课建设情况，1978 年 6 月 8 日至 29 日，高等学校文科教学工作座谈会在武汉召开。会议基本肯定了 1961 年文科教材会议制定的教学方案的原则精神，并决定选择 1961 年高等学校文科教材会议后编选出版的基础较好的教材，加以修订出版。座谈会后，教育部思想政治教育司组织有关专家编写了“辩证唯物主义和历史唯物主义”“政治经济学”“中国共产党历史”“国际共产主义运动史”四门理论课程的教学大纲。1979 年，教育部和北京、上海、黑龙江省共同负责，分别举行了高校马列主义理论课教师暑期讲习会，并对上述教学大纲进行了讨论和说明，会后即发至全国各地试用。

《辩证唯物主义和历史唯物主义教学大纲》吸收了党的理论创新成果，着重从马列主义基本理论上加强对学生共产主义世界观、人生观的培养和教育，对原有理论体系进行了一定的调整，内容上有所增删。大纲共分为 14 章，主要包括：绪论，世界的物质性，意识的起源、本质和作用，物质世界的普遍联系和永恒发展，唯物辩证法的基本规律，唯物辩证法的诸范畴，认识和实践，真理，人类社会发展是自然历史过程，社会基本矛盾，阶级、国家、革命，社会意识，人民群众和个人在历史上的作用，社会进步和人类解放。

《政治经济学教学大纲》吸收了党的十一届三中全会以来党对实践经验的新概括和理论上的新发展，体现了我国实行对内搞活、对外开放的政策，加强了对战后资本主义经济的分析，从而进一步论述了社会主义制度的优越性，阐述了社会再生产的一般原理、社会主义经济建设的规律等。其主要内容包括 16 章：政治经济学的对象，商品和货币，资本和剩余价值，资本积累，资本的流通过程，资本主义生产的总过程，帝国主义是垄断的资本主义，帝国主义是腐朽、垂死的资本主义，社会主义公有制和社会主义物质基础，社会主义生产的实质，社会主义生产的有计划按比例发展，社会主义制度下的商品生产，社会主义经济管理和企业的资金运动，社会主义商品流通和货币流通，社会主义的分配，社会主义必然发展到共产主义阶段。

《中国共产党历史教学大纲》分为10章：导言，中国共产党的创立时期，第一次国内革命战争时期，土地革命战争时期，抗日战争时期，全国解放战争时期，基本完成社会主义改造时期，开始全面建设社会主义时期，“文化大革命”时期，社会主义建设新时期的开始。

《国际共产主义运动史教学大纲》包括9章：导言，共产主义者同盟，第一国际，欧美各国社会主义政党的建立，世界进入帝国主义和无产阶级革命时代，国际无产阶级反对帝国主义大战和推进革命的斗争，十月革命后欧亚革命运动的高涨，苏联一国社会主义建设的胜利，各国共产党领导的反法西斯战争。

教学大纲的制定为各门课的教学内容提供了基本的遵循，我省各高校马克思主义理论课教师依据大纲修改讲义和进行教学，在一定程度上克服了教学的随意性。有的学校还自编了教材。

（二）高校马克思主义理论课框架的初步形成

在1978年《意见》的基础上，经过两年的酝酿，特别是经过武汉高等学校文科教材会议和教育工作会议的讨论，通过广泛征求各省、市、自治区高教局和部分高校意见，经多次修改，教育部于1980年7月下发了《改进和加强高等学校马列主义课的试行办法》（简称《试行办法》）。《试行办法》吸收了新中国成立以来高校马克思主义理论教育正反两方面的经验，贯彻了党的十一届三中全会、理论工作务虚会议的基本精神，系统全面地规定了高校马克思主义理论课的地位和任务、教学方针、课程、学时、大纲和教材、教学制度、教学环节和教学方法等。《试行办法》规定在全国高校本科开设中共党史、政治经济学、哲学。文科专业加开国际共产主义运动史，也可试开科学社会主义。《试行办法》是我国高校马克思主义理论教育史上的一个重要文献，初步搭建了“文化大革命”结束后我国高校马克思主义理论课的基本框架，对全面推进高校马克思主义理论教育具有十分重要的意义。

关于课程的性质。《试行办法》指出，我国高等学校开设马列主义课，对学生进行马列主义、毛泽东思想的基本理论教育，体现了社会主义高等学校的特点和优点。社会主义高等学校的性质和马列主义、毛泽东思想的基本理论的指导作用，决定了马列主义课在整个高等教育中的重要地位。马列主义课在实现社会主义现代化建设的新时期中只能加强，不能削弱。《试行办法》还强调，马列主义课在各类专业中都是必修课。

关于学时和教材。《试行办法》规定，学时根据专业性质和学制长短确定。理、工、农、医各专业的三门课，每门各为一学年，每周讲授 2 学时，全学年实际教学时数一般不少于 70 学时；文科专业的四门课，每门各为一学年，每周讲 3 学时，全学年实际教学时数不少于 105 学时。政治、法律、哲学、历史和财经等专业的四门课的总学时，可以根据培养目标相应增加。对于教材和大纲，《试行办法》要求每门课的基本内容和章节体系应根据教育部制定的教学大纲，参照本校实际情况进行安排，教材可选用教育部推荐教材，也可依据教育部制定的教学大纲自编教材。

此外，《试行办法》还规定了各高校应建立马列主义教研室，教研室下面可按开设课程设教研组，教研室属于处级教学单位，直属校党委领导，同时还要求校党委有一位书记或常委分管这方面的工作。对于教师队伍建设，《试行办法》还特别强调了切实改善马列主义教师的学习条件和工作条件，提出马克思主义理论课教师的职称评定、生活待遇应与其他学科教师一样。

1980 年 10 月，中宣部发出通知，恢复对高校马列主义理论课的领导，要求各省、市、自治区党委宣传部切实领导好各地学校的马列主义基础理论的教学工作。从 1979 年到 1981 年，教育部每年组织高校马列主义理论课教师暑期讲习会，帮助教师进一步领会党的十一届三中全会精神、四项基本原则、《关于建国以来党的若干历史问题的决议》，从而较好地实现了高校马列主义理论教育的与时俱进。至此，我国高校马列主义理论课形成了一套比较完备的教学体系，也表明我国高校马克思主义理论课的框架已经基本形成。

1979 年教育部思想政治教育司组织编写的各门课的教学大纲，对于加强和改进全国高校马列主义理论课教学起到了重要的作用。但是几年之后，我国的形势有了很大的变化。为了进一步贯彻党的十一届三中全会精神，贯彻党的十二大、五届人大五次会议和中央有关会议的指示精神，教育部思想政治教育司组织有关专家对大纲进行了修订。这次修订的大纲分为供文科使用与供理工农医科使用两种，各门课大纲于 1983 年至 1984 年陆续修订完成。

三、云南省贯彻落实中宣部、教育部意见的举措

“文化大革命”结束后，云南省高校马克思主义理论课面临的形势同样十分严峻。这比较突出地表现在以下方面：一是教师严重不足，教师年龄结构和职称结构也不合理，当时云南省还没有马克思主义理论方面的教授；二是没有教材；三是高校马克思主义理论课教学条件比较差。尽管条件十分艰苦，在党的十一届三中全会精神的指导下，在云南省委宣传部、省教育厅的领导下，在广大马克思主义理论课教师的努力下，云南省高校马克思主义理论课建设仍然取得了良好的成绩。

（一）认真贯彻落实中宣部、教育部有关部署

1978 年教育部下发《意见》后，云南省结合本省实际和各高校的实际，积极响应和贯彻有关要求，并着力发挥广大教育工作者的积极性和主动性，不断克服重重困难并在困难中探索前进，这就为云南省高校马克思主义理论课的重建和发展开了个好头。

1980 年 7 月，教育部下发《试行办法》，云南省委宣传部、省委科教部、省教育厅根据中央有关精神，组织力量对全省高校马列主义基础课的情况做了研究，并形成了《关于改进和加强我省高等院校马列主义基础课的报告》（简称《报告》）。《报告》认为，云南省高校马列主义基础课的总体情况是好的，普遍开设了哲学、政治经济学和中共党史三门课程，少数学校增设了自然辩证法课程，建立了正确的教学制度和教学秩序，教学工作步入正轨。教师队伍数量、教学质量以及学生学习的风气都得到了较大的改善。但是，由于“文化大革命”期间高校马列主义理论课受到了严重

的破坏，进一步改进和加强马列主义基础课是高校的重要课题。《报告》指出，目前云南省高校马列主义基础课存在的主要问题是：一些学校领导重视不够，没有专人分管，或虽有分工，但实际上没有管起来；教师队伍少而弱，一些学校仍采取上大课的办法进行教学；在教学方法上，理论联系实际的问题还没有很好解决。为了改变这种状况，《报告》提出了一系列改进和加强马列主义课的意见。

（1）马列主义基础课的指导思想。《报告》指出，马列主义是一门科学，是无产阶级解放斗争的科学，既有严密的科学性，又有鲜明的党性，它是科学性和党性的统一。高等院校的马列主义基础课，既是一门基础理论课，又是一门政治课。它要求真正做到既教书又教人，用马列主义的世界观去武装学生的头脑，从根本上提高学生的无产阶级政治觉悟，拥护共产党的领导，坚持社会主义道路，自觉地为人民、为社会主义建设服务。当前学生思想政治工作的中心，是要教育学生坚持四项基本原则。高等院校马列主义基础课的教师，既是教育工作者，又是党的政治工作者；既是马列主义、毛泽东思想的传播者，又是践行者。

关于加强教师队伍建设。《报告》指出，首先要抓好现有教师的提高工作，要组织教师分期分批到省外进修，同时还要着重抓好在职教师的提高工作。要安排好教学和科研任务，保证教师有充足的时间进行教学和研究工作，让教师参加省内报告会，定期组织教师做社会调查，成立高等院校马列主义基础课分科的教学研究会，给教师增订报刊和资料。其次，要逐步充实教师队伍。要按照教育部文科 60 名学生配备一名教师、理科 80 名学生配备一名教师的规定，在稳定现有教师队伍的基础上，争取在两三年内，把绝大多数学校马列主义基础课的教师配齐，通过从党政和企事业单位抽调、从国务院分配毕业生中增加高校马列主义基础课教师名额、适当增大马列主义专业毕业生留校任教比例、从转业干部中选拔、委托云南大学举办马列主义基础课教师训练班等办法，逐步增加教师队伍数量。最后，关心教师的思想和生活，对教师的合理要求和困难要认真研究解决。

（2）马列主义理论课教学改革。《报告》结合云南高校马克思主义理论课的实际指出：在讲课形式上，积极创造条件，逐步变大课堂讲课为中课堂、小课堂讲课；在讲课方法上，改变注入式、“满堂灌”、照本宣科的方法，发挥学生的自学能力和独立思考的作用；在教学方法上，组织好讨论，针对学生存在的问题，实事求是地加以解决。要重视对学生成绩的考查，既考查学生对基本原理的理解和运用，也考查学生的思想政治觉悟提高的实际表现。在可能的条件下，要组织学生进行社会调查和参观，加深学生对基本原理的理解，增强运用能力。

(3) 加强对马列主义理论课的领导。《报告》指出，高等院校党委加强对马列主义基础课的领导，是改进和加强这门课教学工作的首要条件。要全面落实教育部对马列主义基础课加强领导的规定。学校党委宣传部要起好党委的参谋助手作用，要承担党委领导马列主义基础课方面的日常具体工作；配合有关部门，审定教学计划和自编教材；关心教师队伍的充实和提高；组织和推动理论讨论、社会调查和经验交流等活动。专业系的党总支要有专人分管学生马列主义基础课的学习。其任务是了解学生的政治思想情况，关心学生学习马列主义基础课的成效，同任课教师互通情况，及时了解和解决学生学习马列主义基础课的思想问题。要加强马列主义基础课教师的思想政治工作。

《报告》还强调，加强和改进高等院校马列主义基础课，是一项关系学校教育工作全局的大事。同时，还建议各高等院校领导在近期内就这个问题做一个全面的研究，并结合自己的情况提出切实可行的改进办法。

《报告》所提出的要求，是明确的、具体的，也是符合云南实际的，对指导云南高校马克思主义理论课建设具有重要的意义。

《报告》得到了省委的高度重视。1981 年 6 月，云南省委下发了《批转〈关于改进和加强我省高等院校马列主义基础课的报告〉的通知》，要求全省高校贯彻执行。这是云南省积极贯彻中宣部、教育部有关精神的切实举措，该通知也成为相当长一段时间内云南省高校马克思主义理论课建设的指导性文件。

(二) 依靠广大高校教师创造性地开展工作

在贯彻中宣部、教育部有关部署和云南省委宣传部、省教育厅有关意见的过程中，云南省各高校的领导也以认真负责的精神对相关的问题做了深入的研究，并努力加以贯彻。云南省高校马克思主义理论教育工作者较好地发挥了积极性和主动性，取得了一定的成绩。在这里把云南工学院贯彻上级领导有关精神开展马克思主义理论课建设的情况做简要回顾。

云南工学院从 1974 年成立到 1978 年春季全国恢复高考招生这段时间的政治理论教育是不系统、变动不居的，其中还受到了所谓“反击右倾翻案风”的影响。几年中不能说没有一点效果，但效果有限。正式招生后，在教师们的共同努力下，经学院领导同意，我们比较早地统一了全校马克思主义理论课的课程设置，将政治教研组改为马列主义教研室，院党委宣传部部长兼任主任，我和另一同志任副主任。我们先是开设了哲学和政治经济学，后来又开设了中共党史。系统的理论教学伊始，必然面临许多困难。一是教师少、课时多。11 名教师要上全校的 3 门课，而且十多年没有系统地讲授理论课，缺乏教学经验。二是没有教材，只有集体编写的提纲和简要的讲义，由教师到课堂上自由发挥。对此学生难以适应，颇有微词。三是对于在教学内容上贯彻理论联系实际的方针，摆脱“两个凡是”的影响，帮助学生运用马克思主义的立场、观点、方法分析和解决实际问题，我们都感到力不能及。哲学似乎好一些，可以联系十年“文化大革命”的教训，联系党重新确立的实事求是的思想路线，组织课堂讨论，同学们还有话可说。中共党史就更难一些，批评过去的观点没把握，联系社会实际又缺乏实践经验和材料。总的来说，当时国家处于拨乱反正时期，马克思主义理论教育的加强和改进也要经历一个过程。

尽管面对许多问题和困难，但经历了“文化大革命”曲折的教师们，在党的十一届三中全会精神的指引下，在改革开放的春风里，意气风发，对马克思主义理论教育事业满怀热情，自觉地探索着前进的道路。

这时，国家正在从“以阶级斗争为纲”转变到以经济建设为中心，从僵化转变到改革，从封闭转变到开放。我们从马克思主义理论教育的现状出发，提出了实现两个转变、搞好三项建设的思路。

实现两个转变：一是转变教条主义学风，发扬理论联系实际的学风；二是转变教师讲、学生听的“满堂灌”的教学方法，实行启发式、教学相长的教学方法。教条主义学风在50年代已有所抬头，到“文化大革命”时期则十分盛行，我们许多理论工作者深受其影响。不塞不流，不止不行，只有弘扬党的理论联系实际的学风，高校的马克思主义理论教育才能获得新的进展。学风和教学方法是紧密联系的。长期以来，学风不正造成方法不当，在教师与学生关系中，学生完全处于被动地位，教学环节只是教师的单边活动，学生的学习积极性调动不起来、发挥不出来，学生的兴趣不浓。加上受“文化大革命”突出政治的消极影响，不少学生对政治课存有逆反心理。如不改进教学方法，马克思主义理论教育教学就难以收到实效。为此，我们鼓励教师采用启发式的教学方法，结合课程内容和学生实际，使教学环节多样化，把讲课、自学、讨论、答疑等结合起来，精心筹划每次课的教学活动，以达到调动教学双方积极性的目的。

三项建设是教材建设、教师队伍建设和资料建设。

教材建设方面，那时教育部和省里都没搞统编教材，我们一个学校又没有单独编写教材的能力，经过一番考虑，我们决定同昆明工学院（1995年2月更名为昆明理工大学）共同发起，联合西南、中南、西北有关工科院校一起，首先编一本适合工科学生特点的哲学教材。校党委十分重视，给予积极支持。一经联系，参与者甚为踊跃，最后确定由云南工学院、昆明工学院、重庆大学等校的17名教师组成编写组，先由每个学校提交一份编写提纲，然后决出一份写作提纲，集思广益，保证教材质量。在昆明召开首次会议时，经过反复比较研究，编写组一致同意以云南工学院和西安冶金建筑学院（今西安建筑科技大学）的提纲为基础编写，并确定由我和西安冶金建筑学院马列部主任孟宪俊主持编写，昆明工学院的王恩镒，西安交通大学的宋雅纯、马鼎璋，西北工业大学的张丁蒙，重庆大学的丁乐瑞，重庆建筑工程学院（后更名为重庆建筑大学，于2000年并入重庆大学）的王策兴，湖南大学的崔矗，西南交通大学的李风岭等组成编辑组负责统稿。西安交通大学党委副书记凌雨轩担任主审。这些同志都是各校甚至各省的学术骨干和学科带头人。各个学校各派1～2名教师参编，云南工学院由罗光慈、李有庆参加，昆明工学院由刘学梅、孙佩贞参加。

由于这是跨省区联合编写的第一本工科院校哲学教材，所以参编人员都以严肃认真的态度反复讨论修改，三易书稿，于1980年底在重庆大学定稿，取名为《马克思主义哲学简明教程》，1981年由云南人民出版社出版发行。从操作层面来看，这本教材的特点体现在三个方面：其一，领导高度重视，在编写过程中得到了教育部政教司和云南省、陕西省、重庆市有关领导机关的支持和指导，编写组成员所在单位给予了大力的支持和帮助；其二，这是党的十一届三中全会以来第一本工科院校哲学教材，参加单位多，编写力量强，来自17所高校的20余人参加了编写，其中绝大多数人都是各高校马列部或马列学科的带头人；其三，编写和修改工作十分扎实，广泛征求了相关高校的意见并进行了认真修改，在初稿、二稿的讨论过程中，邀请了21个单位进行了讨论和指导。

从内容上看，这本教材的总体特点是体系较严谨、观点明确、内容充实、与现实生活和社会发展紧密结合，在一定程度上体现了理论的科学性、时代性和实践性。一是体现了“简明”的特点，全书共分四章，字数约22万字；二是体系和内容有一定的创新，四章结构以及每章的内容在某种程度上都突破了五六十年代的哲学教材；三是在内容上特别是在辩证唯物论这一部分渗透了恩格斯的自然辩证法思想，并结合自然科学的新发展进行了创新；四是这本教材比较侧重方法论，其中最后一章“认识论”专门有科学方法论的阐述。

这本教材的第一版发行了3.6万册，第二版发行了6.6万册。它不仅为参编各校提供了一本可用的教材，而且在全国产生了广泛影响，先后有30余所大学使用该教材，一直用到1985年。这本教材在两名主持编写者所在的云南省和陕西省都获得优秀社科成果奖。它的意义不仅在于教材本身，还在于为联合编写高校马克思主义理论课教材开了个好头，加强了兄弟学校的联系。

教师队伍建设是我们的着力点。我们力图通过各种方式、各种渠道全面提高教师素质。其一，我们根据学校党委指示，要求教师有敬业精神，忠于党的教育事业，为人师表，教书育人；其二，建立一周一次的教研活动制度，集体备课，研究教学中的重点难点，交流教学经验；其三，定期开展专题讨论，组织科学研究，派教师到四川大学、西南大学进修，在经费有限的情况下每年安排 3～5 名教师参加全国性学术活动或到兄弟院校考察；其四，每学期开展一次学生评教活动，听取学生意见，对学生不满意的教师进行重点帮助，对教学成效显著的教师进行表彰奖励；其五，引进青年教师，扩大教师队伍。这些措施对提高教师素质、改进教学内容和方法起到了良好作用。80 年代，云南工学院马克思主义理论课教师的素质在全省高校中是处于前列的。

资料建设在云南工学院起步较早，学校也给予了大力支持。1978 年就在马列教研室建立了资料室，有专职资料员。每年由学校拨专款，订购各种报纸 30 多份、各种刊物 100 多种，还有 10 多种中国人民大学报刊复印资料。凡是能买到的有关马克思主义理论的新书都买。在昆明新华书店设专门购书箱，教师出差去外地也注意购买新书寄回。资料建设为教师进行教学研究和科学研究提供了有力保证。

由于领导重视，教师共同努力，在教学中认真贯彻理论联系实际的方针，不断改进教学内容和方法，所以逐步扭转了学生中那种“政治理论课是政治说教”“工科学生不需要学政治课”的错误观点，教学工作步入正轨，教学质量有所提高，积累了一些经验并在全省高校教学经验交流会上介绍，得到省委宣传部和省教委的肯定和兄弟院校的好评。我想，我作为马克思主义理论课教师代表参加 1985 年高等学校马列主义理论课教学改革研讨会，被选为云南省高校马克思主义理论课教学研究会会长，也是与此有关的。这应当看作集体努力所获得的肯定。

（三）成立研究会，为马克思主义理论课建设提供平台

1980 年，在时任省委党校副校长宿士平、省委宣传部理论处处长李维贵的热情支持和直接领导下，云南成立了哲学学会，围绕重大哲学问题进行讨论，这对推动云南的哲学研究和思想解放发挥了积极作用。学会成立后不久即组织部分哲学工作者进行调查研究，联系实际编写了《漫谈思想路线》《马克思主义哲学基础知识》，在广大干部群众中产生了良好反响。

从 1980 年起，为了进一步贯彻党的十一届三中全会精神，指导和帮助各高校在马克思主义理论教育中更好地拨乱反正，不断加强各高校之间的

教学研究，在省委宣传部、省教育厅的组织和指导下，云南省相继成立了高等院校的哲学、政治经济学、中共党史三个教学研究会，我担任哲学教学研究会会长。各教学研究会在有关部门的领导下，依靠广大教师，在教师培训、教材建设、理论研究、经验交流等方面做了大量工作，编辑出版了各门课的教学研究通讯，受到了广大教师的欢迎，推动了教学内容和教学方法的改进。

（四）探索教学内容和方法的改革

在恢复重建高校马克思主义理论课的过程中，中宣部、教育部都对高校马克思主义理论课的内容和方法改革做出了明确的要求。云南省根据中央有关精神，积极探索教学内容和教学方法的改革。省委宣传部、省教育厅提出，各高校要把教学内容和方法的改革放在重要地位，各门课程的教学研究会要进行调查研究，研究改革过程中存在的问题，特别是要总结新鲜经验，在教师中进行交流。

在教学内容改革方面强调了教学内容的科学性。这里所说的科学性主要是指要讲正确的观点，要坚持正确的理论导向。例如，不能把马克思主义哲学讲成斗争哲学，不能把中国共产党历史讲成路线斗争史。在教学内容的改革上，大家认为，主要应抓好以下三个方面：第一，认真学习和贯彻党的十一届三中全会的精神以及邓小平两次重要讲话的精神，即《解放思想，实事求是，团结一致向前看》和在理论务虚会议上的讲话。各门课贯彻上述精神，要根据自身的特点和内容。例如：在贯彻实事求是思想路线这个问题上，“马克思主义哲学原理”要着重讲清党的实事求是思想路线的理论依据和实践依据、科学内涵和重要意义，“中国共产党历史”则要分析和总结我们党在民主革命时期和社会主义革命、建设时期思想路线的经验教训。第二，要认真学习和研究教育部颁发的教学大纲，要深刻理解各门课的教学目的要求，遵照教育部的教学大纲编写讲义、讲稿或试用教材，要研究教学大纲中的重点难点，讲清教学大纲中的主要内容。这是规范教学内容所必需的。第三，要联系学生的思想实际，联系社会生活的实际，使教学内容做到理论和实践的统一，逐步解决学生思想中存在的模糊的甚至错误的认识，增强学生分析和解决问题的能力，特别是深化学生对毛泽东思想、对实事求是的思想路线、对改革开放诸方面的认识。

在教学方法的改革上，当时提出了一个明确的要求，就是要着力讲好每一堂课，要认真设计每一堂课的教学环节和教学方法。同时，各个学校一是要进行调查研究，了解学生的思想情况和接受水平，开展启发式教育，切实改变教师讲、学生听的“满堂灌”的方法；二是要研究教学环节，包括研究如何组织课堂讨论，如何做到发挥学生在学习中的能动作用；三是改进考查、考试方法，从理论的掌握和实际运用两个方面考查学生学习的情况；四是贯彻少而精的原则，同时严格保证各门课不少于教育部规定的课时。

虽然各高校教学内容和方法的改革情况有所不同，但总的说来，是起到了积极作用的。

四、正确认识这一时期的高校马克思主义理论教育

1978 年至 1984 年，是高校马克思主义理论课恢复与探索阶段。经过思想理论战线的拨乱反正，各高校普遍恢复了“哲学”“政治经济学”“中共党史”三门课程。广大马克思主义理论课教师积极参与全国范围内开展的真理标准问题的大讨论，思想大为解放，并且开始重新认识在我国经济生活和政治生活中长期困扰人们的一些重大问题。在这段时间，高校的马克思主义理论课主要是根据党的十一届三中全会和党的十二大精神进行思想理论上的拨乱反正、正本清源，消除“文化大革命”中“左”倾错误的影响，贯彻党的十一届三中全会以来的路线、方针、政策，引导学生正确认识毛泽东思想的历史地位和历史作用，并联系我国社会主义建设和改革的实际，讲授马列主义、毛泽东思想的基本原理。从学生方面看，经历了“文化大革命”进入新时期的青年学生，思想较为活跃，对理论上的拨乱反正很感兴趣，具有追求真理、渴望改革的热情。但由于没有系统地学习过马克思主义基本理论，对社会思潮的辨析能力不强。例如，当时所谓的

“西单民主墙”上的某些错误观点，在学生当中有影响。一些学生对如何认识毛泽东思想和毛泽东晚年的错误、如何认识中国革命和建设的历史进程存在诸多疑惑。1983年胡乔木的《关于人道主义和异化问题》一文发表后，社会主义、人道主义与西方的民主、自由、人权问题又成为学生争论的热点。1984年中央做出了关于经济体制改革的决定，我国的改革从农村发展到城市。如何进行改革和开放更是大学生们十分关注的热点。这表明学生有关心国事和追求真理的热情，也为有针对性地进行马克思主义理论教育提供了契机和条件。

这一阶段高校的马克思主义理论教育处于恢复和探索阶段，没有统编教材，理论准备不足，教学内容不够规范，教师数量较少，因此困难比较大。但是经过广大师生的共同努力、相互探讨，教学效果还是明显的。

就云南省的情况来看，党的十一届三中全会以来，云南省高校恢复和加强了马克思主义理论的系统教育。在拨乱反正过程中，广大教师以实事求是的思想路线为指导，积极从事教学实践，认真开展理论研究，在教学任务相当繁重的情况下，坚持进行教学改革，为增强教学的科学性、革命性，培养有理想、有道德、有文化、有纪律的大学生做出了积极的贡献。

1980年以来，省委宣传部和省教育厅高度重视马克思主义理论课教师队伍的建设及教学内容和方法的改进，逐步采取了一系列行之有效的措施，使教学质量不断提高。从多次教学讨论会、经验交流会的情况来看，各高校在教学中的共同特点是：重视对社会实际和学生思想的调查研究，认真贯彻理论联系实际的方针。中共党史、哲学、政治经济学的教学，都注意了从基本原理出发，结合党在新时期的总任务和路线、方针、政策，进行有理论、有实际的科学分析。所以，马克思主义理论课的威信也相应有所提高。

在各高等院校中，不少党政领导也越来越认识到政治理论课的重要作用。他们把马克思主义的教育作为贯彻教育方针的重要内容，有的校（院）长积极指导和检查马克思主义理论课的教学工作。一些校（院）党委书记还经常听课，甚至走上讲台讲课，并同教师一起讨论如何改进教学等问题。

总体上看，这一时期云南省高校马克思主义理论课的教学与研究是有成绩的，已经具有了较好的基础，但是仍然存在不少的问题。一是还没有根本解决对马克思主义理论课在高校教育中的地位和作用的认识问题，不少领导并没有把它作为学校教育的灵魂、思想政治工作的核心，有的学校重智育轻德育、重专业轻马列的倾向还存在。二是教学内容还不同程度地存在脱离实际的情况，没有有针对性地回答社会实践和学生提出的一些新问题，缺乏吸引力、说服力和战斗力。三是教师队伍不适应马克思主义理论课改革的需要，广大教师的工作是努力而辛苦的，有改革的热情和搞好教学的愿望，但数量不足、任务繁重、知识结构不完善，对自然科学和社会科学的新发展以及当代西方社会思潮了解甚少，对我国现代化建设和世界政治经济方面的新问题缺乏较深入的研究。这是影响教学质量提高的一个关键问题，亟须加以解决。

从改革开放以来高校马克思主义理论课建设的发展历程来看，许多人对 1978—1984 年这一时期的情况不熟悉，人们了解更多的是“85 方案”“98 方案”“05 方案”的贯彻实施情况，理论界相关的研究也不多。我们认为，1978—1984 年这一时期的高校马克思主义理论教育是很重要的。没有这个时期的拨乱反正和艰辛探索，后来的历次课程改革也就无从谈起。无论是从中宣部、教育部的部署以及地方主管部门所做的努力来看，还是从各高校克服困难、创造性地开展马克思主义理论教育来看，这个时期的各项工作都为后来的马克思主义理论教育提供了十分宝贵的经验。可以认为，1978—1984 年的高校马克思主义理论教育是其在新时期的良好开端。

第五章　高校马克思主义理论课的改革创新*

党的十一届三中全会以后，党中央不断加强思想政治教育和高校马克思主义理论课建设，取得了十分显著的成绩。但是，“文化大革命”的影响还不能低估，开放、搞活对思想道德领域的负面影响不容忽视。在探索改革开放、建设有中国特色社会主义的道路上，党中央逐渐形成了建设“两个文明”的思想，党的十三大确立了社会主义初级阶段的基本路线。20世纪80年代中期，社会上出现了关于人生观问题的大讨论，由于种种原因，我国思想领域也出现了新的变化，一些青年人盲目崇拜资本主义，社会风气呈现出下滑的态势。因此，1985年前后，我国高校马克思主义理论教育面临着两个主要方面的任务：一是用党的十一届三中全会、十二大、十二届三中全会精神武装大学生头脑；二是用马克思主义理论教育青年学生，帮助学生树立正确的世界观、人生观和价值观，不断克服错误思想的影响。因此，党中央在这个时期根据形势任务的变化，切实加强思想政治教育，同时对高校马克思主义理论课建设进行了改革创新，形成了思想政治理论课“85方案”。这是党的十一届三中全会以来，党中央首次对高校思想政治理论课进行较为系统的改革，在这个过程中，云南省积极贯

* 本章及第六章主要研究“85方案”实施后至“98方案”提出前我国高校思政课的建设与改革。

彻中央的有关要求，创造性地开展了高校马克思主义理论课建设。

一、“85 方案”的诞生及其重大意义

1985 年 8 月 1 日，党中央下发了《中共中央关于改革学校思想品德和政治理论课程教学的通知》（中发［1985］18 号文件，简称中央 18 号文件）。这一文件的下发是 1984 年全国高等学校思想政治工作会议的必然结果，也是顺应当时思想政治教育和高校马克思主义理论课建设新形势、新任务的必然要求，它标志着高校思想政治理论课“85 方案”的诞生。

（一）“85 方案”的诞生

高校思想政治理论课“85 方案”的诞生有着较为复杂的国际国内背景。

第一，和平与发展成为时代主题得到了国内外的普遍认可，但是由于种种原因，西方国家对我国进行“和平演变”的图谋没有变，在实行开放、搞活的过程中，西方的一些错误价值观念向人们涌来，对人们特别是青少年的思想道德产生了较大的冲击。

第二，“文化大革命”的影响还在一定范围内存在，一些人理想信念淡漠，组织纪律观念较差，助人为乐精神下降，当时社会上流传着“雷锋叔叔不在了”这一说法。

第三，改革开放以后，党中央加快推进教育领域的改革，并且先后下发了一系列重要文件，比如 1985 年下发的《中共中央关于教育体制改革的决定》。可以说，1985 年是我国教育领域深入改革的一年，“85 方案”正是教育体制改革的必然结果。

第四，在改革开放的进程中，为了应对思想道德领域出现的新情况、新问题，党中央不断加强社会主义精神文明建设。叶剑英在 1979 年庆祝新中国成立 30 周年大会上明确提出了“社会主义精神文明”这一命题。1981 年 2 月，中宣部、教育部、文化部、卫生部和公安部联合发出了《关于开

展文明礼貌活动的通知》，并在全国掀起了“五讲四美三热爱”活动。党的十二大提出了建设高度的社会主义精神文明这一战略任务。

第五，青年的思想道德状况引起了社会的普遍关注。在20世纪80年代，一位署名潘晓的女青年在《中国青年》上发表了题为《人生的路啊，怎么越走越窄?》的文章。她提出了“主观为自己，客观为他人”的人生准则。这一观点引起了许多青年人的反响。这个时期还出现了关于“冯大兴事件”的讨论。这说明，当时的青年较为普遍地在人生观问题上存在困惑。

为了适应高校思想政治教育和思想政治理论课建设的需要，1984年6月7—16日，中宣部、教育部、共青团中央、全国教育工会在北京联合召开全国高等学校思想政治工作会议。这次会议主要是讨论和研究新形势下高等学校思想政治工作的改革、改进马列主义理论课教学、加强思想政治工作队伍建设、加强和改善党委对思想政治工作的领导等问题。会议指出，高等学校思想政治工作的一个重要任务就是要保证和促进教育改革的顺利进行。高等学校思想政治工作要适应新的形势，就必须进行自身改革，在实践中不断探索和总结新的经验。要从实际出发，同改革相结合，在对学生进行系统的马列主义基本理论教育的同时，特别注意加强现行政策的教育。要针对学生的思想特点，采取疏导的方针，引导他们成为全面发展的、富有创新精神的人才，采取切实有力的措施，稳定和提高现有思想政治工作队伍。会议还对高等学校校长负责制试点、实行教工代表大会制度、大力发展学生党员等提出了建议。在会上，国务院副总理万里讲道，教育必须进行改革，不改不行，教育领域改革是为了多出人才、快出人才、出好人才、出更多的科研成果。他强调，一定要改善和加强对青年、对大学生和中学生的思想政治工作。学校思想政治工作的任务就是要启发、爱护和支持青年人的创新精神与改革精神，使青年中勤于学习、敢于思索、勇于创新的可贵精神大大发扬起来。不发扬青年的创造性，党就没有希望，国家就没有希望。对于青年人在探求真理过程中可能出现的一些思想问题，要用启发的、民主的、商讨的办法来疏导，而不能用简单化的、强制的方法来解决，要用事实、用实践和理论进行生动的、有说服力的教育。中共中央书记处书记胡启立指出，要考虑在对外开放的条件下，结合全国改革的大形势，按教育规律来加强和改善思想政治工作；要有针对性地做好他们的思想工作；鼓励学校长期从事思想政治工作的同志，在这条战线上做出更大贡献。

1984年9月4日，中宣部、教育部联合发出《关于加强和改进高等学校马列主义理论教育的若干规定》，9月12日教育部发出《关于高等学校开设共产主义思想品德课的若干规定》。这两个文件可以说是对70年代末、80年代初高校马克思主义理论教育和思想品德教育的初步总结，也是对全国高等学校思想政治工作会议精神的深化，从而为"85方案"的提出做了准备。

1985年4月16—24日，教育部在北京召开高等学校马列主义理论课教学改革研讨会。与会同志就高等学校马列主义理论课教学改革的必要性和迫切性、改革的目的、改革的方向和教学内容改革等问题展开了讨论。会议由中宣部部长邓力群主持，教育部部长何东昌做了总结发言。会上，胡乔木传达中共中央书记处关于改革高等学校马列主义理论课的意见和要求，并两次发表讲话。他指出，当前，学校马列主义理论课教学和教材存在着脱离中国社会实际、脱离学生、脱离时代的严重不适应状况，大、中、小学课程和教材必须进行改革。在分析当前轻视学校政治课的原因后，他指出，马列主义理论课改革是一个巨大的系统工程，改革方向是面向现代化、面向世界、面向未来，改革是为了进一步加强而不是削弱这方面的教育。会议讨论了胡乔木的讲话，并结合学校马列主义理论课教学实际情况和教师队伍状况统一了思想，针对实现改革目标的具体步骤和措施广泛交换了意见。

这次会议，各省都有数名代表参加。云南省委宣传部、省教育厅、云南大学、云南师范大学的负责人参加了会议，我作为马克思主义理论课教师的代表也参加了这次会议。

各省市的马克思主义理论课教师代表30余人，先分成两个小组然后又合为一个组专门讨论高校的马列主义理论教育问题。当时的教育部部长何东昌参加了合组讨论。他说，中央十分重视高校马克思主义理论教育，会议专门邀请马克思主义理论课教师代表与会，就是要认真听取大家的意见，加强和改进高校马克思主义理论课的教育工作，要对课程设置、课时、教学方针原则、教学内容方法的改革以及教师队伍建设等问题做全面研究，搞出一个方案，提交中央讨论，然后中央下发文件，统一和规范全国高校的马克思主义理论教育。讨论十分热烈，围绕中宣部、教育部提出的初步意见，大家各抒己见。讨论集中在三个问题上：一是课程设置，二是教育方针，三是队伍建设。关于课程设置争议较大，争论的第一个焦点是把马克思主义三个组成部分的内容合在一起设一门“马克思主义原理”（简称“大原理”），还是分设哲学、政治经济学等课程。会上两种意见都有，认为各有利弊。设“大原理”有利于从总体上把握马克思主义基本原理，理解其内在联系，学习其立场、观点、方法；分设的好处则在于能较好地帮助学生打好哲学和政治经济学的理论基础，接受起来比较容易，联系实际也各有侧重，似乎更符合从分析到综合的思维规律。关于课程设置争论的第二个焦点是要不要设“中国社会主义建设”课，也是有两种不同意见，但倾向于开设的人占多数，认为这门课把马克思主义基本原理与中国社会主义建设的实践结合起来，具有很强的现实性，可以帮助学生了解中国的改革和建设，增强学生的社会主义信念和历史使命感。关于教学方针，大家都毫无疑义地赞成理论联系实际的方针，但在联系实际的重点、方法上则各有不同的见解；对读书、自学、讲课、讨论、调查研究等教学环节的关系和作用的认识也不尽一致。如何体现和检查教学效果，大家都认为是一个需要探索和研究的问题。关于教师队伍建设，我们都谈了许多意见，中心是围绕充实、培养教师队伍和提高教师水平。当时，高校马克思主义理论课和思想品德课教师队伍的状况是数量少、质量不高，“文化大革命”十年又出现了断层，不少高校对思政课重视不够，从而对这支队伍建设的关注也不够。

我认为，这次研讨会的意义是十分重大的，是对各省高校思想政治理论课情况的摸底，也是对 20 世纪 80 年代以来中央在各地开展的高校思想政治理论课调研情况的总结，在会议上解决了一些教学中的难点问题。更重要的是，这次会议结束不久，党中央下发了中央 18 号文件。中央 18 号文件的下发表明，我国改革开放以后思想政治理论课程新方案——“85 方案”——的诞生。

这次会议对我来说，又是一次很好的学习机会，使我了解了中央的精神，学习了兄弟院校的经验，结识了高校的一批同行，思考和探讨了马克思主义理论教育面临的一些新问题。总而言之，就是增强了责任感，增强了信心，增强了开拓马克思主义理论教育新局面的力量。我既然已经做出了献身马克思主义理论教育事业的选择，并且现在的形势很好，机会难得，理当全力以赴，做出应有的贡献。在会议期间，我也向一同参会的省委宣传部和省教委领导提出了一些设想和建议。我认为首先要解决好“两个认识”和“两项建设”。“两个认识”就是对马克思主义理论课在高校重要地位的认识和培养学生成为社会主义建设者、接班人的重要性的认识。“两项建设”就是组织机构建设和教师队伍建设。这两项建设是基础性的建设，有利于解决马克思主义理论课的“有位”和“有为”的问题。有了这个基础，才谈得上加强和改进高校的马克思主义理论教育。

（二）高校思想政治理论课的新安排

中央 18 号文件鲜明地提出，为了适应我国社会主义现代化建设的需要，适应现代科学技术和现代经济政治的巨大发展变化，适应新时期青少年心理发展的具体状况，以及各方面改革的需要，我国现行的以马克思主义为指导的思想品德和政治理论课（从小学的思想品德课、中学的思想政治课到高等学校的马克思主义理论课）的课程设置、教学内容和教学方法也必须进行认真的改革。这已成为培养一代有理想、有道德、有文化、有纪律的建设人才的迫切任务之一。

中央 18 号文件明确指出：大学进行以中国革命史为中心的历史教育，使学生了解具有悠久的历史文化传统的中国，是怎样根据历史的必然走上以共产党为领导力量的社会主义道路的；进行马克思主义基本理论的教育，使学生了解马克思主义的哲学、历史学、经济学、政治学和科学社会主义等基本理论观点的历史渊源、主要内容和现代发展（包括在中国的运用和发展），同时有分析有比较地介绍当代其他各种社会思潮，对错误的思潮要有分析地进行充分说理的批评，培养学生运用马克思主义对这些思潮进行鉴别和分析的能力；进行中国社会主义建设和改革的理论、政策和实际知识的教育，使学生了解我国党和人民正在进行的有世界意义的伟大事业和青年一代的密切关系及崇高责任。还应向学生介绍当代世界政治经济的基本状况、国际关系的基础知识，帮助学生开阔视野，使他们在对外开放的环境下有坚定的立场和较强的适应能力。

中央 18 号文件还提出：要改变注入式的教学方法，尽量实行启发式的教学方法；编写出几套适应社会主义现代化建设需要的、具有较高水平的新教材，是改革马克思主义思想理论课教学的中心环节；实现马克思主义思想理论课教学改革任务的主要依靠和根本保证，在于建设一支坚持党的路线、有马克思主义觉悟和理论修养、有比较丰富的社会科学文史知识和必要的自然科学知识、热心于青少年思想理论教育工作的师资队伍；各级党委和政府部门必须切实加强领导，要进行深入的调查研究，广泛听取各方面的意见，先易后难，由局部到整体，经过扎扎实实的试验，逐步进行；在加强中央对马克思主义思想理论课教学改革的宏观指导的同时，要充分发挥各级学校特别是教师的主动性、创造性和积极性。同时，中央还决定成立全国马克思主义思想理论课教材编审委员会，统筹规划课程设置、教材编辑及审定和其他组织工作。

为了保证中央 18 号文件的贯彻实施，1986 年 3 月 20 日，国家教委发出了《关于在高等学校进一步贯彻〈中共中央关于改革学校思想品德和政治理论课程教学的通知〉的意见》（简称《意见》）。《意见》提出，国家教委设想从 1986 年起，用 3～5 年时间进行政治理论课教学改革工作，逐步开出新的课程。

关于“中国革命史”。《意见》提出：1986 年，总结清华大学等校改“中共党史”课为“中国革命史”课的试点经验，组织编写供不同类型院校使用的示范性大纲，推动教材建设；1987 年，在较多的学校开设“中国革命史”课，评审推荐全国试用教材；1988 年，在全国多数高等学校开设“中国革命史”课。

关于“中国社会主义建设”。《意见》提出：1986 年，完成由中宣部理论局和国家教委政教司共同组织编写的“中国社会主义建设”试用教材和教学参考大纲，进行教学试点，并组织科研攻关；1987 年，总结试点经验，扩大试点范围，修改试用教材和教学参考大纲；1988 年，评审推荐全国试用教材，在全国多数学校开设“中国社会主义建设”课。

关于“马克思主义原理”。《意见》提出：1986 年，初步探讨“马克思主义原理”课的教学内容和体系，组织科研攻关；1987 年，在科研攻关的基础上，编写教学大纲和试用教材，进行教学试点；1988 年，总结试点经验，扩大试点范围，编写示范性大纲，修改试用教材；1989 年，评审推荐全国试用教材；1990 年，在全国多数学校开设“马克思主义原理”课。

关于“世界政治经济和国际关系”。《意见》提出，有条件的地区和学校要组织力量进行研究，可以在试点院校先开展专题讲授或组织讲座。

考虑到多数高校开设新课程的实际困难，《意见》指出，预计从 1990 年起，全国多数高等学校政治理论课的课程设置可基本上实现中央 18 号文件的要求，教学内容也将得到充实、提高。各校在开设新课程以前，继续按原有课程组织教学，但课程内容应按中央 18 号文件的精神进行改革。

此外，《意见》还就教学改革试点、开展科学研究、新教材建设、教师队伍建设等重要问题做出了说明。

（三）对“85 方案”重要意义的认识

“85 方案”是改革开放以来我国第一个关于高校思想政治理论课改革的方案。有人认为，它是过渡性质的，国内研究课程与教学论的有关成果对这次方案的意义也鲜有论及。但是，我觉得这一方案在我国高校思想政治理论课建设史上具有十分重要的意义。这是改革开放以来，党中央针对思想政治理论课进行的较为系统的顶层设计，而且提出的方案适应了当时课程建设的情况，考虑到了教师队伍情况、各高校的开课情况以及实际的教学困难，更重要的是适应和回应了学生普遍反映较为强烈的重点、难点问题。在我看来，“85 方案”提出的意义主要体现在以下方面：

第一，开创了高校思想政治理论课的新局面。改革开放以来，党中央多次强调思想政治教育的重要性，多次指出加强学校思想政治教育。1985 年 3 月 7 日，邓小平在全国科技工作会议上指出：“我们在建设具有中国特色的社会主义社会时，一定要坚持发展物质文明和精神文明，坚持五讲四美三热爱，教育全国人民做到有理想、有道德、有文化、有纪律。这四条里面，理想和纪律特别重要。”①

全国高等学校思想政治工作会议、高等学校马列主义理论课教学改革研讨会的召开以及中央 18 号文件的颁布，体现了党中央对思想政治教育的高度重视。这些是改革开放以来，党中央亲自领导和部署高校马克思主义理论课建设的重要举措，而中央 18 号文件也是改革开放以来第一个以党中央名义下发的关于学校思想政治理论课的文件，这不仅体现了党中央对高校思想政治理论课的高度重视，而且表明了思想政治理论课的重要地位。这说明党中央对全国高校做了全盘的考虑和部署，为 1985 年后的高校思想政治理论教育打下了坚实的基础。特别是中央 18 号文件中强调了党对思想政治理论课的领导，突出强调了思想政治理论课的意识形态属性，这些都是十分重要的。后来人们把中央 18 号文件中的有关规定称为“高压线”正是缘于此。

第二，进一步明确了高校马克思主义理论教育的重要意义和指导思想，提出了加强和改进高校马克思主义理论教育的一系列重大举措。中央 18 号文件对思想政治理论课在高校中的地位和作用、指导思想和教学原则做了科学的阐述，对课程设置、课时和教学内容与方法、教材建设做了具体规定，对教师与学生的比例、教师队伍建设以及组织机构和学校党委、行政对教学的领导提出了明确的要求。文件的内容是全面的、具体的，既高屋建瓴又切合实际，既有深刻的政治思想性，又有很强的可操作性。几十年来，中央 18 号文件的精神深深地印刻在我们的思想中。特别是文件中提出，马克思主义理论教育是社会主义大学与资本主义大学的根本区别，是高等学校思想政治工作的主阵地和主渠道。要坚持理论联系实际的原则，用马克思主义的立场、观点、方法武装学生，帮助他们树立科学的世界观、人生观、价值观，成为社会主义的建设者和接班人。这对提高我们对思想政治理论课的地位和作用的认识是十分重要的。

① 邓小平．邓小平文选：第 3 卷．北京：人民出版社，1993：110.

第三，增强了广大马克思主义理论课教师的责任感、使命感和信心。许多教师在讨论贯彻中央 18 号文件时都谈道，我们要尽心培养的是社会主义事业的接班人，而不是社会主义事业的“掘墓人”，这是关系党和国家前途命运的千秋大业和神圣使命。我们首先要以马克思主义科学理论武装自己，使自己成为坚定的马克思主义者，这样才能以科学理论武装青年学生；我们首先要有科学的世界观、人生观、价值观，这样才能引导学生树立科学的世界观、人生观、价值观。这是需要长期学习、磨炼方能做到的。应该说，我们大多数政治理论课教师是信仰马列主义，愿意为之而奋斗的。但也确有一些同志根底较浅、信仰不坚，难以做到以科学理论武装学生。中央 18 号文件为我们指明了方向，也激发了广大教师的学习精神和改造主观世界的自觉性。就我个人来说，我切实地有以下感想：一是感觉到党中央高度重视高校思想政治理论课；二是感觉到高校马克思主义理论教育进入了新的历史阶段；三是感到高校马克思主义理论教育在内容和方法上要有新的改革，要有新的创造。这三个感受集中起来就是有一个切身的体会——要为高校马克思主义理论教育新的发展做出自己应有的贡献。因为这是一个很好的时机，是一个在马克思主义理论教育战线上大有可为的时期，是一个开拓创新的时期，因此，我在当时就想到，自己已经接近 60 岁，确实要尽自己的最大努力，为高校马克思主义理论教育做出自己的贡献。后来，我将当时的感受概括为“峥嵘岁月只争朝夕”。

二、云南省创造性地贯彻中央的指示和要求

1985 年 8 月中央 18 号文件颁布以来，各高等学校按照中央的精神，本着先易后难、由点到面的原则，对马克思主义理论课（公共课）教学进行了改革，取得了初步成效。就云南来看，全面实施课程改革也存在一定的困难，主要表现在：

第一，新课程的教材缺乏。长期以来，云南省高校马克思主义理论课教学依据国家教委制定的教学要点安排教学内容，以往的教材建设主要是

围绕“老三门”课展开，教材质量参差不齐。因此，教材问题成为最急需解决的困难。

第二，教师数量和教师知识结构不适应新课程的要求。这是由两个方面的原因造成的：一是“文化大革命”对教师的迫害，使教师数量严重不足；二是相当多的教师不能胜任“85 方案”的新课程。“85 方案”将“老三门”课程（文科学生另开“国际共产主义运动史”）调整为“新三门”课程（文科学生另开“世界经济政治和国际关系”），这是一个很大的变化。但是，“老三门”的课程体系在我国已经实施了 36 年的时间，许多思想政治理论课教师围绕“辩证唯物主义与历史唯物主义”“政治经济学”“中共党史”构建了自己的知识体系，并形成了适应“老三门”课的教学和科研主攻方向。由于“85 方案”中的课程对大多数教师来说都是新的课程，特别是“马克思主义原理”课要求教师贯通马克思主义的三个主要领域，从整体上理解和讲授马克思主义的科学体系，打破原来马克思主义哲学、马克思主义政治经济学、科学社会主义的框架，许多教师在知识结构上不能适应新课程的要求，课程实施的难度非常大。

第三，由于“85 方案”的实施难度大，有些学校存在畏难情绪；有的学校领导没有认识到贯彻实施中央 18 号文件的重要性和紧迫性，有消极等待的思想；有的领导、教师对中央 18 号文件有不同的认识，不能正确理解课程改革的必要性和重要意义；一些学校对设置独立的马克思主义理论课教学机构以及课时问题存在错误的认识；等等。

为了保障“85 方案”的贯彻落实，中央 18 号文件下发后，云南省委迅速做出响应，并及时召开了全省高校思想政治理论教育会议，研究和部署贯彻中央精神的意见，要求全省高等院校从培养社会主义事业建设者和接班人的高度，充分认识思想政治教育的重要意义。省委宣传部李维贵、赵绍敏、张建庆和省教育厅陆炳炎、吕有文等领导同志直接参与研究贯彻方案、制定措施，组织对“85 方案”的贯彻执行。采取的措施主要有以下几个方面：

一是提出了“潜心改革，先易后难，逐步过渡，力争在二、三、四年内开出各门新课程”的改革目标。具体要求是：有条件的院校经过一年时间的准备和试点，争取于1986年下学期开设“中国革命史”课；经过二年到三年的努力于1988年下学期开设“中国社会主义建设”课；经过三年到四年的努力于1988年下学期或1989年下学期起在各校开设“马克思主义原理”课程。

二是编写教材。省里决定，在省委宣传部和省教育厅的直接领导下，统一编写三门课的教材。在全省范围内，遴选具有较强理论功底和研究能力的同志组成编写组，立即开展工作。《马克思主义原理》由省委宣传部副部长李维贵和我担任主编，申有龙、温茂芬、黄汝劲、恽志吾等担任副主编，赵绍敏、吕有文担任主审；《中国社会主义建设》由赵绍敏、林增靖担任主编，温茂芬、张国伟担任副主编，教材提纲由李维贵修改和审定，内容由李文辉、吕有文、张乃、程志方审定；《中国革命史》由谢本书担任主编，张乃、曹铎光任副主编，由李文辉、吴鹤翔、吕有文修改和审定。各门课的教材要体现教育部颁发的教学要点，要先拟定提纲，经批准后再编写教材。在编写过程中，要广泛征求马克思主义理论课老师的意见，在精、深、新上下功夫。经过编写组同志的共同努力，三门课教材的编写工作均如期完成。

云南工学院的罗光慈、刘育英、刘雨清参加了有关教材的编写工作。在随后的教材修订和再版过程中，云南工学院的张仲华曾担任《马克思主义原理》教材的副主编，刘育英曾担任《中国革命史》教材的副主编、主编。

三是成立云南省高校马克思主义理论课教学研究会。研究会不是一般的群众性学术团体，而是在省委宣传部和省教育厅直接领导下开展工作。研究会的理事由各高校的马列部主任担任，会长、副会长由领导部门提出候选名单，经会员大会选举产生。1985年9月，在大理医学院*召开研究会成立大会，会上选我为会长，曹铎光、黄汝劲、林增靖、张传伦为副会长。20世纪90年代初，为了加强教学研究会的工作，由温茂芬和我担任会长。21世纪初，由姜子华和陈路任会长。教学研究会在云南省高校马克思主义理论课建设中发挥了重要作用。

---

* 2001年10月，大理医学院与大理师范高等专科学校合并组建为大理学院，大理工业学校、云南广播电视大学大理分校并入该校。2015年4月29日，学校正式更名为大理大学。

四是培训教师和加快教师队伍建设。培训教师主要结合教材编写进行，各门课教材的编写都广泛吸收了有关教师参加讨论，教材出版后，对各门课的教师进行了全员培训，由主编、副主编进行讲授，阐述教材的目的要求、理论体系、主要内容和重点难点。培训时间均在10天以上，力求使任课教师更好地胜任教学工作。

关于加快教师队伍建设，省里要求各高校在2～3年内按照1∶120的师生比配齐教师。为此，全省各高校都加快了引进教师的步伐。例如，云南工学院原来只有11名马克思主义理论课教师，在1986年前后选调了上海师范学院（今上海师范大学）、西南大学等校的6名政治专业毕业生来校任教，并通过武汉大学、陕西师范学院（今陕西师范大学）等校代培了6名硕士生。到1989年，云南工学院的马克思主义理论课教师已增加至20余名。

五是创办《思想理论教育》。在成立云南省高校马克思主义理论课教学研究会的同时，省教育厅政教处处长吕有文提出要创办一个研究会的刊物，为贯彻中央和省委的精神、开展教学研究和理论研究、交流教学经验和介绍资料信息提供一个园地。经请示省教育厅领导，于1987年创办了《思想理论教育》，我担任主编，吕有文担任副主编。每期的责任编辑3～4名，由各高校的党委宣传部部长和马列部主任轮流担任，云南师范学院（今云南师范大学）宣传部部长杨铜、云南民族学院（今云南民族大学）宣传部部长尤仁林、云南大学宣传部部长张德文等同志积极参与刊物的编辑工作，省教育厅政教处的吕有文、何伟全、杨丽宏以及云南工学院的邹宇昆等同志为刊物的编辑、出版、发行做了大量工作。

以上这些举措，在云南来说是具有创新性的，有力地保证了中央“85方案”的贯彻执行。

1986年暑假后，全省半数左右的院校开设了“中国革命史”课，大多数院校开设了“中国社会主义建设”课，少数学校还开设了“马克思主义原理”课。原有的“哲学”课、“政治经济学”课也进一步贯彻了理论联系实际的方针，对教学内容做了调整和充实，增加了关于历史唯物主义、当代资本主义、我国社会主义现代化建设和改革，以及当代西方哲学、政治、经济思潮评介等方面的内容。新教材的编写和师资培训取得了较好的进展。

三、《马克思主义原理》教材的编写是一项开创性的工作

在省委宣传部、省教育厅的组织领导下，经过两年的努力，云南省编写出了《马克思主义原理》教材。这本教材是云南省高校广大马克思主义理论课教师对马克思主义、资本主义和社会主义进行再认识的科研成果，也是一种改革性的、探索性的尝试。为了便于各高校在“马克思主义原理”教学试点中研究和使用这本教材，并提出修改意见以便不断完善，我以《〈马克思主义原理〉课教材建设是一项开创性的工作》为题写了一篇文章，发表在《思想理论教育》上，内容如下：

（一）编写的过程

编写《马克思主义原理》教材是相当艰巨的任务，不可能一蹴而就。所以，在编写之前研究组的同志确定了三条工作方针：一是把编写教材作为一项严肃的科研任务，先研究要点和大纲，再进行重点专题研究，而后着手教材编写；二是依靠广大教师，集思广益，充分征求意见，反复讨论，反复修改，使之成为集体智慧的结晶；三是坚持理论联系实际的原则，深入调查研究，认真吸取国内兄弟院校的研究成果，使之具有较好的质量。

根据以上工作方针，《马克思主义原理》教材的编写历时两年，经过三个阶段，三易其稿，于1988年初写成。

第一阶段是1986年3月至7月，主要是调查研究，讨论这门课的指导思想、教学目的要求、基本内容，并结合以往马克思主义理论课的教学情况、学生思想特点，研究这门课着重要解决的问题。在这个过程中，我们选派研究组的同志到重庆、武汉、上海、北京、西安等地的高等院校学习考察，并到中宣部理论局、国家教委政教司汇报了我们的设想和研究的问题，与有关领导就编写这门课教材的整体构想交换了意见。这次考察学习收获不小，使我们明确了：“马克思主义原理”课是要科学地阐明马克思主义的历史渊源、主要内容和现代发展，把马克思主义作为完整的科学理

论体系教给学员，而不是马克思主义哲学、马克思主义政治经济学、科学社会主义三个组成部分的机械结合；“马克思主义原理”课要努力体现时代的特点，对资本主义、社会主义以及资本主义和社会主义的相互关系进行再认识，根据新的变化进行新的理论概括，而不是一般地解释和阐发马克思主义经典作家的理论观点。这些认识为我们编写提纲、构思体系、研究教材内容提供了很大的帮助。

第二阶段是 1986 年 7 月至 12 月，主要是搜集和研究资料，编写教学要点，首先以研究组的同志为骨干，与各高校教师一起编写了 8 份“马克思主义原理”课的提纲。随后由研究组集各家之长，并参考中国人民大学等院校编写的 7 份大纲，统一编写出一份提纲，印发云南省各高校讨论修改。11 月出了“提纲”的第二稿。大家认为，这个提纲基本上体现了中央关于改革马克思主义理论课的精神，其体系和内容也具有一定的新意，可以据此开始编写教材。

第三阶段是 1986 年 12 月至 1988 年 2 月，集中了云南省高校长期从事马克思主义哲学、马克思主义政治经济学、科学社会主义教学工作的 15 名教授、副教授，在省委宣传部副部长、省委宣传部理论处和省教育厅学生处负责同志直接主持和参与下，开展科研、编写教材。教材的第一稿于 1987 年 7 月完成，因此时国家教委的《马克思主义原理教学要点》（简称《教学要点》）印发下来，我们又立即参照《教学要点》做了修改，既吸取其中的优长，又保留了我们教材中已有的一些特点，于 8 月组织编写组和部分高校“马克思主义原理”课的教师讨论了第二稿。原拟再修改后于年底定稿，适逢党的十三大召开，党的十三大报告提出了社会主义初级阶段、生产力标准以及改革等一系列重大理论问题，丰富和发展了马克思主义。这对于我们编好《马克思主义原理》教材具有极为重要的指导意义，于是我们决定暂缓定稿，编写组同志认真学习党的十三大文件，深刻领会其精神的理论观点，力求将其体现于教材之中。又经过三个月的讨论修改，教材于 1988 年春节定稿。

尽管我们编写这本教材是严肃认真的，付出了艰苦的努力，集中了群众的智慧，得到了中宣部理论局和国家教委政教司的帮助，更有党的十三大文件做指导、国家教委的《教学要点》做依据，教材是有一定质量和一定特点的。但是，由于这是一项开创性的工作，难度很大，加之我们水平有限，因而从体系到内容都有许多不足之处，需要在今后的教学实践中不断完善。

（二）主要内容

（1）全书的体系。

我们考虑全书的体系是基于以下两点：一是把马克思主义是完整的科学世界观（不仅马克思主义哲学是科学的世界观，马克思主义政治经济学、科学社会主义也是科学世界观的组成部分）作为中心线索贯穿于全书；二是紧密联系当代实际，以马克思主义的世界观为指导，分析现代资本主义、社会主义的本质和特点，阐明马克思主义的现代发展。我们认为从上述两点出发，在构思体系时就有可能体现历史和逻辑相统一、理论和实践相统一的原则。综观全书，体系和结构基本是清晰的、合乎逻辑的，除导论和第一章外，其他 11 章分为世界观和方法论、资本主义论、社会主义论三大部分。它们之间既一脉相承，又相对独立，形成一个有机整体，有助于学生从总体上了解马克思主义的基本原理，分析当代资本主义和社会主义的一些新的问题，从而逐步掌握马克思主义的立场、观点、方法。

（2）全书各部分的基本思想。

导论：马克思主义新的大发展是时代的大趋势。导论的主要内容是概括现时代一系列重大社会变化，以及马克思主义面临的新课题，引导学生站在时代的高度来学习和研究马克思主义，对资本主义、社会主义以及马克思主义本身进行再认识。导论具有反思性和现实性，即对历史进行反思，对现实进行分析，从历史到现实的发展变化中体察时代精神，思考社会前进的趋势，探索马克思主义的历史命运。这一部分在讲授时不必全面展开，主要是提出观点，打开学生的思路。但它对于引导学生如何学习马克思主义原理有至关重要的作用。

第一章：马克思主义的科学理论体系及其基本特征。这一章着重阐明马克思主义是时代的产物、人类文明的结晶，马克思主义是完整的科学的世界观，马克思主义的基本特征决定了这一科学世界观是人们认识和改造世界的锐利武器。这一章的中心内容是概括论述马克思主义的历史渊源、主要内容和基本特征，使学生对马克思主义有一个总的认识，为学生学习以后各章打下基础，其中特别强调马克思主义是完整的科学理论体系，整个理论体系的基础和贯穿其中的红线就是辩证唯物主义和历史唯物主义的世界观。

第二章至第五章：世界观和方法论。这一部分概述了马克思主义哲学的基本原理，主要阐明世界的本质、世界发展的一般规律以及认识运动和社会运动的规律。在体系上改变了原来的四大块和上下篇的结构，而是根据马克思主义哲学的形成史及本质，以马克思主义的伟大创造——唯物史观为基点，以唯物论和辩证法相统一、唯物主义自然观和唯物主义历史观相统一的原则为指导，较系统地论述马克思主义的世界观。在内容上较原来的哲学教材精简、集中、重点突出，注意结合社会实践中的新问题，着力于理论深度，在认识的本质及规律、社会结构和社会发展规律等部分都增加或突出了某些重要的新内容。讲授这几章时，要理清思绪和线索，突出重点，努力摆脱以往哲学教学模式的束缚，避免面面俱到和割裂原理之间的内在联系。否则，不仅难以解决内容多、时间少的矛盾，而且会造成学生对原理的简单化理解。

第六章至第九章：资本主义论。这一部分并不是政治经济学资本主义部分的简单套用，而是全面阐述马克思主义关于资本主义经济、政治和意识形态的基本原理，帮助学生正确认识资本主义的本质、当代资本主义的新变化和新特点，了解资本主义是人类社会发展的一个重要阶段，有其产生、发展和灭亡的客观规律。这几章的特点是新的理论问题多，难度也大，许多新问题还需要深入研究，许多新的现象还有待于从理论上概括，如关于资本主义的当今形式和国家垄断资本主义的新特点问题、关于现代发达资本主义国家的基本矛盾和发展趋势问题、关于资本主义国家的阶级结构和政治制度问题、关于资本主义的意识形态问题、关于社会主义代替资本主义的长期性和曲折性问题等。教材中虽做了一定的分析，吸取了理论界的有关研究成果，表述了编写者们的一些观点，但总的说来，研究还很不深入，值得花大力气去探索。所以，在这一部分的教学中，更要靠广大教师去开拓创新，并引导学生进行认真的思考。

第十章至第十二章：社会主义论。这几章也不同于科学社会主义的有关内容，而是通过对社会主义从理论到实践、从一国实践到多国实践的分析和概括，阐明社会主义本质的一致性和模式的多样性，论述社会主义运动的现状和发展趋势，探讨社会主义制度下的改革。从纵的方面说，力图总结社会主义发展的历史经验，实事求是地对社会主义进行再认识，从而科学地揭示社会主义社会矛盾运动的客观规律；从横的方面说，涉及社会主义的建设和改革，对社会主义的经济、政治和思想文化都做了一定的剖析，以便使学生对社会主义有较全面的理解。由于社会主义仍在实践中、探索中，因此在这一部分里还对当代社会主义思潮进行了评介。总之，社会主义论是同前面的资本主义论相联系、相呼应的，应当体现马克思主义原理的新发展。所以，在讲授这一部分时一定要正确处理马克思主义经典作家关于社会主义的理论同社会主义现实的矛盾，正确理解社会主义的共性和个性的关系，把党的十三大关于社会主义的基本理论观点贯彻于教学内容之中。

（三）主要特点

在编写这本教材时，我们力求体现以下几个特点：

第一，科学性和革命性的统一。科学性是革命性的前提，革命性是科学性的必然结果。实践证明，马克思主义之所以具有强大的生命力，就是因为它是一个严整的科学思想体系。“马克思主义原理”是高校新开设的课程，要使学生认真学习这门课程，关键在于通过教材和教学活动展示马克思主义的丰富内涵和科学品格，以激发学生对马克思主义的求知欲。所以，我们在编写导论和第一章时，着力于时代的特点和马克思主义的历史使命，充分阐明马克思主义的理论来源、科学依据和科学品格，以揭示马克思主义永葆科学青春的奥秘。在以下各章中，特别是资本主义论和社会主义论的几章，注意了从实际出发，运用马克思主义的科学世界观去考察新的情况和新的问题，并且尽可能吸取理论界的一些有价值的观点，将其充实到教材内容中去。对于已被实践证明的过时的、片面的、错误的观点，则拒之于教材之外。当然，许多重大理论问题，我们尚无力涉及，已经涉及的问题也很不深入。但我们坚持的原则是，理论来自实践并在实践中检验和发展；而不是用理论去剪裁生活，把理论看作政治的附属物和政策的标签。

第二，批判性和发展性的统一。马克思主义的建立体现着批判和继承的统一。一百多年来马克思主义的发展也是在批判中实现的。我们在编写教材时，强调了马克思主义的开放性，它不仅对历史开放、对当代开放，而且在批判中自我开放。在阐明马克思主义的一些基本原理时，我们既注意对历史的反思，也注意对现实的探索；既注意马克思主义本身的合乎逻辑的发展，也注意在同其他学派的比较中阐明其真理性。在批判各种社会思潮时，力求采取科学分析的态度。如对西方马克思主义、资产阶级的社会思潮、民主社会主义等的评介都坚持马克思主义的辩证观点和历史观点。这对加深对马克思主义科学本质的理解具有积极的意义。

第三，现实针对性和理论创新性的统一。多年来马克思主义的教学实践使我们体会到，一些学生对学习马克思主义理论课不感兴趣的重要原因之一，就是我们的教学内容缺乏现实感，没有针对性。在编写《马克思主义原理》教材之前，我们在学生中进行了较深入的调查研究，他们提出了许多十分关心而又无力解决的问题。这些问题集中在对资本主义和社会主义以及两种主要社会制度的相互关系的认识方面。例如，帝国主义是不是腐朽的、垂死的资本主义，现代资本主义是否还有强大的生命力，无产阶级贫困化的理论是否成立，为什么二战后资本主义经济出现了新的飞跃，为什么世界无产阶级革命处于低潮，如何看待资本主义的意识形态，如何看待社会主义的优越性，如何评价社会主义国家的改革，如何认识当代世界的潮流，等等。所有这些问题都反映了青年学生对时势政治的关心，也是马克思主义需要加以回答的。我们都力求在教材中有所论述。但是，我们的论述仍然是初步的。要真正弄清这些问题，就必须依靠广大教师和学生的共同努力。

四、调查研究推进理论和实践相结合

马克思主义理论教育必须紧密和学生思想的实际相结合，以增强教学的实效性。在教学中必须加强对学生思想实际的调查，注重学生对教学情况的反馈，同时也要结合实际借鉴其他高校的有益经验。中央18号文件下发后，云南省以及我所在的云南工学院一方面积极落实马克思主义理论课和思想品德课改革的要求，另一方面加强了调查研究。

（一）关于课程教学效果的调查

中央18号文件下发后，云南工学院的马克思主义理论课教学与改革同全国高校一样，进入了一个新阶段，由“老三门”课改为“新三门”课，教学内容变新，教学难度增大，教学要求更高，因而必须有一个适应期。“新三门”课取代“老三门”课，效果有所提高，在领会马克思主义基本原理、分析社会主义建设中的实际问题、辨别社会思潮的是非等方面，大多数学生都有进步。

1988年下半年，我们在全校学生中做了一次问卷和座谈相结合的调查，赞成在高校开设马克思主义理论课的占84%，比原来的比例高出很多；认为现有三门课的教学内容比较适当的占75%；感到学习马克思主义理论课后收获较大的占18%，有所收获的占54%，收获小和没有什么收获的占28%，学生中对政治理论课的逆反心理大为降低。80年代初曾有不少人一听讲社会主义优越性和帝国主义的腐朽性、讲树立社会主义共产主义理想信念就反感，就坐不住、听不进甚至发笑。现在这种情况很少了，大家对改革开放很关心，讨论这方面的问题很热烈，在作业和考试中写的心得体会也能联系人生价值、理想信念等问题进行思考。在调查中还发现，学生的求新心理、自主心理、务实心理较为明显。教师讲课中只要有新内容，学生都感兴趣；不喜欢灌输，不喜欢系统地讲理论，注重个人理解，乐于争论现实问题。有些学生在谈到人生意义、社会责任时，则强调个人价值。应当说这其中积极因素居多，只要善于引导，就可以收到成效。

在调查中，学生们还提出了一些批评和建议。例如，有的学生认为三门课之间内容有重复，有些内容与中学也有重复，“马克思主义原理”体系庞杂、涵盖面太广。有的学生认为“中国社会主义建设”课不系统、太零碎。有的学生认为教学中理论联系实际不够，有些教师知识面不广，不善于分析实际问题，课堂讲的东西同实际生活差距太大，对不上号。有的学生还提出，大中小学的政治课缺乏连贯性，课程设置和教学内容没有充分体现青少年的心理特点和人生观、世界观形成的规律。这些意见对我们改进教学很有价值，使我们萌发了对大中小学思想理论教育进行系列调查的念头。1989 年秋，在云南省教委支持和直接领导下，以云南工学院社科部教师为主组成了调研组，历时一年，在云南、四川的八所大学、十所中学、八所小学做了问卷和座谈调查，写成了主报告和三个分报告。主报告对大中小学生思想品德状况和大中小学思想理论课状况进行了概略分析，分报告分别就大学、中学、小学的思想理论教育的课程设置、教学内容、教育方针的贯彻、教学方法的改进，以及加强领导、加强教师队伍建设等问题提出了建议。调查报告除报省委宣传部、省教委外，还呈送中宣部和国家教委，有关大学和中学的部分内容还在云南省和全国性刊物上发表。这次调查研究虽然不够全面深入，但对我们改进教学起到了有益的作用。

（二）赴沿海高校考察马克思主义理论课的体会

在省委宣传部、省教育厅的组织领导下，云南省部分高校的马列部、社科部主任和云南民族学院的党委副书记等 11 人组成学习考察组，由我担任组长，省委宣传部胡正鹏为联络员，于 1988 年底赴上海、江苏、浙江、福建、广东的 14 所高校学习考察马克思主义理论课和思想政治教育工作的情况和经验，历时一个月。所到之处，受到省（市）教委、宣传部和各高校有关负责同志的热情接待和指导，听取了他们的经验，分析了马克思主义理论课和思想政治教育课的现状和趋势，探讨了教学改革中一些棘手的问题，颇受启发教育。考察组回来后，进行了一次总结，以供领导、教师们参考。

1. 马克思主义理论课在困难中开拓前进

关于高校马克思主义理论课的现状，不少院校的同志都认为，贯彻中央 18 号文件以来，确实出现了新的转机，内容和方法已有一定改进，现实性和科学性有所增强，但是，马克思主义理论课的教学和改革存在着不少困难。我国社会的改革处于新旧体制转换的困难时期，这种情况不能不给马克思主义理论课带来直接和间接的影响。

马克思主义理论课的困难主要来自以下几个方面：

一是社会上存在的轻视教育、轻视科学，特别是轻视社会科学的思想，无形中影响着人们对马克思主义理论课的认识，表现为对理论的淡漠、对科学的无知，甚至以功利主义的态度看待马克思主义。复旦大学、福州大学等校的同志都谈道，这种思想给大学生带来的消极作用是不能低估的。而学校有的领导对此有所认识，有的则漠然置之，马克思主义理论课在高校中的地位并未得到真正解决。近几年来，有些大学生的价值观念发生了变化，价值取向出现庸俗化趋势。有的人已不倾心于知识的追求，而是热衷于“实惠”的占有。他们连对自然科学的学习都采取得过且过的态度，更何况社会科学。有的人对马克思主义理论课仍然存有偏见。复旦大学马列部主任谈道，有的教师讲课质量很高，学生却说：“您讲的是好，可惜您在马列部，太遗憾了。”有位政治经济学教师讲课很受欢迎，学生又说：“这门课不该放在马列部。”这种情况具有一定代表性，值得深思。

二是马克思主义理论课的内容难度大。随着时代和社会实践的变化，马克思主义理论课的内容必须发展，集中体现在要对资本主义、社会主义以及两种社会制度的关系和世界政治经济进行新的认识。这就不是对经典著作的理解和内容陈旧的教材所能解决的。特别是对我国改革中出现的新情况、新问题，目前的理论研究还没有达到比较清楚、比较深刻的程度。这当然增加了教学的难度。而我们马克思主义理论课的教师，囿于自己的知识结构和所处的条件，讲资本主义不了解资本主义，讲社会主义也是坐井观天。这不能不影响到教学质量的提高。许多院校的领导都谈道，绝大多数马克思主义理论课教师是相当努力的，千方百计搞好教学，但由于上述原因，效果不尽如人意，看来还要走一段艰苦的路程。

三是在教学中，普遍认为需要下大力气贯彻理论联系实际的方针。马克思主义已诞生一百多年，它的真理性虽不因时间推移而丧失，始终具有强大的生命力，但理论和实践的统一，只有在艰难的探索和开拓中才能实现，既需要有理论勇气，又需要有深入的科学研究，不是一蹴而就的。上海交通大学和厦门大学的同志都认为，在这个问题上，领导不要轻易责备教师理论脱离实际，而是要切实地创造条件，帮助教师逐步地解决贯彻理论联系实际方针过程中的困难。有的同志还谈道，关于理论和实践的关系，从现实看，恐怕两个方面都值得注意，一方面是理论脱离实践，另一方面是实践脱离理论指导。例如，我们的改革，在一定程度上存在着主观随意性和盲目性，没有真正发挥理论的先导作用。难怪有的教师和学生提出，我们搞的究竟是马克思主义，还是凯恩斯主义。这是改革中的难题，也是马克思主义理论课教学中的难题。

尽管马克思主义理论课的改革举步维艰，但广大教师并未知难而退。各个院校虽然成效不一，但都在积极改革。杭州大学副校长说："马克思主义理论课教师在学生不重视这门课的情况下，凭良心也要坚持改革、搞好教学的精神，使我们很感动。我们相信马列课的威信是会不断提高的。"上海交通大学社科系主任说："马克思主义课的威信取决于两个方面的作用，一方面是社会大气候，另一方面是教师。随着改革的深入和教师素质的提高，它必将受到青年学生的重视。"

近几年来，这些院校想了许多办法来改进教学。比如：改革课程设置，增开选修课；丰富教学内容，突出现实问题；深入调查研究，增强教学的针对性；发挥学员的主体性，开展课堂讨论；严格课堂纪律，坚持作业和考试制度；多走出校门，到实践中学习。这些做法都是富有成效的。

2. 在改革马克思主义理论课的过程中发挥创造性

这些地区的院校在贯彻中央 18 号文件方面，不仅是认真的，而且是富于创造性的。它们在实践中不断总结经验，已经走出了一些新的路子。

复旦大学、华东师范大学等校，在课程设置上具有较大的灵活性。具体安排是每半年开设一门课，一年级开"中国革命史"和"中国社会主义建设"；二年级开"马克思主义原理"，分为上下篇；三年级上学期开"世界政治经济和国际关系"，下学期开选修课。选修课的面较大，一般三至五门，都是现实性较强的课程，如"中国社会""中国民主党派""'文革'史""中国社会经济问题""二十世纪科学方法论""西方哲学思潮""西方经济思潮"等。这些院校认为，这样安排的好处是：课程多，信息量大，知识面广；一学期一门课可以使学生不感到枯燥、冗长，并有一定的新鲜感；教师讲课的主动性大，可以择重点难点讲，避免重复和面面俱到；教师半年上课，半年时间集中精力搞科研、备新课、在职进修，有助于业务水平的提高；多开选修课，使学生能从不同侧面学习社会科学，有助于加深学生对马克思主义和社会的理解。当然，这也对教师提出了更高的要求。

浙江省各高校从1986年以来，已陆续开设了“中国革命史”“中国社会主义建设”“马克思主义原理”等课程，全省统编了三门新课的教材，每年都集中培训教师，每年都交流教改经验。高校马克思主义理论课教学研究会的工作抓得很紧，校际关系比较密切，浙江省委宣传部和省教育厅对马克思主义理论课的改革相当重视。其情况有点与云南省类似，它们在马克思主义理论课的改革和科研方面取得了许多有益的经验。

关于三门新课的效果，情况不尽相同，总的说来是肯定的。“中国革命史”的反映比较一致，认为效果比党史好，背景广阔，内容丰富，是对青年学生进行历史唯物主义观点和爱国主义、革命传统教育的重要课程，对理解我国社会主义初级阶段的理论也有重要意义。“中国社会主义建设”是一门现实性很强的课程，难度较大。如果教师对这门课的对象和内容把握得好，马克思主义的理论基础较扎实，对现实问题有深入的调查研究，讲起课来就很受欢迎。杭州大学、苏州大学、复旦大学等校的同志都认为，这门课有理论、有实际，值得探讨的问题很多，能打开学生的思路，引导他们去研究中国的现实和未来，增强学生对党的路线、方针、政策的理解，提高学生的马列主义理论水平。他们在“中国社会主义建设”课教学中带领学生去无锡、苏州、温州实地考察，组织专题讨论，效果很好。有的学校的教师也反映，这门课难讲，学科体系未建立起来，理论、政策、知识三者的统一问题还未解决好，加之不少问题说不清，所以教学中效果不甚明显，学生不大欢迎。另外，“中国社会主义建设”同“马克思主义原理”课的重复问题也值得研究。有的学校主张把“马克思主义原理”课的社会主义篇合并到“中国社会主义建设”课中去，建立一门新的学科——“中国社会主义学”，有的设想建立“社会主义建设学”。关于“马克思主义原理”课，多数院校处于试点过程中，只有复旦大学等少数学校已经实施过两次，效果还看不清楚，普遍认为这门课的难度最大：不仅内容多，马克思主义的科学体系难以把握；而且涉及对资本主义、社会主义的认识，许多重大理论问题有待深入研究。上海交通大学负责“马克思主义原理”教学的一位教授认为，“马克思主义原理”二、三篇的教学余地大，内容比较生动灵活，第一篇则较难突破原来“马克思主义哲学”课的框框。他预测这门课的发展趋势可能是原理、原著、马克思主义发展史的结合。不少院校都指出，“马克思主义原理”课的体系尚需探索，真正形成一个有机联系的科学体系还要有一个实践过程。浙江一些院校的同志提出，能否把这门课的内容分为上下两篇，上篇为经典马克思主义即马克思恩格斯的基本理论，下篇为马克思恩格斯之后，苏联、中国及20世纪其他各国对马克思主义的新发展。

根据它们的经验和我们云南高校的实际，我当时提出了几点意见供大家思考。

第一，现在三门新课已经开设，马克思主义理论课的改革已迈出步伐，如何进一步巩固和完善现有的改革，是我们教学研究的重点。各门课的教学研究会和广大教师要充分重视总结经验，加强研究，认真解决教学中出现的新问题。

第二，上海一些院校关于马克思主义理论课的改革思路对我们颇有启示，可以研究和借鉴，但也要十分注意云南高校的实际情况，根据自己的条件妥善考虑，不宜生搬硬套。

第三，贯彻理论联系实际的方针，始终是改革马克思主义理论课的重要课题。各门课都要在教学内容的科学性和现实性上下功夫，因此应该有计划地开展专题研究，以丰富和深化马克思主义的基本原理，并尽可能回答实践所提出的新问题。

第四，新课程要求新的教学方法，为了增强学生的学习兴趣和效果，教学方法的改革应提到重要议事日程。我们要根据不同的课程和对象研究和采取一些生动活泼、有利于调动学生积极性和启发学生思维的方法。

3. *改革的关键在教师*

各兄弟院校都认为，目前，马克思主义理论课教师队伍的数量问题已不突出，质量问题突出起来。据浙江高校马克思主义理论课教学研究会的同志说，从讲课来看，大体是受欢迎的、可以的和不受欢迎的各占 1/3。主要是相当一部分教师理论功底不够、知识结构不适应。他们认为，多数中老年教师理论基础较好、教学经验丰富，有一定分析问题的能力，但不少人知识老化，老框框多，观念更新慢，影响了教学质量的提高；青年教师思维敏锐，富有探索精神，教学中放得开，但理论功底不够，有的人缺乏严谨的治学态度，思想和业务素质都有待提高。有的学校还谈到个别教师讲马列不信马列，把马克思主义作为纯学术对待，造成不良影响。因此普遍认为，要搞好马克思主义理论课的改革、提高教学质量，就必须加强教师队伍的建设。

这几个省市的宣传、教育部门以及各高等学校，都采取了一系列的措施来加强教师队伍建设，主要做法是：

第一，把开展科研作为建设教师队伍的一条重要途径。华东师范大学要求所有马列课教师每年都提交科研论文或其他科研成果，近 10 年来已出了 8 本论文集。浙江工学院社科部规定，高职教师每年要发表两篇论文，中职教师在省级学术会议上交流两篇论文，由社科部检查考核，完不成任务扣奖金。由于重视这项工作，不少院校科研成果丰硕：浙江工学院社科部，10 年来撰写专著、教材 50 余本；浙江医科大学社科部 80 年代以来出版著作 15 本，发表论文 65 篇。其他院校也取得了明显成绩。

第二，组织教师进修，开展多种形式的学术活动。浙江一些院校规定青年教师上课前进修一年，中老年教师连续上课三至四年后脱产进修半年至一年。有的学校采取半年上课半年轮空搞科研的办法。上海交通大学、杭州大学还选派马列课教师出国短期学习考察或攻读学位。

第三，通过开设选修课促进教师的提高。有的学校要求所有中职教师开设两门选修课，高职教师开设两门，这对于加强教师的理论基础、扩大教师的知识领域都有好处。

第四，实际锻炼，调查研究。浙江省的高等学校较普遍地实行青年教师下乡代职锻炼的办法，有的任副乡长，有的到乡镇企业或其他单位担任一定职务。在校内部分马列课教师兼任辅导员或班主任。不少教师都深入工厂、农村搞调查研究。这些做法对于贯彻理论联系实际的方针大有裨益。

第五，总结交流教学经验。近几年来，各校都抓得很紧，省市有关部门也较为重视。成立了全省教学研究会的地方搞得更好些，各院校在一起切磋研究，互相启发，有助于取长补短。有的省委宣传部和省教委，每个月召开一次马列课教师会议，传达文件和有关精神，并适时听取教学改革的情况和意见。

我们认为，教改的关键在教师，对马列课来讲尤其如此。因为马克思主义理论课的改革涉及的问题更多、难度更大、对教师的要求更高，所以，要把教师队伍的建设作为一项根本任务来抓。云南省在这方面做了不少工作，取得了较好成绩，但总的说来教师队伍仍不适应改革的要求。我们设想，今后几年教师队伍建设的重点可以放在：一是围绕新课的开设加强教师的科研工作，有计划地就教学内容中的难点重点和现实生活中的重大理论问题，提出专题，组织研究。要提高教师对科研的重要性的认识，改变云南省马克思主义理论课科研薄弱的状况。二是采取有力措施，搞好青年教师的培养提高，使他们更好地发挥作用。既要充分肯定他们的长处，又要注意他们的弱点。既要鼓励他们开拓创新，又要养成治学严谨的作风。三是有计划地安排教师在职短期脱产进修，建议主管部门开办教师研修班。四是通过适当开设选修课提高教师的教学水平。

（三）在教学科研中加强理论联系实际

切实做到在教学过程中把理论和实践结合起来，既是当时形势发展的需要，也是解决教学当中存在的问题的需要。经过调查发现，学生普遍希望马列主义理论课同改革和建设的实践紧密联系、同学生的实际紧密联系。为此，我们在教学科研中加强理论联系实际，一方面，在教学内容上坚持与时俱进，不断把党中央的新精神体现在教学之中；另一方面，也高度关注学生思想的实际，解决学生世界观、人生观等方面的问题。在贯彻实施“85 方案”的过程中，我们始终注意了这两方面的工作。

1. 深入贯彻党的十三大精神，加强对社会主义初级阶段理论的教学和研究

1987 年 10 月 25 日至 11 月 1 日，中国共产党第十三次全国代表大会

在北京举行。邓小平指出："十三大实际上应该叫做改革、开放的大会，……十三大要作的报告将从理论上阐述改革和开放的重要性、必要性。这是十三大的主题。"①

赵紫阳代表党中央做了题为《沿着有中国特色的社会主义道路前进》的报告。报告指出："正确认识我国社会现在所处的历史阶段，是建设有中国特色的社会主义的首要问题，是我们制定和执行正确的路线和政策的根本依据。"② 为此，报告提出并系统阐述了社会主义初级阶段理论，并且指出了从社会主义初级阶段的实际出发必须确立集中力量进行现代化建设、必须坚持全面改革、必须坚持对外开放、必须以公有制为主体大力发展有计划的商品经济、必须以安定团结为前提努力建设民主政治、必须以马克思主义为指导努力建设精神文明六项重大方针。报告明确指出："**在社会主义初级阶段，我们党的建设有中国特色的社会主义的基本路线是：领导和团结全国各族人民，以经济建设为中心，坚持四项基本原则，坚持改革开放，自力更生，艰苦创业，为把我国建设成为富强、民主、文明的社会主义现代化国家而奋斗。**"③ 同时，党的十三大指出："以经济建设为中心，坚持两个基本点，这就是我们的主要经验，这就是党在社会主义初级阶段的基本路线的主要内容。"④ 我们贯彻执行党的基本路线，就必须紧紧抓住"一个中心、两个基本点"。

同时，报告还讲到我国的经济发展战略是："党的十一届三中全会以后，我国经济建设的战略部署大体分三步走。第一步，实现国民生产总值比一九八〇年翻一番，解决人民的温饱问题。这个任务已经基本实现。第二步，到本世纪末，使国民生产总值再增长一倍，人民生活达到小康水平。第三步，到下个世纪中叶，人均国民生产总值达到中等发达国家水平，人民生活比较富裕，基本实现现代化。然后，在这个基础上继续前进。"⑤ 报告强调，现在最重要的是走好第二步。此外，报告还对经济体制

① 中共中央文献研究室. 十三大以来重要文献选编：上. 北京：人民出版社，1991：1-2.
② 同①9.
③ 同①15.
④ 同①15-16.
⑤ 同①16.

改革、政治体制改革、在改革开放中加强党的建设、争取马克思主义在中国的新胜利做了系统的阐述，并且号召全党：“在实现社会主义现代化宏伟目标的征途上，我们已经取得了第一步胜利。我们还要为夺取第二步、第三步新的更大的胜利而奋斗。我们坚定地相信，建设有中国特色的社会主义的道路，必将越走越宽广！”①

党的十三大是我国历史上十分重要的一次会议。这次会议全面阐述了社会主义初级阶段的基本含义、历史地位、基本特征和基本任务，形成了比较完整的社会主义初级阶段理论，并科学制定了党在社会主义初级阶段的基本路线，制定了“三步走”发展战略和各项改革任务，为今后的经济建设提供了理论依据，规划了社会主义现代化建设的宏伟蓝图。

党的十三大闭幕后不久，邓小平强调指出，党的十三大的特点之一“是阐述了中国社会主义初级阶段的理论，在这个理论指导下，坚定地贯彻党的十一届三中全会以来的路线、方针和政策”②。邓小平会见朝鲜政务院总理李根模时指出：“十三大报告中一个很重要的部分，是讲了到建国一百年时的经济发展战略，就是下个世纪中叶，二十一世纪五十年代，中国将发展到一个中等发达国家的水平。现在一百年已经过去三十八年，还有六十二年，所以说我们的路还很长。”③

党的十三大以后，全国掀起了学习党的十三大精神和社会主义初级阶段理论的热潮。1987 年 11 月 3 日，《中共中央宣传部关于印发〈认真组织好十三大文件的学习和宣传工作〉的通知》指出，要用强有力的思想政治工作，保证“一个中心、两个基本点”的贯彻。同年 11 月 14 日，《人民日报》发表社论《在全党进行社会主义初级阶段基本路线的教育》。社论认为，学习党的十三大文件、贯彻党的十三大精神，是全党政治思想战线当前和今后一个时期的中心任务，学习党的十三大文件，最主要的就是学习党在社会主义初级阶段的基本路线，使这条基本路线真正深入人心、落到实处。各级党委要精心地组织好党的十三大文件的学习和宣传，普遍、深

---

① 中共中央文献研究室．十三大以来重要文献选编：上．北京：人民出版社，1991：61.

② 邓小平．邓小平文选：第 3 卷．北京：人民出版社，1993：258.

③ 同①3.

入地进行建设有中国特色的社会主义的基本路线的教育，团结、鼓舞全党和全国各族人民为实现党的十三大提出的各项任务而共同奋斗。

同样，在思想政治理论课中贯彻党的十三大精神也成为一项十分重要的任务。1987 年 12 月 12 日至 16 日，中国高等学校思想政治教育研究会在成都召开第二次代表大会。会议认为，在社会主义初级阶段，思想政治教育的任务更加艰巨，必须努力创造各种有效形式和具体途径，切实改进和加强高校思想政治工作，首要的任务就是要紧密联系大学生的思想实际，深入进行社会主义初级阶段的理论和党的基本路线的教育，用党的十三大精神提高大学生的思想认识，引导他们健康成长。

党的十三大召开后，云南省积极响应党中央的号召，精心组织了党的十三大精神的宣传。我们也结合课程实际在高校马克思主义理论课中认真贯彻党的十三大精神，落实省委宣传部、省教育厅的有关部署。具体来说，在高校马克思主义理论教育中主要做了这几项工作：

第一，推进党的十三大精神进教材、进课堂、进学生头脑（“三进”）。根据部署，我们在马克思主义理论课中特别是在“中国社会主义建设”“马克思主义原理”课上开展了专题教育，努力用党的十三大精神武装大学生头脑，并及时将党的十三大精神贯彻到教材之中。

第二，对马克思主义理论课教师进行了党的十三大精神的培训和辅导，帮助教师认识党的十三大的重要意义，全面理解社会主义初级阶段、社会主义改革等重大理论问题。

第三，围绕党的十三大精神展开研究。党的十三大的召开，让我们精神为之振奋，我真切地感到这次会议十分重要，党的十三大报告中提出的许多思想、观点、论断都具有开创性。为此，我抓住一些现实生活中的比较重要的、带有关键性的问题做了思考，并撰写和发表了一系列理论文章，研究和阐释党的十三大精神，比较有代表性的有《社会主义初级阶段的改革》《发展社会主义商品经济与观念变革的关系》《关于党的基本路线的哲学思考》《彻底的唯物主义改革观》等多篇论文，并主编了两本论著。总体来说，我这个时期的研究内容较多，涉及经济、政治和思想文化多方面，但研究的主要方向是哲学世界观的具体运用，即用马克思主义的立场、观点、方法分析重大的社会现实问题。

2. 密切关注学生思想动态，努力解决学生思想问题

理论联系实际必须密切关注学生思想实际，努力解决他们的实际思想问题，帮助他们正确认识党的实践创新和理论创新，纠正他们的错误思想。

随着西方资本主义国家的先进技术和管理经验的引进，形形色色的资产阶级思想和其他剥削阶级腐朽没落的思想也涌入国门，并首先在我国的思想战线蔓延和传播开来。面对思想战线出现的精神污染对青年尤其是大学生造成的影响和危害，邓小平站在培养接班人及党和国家前途命运的高度，率先提出了在思想战线要反精神污染的问题。他指出："精神污染的实质是散布形形色色的资产阶级和其他剥削阶级腐朽没落的思想，散布对于社会主义、共产主义事业和对于共产党领导的不信任情绪。"① 邓小平严肃地指出："精神污染的危害很大，足以祸国误民。"② "从长远来看，这个问题关系到我们的事业将由什么样的一代人来接班，关系到党和国家的命运和前途。"③

为此，党中央曾开展了清除精神污染的斗争。这一斗争在初期声势较大，并取得一定成效。但是，由于缺乏经验，一些地区和单位也出现了某些缺点和偏差，再加上由于某些领导人对此采取消极态度，所以斗争未能取得效果。从此，资产阶级自由化思潮更加严重地泛滥开来。在理论界，一些人热衷于谈论人的价值、人道主义和异化问题，以此来批判现实中的社会主义。在文艺界，一些人用他们的不健康思想、作品、表演来污染人们的灵魂。

1986 年 9 月，邓小平在党的十二届六中全会上的讲话再次强调："反对自由化，不仅这次要讲，还要讲十年二十年。这个思潮不顶住，加上开放必然进来许多乌七八糟的东西，一结合起来，是一种不可忽视的、对我们社会主义四个现代化的冲击。"④ 邓小平认为，我们要在中国实现四个现

① 邓小平. 邓小平文选：第 3 卷. 北京：人民出版社，1993：40.

② 同①44.

③ 同①45.

④ 同①182.

代化，就必须在思想政治上坚持四项基本原则。这是实现四个现代化的根本前提。他指出："四个坚持中最核心的是党的领导和社会主义。四个坚持的对立面是资产阶级自由化。"① "对青年人来说，右的东西值得警惕，特别是他们不知道什么是资本主义，什么是社会主义，因此要对他们进行教育。"②

1989 年春夏之交的政治风波，学生游行、罢课遍及全国，我们云南工学院也不例外。如何做好学生的思想政治工作，正确疏导，维护稳定，关系到改革开放的大局。那时，云南工学院社科部没有招收学生，但我作为社科部主任、马列课教师应当到学生中去了解情况，做学生的思想工作。那段时间，我几乎每天都到教室、宿舍去同学生谈心，与学生接触多了，真心交谈，他们什么想法都同你讲，有时我们还展开热烈的讨论。我感觉到青年学生是真诚的，也是很有思想的，有一颗忧国忧民之心，有一腔报效祖国之情，他们对党和政府的一些意见，也是值得我们深思的。比如要求发扬社会主义民主、要求惩治腐败、要求推进改革等，都是有道理的。但是，他们年纪轻、阅历浅，对形势的判断难免有偏差，观察问题存在着片面性，如能循循善诱、晓之以理、动之以情，是能够在一些重大问题上相互沟通、取得共识的。我在给研究生上课时也从正面讲一些道理或提出问题供大家讨论，使大家从讨论中得到启发。在学校许多班级自动停课期间，我一直坚持给研究生讲课。有一天，省外有学生来昆联络，我校部分学生准备第二天上街游行。恰逢该日有我的研究生课，几个研究生来向我说明情况，要求停课。当天晚上我到研究生宿舍同他们促膝长谈，说服他们第二天不要上街，照常上课，更不要带头组织本科生上街。但他们群情激愤，一时难以平静下来。我心里想他们不平静我必须平静，于是慢慢地同他们讨论中国改革开放的形势、当前存在的问题、社会主义的发展前途、青年学生的使命等。这些都是很大的问题，发表意见的自由度很宽，可以各抒己见，认识当然不可能完全统一，但也有一些相同相似的看法。座谈已经到深夜，他们说老师累了，口水都谈干了，该休息了。

---

① 邓小平. 邓小平文选：第 3 卷. 北京：人民出版社，1993：324.

② 同①229.

我说，那你们得答应我明天上午按时上课，否则我们就一直讨论下去。七八个同学都没有表态，大家哈哈笑一阵后，班长发话了，他说："这样吧，老师，感谢你的耐心，正课我们不上了，明天继续讨论，地点也不在教室，就在宿舍随便些。"听他一说，我没有多考虑，就同意了他的方案。

这天晚上，我思绪万千，想了很多。我们的政治理论课究竟应当怎样上？如何看待当今青年学生的世界观、政治观和人生观？80 年代的青年同 50 年代的青年在三观上、在思想道德上各有什么特点，各有什么优长和不足？思想政治教育应当怎样结合当代青年的特点来进行才能收到实效？这些问题确实使我感到困惑，需要在实践中认真探索。我还想到一个问题，就是 80 年代以来社会舆论中的"危机论"，认为 80 年代的青年人出现了"政治危机""道德危机"，与 50 年代相比青年人的政治信念淡薄了、丧失了，思想道德滑坡了、蜕变了。这种看法，从现象上看不能说没有一点根据，但是，难道社会进步了，人们的思想道德反而退步了？这在理论上说得通吗？我们许多教师都认为，对这个问题应有一个比较客观的看法，它关系到思想理论教育的科学性和针对性。为了探索这个问题的答案，云南工学院社科部设立了一个课题——"50 年代与 80 年代大学生思想道德比较研究"。他们到省内外做了许多调查，做了具体分析，形成了研究报告。这一研究使我们对 80 年代大学生的思想道德状况有了较为全面的了解，时代在进步，社会在发展，我们肯定了 50 年代大学生思想品德方面的优长，也分析了 80 年代大学生在世界观、政治观、人生观方面的历史性变化。从总体上看，青年学生在思想品德上是进步的，是同社会主义改革开放的趋势基本一致的。当然，在改革开放的大潮中难免泥沙混杂，青年学生的思想道德观念也不可能是一池清泉，但断言"思想道德危机"，说青年学生是"垮了的一代"则是不客观的。我们的任务就是要用科学理论帮助他们树立正确的世界观、人生观、价值观，成为一代社会主义的新人。这次调查研究对我们客观地认识青年学生、坚定地贯彻党的教育方针、改革马克思主义理论课和思想品德课的教学内容与方法起到了重要作用。

20世纪80年代末90年代初，大概是鉴于苏东剧变和我国政治风波的教训，提出了反“和平演变”的问题。应当说，反“和平演变”的提法并没有错。帝国主义对社会主义实行“和平演变”是既定战略，苏东剧变也与此有关。所以，我们在教学中也讲这个问题，云南省社科界还组织了反“和平演变”理论讨论会，我参加了会议，写了文章。当时，我对这个问题想得不深，主要说明苏东剧变中帝国主义的“和平演变”战略是“催化剂”，根本还在于苏东自身，没有做全面的深刻的分析。到了1990年，反“和平演变”的呼声越来越高，有的刊物提出了“要把反‘和平演变’作为头等大事”，引起了理论界的争论。有的同志认为，所谓“头等大事”的观点是不科学的、有害的。我们的头等大事仍然是坚持以经济建设为中心，坚持党的十三大确定的党的基本路线，绝不能改变这条路线。这又引起了我进一步的思考：反“和平演变”绝不能冲击以经济建设为中心。后来在我主编的《马克思主义在当代的历史使命》一书中，专设了“苏东剧变的经验教训”一章，阐明了我的观点。

五、只争朝夕培养中青年理论工作者

繁荣哲学和社会科学、加强马克思主义理论教育关键还是在人，说到底需要有众多坚信马克思主义、热爱理论工作的人才，尤其是需要一批批有理想、有才华的青年理论工作者脱颖而出。党的十一届三中全会后，新时期的伟大实践为青年理论工作者的锻炼成长提供了良好的环境和条件。经过多年的磨炼与奋斗，许多年轻的同志已成为云南省社会科学领域的学科带头人和学术骨干，为繁荣和发展哲学社会科学发挥了重要作用。

但是，20世纪80年代中期云南省思想政治理论课教师缺乏的问题还比较突出，主要表现在学术带头人比较少、优秀的中青年教师和理论工作者不多。在这个问题上，省教育厅以及高校的领导同样认识到了，并且花大力气抓了人才培养的工作。

1987年初，我被评为教授后，由于全省的教授很少，我被选为省社科联兼职副主席、省高校马克思主义理论课教学研究会会长、中国辩证唯物主义研究会理事，还担任省高校系统、党校系统、社科研究系统三个系统高级职务评审委员会的委员。在这种情况下，我深感是党和各级领导培养了我，是广大马列课教师帮助了我，是彩云之南的阳光雨露滋润了我，我应当只争朝夕为马克思主义理论教育多做工作，为培养中青年理论工作者多做贡献。80年代后期，我一方面夜以继日地工作，在教学、科研、社会工作方面付出了大量心血，有一种时不我待的思想；另一方面不遗余力地培养中青年教师和中青年理论工作者，希望能够为党的理论建设和哲学社会科学发展尽微薄之力。当时有一个感觉，自己同时担任这许多社会职务，说到底是因为省里优秀中青年理论工作者少，而担任这些工作又为我培养中青年同志创造了一定的条件。

我对青年同志是亲近的、关心的，在力所能及的条件下为他们做一些事情。党的培养、时代的召唤、同行们的支持，又把我推到了省社科联副主席和高校马克思主义理论课教学研究会会长的位置。我不仅应当努力做好自己的工作，为中青年起到表率和带头作用，而且应当以实际行动支持和帮助中青年理论工作者更快地成长。只有这样，马克思主义的宣传教育工作、以科学的理论武装人的事业才能绵延不断地传承下去。我常常思考雷锋同志的一句话：人的生命是有限的，为人民服务是无限的。支持和帮助中青年理论工作者更快成长，也是为人民服务的具体表现。在这方面做的事情多一些，我的生命价值就更大一些。

我对中青年同行的关心和支持贯穿在我工作的诸多方面。

其一，在教学和研究活动中热心指导和帮助中青年。在云南工学院担任社科部主任期间，我致力于指导中青年教师，帮助新分来的大学毕业生写讲稿、上讲台，同中青年教师一起搞科研，为他们修改文章，承担学校培养中青年骨干教师的任务。80年代中期来校工作的新教师现在大多成了教学骨干。我曾指导过的一些中青年教师，以其高尚的师德、刻苦钻研的精神和富有成效的工作，受到了省内同行的称赞。我曾到过几所高校研究生班专题讲授马克思主义理论课，与他们共同探讨理论问题，畅谈人生理想，相互留下深刻印象，一些人学成后还与我保持联系。从80年代后期直至90年代后期，为了培养云南省马克思主义理论课中青年教师，在省教委的领导支持下，马克思主义理论课教学研究会协同云南大学举办了三期研究生班，第一期是中国革命史培训班，第二、三期是马克思主义原理培训班，每期有40多位中青年教师参加学习。我参与了两期马克思主义原理培训班的教学指导，为他们讲课，与他们结下了师生情谊，这些人后来大都成为教学骨干和优秀的政工人员，有的同志成了高校的领导。这样就使中青年教师和理论工作者逐渐成长起来。直到现在，一些同志还找我研究问题，切磋教学。云南师范大学在80年代就有一个哲学硕士点，后来又有马克思主义理论教育硕士点。我应该校之聘，从第一届开始就负责哲学专业硕士生的学位论文评审和论文答辩工作。在评审论文中，我把评审看作自我学习又帮助学生提高的一项严肃任务，认真地指出论文存在的问题，引导学生深入进行理性思考。在论文答辩中，我遵循的原则是：要求要严格，提问要有深度和思辨性，重在考查学生对基本理论的掌握和分析解决问题的能力，使答辩过程成为研讨和提高的过程，且历届如此。答辩学员反映，我提的问题开启着他们的思维，我主持的答辩给他们以前进的力量。我同其他答辩委员一样都希望有更多的富有创造精神和理论勇气的年轻学子涌现出来。

由于我担任着省社科联和省哲学学会的领导职务，因而参与或主持全省范围的学术活动较多。在这些活动中我也尽可能给中青年同志提供一些帮助。例如，在理论讨论会上对他们的论文提意见，推荐有研究成果的年轻同志在大会上发言，让他们展示才华、经受锻炼。在优秀社科成果评奖中，关注中青年同志的申报成果，支持有较高质量的成果获奖。在出版基金评选中，给予中青年同志的著作高度的重视，在符合资助条件的情况下优先考虑。

其二，在职称评审中关心和支持中青年理论工作者。从80年代评职称开始，送请我审阅论文、著作和写推荐意见的同志不下百人。我在审阅中也很注意发现那些治学严谨、有才华、有潜力的年轻同志，关心他们的发展。有一年，云南大学送来一位同志申报破格晋升副教授的材料，除论文和著作外，还附有一份介绍自己学习和工作经历的简历式的文稿，我看了之后，深为他的治学态度和奋斗精神所感动，并对他在学术研究中所显现出的理论才华表示赞赏。我推荐他破格晋升副教授。这一年省教委在组织破格评审时，他同另外几位教学科研成果突出的马克思主义理论课中青年教师一起都晋升为副教授。三年之后，我又推荐这位同志破格晋升教授，得到了评审委员会的通过。

除此之外，我还利用好担任三个系统高级职务评审委员会委员这一契机，支持中青年教师晋升职称。1986 年以前，云南省马克思主义理论课教师中没有教授，到 1987 年时，全省马克思主义理论课教师中只有两名教授，副教授也寥寥无几。1987 年，我们破格晋升了两个中青年副教授。几年后，又破格晋升了三名年轻的副教授。总体来看，这时马克思主义理论课教师中高级职称的人数是很少的，相应地高级职务评审委员会里马克思主义理论课教师也少，马克思主义理论课教师在高级职务评审委员会通过的比例较低。其间，我向省教育厅建议专门成立单独的马克思主义理论课学科组，先由学科组评审通过，再由高级职务评审委员会评审，这种方法对马克思主义理论课教师通过职称评审起到了积极的作用。

到 1995 年时，云南省马克思主义理论课教师中具有正高职称的已增加到近 20 人，这是一个不小的进步，使得高校马列学科的骨干教授和学术带头人队伍初步建立起来。同时，在社科系统和党校系统也有一批中青年同志晋升为教授、副教授。这些获得晋升的同志在马克思主义理论研究、理论宣传教育以及高校马克思主义学科建设和课程建设等方面都发挥了领头的作用。

其三，通过教材建设、教学研究和理论研究提高中青年教师和理论工作者的能力和水平。我始终坚持一个观点，即编教材、搞课题研究、撰写论著都要发挥集体的力量，特别是要使中青年教师得到锻炼和提高。我从 80 年代中期到 90 年代没有单独出版过教材或学术专著，尽管当时我已有一些研究计划，并形成了详细的提纲，比如“教育哲学研究”“精髓论——从毛泽东到邓小平”“中国特色社会主义的体系研究”等，但都放弃了，并把主要精力放在了联合一批中青年教师共同撰写专著、编写教材上。在这十年中，我先后联合云南省理论界的同志特别是中青年同志完成了《马克思主义原理》《商品经济和观念变革》《马克思主义在当代的历史使命》《邓小平哲学思想研究》《新时期科学世界观应用与研究》《马克思主义认识论新探》《马克思主义哲学原理》等教材和论著，先后吸收了教师、理论工作者近100人参与。比如，《马克思主义哲学原理》这本教材多次修订再版，参与编写和修订的有30余人，这些编写组成员中多数是中青年。实践表明，这种做法对中青年同志的提高是有很大帮助的，带动了一批中青年从事理论研究、提高学术水平、发挥影响力。

其四，利用担任刊物主编或副主编的契机关心和支持年轻有为的同志。从1987年起，我先后担任《思想理论教育》的主编、《云南学术探索》（1998年更名为《学术探索》）和《高校论坛》的副主编。《思想理论教育》是云南省教委为了加强高校马克思主义理论课和思想品德课以及高校思想政治工作而办的，在创刊之初省内刊物较少，云南省高校的马克思主义理论课和思想品德课教师以及政工干部写的理论文章、经验总结、工作研究报告，大多投向这一刊物。我们编委会的同志取得了一个共识，就是认真审阅每一篇来稿，并分工修改每一篇确定刊登的稿件；在选稿和改稿中要更加关注中青年教师的稿件，通过办刊帮助中青年同志提高教学水平和科研能力。

《学术探索》是云南省社科联主办的综合性社科刊物（由内刊发展到国内外公开发行），我长期担任负责终审的副主编。该刊物的办刊宗旨是：立足有云南特色的社科研究，反映全国学术研究成果，探索国内外前瞻性领域，评价当代社会科学著作。这个刊物在省内外的影响较大，也颇受中青年理论工作者的关注。特别是在这个刊物被确定为全国核心刊物以后，学者们投稿十分踊跃，其中大部分也是中青年作者。如何处理好中老年专家和中青年作者的文章成了刊物的一个问题。不少省内的中青年作者直接到编辑部说明情况，要求关照；认识我的年轻同行也常有拿着文章到我家里让我提意见或帮助修改的，以便推荐到《学术探索》发表。据此，我们研究了一个意见：对年轻同志撰写的有较好基础的稿件，不随意否定，可提出意见修改加工。这一做法是有利于年轻作者的。

其五，利用学会工作支持和培养青年学者。我从80年代中期开始担任省哲学学会副会长、会长，省高校马克思主义理论课教学研究会会长。在这期间，我同理事会的成员一起精心组织哲学研究和学术活动，坚持每年召开学术年会，先后出版论文集十余部，作者有200多人次。哲学研究会主要依靠地州和各高校支持，在推动云南省哲学社会科学工作中发挥了很好的作用，也在一定程度上培养和锻炼了中青年理论工作者。

1986年恢复云南省社科联，我被选为兼职副主席。在社科联的工作中，我还担任学术著作出版基金评审委员会副主任，协助社科联主席建立和组织了全省学术著作出版基金的评审和申报工作。有许多中青年理论工作者通过这个评审脱颖而出。比如，当时中共曲靖市委党校有一位姓陈的青年教师，她申报的出版基金项目研究的是中西哲学范畴的比较，但是提交的文稿还有不完善的地方。我同云南大学的郭文卿教授一起对书稿提出修改意见，经过三次修改，她终于获得了出版基金资助。

现在回忆起来，自己在培养中青年理论工作者方面的努力是有成效的。1999年，省社科联和省社科规划办主持编写出了一本云南省社会科学人才名录，入选该书者均为在社会科学各领域有所贡献的人才。我参加了评选和编辑委员会的工作，较仔细地阅览了哲学和马克思主义方面入选人员的简要事迹，深为他们在教学和科研方面做出的显著成绩所感动，使我更深切地认识到关心和支持中青年理论工作者的成长是一项十分重要的战略任务。

第六章 认真学习邓小平理论，增强教学实效性

20世纪80年代末90年代初，国际国内形势非常严峻。国际上，东欧剧变，苏联解体，国际共产主义运动陷入低潮。在国内，出现了1989年春夏之交的政治风波。受国际国内大气候的影响，在我国思想领域中，一些“左”的东西又冒出头来，比如有人认为，苏联东欧事件是“改革引起的”。甚至有人公开提出：中国正在进行的改革，是社会主义的改革，还是资本主义的改革？有人提出诘问：只说以经济建设为中心，那么把政治置于何处？这导致了一些地方在改革开放、发展市场经济上不能放开手脚，进而造成了经济滑坡、市场疲软等令人忧虑的局面。在我国改革开放何去何从的重大历史关头，邓小平以一个无产阶级政治家的远见卓识到武昌、深圳、珠海和上海等地进行视察并发表了重要讲话（南方谈话），扭转了我国改革开放一度停滞不前的状况。

从高校马克思主义理论课建设的情况来看，“85方案”实行5年多后，许多经验教训值得总结，迫切需要将邓小平南方谈话的精神及时贯彻到课堂教学中，用党的创新理论武装大学生的头脑。因此，“总结”“思考”“创新”构成了20世纪90年代初至1998年高校马克思主义理论课发展的主题。

一、总结经验，推进马克思主义理论课教学改革

党中央十分重视改革开放中的思想政治工作，强调加强对青少年的思想教育，包括马克思主义理论教育。但是，由于少数领导同志对精神文明建设抓得不够、对四项基本原则坚持得不够一贯，出现了“一手硬，一手软”的问题。1989 年 6 月 9 日，邓小平在接见首都戒严部队军以上干部时指出，“十年最大的失误是教育，这里我主要是讲思想政治教育”①。

总体来看，“85 方案”实施以后，云南省高校马克思主义理论课的改革和建设是稳步推进的，有许多经验值得总结和反思。

（一）云南省高校马克思主义理论课的总结与反思

1989 年 7 月，云南省召开了全省高校暑期工作会议，对近 5 年来全省高校思想政治工作和马克思主义理论课建设情况进行了总结。时任云南省委书记普朝柱讲道，学校政治课的重点，应该摆到树立正确的世界观和坚定正确的政治方向的启蒙教育的基本功上来，把学校政治课的重点摆到引导和帮助学生树立正确的世界观、人生观、价值观的启蒙教育上来，帮助学生确立坚定正确的政治方向。这不仅是学校政治课的重点，也是学校思想政治工作的基础。这是基本功，教学工作和思想政治工作的功夫要下在这上边。

在省委召开全省高校暑期工作会议之后，省委宣传部、省教育厅于 1989 年 8 月 22 日至 24 日召开了全省高校马克思主义理论课教学工作会议，参加会议的有各高校马列部（社科部）负责人及下属各教研室主任，高校政治系、政教系、经济系主任及思想教育课教研室主任等，共 160 多人。会议的中心内容是进一步学习党的十三届四中全会精神，总结经验教

① 邓小平．邓小平文选：第 3 卷．北京：人民出版社，1993：306.

训，研究如何加强高校马克思主义理论课教学工作。会议历时三天，开得严肃、认真、热烈、朴实。经过听报告、小组讨论、大会交流，大家感到收获很大。

会议回顾了近几年来马克思主义理论课教学的情况。省里领导同志充分肯定了高校马克思主义理论课和思想教育课的成绩，充分肯定了云南省高校广大政治理论课教师是坚持四项基本原则和认真贯彻党的十一届三中全会以来的路线的，在极端困难的条件下做了大量的艰苦工作，取得了较好的成绩。这支队伍是可以依赖的。但是，由于多方面因素的影响，政治理论课效果不够理想，在使学生树立科学的世界观、人生观和坚定正确的政治方向的过程中，马列主义政治教育的作用没有充分发挥出来。因此，必须提高对高校马克思主义理论教育重要性的认识，加强对高校思想理论教育工作的领导，加强马列主义教师队伍的建设。

关于云南省马克思主义理论课的改革。会议认为，由于贯彻执行了中央的指示精神，由于各校领导的关心支持和理论课教师的共同努力以及八个教学研究会同志的积极负责，取得了比较大的进展，课程设置形成了新的格局。全省统一组织编写了三门课的教材。在教学内容上，初步改变了脱离学生思想实际，脱离改革建设实际，脱离当代世界政治经济和科学技术发展实际的状况，受到了好评。但我们取得的成绩是初步的。比如新的三门课如何真正克服“三脱离”的现象，真正使马克思主义理论课具有说服力、吸引力和战斗力，真正解决学生树立正确的世界观、人生观和价值观的问题，真正培养学生分析和鉴别各种社会思潮的能力等，以及教师队伍建设方面，都需要通过进一步努力加以解决。

关于高校马克思主义理论课的定位和建设保障问题。会议认为，多年来，马列主义教育在各级党委领导下，取得了相当的成绩。但其中困难也大，突出表现在有些学校领导不够重视，马克思主义理论课很难上，课时不足，教学设备、经费长期得不到落实，编制不足，教师断层大，职称比例不合理，等等。我们面临的问题是多方面的，有社会问题，也有教育本身的问题；有领导问题，也有教师问题；有实际困难，也有认识问题。解决这些问题需要多方面的努力。

这次会议从总结历史经验中进一步认识到马克思主义理论课在占领学校意识形态阵地中的特殊重要性，认识到青年学生思想混乱的根源在于理论认识上的混乱，因而政治理论课教师必须自觉地引导青年学生并同他们一道批判资产阶级自由化观点，抵制西方政治社会学说的影响，拨开思想理论上的迷雾。

会上，省委宣传部、省教育厅有关领导同志还对今后云南高校马克思主义理论课程建设提出了以下意见和要求：

第一，必须明确马克思主义理论课在高校的地位和作用。它是整个学校教育的灵魂，是党在学校中思想政治教育的核心，是社会主义大学区别于资本主义大学的重要标志。必须加强对大学生的马克思主义理论教育，使他们逐步树立正确的世界观、人生观和价值观。这种地位、作用是其他课程所不能取代的。高校各级领导都要真正把马克思主义理论教育放在学校工作的头等重要的位置上。社会主义大学的培养目标是造就具有坚定正确的政治方向的社会主义建设者和接班人。坚持社会主义办学方向就必须用马列主义、毛泽东思想教育学生。

第二，必须旗帜鲜明地坚持四项基本原则，反对资产阶级自由化。要针对学生存在的模糊认识，加强马克思主义的基本理论和党的十一届三中全会以来的路线、方针和政策的教育，加强爱国主义、独立自主、艰苦奋斗的教育，加强建设有中国特色社会主义理论的教育。通过这些教育，使学生懂得“没有共产党就没有新中国，只有社会主义才能救中国”的真理，并学会运用马克思主义的立场、观点和方法，正确地比较和认识社会主义与资本主义以及两者之间的关系，正确掌握建设有中国特色的社会主义的发展规律，坚定走社会主义道路的决心和信心。开设西方各种社会政治学说的课程必须经过审批。

第三，必须加强马克思主义理论课教师的思想、政治、组织建设，提高教师的政治素质和业务素质，加强基础理论修养，加强对党的现行政策的研究，特别要加强对青年教师的培养。要努力学好中央的重大方针、政策，与党中央在政治上和思想上保持一致。要继续学习马克思主义的基本原理，系统阅读一些原著，加厚理论功底；要参加社会实践，安排教师搞社会调查，带领学生参加社会实践活动。

第四，必须充分保证马克思主义理论课的学时。各高校都应认真贯彻中宣部和国家教委的有关规定，充分保证马克思主义理论课的学时。

第五，必须加强对马克思主义理论课的组织领导。各高校党委书记、校长要亲自抓好这项工作。要经常深入了解教学情况，参加马列主义教研室的重要活动，具体帮助解决教学中存在的问题。

（二）云南工学院马克思主义理论课教学改革情况

1989年以后，云南省委对全省高校的思想政治理论课建设抓得更紧、更实。省委宣传部和省教委经常深入高校检查指导，着重解决如何贯彻教育方针，帮助学生树立正确的世界观、政治观、人生观的问题。要求学校党政领导切实发挥思想政治理论课在学校思想政治工作中的主阵地和主渠道作用，切实解决教育教学中的思想认识问题和实际问题；要求广大政治理论课教师自己真学、真信、真教，在提高实效性上下功夫。云南工学院党委也加强了对政治理论课的领导，党委书记、院长深入课堂听课，参加教师和学生的讨论，组织经验交流，指导各系与社科部密切配合，把经常性的思想政治工作与马列主义理论教育紧密结合起来。教务处、科研处等职能部门也大力支持，在教学计划、教师培训、教学内容和方法改革、科研以及课时酬金、评选优秀教师等方面给予充分关注。这段时间，云南工学院马克思主义理论课呈现出新的气象，教学双方的积极性得到了发挥，教学效果明显改善。

根据省委指示和国家教委的文件精神，在省委宣传部理论处和省教委政教处的直接指导和云南工学院党委领导下，云南工学院社科部对“马克思主义原理”“中国革命史”“中国社会主义建设”三门课进行了教学改革试点工作。改革试点工作由我和罗光慈、张仲华等共同负责，各教研室和全体教师共同参与。改革的基本思路是贯彻理论联系实际的方针，加强实践教学环节，教学内容同学生的思想实际和社会实际相结合；根据少而精的原则，学马列原著与学教材相结合；改革教学方法和考试方法，致力于帮助青年学生改造思想，树立马克思主义的世界观、人生观、价值观。根据以上改革的基本思路，在以下四个方面开展了试点工作：

第一，根据少而精的原则，精心布置原著学习，抓好“学、读、讲、议、写”五个环节，帮助学生理解马克思主义的理论体系，准确地掌握马克思主义的立场、观点和方法。

多年来，高校马克思主义理论教育都没有或者很少要求学生学习马列原著。由于缺乏学习原著这一重要环节，学生很难从根本上掌握马克思主义的科学体系，掌握马克思主义的立场、观点、方法。改革伊始，我们对这一环节十分重视，对如何选择篇目、如何讲授原著内容以及如何指导学生自学原著等方面做了反复研究。

在安排原著的学习上，我们既不搞“一刀切”，也不搞“大杂烩”，而是根据各门课程的教学实际，按照少而精的原则来安排学习篇目。例如“马克思主义原理”课结合党的思想路线选学了《共产党宣言》《实践论》《矛盾论》的部分章节。“中国革命史”课针对学生思想认识中存在的中国要不要走社会主义道路、中国革命和建设要不要中国共产党的领导等疑惑，选学了《中国革命和中国共产党》《新民主主义论》《改造我们的学习》等著作。“中国社会主义建设”课围绕建设有中国特色社会主义的经济、政治、文化的内容，特别是围绕学生关于改革开放的热门话题，选学了邓小平的《建设有中国特色的社会主义》、江泽民同志在建党 70 周年大会上的讲话和在新中国成立 42 周年大会上的讲话、邓小平南方谈话等。

学马列原著的过程中，我们针对工科院校学生很少接触马列原著的实际，抓好“学、读、讲、议、写”五个环节。“学”，就是教师根据教学内容，提出思考题，布置学生自学，使学生领会精神实质；“读”，就是带领学生有重点地精读原著，归纳原著的基本思想；“讲”，是整个教学的中心环节，教师既要根据原著的主要内容，又要结合教材和学生的思想实际，阐明原著产生的时代背景、基本观点、理论意义和实践意义，有的教师还介绍了革命导师献身人类解放事业的伟大壮举；“议”，是在“学、读、讲”的基础上，要求学生对照自己的思想认识并结合原著内容，写出发言提纲，进行班级讨论和小组讨论；“写”，就是要求学生根据学习收获，写出思想小结，着力总结学习原著对解决自己思想认识的意义，思想小结要计入期终考试成绩。

通过学习原著，学生普遍认为：学习原著可以追根溯源地了解马克思主义的理论体系；可以从中领会马克思主义观察、分析问题的立场、观点、方法；可以受到革命导师的科学世界观、渊博知识和崇高品质的熏陶；可以增长知识、开阔眼界，解决一些深层的思想问题。许多学生都感到原著理论透彻、思想深邃、立场鲜明，具有折服人的巨大力量，发人深省，引人入胜，从而增强了学习马克思主义的自觉性。

第二，贯彻理论联系实际的方针，加强实践性教学环节，使教学的吸引力、说服力有所增强，初步实现了马克思主义理论教育同学生的思想实际和社会实际相结合，帮助学生从更广阔的层面上改造思想，确立科学的世界观和人生观。

理论脱离实际是长期以来高校马克思主义理论教育实效性不高的主要原因。不少教师和学生把马克思主义理论课看成单纯的知识传授。这就导致马克思主义理论解释世界的功能难以发挥，而改造世界的功能更无从谈起。学生感到书本上学的老是与社会生活“对不上号”，怀疑“理论是不是过时”。这次教学改革首先就紧扣学生的思想实际和社会生活实际，针对学生关注的问题，采取灵活多样的方法进行教学。

加强实践性环节的主要措施是带领学生走出课堂，深入实际。针对学生对经济体制改革的关心以及部分学生认为国营大中型企业已失去了生机活力的情况，我们组织学生到云南冶炼厂参观学习。学生通过了解云南冶炼厂坚持改革，不断进行自我积累、自我改造、自我发展，从一个小型企业发展成为产值达亿元的大型企业的事实，深深感到改革开放的政策是企业生机活力的源泉，改革是国营大中型企业发展的必由之路。

在试点工作中，教师不但要求学生在课堂上“学马列、信马列”，而且要求学生在实际生活中实践马列，做到言行一致，改造世界观。马克思主义理论课教师还经常到学生宿舍了解学生思想情况，帮助学生解决认识问题。有的马克思主义理论课教师还担任了学生课外“马列学习小组”和“党章学习小组”的义务辅导员。教师无私的奉献使学生深深地受到教育和鼓舞。很多同学经过学习，在思想认识上得到很大的提高。

第三，改革传统教学方式，采取灵活多样的教学方法，加强教学双向活动，运用电化直观教学，增强教学感染力。

马克思主义理论课教学效果不够理想，缺乏吸引力、感染力的原因之一，就是我们的教学方式单调陈旧，往往是教师在讲台上讲授，难以吸引学生。

改革传统教学方式，首先是变教师单一讲授为教学双向交流，促进学生积极思维，变学生被动接受为主动消化。事实证明，教师一人唱“独角戏”，效果必然不好。我们这次改革，就试图让“演员”和“观众”换一换角色，引导学生自导自演，教师把握方向。教师首先根据教学大纲和教学内容联系社会生活实际，针对学生思想认识上的难点、疑点和热点问题，认真备课，并在课前让学生思考。讲课时突出重点，对学生已经理解或容易理解的内容，少讲或不讲，让学生自学。对学生在认识上存在的问题，教师采取启发、诱导、课堂提问、专题讨论等形式加以解决。

其次是利用电化教学手段，加强直观教学。实践证明，利用电化教学，是拓宽学生时空视野的一个有效手段。我们在试点工作中创造条件，运用电化教学手段。“中国社会主义建设”课在讲到经济改革模式时，组织学生观看了介绍郑州亚细亚商场改革的纪实片《商战》，让学生体验在改革的浪潮中如何选择自己的人生道路。

第四，改革考试制度和方法，把平时考核同期末考核、知识考核同能力考核结合起来，着重考查学生在改造世界观方面的收获。

标准化考试的方法有其一定的作用，但不能充分贯彻理论与实践相结合的原则，很少联系学生思想实际、社会实际，这对于解决学生深层的思想认识问题是不利的。为此，在改革中，首先试行了“结构分数制”，把学习成绩分为平时表现分（包括课堂学习、讨论发言、完成作业、操行等方面的得分，占30%）、期终考试卷面分（主要考查学生掌握基本理论的情况，占40%）、思想小结分（包括学原著的体会、个人改造主观世界的情况等方面的得分，占30%）。其次，在考试内容上，增加了理论联系实际的分量，着重考查学生运用马克思主义立场、观点、方法分析问题的能力。

云南工学院马克思主义理论课教学改革试点工作时间不长，取得的收获也是初步的。这些成绩的取得是与省委宣传部理论处、省教委政教处和学院党政领导的热情指导、关心、支持和帮助分不开的，也是社科部全体教师辛勤耕耘、努力工作，特别是试点课教师付出了加倍的辛劳的结果。

从90年代初开始，云南工学院实施主要课程建设，这是一项推动教改的有力措施。"马克思主义原理"课被列入首批主要课程建设。随后，"中国革命史""中国社会主义建设"课也相继被列入。三门马克思主义理论课都被列入主要课程建设，在全省高校是首开先例，对其他高校有所触动。广大教师深受鼓舞，积极投入此项工作，社科部领导和三个教研室主任倾力组织，付出了辛勤劳动。在实施主要课程建设过程中，省委宣传部和省教委又决定在云南工学院进行"马克思主义原理"课改革的试点，并将这门课列为省教委重点课程建设。省委宣传部和省教委有关领导多次来学校指导改革，主要任务是根据省委书记的指示，在普通高校推广省委党校关于读原著和学原理相结合、以整风精神学习马克思主义的经验。我们认真研究了省委党校的经验和"原著选读"（省统编），妥善安排教学计划，调整教学环节，以适应改革要求。由于对象是青年学生，他们与县以上干部不同，所以没有提"整风"二字，而是加强理论联系实际，围绕世界观、人生价值观和社会主义理想信念开展教育活动。在教学环节上把学原著、讲课、讨论、答疑、写学习心得结合起来，使教学过程中的双向活动得到增强，教学方法灵活多样。我们把学生参加课堂讨论、平时作业和学习心得作为评定学习成绩的重要组成部分，促进并提高学生运用马克思主义立场、观点、方法分析问题特别是分析世界观、人生观方面的问题的能力，启迪了学生的思维，增强了教学的实效。经过前后三年的建设，三门课均被评为学校优秀课程。"马克思主义原理"课后来又不断改进，于1997年获得云南省普通高校优秀教学成果奖一等奖。我于1993年从社科部主任的岗位上退下来后，罗光慈同志担任社科部主任。1999年，我办理了退休手续。1999年，昆明理工大学和云南工业大学合并为新的昆明理工大学，社科部改为社会科学学院，我也一直在学校和学院的关心指导下发挥着一名马列课教师的作用。

二、用邓小平建设有中国特色社会主义理论武装学生

从1992年到1998年思想政治理论课“98方案”提出前，我国经济社会发生了深刻的变化，党的思想理论创新不断推进，高校马克思主义理论课得到了蓬勃的发展。

（一）南方谈话与高校马克思主义理论课的新发展

1992年1月18日至2月21日，88岁高龄的邓小平视察了武昌、深圳、珠海、上海等地，并发表了一系列重要讲话，即南方谈话。南方谈话针对人们思想中存在的疑虑，重申了深化改革、加速发展的必要性和重要性，并从中国实际出发，站在时代的高度，深刻地总结了十多年改革开放的经验教训，在一系列重大的理论和实践问题上，提出了新思想、新观点、新论断。

南方谈话的内容十分丰富，涉及我国改革开放和社会主义现代化建设中的一系列重大问题。比如：革命是解放生产力，改革也是解放生产力，应该把解放生产力和发展生产力两个讲全了；基本路线要管一百年，动摇不得；计划和市场都是经济手段；计划多一点还是市场多一点，不是社会主义与资本主义的本质区别；社会主义的本质，是解放生产力，发展生产力，消灭剥削，消除两极分化，最终达到共同富裕；判断改革开放姓“社”姓“资”的标准，应该主要看是否有利于发展社会主义社会的生产力，是否有利于增强社会主义国家的综合国力，是否有利于提高人民的生活水平；社会主义要赢得与资本主义相比较的优势，必须大胆吸收和借鉴人类社会创造的一切文明成果，吸收和借鉴当今世界各国包括资本主义发达国家的一切反映现代社会化生产规律的先进经营方式、管理方法；经济发展得快一点，必须依靠科技和教育，科学技术是第一生产力；中国要警惕右，但主要是防“左”；要坚持两手抓，一手抓改革开放，一手抓打击

各种犯罪活动，这两只手都要硬；中国要出问题，还是出在共产党内部；学马列要精，要管用的；社会主义经历一个长过程发展后必然代替资本主义，这是社会历史发展不可逆转的总趋势；从现在起到下世纪中叶，将是很要紧的时期，我们肩膀上的担子重，责任大；等等。

南方谈话将建设有中国特色社会主义的理论与实践，大大地向前推进了一步。南方谈话标志着马克思主义中国化的又一次历史性飞跃，标志着邓小平理论的形成，对我国经济改革和社会进步起到了关键性的推动作用和不可估量的重要影响。邓小平的南方谈话在国内外引起极大反响。在党中央的号召下，全国迅速掀起了学习南方谈话精神的热潮。

1992 年 7 月 10 日，国家教委下发《关于深入学习邓小平同志重要谈话的通知》，要求高等学校进一步组织师生深入学习邓小平重要谈话精神，认真展开部署，分层次安排学习，从实际出发，改进学习方法，引导师生联系实际，努力提高思想认识，增强贯彻南方谈话精神的自觉性。同日，国家教委下发《关于加强高等学校思想政治教育课程教材建设的管理的意见》。这些都进一步推动了高校深入贯彻南方谈话精神，加快了高校马克思主义理论课建设的步伐。

（二）贯彻党的十四大精神

1992 年 10 月 12—18 日，中国共产党第十四次全国代表大会在北京召开。这次大会的主要任务是，以邓小平建设有中国特色社会主义理论为指导，总结党的十一届三中全会以来的经验，确定今后一个时期的战略部署，动员全党和全国人民进一步解放思想，加快改革开放和现代化建设步伐，夺取有中国特色社会主义事业的更大胜利。江泽民同志代表党中央做了政治报告。报告旗帜鲜明地指出，党的十一届三中全会以来，我们党之所以取得了伟大的胜利，根本上是因为在实践中坚持把马克思主义基本原理同中国具体实际相结合，逐步形成和发展了建设有中国特色社会主义的理论；并且强调指出："这个理论，第一次比较系统地初步回答了中国这样的经济文化比较落后的国家如何建设社会主义、如何巩固和发展社会主义的一系列基本问题，用新的思想、观点，继承和发展了马克思主义。”①

在报告中，江泽民同志对邓小平建设有中国特色社会主义理论的 9 个方面的主要内容做了概括，即发展道路、发展阶段、根本任务、发展动力、外部条件、政治保证、战略步骤、领导力量和依靠力量、祖国统一等。报告强调，14 年伟大实践的经验，集中到一点，就是要毫不动摇地坚持以建设有中国特色社会主义理论为指导的党的基本路线。而坚持党的基本路线不动摇，关键是坚持以经济建设为中心不动摇，必须把改革开放同四项基本原则统一起来，必须巩固和发展团结稳定的政治局面。

党的十四大对邓小平建设有中国特色社会主义理论进行了新的更为全面的概括和总结，提出了用邓小平建设有中国特色社会主义理论武装全党的战略任务，使高校马克思主义理论课在指导思想、理论基础、主要内容等方面有了新的发展。

（三）深入学习邓小平建设有中国特色社会主义理论

为了进一步贯彻邓小平建设有中国特色社会主义理论和党的十四大精神，推动高校马克思主义理论课和思想政治教育课改革创新，1993 年 6 月，国家教委思想政治工作司在江苏召开了“新形势下思想政治教育课程建设座谈会”。座谈会回顾和总结了十多年来高校马克思主义理论课和思想政治教育课建设的基本经验，分析和研究了当前高校马克思主义理论课和思想政治教育课建设遇到的新情况与新问题。在这次会议的基础上，1993 年 8 月 13 日，中组部、中宣部、国家教委下发了《关于新形势下加强和改进高等学校党的建设和思想政治工作的若干意见》。关于加强和改进马克思主义理论课和思想政治教育课，文件指出，加强和改进“两课”教育是摆在我们面前的一项紧迫任务，要贯彻“少而精”“要管用”的原则，以增强说服力和有效性为目标，以改进教学内容和方法为重点；要贯彻建设有中国特色社会主义的理论，及时改革不适应形势发展要求的教学内容，注重吸收和反映建设有中国特色社会主义伟大实践中产生的新的科

① 江泽民. 江泽民文选：第 1 卷. 北京：人民出版社，2006：218.

学理论成果。此外，该文件还对教学方法改革、教师队伍建设、加强对“两课”教育的领导等问题做了要求。

1994年8月31日，中共中央下发了《关于进一步加强和改进学校德育工作的若干意见》，强调以邓小平建设有中国特色社会主义理论为学校马克思主义理论教育的中心内容，要向青年学生简明扼要地讲授马克思列宁主义的基本观点，学习毛泽东的重要哲学著作，特别是学习邓小平建设有中国特色社会主义理论。为了贯彻文件精神，国家教委在深入调研的基础上，于1995年10月下发了《关于高校马克思主义理论课和思想品德课教学改革的若干意见》（简称《意见》）。

《意见》指出，“两课”教学要以邓小平建设有中国特色社会主义理论为中心内容，进一步加强马克思主义教育。“两课”教学及其改革主要任务就是要进一步加强马列主义、毛泽东思想，特别是邓小平建设有中国特色社会主义理论的教育。要以《邓小平同志建设有中国特色社会主义理论学习纲要》为教学纲要，把邓小平建设有中国特色社会主义理论编成教材，使之进入课堂，用以教育武装青年学生，为他们今后投身于建设有中国特色社会主义的宏伟事业奠定扎实的思想理论基础。

关于课程设置，《意见》指出，目前，四年制本科马克思主义理论教育仍设置马克思主义基本原理课程、有中国特色社会主义建设课程、中国革命历史课程，思想品德教育仍设置思想道德修养课程、法律基础课程和形势与政策教育课程。关于课时，《意见》强调，四年制本科马克思主义理论课的教学时数，文科类不少于250学时，理工农医类不少于200学时，三年制大专文理科均不少于150学时。此外，《意见》还对各地高校“两课”改革提出了新的任务，指出要深入调查研究，认真总结十年课程改革和建设的基本经验，积极稳妥地推进课程改革；争取1997年形成全国高校“两课”新的教学方案，把“两课”教学改革和建设进一步引向深入。

总体来讲，从1993年开始，许多省市和教育部直属院校，都在积极探索用邓小平建设有中国特色社会主义理论武装青年学生的试点工作，取得了明显成效。1994年7月，国家教委负责同志在清华大学试点工作会议上的总结讲话，对试点工作的重要意义、方针政策和实际作用做了充分的论述和评价。此后，大约有 40 所高校作为试点进行了较大幅度的教学改革。通过课程设置的改革，马克思主义理论课教育教学更加紧密地结合世界、中国的实际和大学生的思想实际，更好地发挥了马克思主义理论课培养“四有”新人的作用。在教材方面，教育部有了统编教材，不少省市也有了统编教材，教学内容比较规范，教学目的明确，理论联系实际得到了加强。在教师方面，教育部和各省市都加强了对教师的培训，高校马克思主义理论课教师的数量不断增加，素质明显提高，形成了一大批理论功底扎实、教学经验丰富的学术带头人和教学骨干。在教学方法和手段方面，教学方法逐步多样化，教学手段日益现代化。许多高校加强了实践性环节，把校内和校外的教学结合了起来。学生学习马克思主义理论课的兴趣有所增强，在学习中注意联系社会生活实际和自身思想实际，把认识和改造客观世界与主观世界结合起来，逐步树立正确的世界观、人生观和价值观。学生们对蓬勃发展的社会主义改革事业是衷心拥护的，学生们对于党的理论创新成果是认真学习的。这一阶段高校马克思主义理论教育是富有成效的。

云南省的高校“两课”建设和改革一直和党中央保持步调一致。为了进一步贯彻邓小平建设有中国特色社会主义理论和党的十四大精神，云南省教委于 1994 年 3 月下发了《关于积极稳妥地推进我省高校马克思主义理论课和思想政治教育教学改革的实施意见》（简称《实施意见》）。《实施意见》对云南省“两课”改革的指导思想和目的、改革内容、方法与步骤、组织领导以及要注意的问题做了系统的规定。

关于指导思想和目的。《实施意见》指出，“两课”改革要以建设有中国特色社会主义理论和党的十四大精神为指导，积极贯彻《中国教育改革和发展纲要》的要求，坚持理论联系实际，按照邓小平提出的“学马列要精，要管用的”原则，根据“两课”的特点和任务，着重深化教学内容和教学方法改革，逐步形成以建设有中国特色社会主义理论为中心、具有鲜明时代特征、符合培养社会主义建设者和接班人需要的马克思主义理论课和思想品德课的教学体系，以增强“两课”的针对性、说服力和有效性。

关于改革内容。《实施意见》指出，要结合课程指导学生系统学习《邓小平文选》第三卷。在“新三门”课的基础上，全省高校马列课要逐步开设四门课程：“建设有中国特色的社会主义”“马克思主义哲学原理”“中国革命史论”“当代资本主义”。思想政治教育课开设“法律基础”“思想道德修养”，争取经过一两年的努力，逐步过渡到新的课程。

关于方法与步骤。《实施意见》提出了抓好试点、抓好面上改革、点面结合的方法，并且提出云南大学、云南教育学院重点抓好“建设有中国特色的社会主义”课的试点，云南师范大学重点抓好“中国革命史论”和思想政治教育课的试点，云南工学院、昆明工学院重点抓好“马克思主义哲学原理”课的试点，云南工学院抓好“思想道德修养”课的试点，昆明工学院抓好“法律基础”课的试点。《实施意见》还强调，试点工作要及时总结经验，所取得的经验经领导小组同意后可在面上逐步推开。

关于组织领导。为了加强对“两课”改革的组织领导，保证改革顺利进行，省委宣传部、省委高校工委、省教委决定成立云南省高等学校“两课”改革工作领导小组，由省委高校工委书记海淞、省委宣传部副部长赵绍敏任组长，省委高校工委副书记张大昌、省委宣传部副厅级巡视员李文辉任副组长，我是这个领导小组的成员。

关于要注意的问题。《实施意见》强调，“两课”改革是系统的工程，要正确处理好改革与坚持的关系。关于教材问题，特别强调，必须按照国家教委的要求，使用国家教委和省统编教材，并决定于1995年秋季在全省使用新的省统编教材。此外，《实施意见》还对加强教师队伍建设、增加经费投入等问题做了规定。

在省委宣传部、省教委的领导下，在全省高校政工干部和马克思主义理论课教师的努力下，云南省高校以邓小平建设有中国特色社会主义理论武装学生的工作取得了较为显著的成绩，广大学生学习邓小平建设有中国特色社会主义理论蔚然成风。他们通过撰写小论文，参加演讲比赛、知识竞赛，畅谈学习邓小平理论的体会。为了全面考查大学生学习邓小平建设有中国特色社会主义理论的情况、掌握学生的思想动态，云南省教委于

1994 年 6 月在昆明地区进行了《邓小平文选》第三卷知识竞赛，参加初赛的学生有 44 322 人，占在校学生总数的 98%，在初赛的基础上，又选出其中的 5%（2 216 人）参加决赛。许多大学生通过学习，对社会主义的本质及其与资本主义的区别有了更加深刻的理解，他们充分认识到了解放思想、实事求是是建设有中国特色社会主义的精髓。有一位同学写道，合上《邓小平文选》，回顾这段时间的学习，觉得《邓小平文选》应成为每个公民，特别是当代大学生的必修课。云南大学的一位同学写道，我用自己现有的知识经过认真思考后，我信服了，完完全全地信服了。贫穷不是社会主义，更不是共产主义。我相信社会主义的先进性和优越性，我相信共产主义最终必定战胜资本主义。云南大学的另一位同学写道，《邓小平文选》对社会主义经济建设的论述最深刻，我国要建设社会主义现代化，就必须发展，只有发展才可能有出路，只有发展才能保证稳定和团结。昆明工学院的一位同学写道，科学技术是生产力，这是马克思主义的基本观点，回顾历史，展望未来，我们应迎头赶上发达国家，努力用科技构筑起中国不倒的万里长城。这样的事例还有很多，就不再一一列举。总的来讲，云南省高校“两课”贯彻邓小平建设有中国特色社会主义理论的工作是值得肯定的。

三、对“学马列要精，要管用的”的思考

邓小平在南方谈话中提出了“学马列要精，要管用的”这一重要论断。这一论断揭示了马克思主义理论教育的一个重要原则，是邓小平对学习和运用马列主义理论的科学总结，对我们加强和改进马克思主义理论教育教学具有重要的理论意义和现实指导意义。对于这一论断，我当时有如下认识和体会：

（一）“学马列要精，要管用的”的科学内涵

“学马列要精，要管用的”，包含着三个相互联系的环节，一是学，二

是精，三是用，三者不可分割。“学”是前提和基础，没有学就谈不上精和用；“精”是学习的质量和要求，没有精，学就没有标准，用就不会有成效；“用”是学习的目的和效果，学和精都是为了用，学而不精难以运用，学而不用就失去了学的意义。所以，学、精、用是相互联系、辩证统一的，反映了学习马克思主义理论的内在规律和本质要求。它的精神实质就是坚持理论联系实际的方针，运用马克思主义的立场、观点、方法分析和解决问题，反对学习中的教条主义和形式主义。我们党在领导中国革命的过程中，正是由于坚持马克思主义的普遍真理，并使之与中国的具体实践相结合，才找到了正确的道路，实行了正确的路线和政策，取得了伟大的胜利。今天，在实现社会主义现代化的新的历史时期，我国面临着许多新的复杂的矛盾和艰苦的任务，更需要我们学好、用好马克思主义。“学马列要精，要管用的”这一思想，要求我们必须按照马克思主义的本质，研究新情况，解决新问题。

（二）提高学习马克思主义理论的自觉性，坚持马克思主义的科学性

“学”既然是前提和基础，那么就要解决学与不学、是自觉地学还是应付地学的问题。我们曾说，马克思主义要靠灌输，这是从马克思主义在工人阶级内部不可能自发地产生这一角度讲的，不是讲学习的态度和方法。如今，马克思主义已创立一百多年，实践已反复证明它是颠扑不破的真理，是指导人们认识和改造世界的强大思想武器。学习马列已成为许多同志的自觉行动。当然对这个问题也要做具体分析。例如，对青年学生来讲，他们对马列主义知之甚少，又缺乏实践经验，加之受整个社会“一手硬，一手软”的影响，不少人轻视马克思主义理论学习，有的学生甚至不认为马列主义是科学。我们就要帮助他们了解马克思主义的内容，提高他们的学习自觉性。在高校的马克思主义理论课教学中，首先要突破的一个难题，就是让学生懂得马克思主义是科学。教师如果做到了这一点，就是一个成功。如何启发学生的学习自觉性？最重要的是运用马克思主义本身的理论力量，即从理论和实践的结合上阐明学生所关心的问题，解除他们思想上的疑问和困惑，使他们逐步认识到马克思主义对于树立科学的世界

观、人生观、价值观确有重要作用。干部的情况不同些，许多干部是坚持认真学习马列的。革命靠马列，建设也要靠马列。战争年代，南征北战，他们在马背上学马列；建设时期，日理万机，挤出时间学马列。这对提高干部的素质起了重要作用。同时，也有一些干部或者由于工作忙碌、目光短浅，或者由于事业心不强，得过且过，对学习马列不感兴趣，这就很不对了。干部是人民的公仆，承担着社会主义现代化建设的重任，如果不掌握马克思主义的立场、观点、方法，就不可能有所作为，就难以开拓前进。在市场经济大潮的冲击下，商品交换原则浸透到非经济领域，一些人的世界观、人生观、价值观越来越向利己主义倾斜，崇尚金钱、轻视精神成了社会的一种病态。

如果不加强马克思主义理论教育和思想政治工作，坚决抵制和克服拜金主义、享乐主义、极端个人主义，我们的党员干部将失去精神支柱，我们的国家和民族将失去凝聚力和战斗力，其结果不堪设想。

（三）学习马列要提高质量、注重效果

效果和质量是学习马列的核心问题。无论是学生的学习还是干部的学习，都应着力解决这个问题。邓小平提出的“精”字，就是解决这个问题的关键。所谓“精”大致包括三层意思：一是内容要精选，从学习对象的实际出发，有针对性地选学有关内容。当前和今后要紧紧围绕建设有中国特色社会主义理论，系统深入地进行学习，为我国的改革开放和社会主义现代化建设提供理论指导，用这一理论统一全党和全国人民的思想，形成一种强大的凝聚力，为实现宏伟的战略目标而奋斗。大学生中开设的三门马克思主义理论课，要根据“精”的原则修订教材，把邓小平理论贯穿于各门课的教学内容中。同时，各篇章的教学也要突出重点，防止面面俱到，学得不深不透。二是要掌握马列主义的精髓。马列主义有许多原理和论断，学马列不能不理解这些原理和论断。但是，作为科学体系，马列主义的各个原理是相互贯通、有机统一的，其中最根本的东西是辩证唯物主义和历史唯物主义的世界观和方法论。教和学都要善于从马列主义的原理和论断中去学习这种世界观和方法论，而不是死记硬

背一些条文和结论。譬如，建设有中国特色社会主义的理论，其精髓就是解放思想，实事求是。把握这个精髓就能深入理解这一理论所阐发的九个方面的内容，就能在这一理论指导下坚定地、全面地贯彻党的基本路线。三是要力求精通。所谓精通，是指能运用马克思主义的立场、观点、方法分析和解决问题。要做到这一点更不容易，只有潜心学习，长期积累，勇于实践，有为真理而斗争的精神，才能逐步达到这一境界。所以“学马列要精”这一要求是很高的，不可能一蹴而就，要区别不同对象加以掌握。

目前，有的人对“精”字产生误解，把精与少等同起来，认为学得少些就能精，学习多了就不能精。在高校，也有人认为，大学生的马克思主义理论课不在课时多少，关键在效果。这种说法不无道理，它告诉我们要在提高教学效果上下功夫。但是教学时数同教学效果也是有联系的，没有必要的课时保证，提高效果也会落空。课时多少服从内容的需要，内容的确定应遵循精选的原则。在时间同内容相适应的条件下，致力于提高效果，才是可行的。如果不切实际地减少课时，将导致对马克思主义理论课的削弱。同样，贪多求全，面面俱到，不注意实效，搞形式主义，也是不可取的。

（四）精通和应用是分不开的，精通的目的全在应用

毛泽东在《实践论》中谈到认识过程时指出，人们在实践的基础上获得了理性认识，这只是问题的一半，更重要的是要用理性认识去指导实践，能动地改造世界。学习马列也是如此，学了不用，毫无意义。用是学习马列、精通马列的出发点和归宿。只有确立了这个思想，才能增强学习的自觉性，孜孜以求，精益求精。马列用在何处？简要地说就是用在改造主观世界和客观世界中。这几年改造主观世界的问题谈得少了，似乎一提“改造思想”就有“左”的嫌疑。这又是一种误解。其实改造主观世界是人的发展和社会实践发展的客观要求，任何人都不能回避。人生活在社会中总会形成一定的思想观念（包括世界观、人生观、价值观等），而社会存在是变化的，社会生活是复杂的，人们的思想观念不能不受到多方面的

影响。譬如，社会主义市场经济模式的存在和运行，会促进人们新的思想观念的形成，有利于改革开放和现代化建设事业，但也会产生负面影响，突出表现在经济市场化、利益多元化、人际关系商品化，使人们的价值观念发生复杂变化，如社会上个人主义抬头，集体主义观念淡化，封建主义余毒沉渣泛起，资产阶级思想腐蚀着某些人的灵魂。这就说明改造主观世界十分必要。我们固然反对“文化大革命”中那种“狠斗私字一闪念”“灵魂深处闹革命”的错误做法，但通过学习理论、联系实际，自觉改造思想却是应该的、有益的。青年大学生正处于成长时期，是将来社会的栋梁。为了提高他们辨别是非、抵制错误思想的能力，帮助他们坚定正确的政治方向，树立科学的世界观、人生观和价值观，就必须在他们学习马列过程中，认真贯彻理论联系实际的方针，把改造主观世界作为衡量学习效果的重要标准。高校的马克思主义理论课既然是思想政治工作的主渠道，那么就应充分发挥教书育人的作用。学马列“要管用的”的另一方面，是改造客观世界，即毛泽东说的精神变物质，这是任何社会成员应有的义务和责任。你不努力改造客观世界，社会就不能前进。世界不会自动满足人，人只有充分发挥能动作用，才能创造出生生不息的人类文明。毫无疑问，改造客观世界是一个系统工程，光靠马列主义是不够的，还要靠科学技术和各种物质手段。马列主义可以给予人们正确的立场、观点、方法，为认识客观事物的发展规律提供理论指导，从而提高人们改造客观世界的能力。在我们社会主义中国，党的路线、方针、政策的制定和贯彻，经济和社会发展战略的实现，改革开放和现代化建设的顺利进行，人们思想观念的更新，都离不开马列主义这个强大思想武器。邓小平理论是中国化的马克思主义，只有用它来统一全国人民的思想，才能使我们的事业立于不败之地。所以，从功能上讲，马列主义是管总的、管指导思想的。正因如此，学马列、用马列就不同于学技术、用技术，不能吹糠见米、立竿见影，不能用技术的眼光看待它的作用和效益，而必须高瞻远瞩，从社会的全面进步和人的全面发展来考察其功能。有的人由于不懂得这个道理，轻视马列主义的学习；有的人似乎懂得这个道理，却又不愿去实行。这也表明学好、用好马列，不是轻而易举的事。

（五）“学马列要精，要管用的”原则对高校马克思主义理论课教学具有重要的现实指导意义

目前高校的马克思主义理论课教学难度大，教学效果不理想，主要原因有两个方面：一是社会的影响。社会上存在的拜金主义、利己主义、享乐主义和腐败现象，同马克思主义所倡导的形成强烈的反差，使学生对政治理论学习产生消极心理，给帮助学生树立科学世界观、人生观、价值观增加了困难。二是学校教育本身的问题。德智体全面发展的教育方针没有切实贯彻，马克思主义理论课教学中理论脱离实际的问题没有得到根本解决，教师队伍的质量呈现出弱化的趋势，这些都直接影响着教学效果的提高。出路何在？只有加强和改革。所谓加强，即加强领导，加强教师队伍建设和课程建设，端正对马克思主义理论课在高校的地位和作用的认识。所谓改革，即根据“学马列要精，要管用的”这一原则，改革教学内容、教学方法，包括考试方法。不改革难以加强，不改革，马克思主义理论课教学将越来越困难。我们对马克思主义理论课的改革主要抓了以下几项工作：一是结合教材选学少量马列原著，帮助学生理解基本原理，掌握马克思主义的立场、观点、方法；二是着力于贯彻理论联系实际的方针，引导学生解决世界观、人生观和价值观方面的问题；三是实行课堂讲授、自学、讨论、电化教学、参观访问相结合的方法，以增强学生的学习积极性和自主性；四是改革考试内容和方法，把平时考核同期末考核结合起来、知识考核同能力考核结合起来，着重考查学生在掌握马克思主义立场、观点、方法和改造思想方面的收获。这些做法虽已初见成效，但离“学马列要精，要管用的”这一要求相差甚远。有些难度较大的问题需要在改革中进一步加以解决。例如：从大学生的实际出发，如何确定“精”和“管用”的要求和尺度；各门课的教学内容如何改革才能体现“精”和“管用”的原则；学生中深层的思想理论问题怎样在教学中得到逐步解决；教师的理论素质、思想修养、教学作风怎样才能适应新形势的要求；马克思主义理论课的教学条件如何得到必要的改善；等等。作为忠诚于马克思主义的教育工作者，我们将在实践中不断努力探索，使高校的马克思主义理

论课更好地发挥思想政治教育主渠道的作用。

四、对马克思主义理论课教学实效性问题的认识

进入20世纪90年代，中央和省里都强调要增强高校马克思主义理论课教学的实效性。这是十分必要的。我当时对这个问题做了比较深入的思考，并撰写成文，供广大教师参考。文章的内容如下：

这些年来，由于领导的重视、马克思主义理论课教师的辛勤工作以及教学内容和方法的改革，马克思主义理论课的教学质量不断提高，教学效果不断增强。学生中曾经出现过的上课不听讲、考试临时抱佛脚、“60分万岁”的状况已有了根本的改变。认真听课、做作业，联系实际思考问题的学生增多了。从学生的学习心得中可以看出，绝大多数学生都有不同程度的收获。不少学生认为，马列主义、毛泽东思想以及邓小平理论，是科学的真理、行动的指南，通过学习它们，可以了解世界形势、国家大事，懂得什么是社会主义、如何建设社会主义，增强了改革开放意识，坚定了社会主义信念。有的学生反映，“马克思主义理论课是青年学生投身社会、走向未来的基础课”，“是探索人生正确道路的必修课”，“青年人要有坚定正确的政治方向就不能不学马列课”。特别是党的十四大以后，建设有中国特色社会主义理论进入教材，进入课堂，学习的内容更加贴近现实，学生学习的兴趣增强了，研究问题也更深入。如能因势利导，深化教学内容和方法的改革，教学效果必将进一步提高。同时，我们也要看到，马克思主义理论课的教学效果还不够理想，主要表现在：它同世界历史性的大变动和中国的伟大变革提出的新要求仍有很大差距，同高校培养德智体全面发展的人才和跨世纪的社会主义建设者和接班人的任务仍不相适应，真正能掌握马克思主义立场、观点、方法并用以分析实际问题的学生还不多。因此，在马克思主义理论课的教学改革中，认真研究和解决提高实效性的问题无疑是十分必要的。

（一）如何认识马克思主义理论课的教学效果

效果问题是人们从事改造客观世界和改造主观世界活动都必须重视的。如果从事一项活动而没有或少有成果，那就是在浪费人力、物力、财力。教学活动具有特殊性，它的效果体现在人才培养上。马克思主义理论课的教学活动更具有特殊性，它的效果主要体现在人的认识能力和政治思想水平的提高上。如果教育的效果不好，出了“次品”或“废品”，那就不仅是现有人力、物力、财力的浪费，而且有害于未来人力、物力、财力的创造和发展。所以，从事学校工作的领导者和教师，尤其是马克思主义理论课教师，更应具有“实效”意识，要有高度的事业心和责任感。应当说，我们马克思主义理论课教师是兢兢业业、勤勤恳恳，努力从事教学工作的。但是并非所有的同志都有明确的“实效”意识，并千方百计地去提高教学效果。有的人只管按计划完成讲课、批改作业、考试的任务，对学生在思想上、理论上有什么收获则关心不够，甚至不闻不问。有的人明知教学效果不佳，也不下苦功改进。这就没有尽到一个马克思主义理论课教师的责任。从现实的情况看，在马克思主义理论课教学中强化“实效”意识，做到“学有所用”“学用结合”，是深化改革的关键。

如何认识马克思主义理论课的教学效果？首先要明确它既是理论课又是思想政治课。考察马克思主义理论课的教学效果重在考察思想政治素质方面，也就是重在考察德育方面。当然，马克思主义理论课中德育和智育是密切联系的，没有将一定的知识、理论内化为自己的信念、观念、观点等，思想政治素质的提高也是不可能的。

再则，马克思主义理论课的教学效果具有系统性和过程性。所谓系统性，一是从整体性来讲，马克思主义理论课的教学效果应体现在帮助学生树立科学的世界观、人生观、价值观，掌握马克思主义立场、观点、方法，树立爱国主义、集体主义、社会主义思想，自觉地为建设有中国特色社会主义而奋斗。无论是“马克思主义原理”“中国革命史”“中国社会主义建设”还是其他课程都要围绕这个整体目标来进行。二是从结构性来讲，马克思主义理论课的教学效果应体现在理论、思想、行动等方面。在理论上，要初步懂得马克思主义哲学、马克思主义政治经济学、科学社会主义的基本观点，懂得建设有中国特色社会主义理论的科学体系和基本内容。在思想上，要初步学会用辩证唯物主义和历史唯物主义的观点观察和分析问题，用建设有中国特色社会主义理论武装头脑，确立社会主义信念和爱祖国、爱人民的思想，能够抵制各种错误思想的侵袭。在行动上，要用科学的理论指导自己的实践活动，努力学习，积极工作，勇于进取，自觉执行党的路线、方针、政策。三是从层次性来讲，考察马克思主义理论课的教学效果，也要承认教育对象的差异性。由于学生们原有的思想理论素质不同、接受能力不同，因而他们的学习效果不可能一样。其中有的优秀，有的良好，有的较差，这也是正常的，但应有一个大体的合格标准。根据以往的经验，如果绝大多数学生在理论、思想、行动上都有较明显进步，就可以说是比较理想的效果了。这里有一个难题是思想、行动上的进步不易把握，只能从平时的接触和班主任、辅导员的介绍中了解情况、进行分析。但只要教师是有心人，能够对学生做较为细致的经常的考察，就还是可以得出基本符合实际的评价的。

把握系统性的特征，目的就在于贯彻邓小平提出的“学马列要精，要管用的”原则；突出重要的教学内容，坚持理论联系实际的方针，在教书育人上下功夫，力求学生在思想和行动上有较快的进步，取得最佳的效果。

所谓过程性，是指马克思主义理论课教学效果的实现是一个过程，不像数理化等自然科学那样能够比较快地体现出效果。例如，“中国革命史”的教学，一个重要主题是使学生懂得“没有共产党就没有新中国，只有社会主义才能救中国”的道理，而要达此目的，就只有了解中国革命的全过程并经过科学的抽象，这就需要一个过程。又如，要把握建设有中国特色社会主义理论的科学体系，领会其精神实质，就要全面而深入地了解我国社会主义建设的理论与实践。实际上，马克思主义理论课的教学效果的体现必须经过三个相互联系的环节：一是理解基本观点和基本原理；二是理论内化为思想、信念、品格、能力；三是把思想观点、方法运用于实践，转化为改造世界的自觉活动。这三个环节的有机统一成为一个学习、思考、实践的过程。其中最重要也是最难的是第三个环节，它内含着认识与实践、真理与谬误的矛盾和斗争。例如，当学生懂得了社会主义条件下什么是人的价值、如何实现人的价值后，认识到拜金主义、享乐主义、极端个人主义都是应当反对的，但是，要在实际行动中真正抵制这些东西，按照全心全意为人民服务的要求去行事，就不是那么容易了。所以，看待马克思主义理论课的教学效果，不能用“立竿见影”的思维方法，要把当前的效果和长远的效果联系起来。我们教育工作者的责任首先是使学生懂得如何去树立科学的世界观、人生观和价值观，进而引导他们朝着这个方向努力，做一个有益于祖国和人民的社会主义建设者和接班人。

把握过程性的特征，目的在于努力做好上述三个环节的转化工作，使教学更具针对性和实践性，从而加速培养德智体全面发展人才的过程。

（二）如何提高马克思主义理论课的教学效果

提高马克思主义理论课的教学效果是教与学双方的事情。教的一方包括教学的领导与管理、教育计划的制订、教育方针的贯彻、教学内容的选择以及教师的教育活动等。同时，学生又是学习的主体，学生的学习态度、学习精神、学习目的、学习方法以及接受能力等，对提高教学效果也起着重要作用。所以，教学作为一种双向交流、相互作用的活动，要有两个方面的积极性。然而，从教学任务的完成和教学效果的实现的全过程看，教的一方起主导作用。因为学生的学习态度是否端正，学习目的是否明确，学习方法是否得当，学习积极性是否发挥出来，都与教师的启发和引导密切相关。据此，以下着重从教师的角度谈谈如何提高马克思主义理论课的教学效果：

第一，教书育人的思想明确。马克思主义的本质特征就是在实践基础上的科学性和革命性的统一。这个本质特征决定了马克思主义理论教育必须以提高学生的思想政治素质为目的。本来教书与育人就是分不开的，问题在于育什么样的人。社会主义大学培育的是社会主义事业的建设者和接班人，是有理想、有道德、有文化、有纪律的“四有”新人，这个思想一定要贯彻到整个马克思主义理论课的教学过程中。马克思主义理论课教师有了明确的教书育人的思想，就能体察学生的品德，关心学生的进步，发现教学中的问题，改进教学内容和方法，重视教学效果的提高。而且，为了达到教书育人的目的，教师必须为人师表、严谨治学。你要学生具有坚定的社会主义信念，树立科学的世界观、人生观、价值观，你在自己的言行中、在教学实践中，就应该发挥表率作用。这就对马克思主义理论课教师提出了很高的要求，使之在思想上严格要求自己，在业务上不断充实自己，这反过来又有助于教学效果的提高。如果一个马克思主义理论课教师只是满足于讲授完教学计划中规定的内容，讲清楚教材上的基本理论观点，而忽视学生思想政治素质的提高，那他就不会努力改进教学内容和方法，其教学效果是不会好的。即使学生在理论上懂得了一些概念、观点、原理，也没有达到马克思主义理论课的教学目的。

第二，教学内容、方法精当。马克思主义的内容十分丰富，并随实践的发展而发展。大学生在有限的时间内只能学习最基本的对他们最重要的东西，否则贪多变成“夹生饭”。对于现在高校开设的三门马克思主义理论课，国家教委以前下发的教学要点和省里统编的教材，其内容都太全、太多，不够精当。一些教师讲课时由于强调系统性而重点不突出，造成学生对知识消化不良。这个问题不解决，提高教学效果的愿望也就很难实现。除了在编写教材时要贯彻精练、实用的原则外，教师在教学上还必须精选教学内容，突出重点，切实改变那种贪多求全的思维定式，让学生学得精一点、深一点，学一个问题就能基本上搞懂一个问题。例如，“马克思主义原理”课有三大部分，重点应放在世界观和方法论部分，每一个部分都要抓住最根本的观点。究竟哪些是最根本、最重要的东西？这就是教学改革中需要深入研究的问题。至于教学方法的改进，也有个转变观念的问题。教师的主导作用如何发挥？教师并不是讲得越多越好，那种只把学生看作教学客体、看作教育对象的观点必然带来“满堂灌”的教学方法。教师的主导作用主要应体现在启发和引导学生思考和研究问题，指点学生用正确的立场、观点、方法观察和处理问题上。实践证明，自学与讲授相结合、独立思考与课堂讨论相结合、学校教育与社会实践（包括参观考察）相结合等方法，都有助于教学效果的增强。

第三，理论联系实际。坚持和贯彻好理论联系实际的方针，是提高马克思主义理论课教学效果的关键。理论联系实际具有双重作用：一是通过联系实际帮助学生理解原理，例如以自然界和社会生活中的现象、实例等阐明原理；二是对现实社会中和学生思想中的一些重要问题进行科学的思考和剖析，以达到明辨是非、提高认识、更新观念、树立正确立场和观点的目的。从当前的情况看，多数教师还是比较注意第一方面的联系实际的，但第二方面的联系实际则有待大力改进。有的教师回避问题，不敢联系现实生活中的矛盾和斗争；有的教师也接触一些实际问题，但理论与实际的结合不够贴切，分析问题不够深刻，达不到预期的效果。我个人的体会是，教师要在这方面有所改进，就必须有扎实的理论功底，提高观察和分析问题的能力，还要了解社会、了解学生，使理论联系实际，贴近时代、贴近现实生活、贴近学生的所思所想，并找准理论同实际相结合的切入点，抓住一个问题就把它分析得深一些、透一些，引起学生的关注，触动学生的思维。事实上，马克思主义三门课都有一些与学生思想认识密切相关的重要问题，只要教师下功夫加以提炼，将其纳入教学内容，就一定能增强教学的针对性和实效性。例如，关于解放思想、更新观念的问题，关于改革开放的问题，关于社会主义本质的问题，关于科学技术是第一生产力与“科教兴国”的问题，关于社会主义市场经济条件下的人生价值观和道德建设问题，关于坚持四项基本原则与反对资产阶级自由化的问题，关于社会主义的前途和命运的问题等，都可以联系学生的思想认识加以研究。研究这些问题对帮助学生树立科学的世界观、人生观和价值观是大有益处的。

第四，认真教好每一堂课。教师应当有这样一种思想和信念，即每一堂课都要使学生有所收获。日积月累，潜移默化，一门课、一学期或一年之后，学生必然有较大的提高。但要教好每一堂课，就必须精心设计每一堂课的教学内容和方法。尤其是马克思主义理论课与现实联系紧密，新的东西多，新的问题多，更需要认真准备。否则，教学内容就没有现实感，就会使学生感到陈旧枯燥，提不起兴趣，当然就谈不上增强教学效果。所谓精心设计每一堂课，包括缜密地考虑这堂课主要学习什么内容，要达到什么目的要求，同时选择好理论上的重点，搞清楚学生的难点，找准联系实际的切入点，以及明确如何讲授、如何提问、如何小结、如何启发学生的积极思维、如何发挥教师的主导作用，等等。只有课前认真准备，课中注意引导，课后有所反馈，才能达到教学相长、增强教学效果的目的。

第五，严格要求，把好作业、考试质量关。教师要严格要求自己，一丝不苟；也要严格要求学生，循循善诱。马克思主义理论课要率先养成良好的学风，从课堂教学、课外作业、考试到社会实践活动，都要有目的、有计划地进行，把好各个教学环节的质量关。作业、考试既是检查教学效果的重要环节，也是增强教学实效性的重要环节，一定不能马虎了事，不能有一点水分。根据马克思主义理论课的特点，作业、考试都要贯彻理论联系实际的方针，出一些能够联系社会实际和学生思想实际的问题，启发学生独立思考，用自己的理解回答问题。这种做法对提高学生分析和解决问题的能力很有好处。近几年来，我们每学期都要安排两次作业、一次测验、一次考试，效果是好的。多数学生能够动脑筋、想问题，接触自己的思想，使认识有所提高。教师对学生的作业、试卷的评阅要细致，评分要适当，对联系实际紧密、分析问题深刻的要从优给分，但不能随意给高分。每次作业、测验后要进行认真的讲评，帮助学生进一步提高。例如，有一次作业中有一题是“如何看待社会主义市场经济条件下人的价值”，学生的认识五花八门，有的观点不够正确，经过归纳讲评，学生感到颇有启发。

第六，勤于调查研究。具有坚实的马克思主义理论基础，是马克思主义理论课教师的基本功；勤于和善于调查研究，是马克思主义理论课教师的又一个基本功。没有调查研究和对实际情况的了解，就不可能贯彻好理论联系实际的方针，不可能引导学生用马克思主义的立场、观点、方法分析实际问题。调查研究的内容包括：社会经济、政治状况和发展趋势，社会思潮，学生思想、学习、生活情况，学生学习马克思主义理论课的态度、目的、效果。对这些的调查研究可以开拓教师的视野，丰富教师的知识，有利于增强教学的针对性和现实性。无论哪方面的调查研究，都力求具体一些、深入一些，并紧密结合教学内容，结合学生的世界观、人生观、价值观来进行，把建设有中国特色社会主义的理论与实践作为调查研究的重点。对调查的材料要做科学的分析，既要发现问题，更要发掘新鲜的经验和有积极意义的东西，把它们结合到教学内容中去。需要强调的是，调查研究不仅仅是为了了解情况、发现问题，更重要的是为了解决问题，为了提高马克思主义理论课的教学效果。所以，要把调查研究同深化教学内容和方法的改革结合起来，同提高对党的理论、路线的认识结合起来。

总之，增强高校马克思主义理论课的实效性是一个系统工程，需要领导、教师、学生等各方面的共同努力。

第七章　以党的十五大精神为指导开创马克思主义理论课的新局面*

“85 方案”实施以后，特别是邓小平发表南方谈话以后，我国高校马克思主义理论课建设取得了长足的进展。但是，“85 方案”的课程体系实施期间国际国内形势发生了重大变化，在邓小平建设有中国特色社会主义理论的指引下，社会主义现代化建设、党的实践创新和理论创新不断取得新的进展。党的十五大将邓小平理论确立为党的指导思想。为了贯彻党的十五大精神，不断用邓小平理论教育广大大学生，中央出台了我国高校思想政治理论课改革的“98 方案”。

一、“98 方案”的实施

党的十四大以后，我国进入了高速发展的历史时期，综合国力迅速提升、社会事业稳定有序、人民生活安居乐业。这些成就的取得离不开邓小平建设有中国特色社会主义理论的科学指导。在实践中，全党和全国各族

* 本章主要研究“98 方案”实施后我国高校思想政治理论课建设的新发展。

人民对邓小平建设有中国特色社会主义理论的认识不断深化。1997 年，党中央提出：在这两次伟大革命的进程中，实现了马克思主义同中国实际相结合的两次历史性飞跃，形成了两大理论成果，这就是毛泽东思想和邓小平建设有中国特色社会主义理论；邓小平建设有中国特色社会主义理论是马克思列宁主义基本原理与当代中国实际和时代特征相结合的产物，是毛泽东思想的继承和发展，是当代中国的马克思主义。

1997 年 9 月 12 日至 18 日，中国共产党第十五次全国代表大会在北京召开。党的十五大报告围绕“新境界”“新水平”“新判断”“新体系”对建设有中国特色社会主义理论进行了系统阐述，并且用“邓小平理论”一词予以概括。党的十五大报告指出：“中国共产党以马克思列宁主义、毛泽东思想、邓小平理论作为自己的行动指南。这是我们党经过近二十年改革开放和社会主义现代化建设的成功实践作出的历史性决策。”“在当代中国，只有把马克思主义同当代中国实践和时代特征结合起来的邓小平理论，而没有别的理论能够解决社会主义的前途和命运问题。邓小平理论是当代中国的马克思主义，是马克思主义在中国发展的新阶段。”党的十五大强调，“学习马克思列宁主义、毛泽东思想，中心内容是学习建设有中国特色社会主义理论”。“坚持邓小平理论，就是真正坚持马克思列宁主义、毛泽东思想；高举邓小平理论的旗帜，就是真正高举马克思列宁主义、毛泽东思想的旗帜。”这实际上提出了用邓小平理论武装全党、教育人民的任务，也提出了邓小平理论在高校“两课”中进教材、进课堂、进学生头脑的任务。与之相应，原有的“85 方案”的课程体系必须适时地进行改革与创新。

1998 年，以江泽民同志为核心的党的第三代中央领导集体讨论并通过了全国高校“两课”课程设置新方案，把“邓小平理论概论”作为大学生学习邓小平理论的必修课。根据党中央的指示精神，宣传和教育部门积极贯彻执行“两课”课程设置新方案。1998 年 4 月 28 日，中宣部、教育部下发了《关于普通高等学校开设〈邓小平理论概论〉课的通知》（简称《通知》），指出：“党的十五大把邓小平理论确定为党的指导思想。在十五大精神的指导下，全党全国正在兴起学习马列主义、毛泽东思想、特别是邓小平理论的新高潮，这对高校马克思主义理论课教学提出了新的更高的要求。当前最迫切的任务是要下大气力把邓小平理论编成教材，进入课堂，武装大学生的头脑。”《通知》要求各普通高校从 1998 年秋季开始，“以《中国社会主义建设》课程为基础，开设邓小平理论课，并把《马克思主义原理》中‘科学社会主义论’的课程内容和《中国革命史》中关于 1956 年以后的课程内容融合到这一课程中统一进行讲授”。随后，教育部颁布了《〈邓小平理论概论〉教学基本要求》，作为教学与教材编写的规范。

1998 年 6 月 10 日，中宣部、教育部根据党中央讨论决定的“两课”课程设置新方案，印发了《关于普通高等学校“两课”课程设置的规定及其实施工作的意见》（简称《意见》）。这标志着我国高校思想政治理论课“98 方案”的正式诞生。

《意见》对高校“两课”课程设置进行了系统和全面的规定，从专科、本科和研究生三个不同层次，从马克思主义理论课与思想品德课两类不同的课程，从马克思主义基本原理、马克思主义理论与中国实际结合，运用马克思主义立场、观点和方法认识客观世界和改造主观世界出发，对高等学校德育课程进行了系统设计，构筑了高校思想政治理论课课程体系。其课程设置为：二年制专科马克思主义理论课为“马克思主义哲学原理”（36 学时）、“邓小平理论概论”（64 学时），三年制专科马克思主义理论课为“马克思主义哲学原理”（50 学时）、“毛泽东思想概论”（40 学时）和“邓小平理论概论”（60 学时），二年制和三年制专科思想品德课为“思想道德修养”（40 学时）和“法律基础”（28 学时）。本科马克思主义理论课为“马克思主义哲学原理”（54 学时）、“马克思主义政治经济学原理”（理工类 40 学时，文科类 36 学时）、“毛泽东思想概论”（理工类 36 学时，文科类 54 学时）、“邓小平理论概论”（70 学时），文科则另加一门“当代世界经济与政治”（36 学时）；本科思想品德课为“思想道德修养”（51 学时）和“法律基础”（36 学时）。硕士生马克思主义理论课为“科学社会主义理论与实践”（36 学时）和“自然辩证法概论”（理工类开设，54 学时）或“马克思主义经典著作选读”（文科类开设，72 学时），博士生马克思主义理论课为“现代科学技术革命与马克思主义”（理工类开设，54 学时）

或“马克思主义与当代社会思潮”（文科类开设，54 学时）。《意见》还指出，各层次各科类学生都要开设“形势与政策”课。“形势与政策”课要列入教学计划，平均每周 1 学时，一般按专题进行，实行学年考核制度。

上述课程设置符合高校“两课”建设的实际，适应了用科学理论武装大学生头脑、培养社会主义现代化建设合格人才的需要，具有很强的科学性和现实针对性。

第一，之所以开设“邓小平理论概论”这门课，很显然是因为这是一门贯彻党的十五大精神核心的课程，这一点从“邓小平理论概论”课的学时就可以看出来，其目的是帮助大学生深入理解邓小平理论是马克思主义理论与中国实际相结合的第二大理论成果，反映了社会主义实践发展的需要，体现了党的理论创新。

第二，开设“毛泽东思想概论”，是为了帮助学生理解毛泽东思想是马列主义同中国实际相结合的第一次历史性飞跃的伟大成果，掌握毛泽东思想的主要内容和活的灵魂，懂得中国近现代社会历史发展和革命运动的规律，认清只有在中国共产党领导下，坚持社会主义道路，才能救中国和发展中国。同时也是为了使学生认识到邓小平理论与毛泽东思想是一脉相承的，是毛泽东思想的继承和发展，是我们党在建设中国特色社会主义中总结正反两方面的经验逐步形成的。

第三，之所以将原来的“马克思主义原理”改为“马克思主义哲学原理”“马克思主义政治经济学原理”，是因为这与当时的教学需要相符合。从教学实践来看，“85 方案”中“马克思主义原理”课的教学效果并不理想，主要原因是教师的理论准备不足，缺乏从整体上把握、理解马克思主义原理的教师。这一状况有历史的原因。无论是“文化大革命”前，还是 1978 年至 1985 年，我国高校马克思主义理论课都是将哲学、政治经济学分开的。因此，“85 方案”实施后的很长一段时间，很少有教师能够融通马克思主义理论的三个主要组成部分。“马克思主义原理”教材都涉及了哲学、政治经济学、科学社会主义三个主要部分，但是板块化现象比较明显，各组成部分之间独立性较大。这就导致了“马克思主义原理”课的实际教学中存在一些问题，影响了课程的教学目的、教学要求的充分实现。

具体来讲有以下几种情况：一是课时难以把握，有的学校、教师把“马克思主义原理”课的第一部分按哲学来讲，第二部分按政治经济学来讲，第三部分按科学社会主义来讲，但是当时仅有105课时，按这样的讲法课时远远不够用；二是“马克思主义原理”课由几名教师讲，即哲学教师讲哲学部分，政治经济学教师讲政经部分，懂科学社会主义的教师讲科社部分；三是有的学校、教师甩掉科学社会主义的部分不讲。这样“马克思主义原理”这门课的教学效果显然不会很好。因此，党中央在征集广大一线教师意见的基础上提出的“98方案”，充分考虑到了教学实际需要。

二、云南省贯彻“98方案”的情况

高校贯彻党的十五大精神的很重要一项任务就是学习邓小平理论，提高教学质量。云南省委要求各高校切实贯彻中央关于加强和改进“两课”教育的意见，努力做好邓小平理论的进教材、进课堂、进学生头脑。省委宣传部和省委高校工委十分重视新一轮的“两课”建设和改革，中央文件发出以后，就立即做出响应，及时组织高校领导和广大“两课”教师认真学习中央文件并积极贯彻实施。

省委宣传部、省教委发出的《关于转发〈中共中央宣传部、教育部关于印发《关于普通高等学校“两课”课程设置的规定及其实施工作的意见》的通知〉的通知》强调，要认真学习中央文件和中央领导同志关于加强“两课”改革与建设的一系列重要指示，从高举邓小平理论伟大旗帜、全面实现跨世纪宏伟目标、落实科教兴国战略、培养高素质人才的高度，确保“两课”在高校的地位，增强抓好“两课”改革与建设的使命感、责任感和紧迫感，把认识和行动统一到党中央批准的高校“两课”设置的新方案上来。该通知提出，要在1998年秋季开设“邓小平理论”课，其他几门课于1999年秋季开始实行；同时还提出了加强教材建设与管理、改革教学内容和方法、加强师资队伍建设、加强对“两课”改革建设的指导和为新方案实施提供必要条件等方面的要求。

云南省在贯彻“98方案”的过程中，还认真总结了前一轮思想政治理论课教学的经验，采取了一系列新的措施。

一是加强对“两课”建设的领导和指导，重点是加强了教材的规范化建设。根据中央“两级统编教材”的意见，决定新开设的课程教材全部由省里统一编写，各高校不能再使用自编的“两课”教材。在省委宣传部和省委高校工委的领导下，成立了云南省高校“‘两课’教材编辑委员会”，聘请有关专家担任委员会的委员，省委高校工委副书记张大昌任主任，省教育厅政教处处长李云芳负责具体组织实施，省委统一组织新教材的编写和审定工作。委员会遴选了各门课的主编和编写人员。其中：《邓小平理论概论》教材由省委宣传部副部长赵绍敏任主编，张国伟、张仲华、胡正鹏、熊思远、李毅任副主编，张大昌、温茂芬任主审；《毛泽东思想概论》教材由温茂芬任主编，冯溪屏、李永伦、李申文任副主编，张传伦任主审；《马克思主义政治经济学原理》教材由云南大学经济系教授刘学愚任主编，熊万兴、金荣、张云钢任副主编，吴健安、陈士奎任主审；《马克思主义哲学原理》教材由王展飞任主编，郭裕昌、陈路、诸锡斌、张仲华、韩跃红等任副主编，程传贤任主审，在该教材修订过程中，樊勇、李昆担任副主编；《思想道德修养》教材由刘绍怀任主编，杨林、王向明任副主编，王展飞、温茂芬、高力、向达治任主审；《法律基础》教材由郑益生任主编，纳玲、傅美华、刘正雄任副主编，田成有任主审；《科学社会主义理论与实践》教材由陈国新任主编，张仲华、陈路、张建国、任新民任副主编，胡正鹏任主审。这些教材的编写集中了全省100多名有较强理论功底和丰富教学经验的教师，从提纲到教材的初稿，不仅反复研究讨论，而且充分吸取理论界的研究成果，广泛征询了教师的意见，力争使教材更好地体现教育部下发的教学要点。初稿形成后，又分别送请国内知名专家审阅，最后由省委高校工委组织教材编辑委员会逐门课地进行修改和审定。

教材使用一年后，又根据教师和学生的意见修改再版，力求做到理论观点准确、体系结构严谨、内容生动、文字简明、有较强的现实性和可读性。由于工作做得比较深入细致，这几本教材各有特点，且有较高的质量。其中，《毛泽东思想概论》《邓小平理论概论》《马克思主义政治经济学原理》《思想道德修养》《法律基础》五本教材被省教育厅作为系列教材申报并获得了云南省哲学社会科学优秀成果奖二等奖。

《马克思主义哲学原理》教材于2000年被教育部评为全国高校优秀教材。2001年教育部在成都召开了优秀教材表彰会，我应邀出席会议。这次表彰会无疑对我们是一个莫大的鼓励和鞭策。因为就全国来说，各门课的教材总计有几十本，而获奖的则很少。就哲学这门课的教材来说，只有教育部推荐教材一本、上海市统编教材和云南省统编教材各一本。这是对我们工作的肯定，也是对云南省认真贯彻“98方案”工作的肯定。我作为教材主编在会上介绍了编写《马克思主义哲学原理》的体会和教材的特点。教材的主要特点是：第一，力求体现马克思主义哲学是以科学实践观为基础、辩证法与唯物主义统一、辩证唯物主义自然观与历史观统一的科学体系；第二，较好地贯彻了党的十五大精神，体现了“三个代表”重要思想；第三，对马克思主义哲学中国化做了初步探索，在相关章节论述了中国传统哲学的优秀思想；第四，注意联系世界和中国的实际，引导学生树立科学的世界观、人生观和价值观，提高辩证思维能力。

为了把贯彻“98方案”推向深入，切实提高“两课”教学的实效性，引导和督促各高校与广大教师不断提高“两课”教学质量和水平，中共云南省委高校工委、云南省教育厅在全省范围内开展了“两课”建设评估工作和“五个一”工程。1998年3月，云南省教育厅发出了《关于印发〈云南省高校“两课”建设评估标准〉（试行）的通知》。随后，一些院校开展了自评，促进了云南省各高校的“两课”建设工作。为了更好地贯彻中央“两课”第二轮改革的精神，加大邓小平理论“三进”工作的力度，云南省教育厅于2000年5月发出了《关于印发〈云南省普通高等院校“两课”建设评估方案〉和开展2000年评估工作的通知》。这标志着云南省普通高校“两课”建设评估全面启动。

根据《关于印发〈云南省普通高等学校“两课”建设评估方案〉和开展2000年评估工作的通知》要求精神以及《关于云南省普通高等院校“两课”建设评估时间安排的通知》的精神，云南省教委、省委高校工委组织领导了对全省普通高校“两课”建设的评估。评估从2000年5月下旬开始，到7月中旬基本结束。这是一次较为认真细致的检查、评估、验收，取得了较好的效果。评估工作反映出云南省“两课”建设在学校党政领导重视、马列部或社科部机构设置、课程建设投入、教师队伍能力素质以及课程建设、教材建设、教学改革等方面都有许多突出的成绩，而在教学实效性改革、课时和形势政策教育规范性、教师结构、经费投入和教师待遇等方面存在不足和差距。这次评估增强了广大“两课”教师进一步搞好课程建设和增强教学实效性的信心，也增强了进一步实施课程改革的针对性。

2004年5月，省教育厅根据党中央的有关部署以及云南省高校思想政治理论课建设的实际需要，发出了《云南省教育厅关于组织开展高校“两课”教育教学“五个一”活动的通知》，组织了征集一份好的“两课”教育教学实效性调研报告、一份“精彩一课”教学示范片、一份好教案或集体备课方案、一份好的“两课”教师社会实践报告、一个好的“两课”教学课件的“五个一”活动。“五个一”活动对激励全省“两课”教师不断探索和研究教学实践中的各类问题、不断改进教学方法起到了极大的促进作用，切实推动了“98方案”的贯彻实施。“五个一”活动每年评选一次，由李云芳、杨丽、杨国良等同志具体组织实施。目前这项活动仍在继续，已经成为云南省高校思想政治理论课建设的一个品牌。

二是培训教师队伍，这是云南省“两课”建设中抓的另一项重点工作，其目的是使广大教师深刻理解新课程的目的、要求、教学内容，使教师把握新课程、新教材的内容和要求。以往，每年暑假期间省教育厅都要组织“两课”教师培训，总结交流一年来的工作经验，研究教学中的重要问题，邀请省内外专家做专题讲座，布置下一年度的工作。有时是所有高校“两课”教师参加，有时是骨干教师参加。这项工作已形成制度，对提高教师水平、改进教学内容和方法起到了积极作用。为了使更多教师攻读硕士研究生，省委高校工委经过研究并报省政府批准，在教育厅的领导下，专门开办了两期“两课”教师研究生班，培训教师近百人，省内承认其学历。经过研究生班的学习和教学实践，许多青年教师成为教学和科研的骨干。随后，在教育部的组织下，省教育厅与清华大学联系，选派中青年教师到清华大学攻读在职硕士学位，增强了教师队伍的实力。由于重视教师队伍建设，云南省“两课”教师的学历结构、职称结构得到了逐步改善和优化，已形成了一批学科带头人和骨干教师。

三是相继建立云南省高校“两课”督导组和教学指导委员会。省教育厅聘请了八位理论功底深厚、教学经验丰富、工作认真负责的离退休专家为督导组成员，程传贤为督导组组长。督导组对推进“两课”教育做了大量工作。为了进一步加强对“两课”建设的指导，还成立了由部分高校党政领导和专家组成的教学指导委员会，主要研究和贯彻中央、省委的有关指示精神，解决云南省高校“两课”建设中的重要问题。中共云南省委高校工委副书记纳麒为主任委员，王展飞、刘绍怀、温茂芬为副主任委员。2008 年，云南省委高校工委、省教育厅在云南省高校“两课”教学指导委员会的基础上，成立了云南省高校思想政治理论课教学指导委员会，由张海翔任主任委员，王展飞、温茂芬、刘绍怀、周本贞、张建国、陈国新任副主任委员。

四是适应新一轮“两课”建设的需要，将原来的“云南省高校马克思主义理论课教学研究会”更名为“云南省高校马克思主义理论课和思想品德课教学研究会”（“两课”教学研究会），并选举了新的理事会，组成了新一届领导班子。省教育厅德育处充分发挥教学研究会的作用，使研究会成为教育厅推动高校“两课”教育的得力助手。由于教学研究会的理事都是各高校马列部和社科部的主要负责人，因而有利于贯彻省教育厅的各项工作安排。

五是以邓小平理论的“三进”为中心，开展教学研究和科学研究。党的十五大以后，中宣部和教育部提出邓小平理论进教材、进课堂、进学生头脑的要求，省委高校工委认真贯彻这一精神，各高校也把这项工作放在突出重要的位置，不仅在“邓小平理论概论”这门课的教学内容中充分体现“三进”，而且由教学研究会各门课的分会研究邓小平理论“三进”问题，各高校根据实际参照执行。例如在学生中成立“邓小平理论学习小组”“邓小平理论研究会”，发动学生写学习邓小平理论的小论文，以邓小平理论为指导开展社会实践活动。任课教师通过制作教学课件，开展课堂讨论，组织学生到工厂、农村调查研究以及演讲会、辩论会等形式，使学生从理论与实践的结合上加深对邓小平理论的理解。在“三进”活动中，特别注意引导学生学习邓小平理论的立场、观点、方法，学习邓小平解放思想、实事求是、坚持真理、全心全意为人民谋利益的高尚品格。当师生们读到邓小平的名言——“我是中国人民的儿子，我深情地爱着我的祖国和人民”时，都从内心生发出对这位世纪伟人的热爱和崇敬。

六是开展实效性调研活动，努力提高教学效果。由于多种原因，在一段时间内高校“两课”教学效果不理想，有的学生对思想政治理论课不感兴趣，听课不认真，互相抄作业，考试前临时抱佛脚，求个及格就行。“98 方案”实施后，学生对“邓小平理论概论”“思想道德修养”等课程的学习有了较大的进步，效果也比较好。为此，省教育厅组织各高校教师开展实效性调研活动，分析教学效果，对调研报告和教学效果进行评定，给予优秀者奖励。总的说来，各高校的“两课”教学都有不同程度的进步，学生对邓小平理论的认识得到了提升。这几年来学生中申请入党的人数显著增加，学生党员的数量显著上升。当然，学生入党人数的增加，是各方面工作的结果。就思想政治理论课而言，解决实效性问题还是长期的任务。

七是组织“两课”教师进行社会调查和到省外兄弟院校学习考察。“两课”教师要搞好教学，不能光靠书本，必须多接触社会，了解国情省情，了解社会的改革与发展，了解人民群众的愿望。这样才能开阔视野，做到理论联系实际。过去这些活动由于受到诸多条件的限制做得不够，这些年来得到逐步改善。有的学校已形成制度，每年寒暑假期间都组织教师进行社会调查，或者与学生一起参加社会实践。此外，省教育厅还有计划地组织马列部主任和骨干教师到省外考察学习，对每次考察都认真进行总结，并在培训教师时介绍考察的收获，这对推进云南省高校的“两课”建设起到良好作用。值得一提的是，有的院校不仅组织教师到省外学习考察，而且组织教师到国外考察。以往那种“教师给学生讲资本主义，却从未到过资本主义国家的状况”已有所改变。

三、参加党的十一届三中全会 20 周年纪念大会

1998 年 12 月 18 日，党中央在北京召开了党的十一届三中全会 20 周年纪念大会暨理论研讨会。我作为云南省理论界的代表参加了这次会议。

12 月 18 日上午，纪念大会在人民大会堂召开，朱镕基同志主持会议，江泽民同志发表了重要讲话。江泽民同志的讲话概述了我国 20 年来取得的伟大成就，从 11 个方面总结了 20 年来的历史经验。这 11 个方面的历史经验包括：第一，必须坚持党的马克思主义思想路线；第二，必须全面、正确、积极地贯彻执行党在社会主义初级阶段的基本路线；第三，必须把集中力量发展社会生产力摆在首要地位；第四，必须坚定不移地推进改革开放；第五，必须建立和完善适应生产力发展要求的经济制度和经济体制；第六，必须坚持建设有中国特色社会主义民主政治；第七，必须坚持物质文明和精神文明的共同进步；第八，必须维护和保持安定团结的社会政治局面；第九，必须为我国改革开放和社会主义现代化建设争取一个长期的和平国际环境；第十，必须把实现和维护最广大人民群众的利益作为改革和建设的根本出发点；第十一，必须坚持、加强和改善党的领导。

江泽民同志还在会上指出："二十年的历史经验归结到一点，就是把马克思主义基本原理同中国具体实际相结合，走自己的路，建设有中国特色社会主义。二十年的历史经验，是极为宝贵的财富，全党同志一定要十分珍惜。二十年的历史经验告诉我们，邓小平理论是指导中国人民胜利实现社会主义现代化的伟大理论。在当代中国，只有把马克思主义同当代中国实践和时代特征结合起来的邓小平理论，而没有别的理论能够解决社会主义的前途命运问题。邓小平理论是当代中国的马克思主义，是毛泽东思想的继承和发展，是马克思主义在中国发展的新阶段。全党同志必须高举邓小平理论伟大旗帜不动摇，坚持把邓小平理论作为我们观察世界、发展自己的强大思想武器，在实践中不断学习和运用这一理论，丰富和创造性地发展这一理论。这是我们在前进道路上战胜一切困难、排除一切干扰、

经受住一切风险考验的最可靠的保证。二十年来我们取得了伟大胜利，但同我们的远大目标相比，没有任何理由自满。应该清醒地看到，我们的经济文化还不发达，综合国力和竞争能力还不强；党和国家的工作中也还存在缺点和不足，人民群众还有不少不满意的地方。在今后的前进道路上，我们还会遇到这样那样的困难和风险。全党同志一定要更加兢兢业业地工作，永远不辜负人民的期望。”①

18日下午开始历时三天的理论研讨会，参会代表包括党和国家各部委的负责人，各省、市、自治区及党委宣传部负责人，理论界的特邀代表和部分论文作者。研讨会发言内容丰富，使我受益匪浅，深化了对邓小平理论的理解。参会期间，我真切地感到了党的十一届三中全会的伟大历史意义，其重大意义以及它在我党历史上的地位是完全可以和长征期间的遵义会议相比拟的。这次会议开辟了建设有中国特色社会主义的新道路、新时期，也开辟了马克思主义中国化的新阶段。回昆明后，我用心地整理了会议的主要内容和收获，在云南工业大学师生和省级机关干部中做了几场专题报告。

四、表彰全国高校百名“两课”优秀教师

1996年9月开始，在全国普通高等学校开展了评选百名“两课”优秀教师的活动，在各地推荐的基础上，经过主办单位组织专家评审，评定出全国普通高校“两课”优秀教师101人。国家教委社会科学司、思想政治工作司、中宣部时事报告杂志社决定对评选出的101名“两课”优秀教师进行表彰，表彰大会于1997年10月在北京举行。

云南省经过自下而上推荐以及省教育厅的精心组织，推选了4名优秀教师参评，其中马克思主义理论课2名、思想品德课2名。经中宣部、国家教委审定，最后确定我和王向明同志作为优秀教师代表参加表彰

① 江泽民. 江泽民文选：第2卷. 北京：人民出版社，2006：263-264.

大会。

国家教委副主任张天佑在表彰大会上讲道，要认真学习贯彻党的十五大精神，进一步提高认识，总结经验，发扬优良传统，以强烈的使命感和高度的责任心把“两课”教学及其改革工作提到新的水平。搞好高校“两课”教学的关键在于建设一支高素质的“两课”教师队伍。这支教师队伍应该是努力学习、宣传马列主义、毛泽东思想、邓小平理论的模范，应该是认真研究、积极建设以邓小平理论为中心内容的教学体系的大胆实践者，应该是探索和总结新时期高校思想政治理论教育规律的开拓者和“四有”新人的培育者。我们希望受表彰的各位教师能继续发挥带头作用，做出良好的表率。

这个讲话对我的启发是很大的。特别是这次会议距离党的十五大闭幕不久，我感到这次会议对高校马克思主义理论课教师队伍建设、提高马克思主义理论课的教学水平具有重要的意义。

会间，中宣部有关领导以及国家教委党组书记、副主任陈至立召开了座谈会。座谈会上有几个同志做了发言。有的是介绍自己的教学的一些特色，如怎么教书育人，怎么贯彻理论联系实际的方针。我在座谈会上谈了两点想法：

一是关于马克思主义理论课在高校的地位的问题。当时在高校流传着一句话，即“有为才能有位”。意思是说，高校的马克思主义理论教育应当有所作为，应当提升教学效果，这样你才有地位，才会受到重视；反之，你就没有地位，就不会受到重视。我认为这个提法是不对的。因为马克思主义理论课在高校的地位，是由社会主义大学的性质决定的，它的位置、定位是既定的，即马克思主义理论课是高校进行思想政治教育的主阵地、主渠道，是社会主义大学与资本主义大学的重要区别。因此，高校马克思主义理论课和思想品德课的位置是非常重要的，我们讲德育为先，这就表明马克思主义理论教育和思想品德教育是基础性的、根本性的，不能讲“有为才能有位”。在实际工作中，“有为才能有位”往往成为某些领导不重视甚至轻视马克思主义理论教育在高校中的地位的挡箭牌。当然，马克思主义理论教育应当有所作为，也必须有所作为，广大教师应当不断提高教学水平，增强教学的实效性。但是，不能用“有为才能有位”的观点来对待马克思主义理论教育。

二是要大力培养中青年教师。搞好“两课”教育教学，教师队伍是关键。我发现，五六十年代参加工作的马克思主义理论课教师已经陆续退休，“文化大革命”十年又造成了教师队伍的断层，有点“青黄不接”，如果不大力培养中青年教师，不培养学科带头人，马克思主义理论课的教学效果就难以提升。因此，建议教育部大力培养中青年教师。这次获奖的百名全国普通高校“两课”教师中 60 岁以上的 11 人，50～60 岁的 43 人，40～50 岁的 31 人，40 岁以下的 16 人。其中，50 岁以上的教师占了一多半。因此，必须加强中青年教师的培养。

五、宣传贯彻“三个代表”重要思想和党的十六大、十七大精神

党的十五大以来，以江泽民同志为核心的党的第三代中央领导集体提出了“三个代表”重要思想。党的十六大把“三个代表”重要思想作为党的指导思想写进党章。党的十六大以来，以胡锦涛同志为代表的中国共产党人提出了科学发展观和构建社会主义和谐社会等战略思想。党的十七大科学阐释了中国特色社会主义理论体系，并将科学发展观写入党章。对于“三个代表”重要思想、党的十六大和十七大精神，我们一方面积极在高校“两课”中予以贯彻；另一方面，从 2001 年开始，云南省委正式组织省委宣讲团，我也是宣讲团的成员，对云南省广大干部群众宣讲“三个代表”重要思想、党的十六大和十七大精神，也是思想政治教育的重要内容。

（一）学习宣传“三个代表”重要思想

党的十三届四中全会以来，以江泽民同志为核心的党的第三代中央领导集体，在建设中国特色社会主义的伟大实践中，积累了治党、治国、治军新的宝贵经验，创立了“三个代表”重要思想。“中国共产党必须始终

代表中国先进生产力的发展要求，代表中国先进文化的前进方向，代表中国最广大人民的根本利益。”这是对“三个代表”重要思想的集中概括。它包括关于中国特色社会主义的发展道路，关于中国特色社会主义的发展阶段，关于中国特色社会主义的根本任务，关于中国特色社会主义的改革开放，关于中国特色社会主义的经济建设、政治建设、文化建设，关于中国特色社会主义的国防和军队建设，关于中国特色社会主义的外交和国际战略，以及在新的历史条件下加强和改进党的建设等丰富内容。“三个代表”重要思想是对马克思列宁主义、毛泽东思想和邓小平理论的继承发展，反映了当代世界和中国的发展变化对党和国家工作的新要求，是加强和改进党的建设，推进我国社会主义自我完善和发展的强大理论武器，是中国共产党集体智慧的结晶，是党必须长期坚持的指导思想。始终做到“三个代表”，是我们党的立党之本、执政之基、力量之源。

中央要求全党和全国人民认真学习贯彻“三个代表”重要思想。云南省委根据中央的要求组成了“三个代表”重要思想宣讲团。宣讲团由有关领导和从事理论工作的专家组成，在认真学习江泽民同志一系列讲话、全面领会精神的基础上，分赴 16 个地州市进行宣讲。广大干部群众反映强烈，认为“三个代表”重要思想为我们在新的历史条件下加强和改进党的建设、推进中国特色社会主义事业指明了方向。在我们宣讲后召开的座谈会上，许多党员干部表示要在实际工作中努力贯彻“三个代表”重要思想的要求，切实维护好和实现好最广大人民群众的根本利益。昭通地委领导在宣讲会上坚定地表示，一定要以邓小平理论和“三个代表”重要思想为指导，依靠广大群众的智慧和力量，尽快改变地区贫困落后的面貌，不断提高人民群众的物质文化生活水平，不辜负党和人民的期望。他们还深情地说，金杯银杯不如老百姓的口碑，金奖银奖不如老百姓的夸奖。

在宣讲“三个代表”重要思想的过程中，为了深化对“三个代表”重要思想的理解，有的同志提出了一些问题。例如，怎样理解“三个代表”重要思想是对马列主义、毛泽东思想、邓小平理论的继承和发展？“三个代表”所表述的三个方面的内容，毛泽东和邓小平都曾经讲过，为什么是马克思主义中国化的新成果？对于这些问题，我认为应当从历史发展和时代要求的高度，从科学判断党的历史方位上加以理解。我们党历经革命、建设和改革，已经从领导人民为夺取全国政权而奋斗的党，成为领导人民掌握全国政权并长期执政的党；已经从受到外部封锁和实行计划经济条件下领导国家建设的党，成为对外开放和发展社会主义市场经济条件下领导国家建设的党。党所处的地位和环境、党所肩负的历史任务、党的自身状况，都发生了新的重大变化。“三个代表”重要思想正是在对当今国际局势进行科学判断、在对当代中国发展变化进行科学认识、在对党的现状进行科学分析的基础上形成的。“三个代表”重要思想全面体现了党的基本理论、基本路线、基本纲领和基本经验，是在新的历史条件下坚持和发展社会主义的必然要求。“三个代表”重要思想所表述的丰富内容不是对以往马克思主义政党的领袖们有关这方面讲话的简单重复，而是赋予了新的时代内容，有着鲜明的时代特色和时代意义，体现着马克思主义与时俱进的理论品质。另外，我还认为，把中国特色社会主义建设和党的建设的丰富内容概括为“三个代表”，也是一种理论上的发展与创新。正如邓小平在党的十一届三中全会前后提出坚持四项基本原则一样，是对我们党领导社会主义建设的根本经验的高度概括，是一种重大的理论创新。我把这些认识具体地对干部们讲了，大家感到是言之有理的。

宣讲后，我结合宣讲中遇到和想到的问题，进一步学习和研究了江泽民同志在纪念中国共产党成立 70 周年大会上的重要讲话和 2002 年 5 月 31 日在中共中央党校发表的重要讲话等一系列文章，写了几篇学习体会。

（二）学习宣传党的十六大精神

2002 年中国共产党召开了第十六次全国代表大会，江泽民同志在会上做了题为《全面建设小康社会，开创中国特色社会主义事业新局面》的报告。大会对党章进行了修改，把“三个代表”重要思想写进了党章，作为我们党必须长期坚持的指导思想。大会选举产生了以胡锦涛同志为总书记的新一届中央领导集体。这次大会，对确保社会主义中国在风云变幻的国际局势中保持高度稳定和强大生机，确保我们党始终走在时代前列和不断增强创造力、凝聚力、战斗力，确保我们胜利实现社会主义现代化的目标和中华民族的伟大复兴具有重大的现实意义和深远的历史意义。

为了认真学习贯彻党的十六大精神，党中央组织宣讲团到各省区市宣讲。中共云南省委也组织宣讲团到各地州市宣讲。宣讲前，省委宣传部领导组织我们编写了宣讲提纲。提纲包括五个大问题：一是党的十六大的主题和重大意义；二是13年的历史性成就和基本经验；三是全面贯彻“三个代表”重要思想；四是全面建设小康社会的奋斗目标和重大部署；五是加强和改进党的建设，推进中华民族的伟大复兴。宣讲提纲比较全面地体现了党的十六大精神，其中对第三个问题和第四个问题我们进行了反复的研究，针对全面建设小康社会的问题查阅了大量资料。

党的十六大报告指出：“我们要在本世纪头二十年，集中力量，全面建设惠及十几亿人口的更高水平的小康社会，使经济更加发展、民主更加健全、科教更加进步、文化更加繁荣、社会更加和谐、人民生活更加殷实。”我认为，这一论述具有十分重要的理论意义和现实意义。改革开放以来，各方面事业蓬勃发展，人民生活显著提高，但是贫富差距过大、分配不公问题越来越突出。邓小平早在改革开放之初就提出让一部分人先富起来，逐步实现共同富裕。这个观点是正确的。但在实践中一部分人先富起来了，而共同富裕的问题没有得到足够的重视。党的十六大报告提出“惠及十几亿人口的更高水平的小康社会”，这就意味着我们要高度重视实现共同富裕的目标。因此在宣讲党的十六大精神时，我把这个思想贯彻进去了。

我和同事被派到昆明市、玉溪市进行宣讲。我们围绕党的十六大的主题，联系云南实际，着力讲清如何全面贯彻“三个代表”重要思想、全面建设小康社会等内容，强调要抓住21世纪头20年大有可为的战略机遇期，为开创中国特色社会主义新局面而努力奋斗。再过20年，我们要建设惠及十几亿人口的更高水平的小康社会，这是全国各族人民梦寐以求的，是件了不起的大事。云南虽然地处边疆，经济文化相对落后，但只要在党中央和省委领导下，全省各族人民团结一致，发愤图强，就一定能够实现全面建设小康社会的奋斗目标。

在党的十六大上，江泽民同志对如何全面贯彻“三个代表”重要思想明确指出，关键在坚持与时俱进，核心在坚持党的先进性，本质在坚持执政为民。我认为这些思想是极为重要的，于是经过反复思考撰写了《论贯彻“三个代表”重要思想的关键、核心和本质》一文，在《云南日报》发表。

伟大的事业产生伟大的思想，建设中国特色社会主义的实践推动着党的理论创新。党的十六大以后，以胡锦涛同志为总书记的党中央提出了“以人为本，全面协调可持续发展”的科学发展观和构建社会主义和谐社会等新的理论。此外，党中央还提出了走和平发展道路、建设创新型国家、建设资源节约型和环境友好型社会、建设社会主义核心价值体系、加强党的执政能力和党的先进性建设等一系列重大战略思想。这些理论和重大战略思想，在广大干部群众中产生了强烈的反响。从2003年到2006年，省委宣传部陆续开展了宣讲活动，省委宣讲团成员和广大理论工作者分赴各地州县、学校、企业广泛宣传党的理论创新成果，多达数百场次，仅我个人就讲了20多场。云南省哲学学会也先后在普洱市、红河州、文山州召开科学发展观和建设社会主义核心价值体系等理论研讨会，出版了三本研究文集。在学习宣传科学发展观的过程中，有的同志提出了这样一个问题：中国共产党的每一届领导人都要提出新的理论，这对推进党的理论的意义是什么？对于这个问题，我是这样认识的：首先，中国共产党是以马克思主义为指导思想的理论基础的，必须以科学的理论武装全党，而马克思主义是在实践中不断发展的，中国共产党必然要进行理论创新，用发展着的马克思主义指导新的实践。其次，看待一种理论的产生应当注意两点，一是是否从实践中来，二是是否在实践中经受检验。如果这种理论既来自实践又能在实践中经受检验，那它就是科学的理论。科学发展观，是立足于社会主义初级阶段基本国情，总结我国发展实践，借鉴国外发展经验，适应新的发展要求提出来的。实践证明科学发展观是统筹我国经济社会发展的重要指导方针，是发展中国特色社会主义必须坚持和贯彻的重大战略思想。当我联系实际说明以上道理时，提问题的同志认为是有道理的。

（三）学习宣传党的十七大精神

2007年10月，中国共产党召开了第十七次全国代表大会。这是在我国改革发展的关键时期召开的一次十分重要的大会。大会的主题是：高举中国特色社会主义伟大旗帜，以邓小平理论和“三个代表”重要思想为指导，深入贯彻落实科学发展观，继续解放思想，坚持改革开放，推动科学发展，促进社会和谐，为夺取全面建设小康社会新胜利而奋斗。胡锦涛同志在大会上做了报告，报告内容丰富而精辟，富有理论创新和实践创新。我在学习中体会比较深的有以下几点：

一是报告第一次提出了高举中国特色社会主义伟大旗帜的思想。党的十五大提出高举邓小平理论伟大旗帜，党的十七大提出高举中国特色社会主义伟大旗帜，这反映了邓小平创立的中国特色社会主义理论在实践中的不断发展。党的十七大第一次全面阐明了中国特色社会主义道路的科学内涵，为坚持这条正确道路提供了理论指导；第一次提出了中国特色社会主义理论体系这一科学论断，并且指出，中国特色社会主义理论体系，就是包括邓小平理论、“三个代表”重要思想以及科学发展观等重大战略思想在内的科学理论体系。这不仅科学地整合了党在改革开放以来理论创新的伟大成果，而且体现了中国特色社会主义理论的开放性和发展性。

二是全面深刻地总结了改革开放的伟大历史进程。改革开放30年来，中国共产党人和中国人民以一往无前的进取精神和波澜壮阔的创新实践，谱写了中华民族自强不息、顽强奋进的新的壮丽史诗，取得了举世瞩目的巨大成就。胡锦涛同志在讲这个问题时，使我感触最深的是“三个永远铭记”：我们要永远铭记，改革开放伟大事业，是在以毛泽东同志为核心的党的第一代中央领导集体创立毛泽东思想，带领全党全国各族人民建立新中国、取得社会主义革命和建设伟大成就以及艰辛探索社会主义建设规律取得宝贵经验的基础上进行的。我们要永远铭记，改革开放伟大事业，是以邓小平同志为核心的党的第二代中央领导集体带领全党全国各族人民开创的。我们要永远铭记，改革开放伟大事业，是以江泽民同志为核心的党的第三代中央领导集体带领全党全国各族人民继承、发展并成功推向21世纪的。这“三个永远铭记”积淀着厚重的历史感，饱含着对党的三代中央领导集体的深厚感情。

三是进一步阐明了科学发展观的基本思想，提出了深入贯彻科学发展观的新要求。胡锦涛同志在报告中指出，科学发展观，第一要义是发展，核心是以人为本，基本要求是全面协调可持续，根本方法是统筹兼顾。深入贯彻落实科学发展观，要求我们始终坚持“一个中心、两个基本点”的基本路线，要求我们积极构建社会主义和谐社会，要求我们继续深化改革开放，要求我们切实加强和改进党的建设。这些新思想和新要求，对增强贯彻科学发展观的自觉性和坚定性具有十分重要的意义。

四是做出了全面建设小康社会的战略部署。在经济建设方面，强调提高自主创新能力，加快转变经济发展方式，推进社会主义新农村建设，完善基本经济制度，建设生态文明，以促进国民经济又好又快发展。在民主政治建设方面，强调要坚持“一个统一”，坚持和完善“四大制度”。“一个统一”即坚持党的领导、人民当家作主、依法治国的统一。坚持和完善“四大制度”，即坚持和完善人民代表大会制度、中国共产党领导的多党合作和政治协商制度、民族区域自治制度以及基层群众自治制度。在文化建设方面，强调要建设社会主义核心价值体系，弘扬中华文化，建设和谐文化，推动社会主义文化大发展大繁荣。此外，在全面建设小康社会的战略部署中，第一次把社会建设单独提出来，强调要加快推进以改善民生为重点的社会建设，努力使全体人民学有所教、劳有所得、病有所医、老有所养、住有所居，推动建设和谐社会。这些都充分表明党和政府高度关注民生。

五是在党的建设方面强调要以改革创新精神全面推进党的建设新的伟大工程。实施这一工程，要贯穿“一条主线”，抓好“五个重点”。“一条主线”就是把党的执政能力建设和先进性建设作为主线。“五个重点”就是，以坚定理想信念为重点加强思想建设，以造就高素质党员、干部队伍为重点加强组织建设，以保持党同人民群众的血肉联系为重点加强作风建设，以健全民主集中制为重点加强制度建设，以完善惩治和预防腐败体系为重点加强反腐倡廉建设。

以上学习体会是我在省委十七大宣讲团学习中的心得。这次宣讲，我同张仲华同志被派往普洱市。1969 年到 1971 年，我们全家曾在设于思茅的省第四“五七”干校参加劳动锻炼，此次重来故地深感各方面都发生了巨大变化，原来十分贫困的地区，现在已基本达到小康水平，城市、农村一片欣欣向荣的景象。这都是改革开放的成果。从普洱回昆明后，我又到学校和企业进行了多次宣讲，为宣传贯彻党的十七大精神尽了微薄之力。

从 2000 年到现在，我参加了省委和省委宣传部组织的一系列重要宣讲活动，作为一名共产党员我感到自豪和欣慰。通过宣讲，我对马克思主义中国化的新成果，对党的路线、方针、政策，有了较为深入的理解，增强了建设中国特色社会主义的信念，增强了为共产主义事业奋斗终生的决心。

六、参加邓小平诞辰 100 周年纪念大会

2002 年的时候，我和爱人刘育英（她长期从事中共党史和中国革命史教学和研究工作）撰写了《邓小平对党的思想路线的实践把握和理论创新》这篇论文。论文提请有关专家审阅后，他们认为，思想路线是个老问题，要写出新意不容易。这篇文章把理论和实践结合起来，把党的思想路线与开创中国特色社会主义道路结合起来，深刻地阐明了邓小平的理论创新，凸显了党的思想路线的实践品格。

2004 年是邓小平诞辰 100 周年，中央准备召开会议隆重纪念，并在全国征集纪念邓小平的论文。中共云南省委宣传部将我们写的论文推荐给会议筹备处，经过评审入选参会。在会议组织者的指导下，我们又对论文进行了认真修改。2004 年 8 月，我参加了在北京举行的邓小平诞辰 100 周年纪念大会与邓小平生平和思想研讨会。在纪念大会上胡锦涛同志发表了重要讲话。这是我第三次步入人民大会堂聆听党中央总书记的报告。胡锦涛同志说：“邓小平同志是全党、全军、全国各族人民公认的享有崇高威望

的卓越领导人，伟大的马克思主义者，伟大的无产阶级革命家、政治家、军事家、外交家，久经考验的共产主义战士，中国社会主义改革开放和现代化建设的总设计师，邓小平理论的创立者。”① 他从五个方面概述了邓小平的伟大品格：“邓小平同志解放思想、实事求是，始终坚持一切从实际出发，以巨大的政治勇气和理论勇气，不断开拓马克思主义和中国特色社会主义事业发展的新境界。”② “邓小平同志热爱人民、心系人民，始终对人民群众怀着无比深厚的感情，把为中国人民谋幸福作为毕生奋斗的目标。”③ “邓小平同志崇尚实干、英勇果敢，始终扎扎实实地推进各方面的工作，在关键时刻更是表现出非凡的胆略和勇气。”④ “邓小平同志目光远大、襟怀宽广，始终站在国际大局与国内大局相互联系的高度审视中国和世界的发展问题，思考和制定中国的发展战略。”⑤ “邓小平同志无私无畏、光明磊落，始终把为党和人民的事业顽强奋斗作为执着的人生追求，把自己的一切献给了党和人民。”⑥

邓小平生平和思想研讨会的规格很高，参加会议的有三个方面的同志：一是与邓小平一起共同战斗几十年的革命老前辈、老领导、中央各有关部门的负责人和部分省市委书记；二是全国资深的马克思主义理论家和哲学社会科学专家；三是各省市入选论文的作者。薄一波在会上做了书面发言。他说：“我因年事已高，特作书面发言，以表达对小平同志的深切怀念之情。”关于开辟中国特色社会主义道路的问题，他指出：“这是一条发展社会主义事业的新路。这条新路，马克思主义老祖宗没有走过；毛泽东同志进行过艰辛的探索，提出了许多好的思想，但也仍然没有找到。所以，我曾经说过，对于中国特色社会主义道路的探索，是‘始于毛而成于邓’。”⑦

---

① 中共中央文献研究室．十六大以来重要文献选编：中．北京：中央文献出版社，2006：148.

② 同①151.

③ 同①152.

④ 同①153.

⑤ 同①154.

⑥ 同①155.

⑦ 全国邓小平生平和思想研讨会组织委员会．邓小平百周年纪念——全国邓小平生平和思想研讨会论文集：上．北京：中央文献出版社，2005：31.

2005年，中央文献出版社出版了《邓小平百周年纪念——全国邓小平生平和思想研讨会论文集》，我们的论文也刊登其中。论文写道：

百年风雨，世纪伟人。当此纪念邓小平周年诞辰之际，我们无限怀念这位祖国人民的优秀儿子。

邓小平对中国革命和建设事业做出了杰出贡献，他所创立的建设有中国特色社会主义理论，是当代中国的马克思主义，是马克思主义在中国发展的新阶段。解放思想、实事求是，是邓小平理论的精髓。本文仅就邓小平对党的实事求是思想路线的实践把握和理论创新做一些分析。

谈到邓小平与党的思想路线，不能不使我们回忆起党的十一届三中全会以来，中国现代史翻开了光辉夺目的新的一页，古老而文明的中国大地上掀起了社会主义改革浪潮。这场伟大的变革已取得了举世瞩目的成就，中国的面貌发生了深刻的变化，正在向全面建设小康社会的宏伟目标迈进。为什么会发生如此变化？首先是由于党的十一届三中全会重新确立了一条解放思想、实事求是的思想路线。

（一）总结历史经验，为党的思想路线重新定位

邓小平对党的实事求是的思想路线，是有深切体验的。早在民主革命时期，他就运用马克思主义的立场、观点、方法，旗帜鲜明地反对教条主义和经验主义，同“左”、右倾思想做坚决斗争，为党的实事求是思想路线的确立和毛泽东思想的形成做出了重要贡献。新中国成立以后，邓小平始终高度重视坚持党的思想路线，坚持理论与实际相结合的原则。他在1956年《关于修改党的章程的报告》中指出：执政党的地位，使我们党面临着新的考验。过去七年，我们党经受住了这种考验，但是，七年的经验同样告诉我们，执政党的地位，很容易使我们同志沾染上官僚主义的习气。脱离实际和脱离群众的危险，不是比过去减少而是比过去增加了。而脱离实际和脱离群众的结果，必然发展主观主义，即教条主义和经验主义的错误。

两个月之后，邓小平在会见国际青年代表团时，又着重讲了马列主义要与中国的实际情况相结合。他说："关于谁来决定国际古典的共产主义的原则中哪些适用于中国。十一年前，中国共产党第七次全国代表大会确定了这样的原则，即马克思列宁主义的普遍真理与中国革命的具体实践相结合，以此来指导我国的革命，指导我国的建设。"① "马克思列宁主义的普遍真理与本国的具体实际相结合，这句话本身就是普遍真理。它包含两个方面，一方面叫普遍真理，另一方面叫结合本国实际。我们历来认为丢开任何一面都不行。"② 这些讲话都是强调在社会主义建设时期必须始终坚持实事求是、理论联系实际的原则，反对背离党的思想路线的错误倾向。

既然党的实事求是的思想路线是我们党的优良传统，为何又要重新确立和重新定位呢？这主要是由于党内错误路线的影响较深，同时形势发生了重大变化。1956 年社会主义改造基本完成后，我们党领导全国人民开始转入全面的大规模的社会主义建设，在取得巨大成就的同时，党在一些重大问题上开始背离实事求是的思想路线，特别是"文化大革命"期间，唯心主义盛行，形而上学猖獗，广大党员干部的思想严重僵化。实践证明，"文化大革命"是一场给党、国家和人民带来严重灾难的内乱。"文化大革命"结束后，中国这艘革命巨轮要拨正航向，闯过激流险滩，最根本的就要在理论和实践上拨乱反正，重新确立实事求是的思想路线。真理标准问题的讨论正是反映了形势的客观要求。党的十一届三中全会高度评价了真理标准问题的讨论，确立了解放思想、实事求是、团结一致向前看的指导方针，对党的思想路线的定位进一步明确了。

这个重新定位的基本点是：首先，正确理解思想路线和政治路线的关系，把思想路线问题重新提到关系党和国家前途的政治高度来认识。鉴于历史的教训，邓小平强调指出："思想路线不是小问题，这是确定政治路线的基础。正确的政治路线能不能贯彻实行，关键是思

① 邓小平. 邓小平文选：第 1 卷. 北京：人民出版社，1994：258.
② 同①258-259.

想路线对不对头。”① 只有实事求是地分析国际国内形势和各种矛盾，才能制定正确的政治路线，制定社会主义建设的路线、方针、政策和战略策略。思想路线既然是确定政治路线的基础，那么理所当然地成为关系党和国家前途命运的重大政治问题。正如邓小平所说：“一个党，一个国家，一个民族，如果一切从本本出发，思想僵化，迷信盛行，那它就不能前进，它的生机就停止了，就要亡党亡国。”② 只有坚持实事求是，社会主义建设才能顺利进行，党的思想理论才能发展。

其次，正因为思想路线问题处于这样至关紧要的地位，所以应当将其作为一项基本建设来定位。邓小平曾经指出，“真理标准问题的讨论是基本建设”③。这实际上就是讲思想路线问题是基本建设。把思想路线问题的解决作为基本建设来定位，就是要经常地坚持不懈地克服思想僵化，抵制和清算错误的思想路线，结合不断变化的形势和社会主义现代化建设的任务，正确解决主观和客观、思想和现实、理论和实践等矛盾，绝不能把解决思想路线问题看作一蹴而就、一劳永逸的事。改革开放以来20多年的新鲜经验，进一步证实了把解决思想路线问题作为一项长期的基本建设的极端重要性。

（二）应对实践要求，丰富和深化了党的思想路线的科学内涵

实事求是作为党的思想路线，既简单明了又有丰富的内容。毛泽东在确立这条思想路线时，是从对待马克思主义的态度出发的，他指出：“马克思列宁主义是科学，科学是老老实实的学问，任何一点调皮都是不行的。我们还是老实一点吧！”④ 这里包含着治学态度特别是对马克思主义的态度。毛泽东认为：“在这种态度下，就是要有目的地去研究马克思列宁主义的理论，要使马克思列宁主义的理论和中国革命的实际运动结合起来，是为着解决中国革命的理论问题和策略问

---

① 邓小平．邓小平文选：第2卷．北京：人民出版社，1994：191.
② 同①143.
③ 同①.
④ 毛泽东．毛泽东选集：第3卷．北京：人民出版社，1991：800.

题而去从它找立场，找观点，找方法的。这种态度，就是有的放矢的态度。”① 为此，毛泽东提出了实事求是的命题，并对实事求是的丰富内涵做了简明而精辟的解释。

从哲学上讲，实事求是是对哲学基本问题的科学阐发，唯物而辩证地阐明了主体与客体、主观与客观、理论与实践的关系，体现了客观规律性与主观能动性的统一。但是，毋庸讳言，我们党在对待实事求是问题上曾经产生过两种错误倾向：一种是轻视理论，不注重对客观规律的探究和把握。另一种是轻视实践，不注重从实践中去发现规律，并用以指导实践。特别是忽视在实践中检验和发展理论，把既有的理论教条化，把在一定条件下取得的真理性认识绝对化。这就造成理论和实践相脱离。党的十一届三中全会以前的一段时间内，我们党遭受的严重挫折是与此紧密相关的。面对深刻的历史教训，面对实践发展的要求，理所当然地要对党的思想路线的科学内涵和在贯彻思想路线中存在的问题进行深入思考。经过真理标准问题的讨论和党的十一届三中全会，党的思想路线的内涵有了新的发展。邓小平在党的十一届三中全会前后，多次讲到党的思想路线问题。1978 年 6 月 2 日，邓小平在全军政治工作会议上阐述了毛泽东关于实事求是的观点，他批评有人天天讲毛泽东思想，却偏偏忘记、抛弃甚至反对毛泽东同志的实事求是、一切从实际出发、理论与实践相结合的这样一个马克思主义的根本观点、根本方法。1978 年 12 月 13 日，邓小平在题为《解放思想，实事求是，团结一致向前看》的讲话中，又精辟地阐明了解放思想、实事求是的重大意义、理论依据和现实针对性。1980 年 2 月 29 日，他在党的十一届五中全会上对党的思想路线做了新的表述。邓小平指出：“马克思、恩格斯创立了辩证唯物主义和历史唯物主义的思想路线，毛泽东同志用中国语言概括为‘实事求是’四个大字。实事求是，一切从实际出发，理论联系实际，坚持实践是检验真理的标准，这就是我们党的思想路线。”② 邓小平在这个新的概括中，强调了

---

① 毛泽东．毛泽东选集：第 3 卷．北京：人民出版社，1991：801.

② 邓小平．邓小平文选：第 2 卷．北京：人民出版社，1994：278.

理论联系实际，在实践中检验和发展真理，丰富和深化了思想路线的科学内涵。这一观点要求改造客观世界的人们，一方面，要以马列主义、毛泽东思想为指导，把握客观实际的本质和规律，解决实践中出现的新问题；另一方面，要在解决问题的实践中，不仅使原有的理论得到检验和证实，而且提出新的科学理论，使理论不断创新，用以指导新的实践。理论联系实际，在实践中检验和发展真理，体现了实践和理论相互作用的辩证统一关系。

邓小平在新的历史条件下把实践是检验真理的标准融入党的思想路线内容之中，强化了实践观点，具有很强的针对性，为人们在改革开放新的实践中解放思想、开拓创新、不断克服教条主义和陈旧观念提供了重要的理论指导。

（三）把解放思想和实事求是统一起来，为新时期贯彻党的思想路线开辟道路

在贯彻党的思想路线中，正确地理解和处理解放思想和实事求是的关系，是一个很重要的环节。本来，毛泽东提出的实事求是，就内在地包含着解放思想的要求。人们要把握客观规律，正确地认识世界和改造世界，就必然要解放思想。因为客观情况是发展变化的，如果不打破束缚人们思想的条条框框，不用新的思想、新的办法解决新的问题，就不能实现改造世界的任务。毛泽东没有囿于马克思列宁主义的某些具体论断，而是从中国的国情出发，把马克思列宁主义的普遍真理同中国具体实践相结合，找到了一条不同于俄国革命的正确道路，就是解放思想的生动体现。

但是，如前所述，中国共产党人受教条主义的影响较深。“文化大革命”中，林彪、“四人帮”大树特树绝对权威。“文化大革命”结束后，又有“两个凡是”禁锢人们的头脑，人们不能正确对待马列主义、毛泽东思想。所以，邓小平一针见血地指出，“‘两个凡是’不符合马克思主义”①。不破除“两个凡是”，党和国家的事业就不能翻开

① 邓小平．邓小平文选：第2卷．北京：人民出版社，1994：38.

新的一页。正是在这种情况下，邓小平把解放思想提到了突出的地位。他在题为《解放思想，实事求是，团结一致向前看》的讲话中指出“解放思想是当前的一个重大政治问题”。“解放思想，开动脑筋，实事求是，团结一致向前看，首先是解放思想。只有思想解放了，我们才能正确地以马列主义、毛泽东思想为指导，解决过去遗留的问题，解决新出现的一系列问题，正确地改革同生产力迅速发展不相适应的生产关系和上层建筑，根据我国的实际情况，确定实现四个现代化的具体道路、方针、方法和措施。”① 这段话既说明了解放思想的重要性，也体现了解放思想和实事求是的统一。在这篇讲话中，他分析了干部思想不解放的原因，揭示了思想僵化的危害，指明了解放思想的重要条件和途径。他指出，思想不解放，思想僵化，很多的怪现象就产生了。思想一僵化，条条、框框就多起来了。思想一僵化，随风倒的现象就多起来了。思想一僵化，不从实际出发的本本主义也就严重起来了。不打破思想僵化，不大大解放干部和群众的思想，四个现代化就没有希望。他在讲话的结尾指出：“实现四个现代化是一场深刻的伟大的革命。”② “只要我们大家团结一致，同心同德，解放思想，开动脑筋，学会原来不懂的东西，我们就一定能够加快新长征的步伐。”③ 这篇讲话，可以说是论解放思想的经典之作，其理论意义和实践意义是十分深远的。

党的十一届三中全会后，全党在开动脑筋、打破思想僵化上大大前进了。思想解放的潮流激励着广大干部群众的创造精神，改革开放的东风吹拂着神州大地，全国人民昂首阔步迈向新的长征。然而，人们对真理的认识和把握总是在不断克服矛盾中前进的，一个问题解决了，新的问题又产生了。在推进改革开放的实践中，一些同志对解放思想和实事求是的关系又产生了模糊认识，有的人把解放思想和实事求是看成是两回事，比较流行的提法是“既要解放思想，又要实事求

① 邓小平．邓小平文选：第2卷．北京：人民出版社，1994：141.

② 同①152.

③ 同①153.

是”，按照这种说法，似乎解放思想和实事求是是相互独立的两个东西，而不是有机统一的。有人甚至认为解放思想就是不受任何客观制约的主观随意性，把实事求是看作解放思想的障碍。不解决这些认识问题，就不会有真正的思想解放，就不能切实贯彻党的实事求是的思想路线。为此，邓小平对解放思想与实事求是的关系做了明确的论述。他说：“解放思想，就是使思想和实际相符合，使主观和客观相符合，就是实事求是。今后，在一切工作中要真正坚持实事求是，就必须继续解放思想。”① 这是一个十分重要的观点，他深刻地说明了实事求是是解放思想的本质规定，而解放思想的目的就在于实事求是。坚持实事求是的过程，也必然是思想解放的过程，二者统一于客观实践的基础上。改革开放20多年来，我们曾经不断地开展思想解放的大讨论，其目的就在于克服各种思想障碍，实事求是地解决实践中提出的新问题，使党的理论、路线、方针和政策随实践的发展而发展。

（四）把真理观和价值观统一起来，凸显了党的思想路线的实践品格

真理和价值是哲学命题，在马克思主义哲学看来，真理和价值体现着人类活动的两大尺度。真理原则体现客体尺度的要求，表明人的活动的客观制约性；价值原则体现主体的要求，表明人的活动的目的性。追求真理和创造价值，是人类生存的两大原则。真理和价值既是有区别的，又是统一的。两者的统一实质上是认识和实践的统一，因为人们认识真理不仅是为了解释世界，更重要的是为了改造世界，达到实践的目的，实现真理的价值。而要实现真理的价值，就必然涉及实践主体的价值观。因为真理是客观的、一元的，不以人的意志为转移；价值是多元的，不同的主体有不同的需要、不同的价值选择。这就需要人们通过自我调节来解决真理和价值的矛盾，使之在实践中达到一定程度的统一。

那么，真理同价值的问题与党的思想路线有何联系呢？其联系在

① 邓小平．邓小平文选：第2卷．北京：人民出版社，1994：364.

于：一方面真理和价值的统一是实事求是的内在要求，另一方面真理和价值的矛盾又往往成为贯彻实事求是思想路线的羁绊。历史和现实都表明，只有把真理观和价值观统一起来，才能真正做到实事求是。人们常说，要做到实事求是需要解决三个问题：一是懂不懂实事求是，二是会不会实事求是，三是敢不敢实事求是。在解决这三个问题中，最难的是敢不敢实事求是。敢不敢实事求是，实质上是敢不敢舍弃与真理不相一致的利益需求，甚至为坚持真理而牺牲个人利益。如果说前两个问题主要是认识领域的，那么后一个问题则主要是实践领域的，三者都是同价值观密切相关的。以往人们对于思想路线问题，常常只从认识角度去理解，对于思想路线的偏差，也仅限于从认识上去清理，而没有从价值观上去探究，结果是不能从根本上解决问题。

邓小平作为彻底的实践的唯物主义者，从世界观、人生观和价值观的高度，分析了对待党的思想路线的错误态度的深层原因，使我们认识到把真理观和价值观统一起来，对贯彻实事求是的思想路线具有根本性的意义。他在讨论真理标准问题时指出："打着拥护毛泽东同志的旗帜，搞'两个凡是'，实际上是换个面貌来坚持林彪、'四人帮'那一套。这些人大体上都是文化大革命中提起来的，是既得利益的。他们感到现在的一套对他们益处不大，所以对过去很留恋。"① 这实际上是告诉我们，真理标准问题的那场大讨论，不仅仅是认识上的是非之争，同时也是不同价值观的较量。实践是检验真理的唯一标准，早已是马克思主义的常识。当时问题的关键在于敢不敢用这一原理来认识我们党和毛泽东在一段时间里出现的理论和实践上的偏离，敢不敢用这一原理来破除"两个凡是"的思想禁锢。这是需要很大的决心和勇气的，这种决心和勇气只能来源于对人民利益高度负责的价值观。我们常说马克思主义哲学是革命的批判的学说，它不承认和崇拜任何绝对权威，而这种批判精神正是来自对社会发展规律的深刻洞察，来自无产阶级的科学世界观、人生观和价值观。是否敢于在斗争

① 邓小平．邓小平文选：第2卷．北京：人民出版社，1994：192.

中坚持真理、修正错误，是否敢于在实践中解放思想、实事求是，不仅是对人们认识水平的检验，更是对人们价值观的检验。

我们再来看看邓小平曾经指出的思想不解放、思想僵化的种种表现。例如：因循守旧，安于现状，不求发展，不求进步，不愿接受新事物；不讲党性，不讲原则，说话做事看来头、看风向；书上没有的，文件上没有的，领导人没有讲过的，就不敢多说一句话，多做一件事，一切照抄照搬照转；等等。所有这些表现，都是同缺乏对党和人民负责的价值观密切相关的。

思想路线问题，说到底是个历史观的问题，即是否承认社会发展规律的客观性，是否承认人民群众是历史的主人。以辩证唯物主义的真理观和无产阶级的价值观相统一为基础的实事求是的思想路线，总是和相信群众、依靠群众、一切从最广大人民群众利益出发的群众路线结合在一起的。只有树立全心全意为人民服务的价值观，才能时时处处从客观实际出发坚持真理，才能为人民的利益坚持真理、修正错误。邓小平堪称坚持真理、修正错误的光辉典范。他之所以在任何情况下都能够坚持实事求是的思想路线，不仅是因为他相信实事求是是马克思主义的基本点，并对这个基本点有深刻的把握；更是因为他对祖国对人民的热爱。正如他自己所说：我是中国人民的儿子，我深情地爱着我的祖国和人民。

（五）把握马克思主义的精髓，推进马克思主义的新发展

邓小平对党的思想路线的重要贡献集中体现在他对马克思主义精神实质的深刻理解和创造性的运用上。他反复强调："实事求是是马克思主义的精髓。"① "实事求是，是无产阶级世界观的基础，是马克思主义的思想基础。"② 马克思主义有着丰富的内容，但其最根本的是为人们认识世界和改造世界提供了科学的世界观和方法论。邓小平不仅对马克思主义的世界观和方法论有独到的把握，而且是运用马克思主义的立场、观点、方法解决当代中国实际问题的光辉典范。他对时

① 邓小平．邓小平文选：第3卷．北京：人民出版社，1993：382.

② 邓小平．邓小平文选：第2卷．北京：人民出版社，1994：143.

代发展脉搏和契机的准确把握、对历史经验的科学总结、对社会思潮的深刻分析、对各种挑战的从容应对，以及他开辟社会主义新道路的巨大政治勇气和开拓马克思主义新境界的巨大理论勇气，都来自他坚持解放思想、实事求是的品格和创新精神。

回顾改革开放的历史进程，我们深切地体会到开创有中国特色社会主义新道路并非一帆风顺的。其间始终存在着创新与守旧、改革与反改革、开放与反开放的斗争，存在着“左”的和右的特别是“左”的思想干扰。可以说，每一个新的理论观点的提出，每一次改革的重大突破，都要经历一场解放思想的运动。20 世纪 80 年代的思想解放主要是围绕姓“社”姓“资”的问题和要不要实行改革开放而展开的，90 年代的思想解放主要是围绕姓“公”姓“私”的问题和要不要深化改革、加快发展而展开的。这归根到底是要不要坚持解放思想、实事求是的思想路线，不能不说是对党的指导思想的严峻考验，对社会主义事业的严峻考验。尽管道路崎岖，但中国共产党坚持实事求是的思想路线不动摇，带领全国人民推动社会主义改革和建设事业蓬勃发展。党的十一届三中全会由重新确立实事求是的思想路线入手，提出了实行改革开放新政策，开辟了一条马克思主义基本原理与中国社会主义建设具体实践相结合的新道路。邓小平在 1982 年党的十二大开幕词中第一次把这条道路表述为建设有中国特色的社会主义。1987 年党的十三大上，邓小平阐述了我国处于社会主义初级阶段的理论和党在社会主义初级阶段的基本路线，提出了我国经济发展“三步走”战略，为践行中国特色社会主义提供了重要的理论指导。20 世纪 80 年代末 90 年代初，党和国家经历了一场重大政治考验。东欧剧变，苏联解体，国际共产主义运动走向低潮，有人认为，社会主义的天要黑下来。国内也出现了 1989 年春夏之交的政治风波，一些人对改革开放产生怀疑。但是，党中央和邓小平坚定地认为，我们提出的“一个中心、两个基本点”没有错，我们的“三步走”发展战略没有错，我们的理论、路线、方针必须坚持。邓小平明确指出：“一些国家出现严重曲折，社会主义好像被削弱了，但人民经受锻炼，从中吸收教训，将促使社会主义向着更加健康的方向发展。”在这个过程中，邓小平提出了“三个有利于”标准，提出了社会主义市场经济和社会主义本质的理论，提出了抓住机遇、加快发展，发展才是硬道理的重要思想，提出了科学技术是第一生产力，必须把国民经济的发展转移到依靠科技进步和提高人民素质的轨道上来等一系列科学论断。这些新的思想理论观点丰富了中国特色社会主义理论的内容，并逐步形成严谨的科学体系，指导人们进一步开拓出改革开放的新局面。

在1992年党的十四大报告中，江泽民同志系统阐发了邓小平建设有中国特色社会主义理论的主要内容和科学体系，并且指出这一理论是马克思列宁主义基本原理与当代中国实际和时代特征相结合的产物，是毛泽东思想的继承和发展，是全党全国人民集体智慧的结晶，是中国共产党和中国人民最可贵的精神财富。

马克思主义具有与时俱进的品质，党的思想路线也必将随实践的发展而被赋予新的时代内容。江泽民同志在党的十六大报告中指出：“坚持党的思想路线，解放思想、实事求是、与时俱进，是我们党坚持先进性和增强创造力的决定性因素。与时俱进，就是党的全部理论和工作要体现时代性，把握规律性，富于创造性。能否始终做到这一点，决定着党和国家的前途命运。”这一论述，既把与时俱进纳入党的思想路线，又阐释了与时俱进的深刻内涵，对于在新的历史时期贯彻党的思想路线、用发展着的马克思主义指导新的实践具有十分重要的意义。

党的十三届四中全会以来，以江泽民同志为核心的党的第三代中央领导集体，高举邓小平理论的伟大旗帜，坚持解放思想、实事求是的思想路线，弘扬与时俱进、开拓创新精神，把中国特色社会主义事业全面推向前进，并在实践中丰富和发展了邓小平理论。“三个代表”重要思想，就是对马列主义、毛泽东思想、邓小平理论的继承和发展，反映了当代世界和中国的发展变化对党和国家工作的新要求，是加强和改进党的建设、推进我国社会主义自我完善和发展的强大思想武器，是面向21世纪的中国化的马克思主义。我们要坚持用“三个代表”重要思想指导实践，发扬解放思想、实事求是、与时俱进的精神。

总之，邓小平对党的思想路线的实践把握和理论创新，开辟了一条符合时代要求和国情的中国特色社会主义道路，体现了马克思主义与时俱进的品质，起着承前启后、继往开来的历史性作用。纵观马克思主义中国化的光辉历程，毛泽东思想、邓小平理论和“三个代表”重要思想中所贯穿的精髓，既是一脉相承的，又是与时俱进的。从实事求是思想路线的确立，到坚持解放思想与实事求是的统一，再到解放思想、实事求是、与时俱进融为一体，充分显示了党的思想路线的时代特征和实践品格，反映了中国人民革命、建设和改革的历史进程。

第八章　党中央的重大决策和“05 方案”的实施*

党的十六大以来，以胡锦涛同志为总书记的党中央根据社会主义改革和建设的新要求，采取一系列措施加强哲学社会科学工作，加强马克思主义理论研究和高校思想政治教育。

一、实施马克思主义理论研究和建设工程

2004 年 1 月 5 日，党中央下发了《关于进一步繁荣发展哲学社会科学的意见》（简称《意见》）。《意见》指出：哲学社会科学是人们认识世界、改造世界的重要工具，是推动历史发展和社会进步的重要力量。哲学社会科学的研究能力和成果是综合国力的重要组成部分。建设中国特色社会主义离不开以马克思主义为指导的哲学社会科学的繁荣发展。实施科教兴国战略包括繁荣发展自然科学和社会科学两个方面。在改革开放和社会主义现代化建设进程中，哲学社会科学与自然科学同样重要，培养高水平的哲学社会科学家与培养高水平的自然科学家同样重要，提高全民族的哲学社

* 本章主要研究“05 方案”实施后我国高校思想政治理论课的建设和改革。

会科学素质与提高全民族的自然科学素质同样重要，任用好哲学社会科学人才并充分发挥他们的作用与任用好自然科学人才并充分发挥他们的作用同样重要。社会主义现代化，应该有发达的自然科学，也应该有繁荣的哲学社会科学。

《意见》对繁荣发展哲学社会科学的指导方针、目标、队伍建设和管理体制改革等提出了明确要求，并且把实施马克思主义理论研究和建设工程作为繁荣发展哲学社会科学的一项极为重要的任务，强调用马列主义、毛泽东思想、邓小平理论和“三个代表”重要思想指导哲学社会科学工作。

在党中央下发《意见》半个月之后，中央宣传思想工作领导小组又制定和下发了《关于实施马克思主义理论研究和建设工程的意见》，在肯定我国马克思主义理论研究和建设工作主要成绩的同时还明确指出：我国现在已进入全面建设小康社会，加快推进社会主义现代化的新的发展阶段。马克思主义理论研究和建设工作面临新的时代课题，肩负新的历史任务。巩固马克思主义在意识形态领域的指导地位，还有大量工作要做；深化对“三个代表”重要思想的研究，还有大量工作要做；把邓小平理论和“三个代表”重要思想贯穿到哲学社会科学的学科建设、教材建设和队伍建设，还有大量工作要做。当前加强马克思主义理论研究和建设面临着极好的机遇，正处于承前启后、继往开来、与时俱进的重要时期，我们一定要努力学习马克思主义中国化的新成果，充分发挥其在建设中国特色社会主义中的指导作用。该文件还提出了实施马克思主义理论研究和建设工程的五项主要任务。

这两个文件的制定和下发，在全社会产生了强烈反响，我们理论工作者深感责任重大。中共云南省委宣传部和省社科联先后召开了各种座谈会、学习讨论会。大家一致认为，这是党中央推进社会主义现代化和全面建设小康社会的重大战略举措，对促进社会主义物质文明、政治文明、精神文明协调发展，弘扬和培育民族精神和时代精神，引导人们树立中国特色社会主义共同理想，巩固马克思主义在意识形态领域的指导地位都具有重大意义。中共云南省委在广泛征求意见的基础上，制定了具体的贯彻意见。为了切实贯彻中央和省委的要求，时任省委副书记丹增主持召开了全省哲学社会科学工作会议。许多专家学者对云南省如何繁荣发展哲学社会科学、加强全省马克思主义理论研究和宣传教育提出了很好的意见和建议。我在会上就高校马克思主义理论教育的学科建设和队伍建设做了简短的发言。

会后不久，省委宣传部着手制定云南省哲学社会科学“十一五”规划。为了做好规划，省委宣传部聘请了省社科院和高校的七名专家学者参加工作。我应邀参与了这一工作的全过程。2005 年春夏之交，省委宣传部组织三个小组到省内外进行调研，我所在的组到西北的一些省区调研考察，获得了许多重要信息和宝贵经验。该规划历经一年时间，四次修改，于 2005 年底完稿。在我看来，这是云南省一个比较系统全面的具有基础性和前瞻性的哲学社会科学规划，包括了指导思想、学科建设、哲学社会科学基地建设、队伍建设、学术研究、领导体制等内容，贯穿了马克思主义指导思想，体现了理论与实践相结合，凸显了云南的区域特色和民族特色。

实施马克思主义理论研究与建设工程同高校思想政治理论教育有着密切联系。2004 年 10 月，中共中央、国务院发出了《关于进一步加强和改进大学生思想政治教育的意见》，即 16 号文件。在此之前，中央曾对大学生思想政治教育进行深入调查研究，并向中央政治局做了详细汇报。胡锦涛同志多次做出指示，要求高度重视和切实改进大学生思想政治理论教育工作。16 号文件一开始就指出，加强和改进大学生思想政治教育是一项重大而紧迫的战略任务。目前，我国在校大学生约有两千万，提高他们的思想政治素质，把他们培养成中国特色社会主义事业的建设者和接班人，具有重大而深远的战略意义。16 号文件全面阐明了加强和改进大学生思想政治教育的重要性、指导思想和基本原则、主要任务、思想政治理论课教学、大学生的社会实践、校园文化建设、党团组织教育活动、思想政治教育工作队伍建设以及加强领导等问题。2005 年 1 月，中央召开了全国加强和改进大学生思想政治教育工作会议，胡锦涛同志在会上发表了重要讲话，深刻地阐明了加强和改进大学生思想政治教育工作的重要性和紧迫性。他指出：我国大学生思想政治状况的主流是积极、健康、向上的。但是，在发展社会主义市场经济和对外开放的条件下，在各种思想文化相互激荡的环境中，大学生思想活动的独立性、选择性、多变性、差异性明显增强，受到各种思想文化的影响明显增多。目前，在一部分大学生中也存在一些突出的思想问题，主要是：有的政治信仰迷茫、理想信念模糊，有的社会责任感不强、团结协作意识较差，有的艰苦奋斗精神不足、心理素质脆弱，有的受到拜金主义、享乐主义、极端个人主义影响较深。这些问题的存在，不利于大学生身心健康发展，必须引起我们高度重视，并采取切实有效的措施加以解决。他还指出，当前和今后一个时期，加强和改进大学生思想政治教育工作的总体要求是：坚持以马克思列宁主义、毛泽东思想、邓小平理论和“三个代表”重要思想为指导，深入贯彻党的十六大精神，全面落实党的教育方针，紧密结合全面建设小康社会的实际，以理想信念教育为核心，以爱国主义教育为重点，以思想道德建设为基础，以大学生全面发展为目标，解放思想、实事求是、与时俱进，坚持以人为本，贴近实际、贴近生活、贴近学生，努力提高思想政治教育的针对性、实效性和吸引力、感染力，培养德智体美全面发展的社会主义合格建设者和可靠接班人。

中共中央、国务院的下发的文件和胡锦涛同志的重要讲话，为进一步加强和改进大学生思想政治教育工作指明了方向，提供了强大的思想武器。云南省过去在贯彻中央 1985 年 18 号文件等是认真的，取得了良好成效，同时也存在着一些亟待解决的问题。这次中央文件下发后，省委和省政府一方面组织有关领导认真学习文件；另一方面深入调查研究，制定贯彻方案。省委宣传部、省委高校工委和省教育厅根据中央和省委要求，深入各高校召开思想政治工作人员、思想政治理论课教师、学生等各种群体的座谈会，总结经验，研究改革的举措。同时通过高校“两课”教学研究会（“两课”教学研究会于 2009 年更名为“云南省高等学校思想政治理论课教学研究会”）与各高校马列部（社科部）共商良策。随后，省委召开了高校党的建设与思想政治教育工作会议，提出了贯彻中央精神，推进大学生思想政治教育的具体意见。

二、创造性地贯彻“05 方案”

为了贯彻中央精神和胡锦涛同志的指示，中宣部和教育部于 2005 年 2

月下发了《关于进一步加强和改进高等学校思想政治理论课的意见》，即"05方案"，对高校思想政治理论课的学科建设、课程体系、教材建设、教师队伍建设、教学方式和方法以及加强领导等提出了明确的要求。"05方案"指出：各级党委、政府要把加强和改进高校思想政治理论课教育教学作为一项重要工作提上议事日程。这是改革开放以来中央对高校思想政治理论课建设的又一轮新的部署。

为了贯彻落实"05方案"及其实施方案的精神，中共云南省委宣传部、中共云南省委高校工委、云南省教育厅于2005年7月22日下发了《关于进一步加强和改进高校思想政治理论课的实施意见》（云教德[2005]22号文件，简称22号文件）。22号文件根据中宣部、教育部有关精神并结合云南省高校思想政治理论课建设的实际，创造性地提出了贯彻"05方案"的实施意见，对指导新时期云南省高校思想政治理论课建设与改革具有十分重要的意义。

关于统一思想认识，22号文件要求，各高校要认真学习中央16号文件以及"05方案"，做到全面理解、准确领会、突出重点、把握实质、明确要求。22号文件还强调：要组织好中央文件的学习和宣传工作，把学习文件原文和总结近年来学校"两课"建设的成绩和经验，分析问题和不足，研究进一步加强和改进学校思想政治理论课建设的实施方案结合起来；要把思想认识统一到中央对加强和改进高校思想政治理论课重要性的认识上来，统一到中央对高校思想政治理论课教育教学形势的分析判断上来，统一到中央对高校思想政治理论课的部署上来。

关于贯彻"05方案"的思路，22号文件指出，要以提高思想政治理论课教育教学的针对性、实效性和吸引力、感染力为目标，以贴近实际、贴近生活、贴近学生为原则，以改革和创新为动力，在加强中改进、在改进中加强，抓牢优点，抓住重点，抓好新点，增加亮点，弥补弱点，分解难点，统一部署，"巩固中间，抓好两头"，分类指导，分层实施，分步推进。

22号文件提出了10个方面的主要工作环节：

第一，进一步加强组织领导。省委宣传部要加强对云南省高校思想政治理论课实施工作的宏观指导；省委高校工委、省教育厅要负责实施工作的具体落实，抓好检查和指导工作；公办高校要根据党委领导下的校长负责制的要求，进一步明确高校党委书记、校（院）长是思想政治理论课建设第一责任人及其责任；民办高校要根据学校的管理体制，明确董事长或校（院）长是思想政治理论课建设的第一责任人及其责任。高校领导班子中，要明确具体分管思想政治理论课工作的校领导，要进一步理顺校内有关职能部门和教学机构的关系，明确各自的责任。

第二，进一步健全教学单位设置。各高校要设置直属学校管理的思想政治理论课教学单位，具体承担思想政治理论课教育教学的任务。要选调精干的思想政治理论课教育教学专家和管理人员，担任思想政治理论课教学单位的负责人。思想政治理论课必修课要以课程为单位来设置教研室，选修课视工作需要设置教研室。

第三，进一步加强教师队伍建设。要按照政治强、业务精、师德好、素质高的要求，把握数量和质量两个重点，抓住引进、培养、留住、用好几个环节，把好思想政治理论课教师的入口关、使用关、提高关，努力建设一支数量充足、质量较高、结构合理、以专为主、专兼结合、相对稳定的思想政治理论课教师队伍。要积极争取教育部支持，选派云南省思想政治理论课学术带头人或学科带头人参加国家级培训；省级主要是做好思想政治理论课骨干教师的培训、培养工作；学校主要是做好思想政治理论课教师的学历提升和全员培训工作。要科学合理地计算思想政治理论课教师的工作量，同时要进一步完善思想政治理论课教师的职称职务评聘办法，建立思想政治理论课教师的表彰奖励机制。

第四，进一步抓好教学资源建设。要按照国家相关法律法规和中宣部、教育部的有关要求，抓好思想政治理论课教材建设和使用管理工作，要以构建立体化教材为突破口，加强思想政治理论课的教学资源建设。

第五，进一步深化教学改革。要以理论联系实际原则为指导，以调动学生学习的主动性、积极性为基础，以加强实践教学环节、促进知行结合为核心，以推进教学手段现代化和提高课堂教学效率为突破口，以教学方法和考试评价方式改革为重点，以课余学生理论学习社团为延伸，以学校业余党校、团校教育为提高，完善大学生思想政治理论课教学体系，进一步深化教学改革。思想政治理论课教学安排要适当控制班级人数，提倡小班教学，原则上班级人数以 100 人以内为宜，教学时间要尽可能安排在学生学习状态较好的时段，要逐步突破思想政治理论课实践教学环节这个难点。

第六，规范课程管理，抓好思想政治理论课的课程建设。要按照中宣部、教育部的要求，开齐必修课，开好选修课，给够学分，给足学时。在“十一五”期间，高校要把思想政治理论课全部或分批地纳入校级精品课程进行建设，并有部分建成并通过验收，省教育厅要启动思想政治理论课省级精品课程建设和评选工作，争取 5 年内全省高校有思想政治理论课入选国家级精品课程。

第七，抓住学科建设这个新点不放松。要抓住国家设立马克思主义一级学科的有利契机，培育学科特色，凝练学科方向，创新建设机制，选对学科发展思路，选好学科带头人，选准学科建设切入点，组建学术团队，构筑学科基地，争取重大研究项目，开展集体攻关，形成学科比较优势或学科新的生长点，切实加强思想政治理论课的学科建设。要重点支持有条件、有积极性的高校在博士学位授权点上有新突破，在硕士学位授权点的数量上有新的增长，鼓励高校校内重新组合资源和开展多形式的校校、校地、校企合作研究。

第八，建立健全经费投入保障的长效机制。要树立重视思想政治理论课必须体现在经费投入保障上的意识，省教育厅和各高校要设立思想政治理论课建设的专项经费，要建立健全思想政治理论课经费投入保障的长效机制，各高校要按学分比例同比划拨思想政治理论课的教学经费，实践教学环节的经费另列，列入校级精品课程建设的给予精品课程建设费，列入国家级、省级重点建设学科的，学校要按规定足额配套经费，要逐步提高思想政治理论课的生均经费标准。

第九，进一步发挥专家群体的作用。要以云南省高校思想政治理论课和形势与政策课教学指导委员会、云南省高校思想政治理论课和形势与政策课教学研究会为纽带，聚集人才、依靠专家，充分发挥专家群体在云南省高校思想政治理论课建设中的作用。

第十，进一步完善督导评估制度。要加强和改进高校思想政治理论课和形势与政策课教育教学专项督导制度，完善评估制度。省委高校工委、省教育厅决定建立“自主申报、动态管理、滚动评估、定期复查”的评估制度，每 5 年复查一次，把评估等级调整为优秀、良好、合格、不合格 4 个等级。

总之，22 号文件认真贯彻了中央的要求，同时结合了云南省高校思想政治理论课建设的实际，并且根据自身的经验对课程建设和改革创造性地提出了贯彻“05 方案”的意见。22 号文件的下发迅速推动了全省各高校认真学习和贯彻中央的“05 方案”，推动了新时期云南省高校思想政治理论课的改革和发展。

三、云南在参与编写“马工程”重点教材竞标中获得成功

“05 方案”对高校思想政治理论课的课程设置做了新的调整，将原来的六门必修课改为“马克思主义基本原理”、“毛泽东思想、邓小平理论和‘三个代表’重要思想概论”（现为“毛泽东思想和中国特色社会主义理论体系概论”）、“中国近现代史纲要”、“思想道德修养与法律基础”四门必修课。这也就十分紧迫地提出了教材建设的重要任务。

党中央十分重视这四门课教学大纲和教材的编写，采取了不同寻常的措施：一是将四门新课程的教材列为马克思主义理论研究和建设工程的重点教材，由中宣部、教育部统一组织编写，报中央政治局审定，全国一本；二是对教学大纲和教材的编写采取“定向申报，择优遴选，集中编写”的办法，以整合优势力量，发挥集体智慧，编写出高质量的教材。这个精神传达下来后，定向申报的省份中没有云南，时任省教育厅政教处处长杨丽和副处长杨国良认为，云南还是有一定的实力的，有一批学术带头人，有一定的编写教材的经验，应当申报，把申报的过程作为学习提高和

锻炼教师队伍的过程，如果申报成功，那也是为马克思主义理论研究和建设工程做出一些贡献。经向省委高校工委领导反映，省委高校工委同意向教育部争取参与申报。教育部回复并准许了云南省参与申报的请示。于是教育厅政教处精心组织了四门课程的研究组。“马克思主义基本原理”课题组共12人，确定我为首席专家召集人；“毛泽东思想、邓小平理论和‘三个代表’重要思想概论”课题组首席专家召集人为温茂芬；“中国近现代史纲要”课题组首席专家召集人为张建国；“思想道德修养和法律基础”课题组首席专家召集人为刘绍怀。经中宣部、教育部第一轮评审，全国参加申报的49个课题组有16个省（市）的36个课题组入选。云南省“马克思主义基本原理”和“中国近现代史纲要”两个课题组初选入围。消息传来，同志们都十分高兴，也很受鼓舞。省教育厅的领导也勉励这两个课题组要再接再厉、做好下一步的工作，要研究和撰写好两门课的教学提纲，要发挥群体的力量精益求精。“马克思主义基本原理”课题组的成员除我以外，还有省教育厅副厅长郝立新，云南师范大学陈路、罗文，云南大学熊思远，昆明理工大学韩跃红、樊勇，昆明医学院熊万兴，云南民族学院那金华，云南财贸学院方新民，云南农业大学诸锡斌，西南林业学院赵乐静，全组12人都是教授。“中国近现代史纲要”课题组成员除张建国以外，还有云南师范大学温茂芬、李申文、刘丽琼，云南大学金子强、张巨成，昆明理工大学桂立、陈幼芳，全组8人都是教授。

按照中宣部、教育部的要求，所有入围的课题组都要根据各门课的教学目的和要求编写出详细的教学大纲，包括编写大纲的思路、逻辑主线以及章节目的主要内容，参加第二次的匿名评审。这是关键性、决定性的评审环节，我们两个组的人员集中时间、集中精力，认真学习领会中央精神，总结以往编写教材的经验，以新的思路设计教材的体系结构和内容。经过多次研究，“马克思主义基本原理”确定了如下思路：

第一，遵循马克思恩格斯创立马克思主义的历史和逻辑，构建“马克思主义基本原理”的教材体系，体现马克思主义的整体性，改变把马克思主义哲学、马克思主义政治经济学、科学社会主义三个部分并列的板块结构；第二，以科学实践观为逻辑起点，以社会历史观为贯穿马克思主义基本原理全部内容的逻辑主线；第三，在把握这条逻辑主线时，着力引导学生学习马克思主义的世界观和方法论，了解人类社会发展的基本规律，了解资本主义和社会主义的关系及其发展趋势，为学生树立正确的世界观、人生观、价值观和理想信念打下理论基础；第四，在把握这条逻辑主线时，还要引导学生了解马克思主义的发展和世界社会主义运动的经验教训，了解马克思主义中国化的新成果，以深化对马克思主义基本原理的理解。根据这一思路，课题组编写了教学提纲，提纲经过 3 次修改，上报了中宣部和教育部。

“马克思主义基本原理”课题组上报的提纲内容如下：

绪论　马克思主义是科学的世界观和方法论

第一节　马克思主义的创立

第二节　马克思主义的基本特征

第三节　马克思主义在实践中的发展

第一章　实践观点是马克思主义的基本观点

第一节　马克思主义的科学实践观

第二节　人对物质世界的实践把握

第三节　在实践基础上对物质世界的观念把握

第二章　世界发展的一般规律

第一节　世界的辩证图景

第二节　唯物辩证法的基本规律

第三节　辩证思维及其方法

第三章　人类社会发展的基本规律

第一节　人类社会的物质基础

第二节　人类社会的基本结构与人类文明

第三节　社会基本矛盾运动及其规律

第四节　社会历史的主体及其作用

第四章　资本主义的矛盾运动与发展趋势

第一节　劳动价值论是分析资本主义经济的理论前提

第二节　剩余价值规律是资本主义的基本经济规律
第三节　资本主义社会的内在矛盾及其发展趋势
第五章　社会主义的现实运动与当代发展
第一节　社会主义制度的建立和基本特征
第二节　社会主义的历史演进
第三节　社会主义在当代的发展
第六章　社会的全面进步与人的全面发展
第一节　社会全面进步是社会主义发展的必然要求
第二节　人的自由而全面发展是马克思主义的价值目标
第三节　共产主义是千秋万代的伟业
（注：上报提纲中每一节下面还设有相关的目录。）

“中国近现代史纲要”课题组对教材提纲进行了 4 次修改，最终上报的提纲如下：

前言
一、本门课程的研究对象
二、学习本门课程的目的和意义
三、学习本门课程的方法
第一章　内忧与外患：中国在重重危机中步入近代
第一节　西方工业化浪潮与资本主义国家的殖民扩张
第二节　晚清中国的衰落与统治危机
第三节　鸦片战争与中国半殖民地半封建化开始
第四节　两次鸦片战争时期中国经济政治的变化与社会思潮的新趋向
第二章　抗争与探索：中华民族的早期斗争
第一节　封建统治阶级在内忧外患中的应对举措
第二节　洪秀全的社会思想和太平天国革命
第三节　边疆危机与中法、中日战争
第四节　康有为的变法理论和维新运动
第五节　义和团运动和八国联军侵华战争

第三章　期盼与失落：资产阶级革命派的救国之路

第一节　资产阶级民主革命的兴起和20世纪初期的思想文化

第二节　孙中山的“三民主义”和辛亥革命的胜利与失败

第三节　北洋军阀的反动统治和资产阶级革命派的继续斗争

第四章　契机与转折：马克思主义传播和中国共产党成立

第一节　中国社会内部出现的新因素和新文化运动

第二节　五四运动和马克思主义在中国的广泛传播

第三节　中国共产党成立和新民主主义革命纲领

第五章　合作与破裂：国民革命和土地革命战争

第一节　国共合作的建立和国民革命的兴起

第二节　统一战线的破裂和国民革命的失败

第三节　国民党政权对全国的反动统治和土地革命的开展

第四节　红色政权的建立和革命新道路理论的形成

第六章　独立与解放：全民族抗日战争和人民解放战争

第一节　日本武装侵华和抗日救亡运动

第二节　国内和平的实现和全民族抗战的兴起

第三节　抗日战争时期的社会变动和教育科学文化事业

第四节　抗日战争的胜利和人民争取和平民主的斗争

第五节　内战的全面爆发和人民解放战争的顺利发展

第六节　新民主主义革命的胜利和中华人民共和国的成立

第七章　巨变与新生：社会主义制度在中国确立

第一节　人民民主专政的巩固和国民经济的恢复

第二节　过渡时期的主要矛盾和党在过渡时期的总路线

第三节　社会主义改造的历史进程和社会主义制度的确立

第八章　开拓与创新：中国特色社会主义的发展道路

第一节　社会主义建设道路的艰辛探索和伟大转折

第二节　建设中国特色社会主义道路的开辟和马克思主义中国化的新成果

第三节　现代化进程的进一步加快和中华民族伟大复兴的灿烂

前景

（注：上报提纲中每一节下面还设有相关的目录，每章后面还列出了学时数。）

2005年5月中旬，中宣部、教育部通过匿名评审的方式对36个课题组申报的教学大纲方案进行了评审。此次评审每门课选前三名，全国共有7个省市的12个课题组通过评审，其中北京4个，云南2个，吉林2个，天津、河北、湖北、湖南各1个。“马克思主义基本原理”有天津、云南、北京3个课题组的提纲入选；“中国近现代史纲要”有湖北、云南、北京3个课题组的提纲入选。云南省“马克思主义基本原理”和“中国近现代史纲要”两个课题组申报的教学大纲方案在组内排序均为第二。在此基础上，还要进行第三轮的公开答辩。

我和郝立新代表云南“马克思主义基本原理”课题组前往北京进行答辩。主持答辩的专家组组长是中央编译局局长韦建桦，成员有吴树青、罗国杰、马绍孟、杨瑞森等8位专家。为使答辩取得良好效果，我们做了精心准备，对编写大纲和教材的指导思想、基本思路、主要内容以及可能遇到的问题，进行反复推敲。答辩前确实感到有些压力，我虽然讲授了50多年的马克思主义理论课，上千人的大课也不怯场，但面临即将到来的答辩，心情也难以平静。答辩的头天晚上，夜不成眠，诸多问题萦绕脑际，特别是对20分钟陈述的内容，一遍一遍地默默演练，唯恐有失。现场答辩的情况还算不错，陈述较为流畅，对专家提出的几个问题我也清晰地做了回答。

经过公开答辩，中宣部、教育部决定以天津、云南、北京3个课题组的首席专家为基础，吸收其他高校的一些专家组成《马克思主义基本原理》教材编写组，并报中央批准确定了5名首席专家和10名主要成员。5名首席专家为逄锦聚（召集人）、陶德麟、王展飞、许征帆、李毅，主要成员为石云霞、刘建军、吴倬、何自力、张澍军、陈路、郝立新、洪银兴、顾海良、寇清杰。《中国近现代史纲要》教材以湖北、云南、北京3个课题组的首席专家为基础，吸收了其他高校的一些专家组成了编写组，并报中央批准了5名首席专家和9名主要成员。5名首席专家为沙健孙、马敏、张建国、龚书铎、李捷，主要成员为王晓秋、王顺生、仝华、刘伟、李申文、安建设、邱捷、邵云瑞、鲜于浩。

评审大约历时三个月时间，我们深切地体会到这一过程是不容易的，有各方面的关心和支持，也有我们自身的辛勤努力。通过申报，我们学到了不少东西，也为国家编写高校思想政治理论课教学大纲做出了一定贡献。全国7个省市有入选编写马克思主义理论研究和建设工程重点教材的首席专家，西部12个省区仅云南有2名首席专家。云南省委宣传部、省委高校工委和省教育厅对云南省两个课题组的成功申报给予了充分肯定，并召开了表彰会。会上省委常委、宣传部部长宴友琼，省委高校工委副书记严建教授认为，两个课题组的入选是云南的光荣，是广大马克思主义理论课教师辛苦奉献的结果。他们勉励广大马克思主义理论课教师要继续加强科学研究和教学研究，提高教学水平，增强教学的实效性；要求参加全国教材编写的同志认真学习，刻苦钻研，发扬创新精神，努力完成党交给的重任。

云南课题组申报成功后，确实产生了很大反响。一个边疆省份能够在马克思主义理论课教材建设方面取得如此成绩，令人欣喜。许多领导和专家学者都给予赞扬和鼓励。国家马克思主义理论研究和建设工程考察团来云南考察时，韦建桦团长在省委召开的座谈会上也称赞云南的这项工作。考察团中云南籍的专家黄宏将军在发言中说，如果云南的专家学者在民族学、历史学等方面取得优异成绩，他不会感到惊奇，而在马克思主义基础理论研究方面取得如此成绩，令人鼓舞。各种赞扬和鼓励引起了我的思考，我们应当怎样看待这个问题？客观地说，我们不能因此就认为云南在这方面比别的省市水平高，比兄弟院校强。与许多省市和兄弟院校相比，我们在马克思主义理论教育和研究工作上还有很大的差距，需要虚心地踏踏实实地向先进地区和兄弟院校学习。当然，也不能说云南的成功申报完全出于偶然，其中也有必然的原因。在我看来，主要有以下几个方面：

一是云南省一直重视思想理论建设和高校思想理论教育工作，在人才培养和学术研究方面有相当的历史积累；二是有一批努力工作的学术带头人，省里组织的课题组成员都有较深厚的理论功底，有编写教材的丰富经验；三是跨校组织专家，实现校际优势资源整合，变单体劣势为整体优势；四是发挥了集体的力量，团结干事，集体攻关，学术团队作用发挥好；五是教育厅的有关领导既重视发挥老专家的作用，又重视发挥中青年教师的创新精神；六是虚心学习他人之长，吸取理论界的研究成果。总的来看，可以说是厚积薄发。我们应当在现有的基础上，继续加强马克思主义理论研究和宣传教育工作，以不辜负党的期望和领导对我们的鼓励。

四、28次前往北京编写教材

教材是教学之本，中央把高校思想政治理论课教材作为马克思主义理论研究和建设工程的重点教材，从编写提纲开始，中宣部、教育部的工作就抓得很细、很认真，对各门课提出了明确的要求。时任中宣部副部长雒树刚、教育部副部长李卫红多次召开课题组首席专家会议，指导教学大纲和教材的编写工作。李长春、吉炳轩、周济等领导同志也在相关会议上对编写工作做出指示。教育部社科司从司长、处长到一般工作人员几乎全部投入了这项工作。各个编写组从2005年3月起就开始了紧张的工作。我们《马克思主义基本原理》编写组由15个同志组成，逄锦聚为首席专家召集人，陶德麟、王展飞、许征帆、李毅为首席专家，石云霞、刘建军、吴倬、何自力、张澍军、陈路、郝立新、洪银兴、顾海良、寇清杰为主要成员，南开大学的冯素洁为课题组秘书。编写组在逄锦聚的领导下，以南开大学先前的提纲为基础，吸收云南、北京及其他提纲的优点，经过多次讨论、反复修改，征求专家意见，于2005年6月形成了新的提纲初稿，6月下旬分别在南开大学、武汉大学、云南师范大学召开京津、华中、云南等高校思想政治理论课教师、学生座谈会，征求师生对新提纲的意见。6月30日举行专家咨询会议，进一步征求意见，陈先达、赵曜、杨瑞森、田心铭等教授与会并提出了很好的修改建议。编写组首席专家充分吸收了咨询专家的意见，又对提纲进行了修改，形成了提纲修改稿。2005年7月2日召开了提纲编写组全体成员会议，在认真学习中央和教育部关于思想政治理论课改革的主要精神、统一认识的基础上，对提纲修改稿进行了认真的进一步的修改，形成了送审稿的初稿。7月8日，教育部邀请七位专家对送审稿初稿进行评审。在认真吸取专家评审意见的基础上，编写组又对提纲从观点到框架、从逻辑到修辞进行了反复修改。7月12日，教育部党组召开会议，专门审议了编写提纲。会后，根据审议意见，我们又对大纲做了进一步修改，形成了《马克思主义基本原理》编写提纲送审稿。

从2005年7月到9月，中宣部先后两次组织马克思主义理论研究和建设工程专家咨询委员会对提纲送审稿进行评审，专家们对提纲的结构、章节目的标题和内容提出了许多宝贵意见。第一次评审会后，编写组做了较大修改；第二次评审会后，编写组又做了必要修改。2005年10月经中央领导审查批准，编写提纲才定下来。

从2005年10月起，编写组分工编写教材，基本上是每两人写一章。全书除绪论外分为三个部分：1～3章为世界观和方法论；4、5两章讲资本主义；6、7两章讲社会主义和共产主义。逄锦聚教授指导全书的编写，陶德麟、李毅和我组织绪论和1、2、3章的编写，许征帆组织6、7章的编写。各章作者写出稿子后，分别在昆明、天津、北京集中讨论，提出修改意见。这次修改除了在观点、原理的准确性上下功夫外，还着力于各部分和各章的体系结构的整体把握。经过三个多月的反复讨论和认真修改，于2006年6月形成了教材初稿，6月中旬全组集中在北京逐章进行讨论。这次讨论对从章节目的标题到具体内容的各个方面都提出了许多重要的问题，有的调整了结构，有的补充或删节了内容，有的重新改写。前后用了一个月的时间，讨论的问题数以百计，大多是比较重要的问题。例如，在绪论中，什么是马克思主义，怎样理解马克思主义的科学内涵，能不能把马克思主义分为狭义和广义？马克思主义产生于一百多年以前为什么现在还管用，马克思主义基本原理究竟有哪些？如何认识马克思主义的理论来源，马克思主义三个组成部分的内在联系是怎样的？马克思主义的基本特征是什么，怎样从整体上把握马克思主义？如何以科学的态度对待马克思主义，怎样破除对马克思主义的教条式的理解？等等。这些问题看起来都很熟悉，但深究起来都颇费思量，要写进教材更需深入研究。其他各章也有不少问题。如在第一章中，怎样认识实践在马克思主义世界观和方法论中的地位及作用，怎样认识实践与物质世界的关系？如何理解社会的物质性，为什么说社会生活在本质上是实践的？为什么说理解共性个性、绝对相对的关系是矛盾问题的精髓？怎样认识社会历史趋向与主体选择的关系，如何把握主体选择的自由度？在第二章中，怎样理解认识和实践、主观和客观具体的历史的统一？怎样认识真理与价值的辩证统一？在第三章中，为什么说社会发展是一个自然历史过程？怎样全面地把握社会存在与社会意识的辩证关系？怎样从人与物的相互关联中去认识社会基本矛盾运动，人的利益关系在社会发展中有何作用？在第四章中，怎样认识马克思的劳动价值论和剩余价值论的当代意义？如何全面地正确地分析资本主义的政治制度和意识形态？在第五章中，怎样认识资本主义的新变化和帝国主义性质在当代的表现？怎样认识资本主义必然灭亡和资本主义相对发展的关系？如何正确把握“两个必然”和“两个决不会”的理论观点？在第六章中，什么是社会主义基本特征，如何看待马克思主义经典作家关于社会主义特征的论述？经济文化落后的国家为什么能率先走上社会主义道路？怎样理解马克思主义政党的群众基础和阶级基础的关系？在第七章中，如何理解社会主义与共产主义的联系和区别？怎样把握中国特色社会主义共同理想与共产主义远大理想的关系？以上只是列举了问题的一部分，讨论中对有些问题的认识比较一致，也比较有把握，我们就写进教材；有的问题需深入研究，我们就有选择地写进教师参考书中。应当说，马克思主义基本原理涉及的问题是非常多的，而且马克思主义在不断发展中，需要长期地持续地进行研究。

在编写教材的过程中，中宣部、教育部的领导经常给予指导，社科司的杨光司长、徐维凡副司长和陈矛、陈睿处长等参加了多次教材讨论会，会内会外同大家一起研究问题，商议修改意见。编写组的同志十分辛苦，查资料，想问题，改稿子，夜以继日，连续作战。首席专家召集人逄锦聚教授负责全部稿子的审查和修改，任务相当繁重，有几次是在身体不适的情况下坚持工作。其他首席专家除要修改自己写的稿子外，还要审查、修改相关的稿件。经过大半年艰苦的工作，于2006年6月写出了教材的讨论稿。随后，中宣部与教育部采取了一系列措施提高讨论稿的质量：一是召开了两次长期从事马克思主义理论教育的专家、教授座谈会，对教材的体系结构、主要内容、基本观点以及理论联系实际等提出修改意见；二是请中央党校、中央编译局、北京师范大学等单位的八名专家按每人一章对教材讨论稿进行审读，精雕细刻地研究教材，逐章逐节地提出意见，同编写组一起讨论如何修改；三是将讨论稿印发给部分授课教师和学生，从讲课和听课的角度提出意见；四是请中央编译局帮助核对教材的引文，这项工作也是很费力的，纠正了我们原来引文中一些不确切之处。对来自各方的意见，我们都十分重视，逐条研究，充分吸取，反复修改原稿。

2006年7月和8月间形成了《马克思主义基本原理》的送审稿。送审稿要经过几道关口的审查，先是经过教育部专家的审查，再经过高等学校教材编审委员会和教育部党组的审查，然后才送马克思主义理论研究和建设工程专家咨询委员会审查。前面的几次审查都提出了修改意见，编写组也反复进行修改。咨询委员会审查时，编写组的首席专家都要参加，听取意见。20多位委员都是我国理论界的权威和宣传思想部门的领导，他们在马克思主义理论的相关领域都有很深的造诣。会上每个委员都认真发言，对书稿提出意见，有时还要讨论问题，使我们受益匪浅。咨询委员会第一次审查后，编写组对书稿又做了认真修改，送各位委员审阅。在此基础上中宣部召开了咨询委员会第二次审查会，同样是每个委员都发了言。他们充分肯定了教材的优点和特点。许多委员认为，教材体系比较严谨，观点正确，理论联系实际，有较强的历史感和时代感，基本上体现了马克思主义原理的整体性，是一本马克思主义的好教材。有的委员还在发言中说，我们为能编写出这样一本好教材而感到高兴、感到欣喜。

编写组首席专家召集人逄锦聚教授在接受《思想理论教育导刊》记者采访时，详细说明了《马克思主义基本原理》教材编写的指导思想以及教材的特点等有关问题。

关于编写的指导思想，逄锦聚说：本教材编写首先以马克思列宁主义、毛泽东思想、邓小平理论、“三个代表”重要思想为指导思想，全面贯彻落实科学发展观，力求准确地阐释马克思主义基本理论、基本观点、基本方法。其次，教材编写力求站在21世纪历史的高度，反映时代和实践的发展要求，结合时代和实践的发展深入研究马克思主义基本原理。时代和实践的发展是无止境的，理论的创新也不应该停止在一个水平上，教材不仅要反映中国人民的伟大实践，尤其是当代中国人民的伟大实践，还要反映世界各国人民的实践。只有充分反映实践的经验，教材才有鲜明的现实感。由于所处的时代不同，人们对问题的理解也不尽相同。只有充分反映时代特点，教材才有鲜明的时代感。最后，要全面、准确地理解马克思主义基本原理。马克思主义基本原理是马克思主义经典作家一百多年前根据当时的历史条件做出的科学判断，时代发展了，如何理解马克思主义的基本理论呢？这就要求我们既要把经典作家的论断放到当时的历史环境中来认识，同时又要紧密结合今天的实践，加深对马克思主义领会，防止生搬硬套，防止断章取义，防止片面理解。要根据发展的实践，对马克思主义原理努力做出准确而又符合时代要求的新阐释，努力做到“四个分清”，即努力分清哪些是必须长期坚持的马克思主义基本原理，哪些是需要结合新的实际加以丰富发展的理论，哪些是必须破除的对马克思主义的教条式的理解，哪些是必须澄清的附加在马克思主义名下的错误观点。总之，教材要着重讲授马克思主义的世界观和方法论，帮助学生从整体上把握马克思主义，正确认识人类社会发展的基本规律。

关于教材的特点，逄锦聚谈道：20世纪80年代中期，大学的“两课”也开设过“马克思主义原理”课程，有的老师也编写过为该课程所使用的教材，由于种种原因，这门课后来停开了。但这样的探索为我们编写新的教材提供了有益的借鉴。当然，新编教材不是在原有基础上的修修改改，而是一项具有创新性的劳动。新编教材指导思想明确，体现了中央对本课程的基本要求，比较全面地反映了马克思主义的基本观点及其相互联系，反映了马克思主义中国化的三大理论成果及党的十六大以来的理论创新成果，具有一些鲜明特点：

（1）主题鲜明、主线突出。教材紧紧围绕什么是马克思主义、为什么要始终坚持马克思主义、怎样坚持和发展马克思主义这一主题，以阐述马克思主义世界观和方法论为重点，以人类社会发展的基本规律为主线，培养学生树立为实现共产主义社会而奋斗的远大理想和坚定信念。

（2）立论严谨、内容精练。教材既从马克思主义哲学、政治经济学和科学社会主义三个主要组成部分着眼，又不受三个部分的局限，力求突出马克思主义的整体性，从总体上阐述马克思主义最基本的原理和方法。尊重马克思主义理论的学科规律和教学规律，在内容和逻辑的安排上突出了世界观、方法论和人类社会发展规律的重点，合乎马克思主义理论体系的内在逻辑。教材的内容既突出重点，又基本上反映了马克思主义基本原理的完整性和科学性。

（3）实事求是、理论联系实际。教材坚持实事求是、与时俱进，既从马克思主义创立的时代背景出发，又根据发展了的实践的要求，集中阐述马克思主义最基本的原理、基本观点和基本方法，并且特别注重理论联系实际，在有针对性地回答马克思主义在当代发展中遇到的为学生所关注的重大问题的过程中，阐述马克思主义的基本原理。

（4）史论结合、深入浅出。教材的重点在于阐述马克思主义基本原理，同时特别注重了基本原理发展的历史逻辑，充分体现了这些原理与时俱进的品格，突出了马克思主义基本理论的时代性和现实性，力求做到史论结合、深入浅出、情理相融。

在编写教材过程中，我们还注意突出了“四个结合”：一是注重马克思主义的发展进程的介绍与理论观点的阐述的有机结合，以增强说服力和可读性；二是注重马克思主义经典原著的阐发同对中国化马克思主义理论成果的论述的有机结合，以展现理论的继承性和发展性；三是注重历史经验的总结和对现实问题的分析的有机结合，以增强时代感和现实性；四是注重正文的逻辑展开与每章后思考提示的有机结合，以增强教育教学的目的性和实效性。

对于编写《马克思主义基本原理》这本教材，我有许多深切的感受，这里简略地谈一谈。

第一个深切的感受是，编写《马克思主义基本原理》的确是一项艰苦的创造工作。从提纲的拟定到教材的审定，经历了近两年时间。为此开了多少次会，修改了多少次稿子，我已记不清楚。但我记得，从 2005 年 3 月至 2007 年，我乘飞机从昆明到北京多达 28 趟。20 世纪 80 年代我曾经主编过云南省高校统编教材《马克思主义原理》，虽然也花了很大功夫，但从总体上看，没有突破板块结构。这次中央要求《马克思主义基本原理》的编写重点是学习马克思主义的世界观和方法论，从整体上把握马克思主义，引导学生了解人类社会的发展规律，而且体系要严谨，内容要生动，要贴近社会生活和学生的实际，字数要控制在 22 万字左右，其难度可想而知。仅教材体系的建构就变动了 4 次，有时研究一个章节的标题、一个理论观点也要花很大的功夫，这里举几个小的例子。例如，书稿名称开始是《马克思主义基本原理》，后来咨询委员会在讨论时，有些专家认为究竟马克思主义包括哪些基本原理，现在并不是十分清楚，还有待于深入研究。为此将书名改为《马克思主义基本原理概论》。又如，关于绪论要不要标题、用什么做标题，也颇费思量。因为绪论的标题要体现经典作家的思想，要点出马克思主义的主题，词语又不能太长，我们曾先后提出了几种表述，议来议去，选来选去，最后才确定用"马克思主义是关于无产阶级和人类解放的科学"做绪论的标题。再如，怎样给马克思主义下定义？在理论界有各种各样的观点，编写组对各种观点进行了认真的分析研究，并征求众多专家的意见，才形成了现在教材上的表述，以上仅是绪论中涉及的部分问题，其他各章的编写过程中反复研究的问题比绪论还要多。

第二个深切感受是，对教材要求之高、审查之严是罕见的。这充分说明中央对高校思想政治理论教育课的高度重视。中央领导同志日理万机，还要亲自审查教材。中宣部、教育部的领导多次对我们讲，我国高校有两千多万在校大学生，每年有五六百万毕业生走上工作岗位，他们都是建设中国特色社会主义的重要力量。而马克思主义是党的指导思想的理论基础，是我们必须长期坚持的。青年大学生能不能学好马列主义、毛泽东思想，学好中国特色社会主义理论，关系着党和国家的前途和命运。可见，高校思想政治理论课教材的分量比千金还重。正是这样一种思想激励着我们克服困难，努力把教材编好。事实上，这本教材的编写，不仅凝聚着编写组的辛勤劳动，而且集中了广大教师、学生和理论工作者的智慧。除编写过程中广泛征询意见外，在咨询委员会审查书稿的会议后，中宣部和教育部又在北京召开了近两百所高校马列部主任和骨干教师的会议，由编写组的同志分章介绍教材的结构和内容，征求对教材的意见。参会者除了发表个人的意见外还带来了各校教师的意见。我粗略统计了一下，指导这本教材编写的专家不下一百人，参与这本教材编写和修改的人员也不下一百人，为这本教材提意见的在千人以上。正如中宣部、教育部领导所说，这次高校思想政治理论课的教材是集全国之力来编写的。

第三个深切感受是，咨询委员会的专家们高度负责。在教材的扉页上书写了马克思主义理论研究和建设工程专家咨询委员会委员的名字，共有30人，他们都是我国德高望重、造诣很深的马克思主义理论家，当时都担任着或曾经担任过党和国家思想理论宣传教育部门的领导，其中不少是老一辈的资深专家，如苏星、龚育之、逄先知、江流、王维澄、邢贲思、郑必坚、郑科扬、金冲及等，大多已七八十岁高龄。他们审议的教材有好几本，每本在20万字以上，都要亲自审读，所提的意见都是经过深入研究的，也是比较重要的。特别使我感动的是委员们严谨的治学态度和认真负责的精神。评议会上每位专家一一发言，有的还做二次发言，把问题讲得清清楚楚，把修改意见讲得明明白白。听他们的发言犹如听一次精彩的讲课。因为委员人数较多，每次评议会都要开一天，有时晚上还要继续开会，我从内心里感受到这些马克思主义理论家的大师风范，至今不忘。

第四个深切感受是，中宣部、教育部的领导和同志们对待编写工作认真细致和热情关心编写组。编写过程中，中宣部和教育部的精心指导在前文中已有所论及，这里不再赘述。仅是他们的工作作风，就已使我很受教育。我作为一名普通教师，过去少有机会接触部里的领导，这次同他们一起开会，一起讨论问题，部长们那种平易近人、平等待人、尊重知识、尊重教师的品格，给我留下了深刻印象。他们经常讲，编写组的同志很尽心、很辛苦，我们要为大家做好服务工作，按中央的要求编好教材。每一次咨询委员会评议会上中宣部的领导都认真听取我们的意见，会间还同我们亲切探讨问题。由于我年龄比较大，工作单位离北京最远，所以一见面常会听到“你辛苦了!”“身体好吗?”等问候。

第五个深切感受是，编写组全体同志团结友爱、同心协力、亲密无间。我们编写组的成员来自四面八方，大多是全国知名专家，有几位是大学的党委书记、校长，在学术上有较深的造诣。无论是编大纲、写教材还是研究问题，编写组成员都能各抒己见，畅所欲言，这充分体现出学术民主的氛围。首席专家召集人逄锦聚组织有力、领导有方，善于发挥集体的智慧。他幽默风趣、谈笑自如、思想敏锐，常常在自然而和谐的气氛中化解理论难题。首席专家陶德麟、许征帆是德高望重的理论家，在编写过程中发挥了重要作用。陶先生工作繁忙，又适逢有其他要事亟须处理，但仍挤出时间参加编写教材。他治学严谨、功力深厚，对教材内容提出了不少好的意见。许先生已八十岁高龄，是编写组中好几位成员的老师，我们称他为“祖师爷”。在整个工作中他也真正起到了老师的表率作用，我们都对他很尊重。顾海良同志担任领导工作十分繁忙，仍挤出时间参加教材编写工作。其他编写组成员分别是哲学、政治经济学、科学社会主义方面的教授，他们的学品人品令我敬佩，他们的工作精神值得我学习。我同他们合作共事感到非常愉快，也学到了许多新的东西，特别是他们把我当作长者，对我关爱有加，使我不胜感激。总之，我们编写组是一个尽心尽责的富有凝聚力、创造力的编写组，是一个团结共事、亲密合作的编写组，较好地完成了组织上交给我们的编写任务。

五、课程建设和学科建设的创新发展

马克思主义理论研究和建设工程及“05 方案”的实施，有力地推动了马克思主义的课程建设、学科建设以及理论研究工作。

这里讲的课程建设是指高校四门思想政治理论课的建设，不包括哲学社会科学其他学科的课程建设。马克思主义的课程建设是同教材建设紧密相连的，教材编写成功之时，就是课程建设开始之日。

由于四门课的教材思路新、体系新、内容新以及理论性强、逻辑性强、现实性强，因而需要把握教材的基本思想。讲授新教材的内容实非易事，加强教师的培训就成为当务之急。教育部立即开展了骨干教师的培训工作，并在国家教育行政学院举办了教师培训班。据吉炳轩在一次会议上讲，这种培训班要持续办五年，每年六期，每期四五百人，一共要培训马克思主义理论课骨干教师一万余名。培训班邀请编写教材的首席专家，系统地讲授教材，使培训教师能够读懂教材、讲授教材。我也被指派去讲了几次课，同教师们共同研究、共同提高。这项工作对马克思主义的课程建设起到了很好的推动作用。

云南省利用其有利条件，指派参加编写教材的首席专家和主要成员为受培训教师讲授《马克思主义基本原理概论》和《中国近现代史纲要》，并且邀请北京大学、中国人民大学的教授讲授其他两门课的教材。我和郝立新、陈路为教师们逐章逐节地讲授《马克思主义基本原理概论》，教师们反映颇有收获，同时也对如何把握教材提出了一些问题和意见。一是认为教材内容庞杂，涉及许多概念和原理，把握其基本思想和重点内容难度很大；二是教材体系突破了三大块的板块结构，逻辑性较强，对于把握全书的主线、理解各章之间的内在联系感到力不能及；三是教材吸收了理论界的研究成果，提出了一些新的思想和观点，讲授这一部分内容也有诸多的困难。其实这些问题在此前教育部举办的征求教材意见的研讨班上已经提出来了，我在该班的答疑会上讲了我的一些认识，研讨班的教师反映还是有所启发。为了供更多的教师参考，我把自己的认识写成文章，发表在《思想理论教育导刊》2007 年第 7 期上，题目是《把握整体　贯穿主线　突出重点——学习〈马克思主义基本原理概论〉的初步体会》。这篇文章已收录于本书的第三篇之中，这里暂且不表。

关于马克思主义的学科建设，从研究成果看，主要涉及两个方面。第一个方面是马克思主义理论的六个二级学科，特别是马克思主义中国化研究、思想政治教育等学科的研究成果丰硕，学者们发表了一些论文，编写了一些专著。例如，教育部社科司设立的“高校马克思主义理论教学与研究文库”中，就有顾海良、顾钰民等撰写的专著，它们对思想政治教育进行了系统的研究。

第二个方面是马克思主义理论研究和建设工程实施以来，理论界兴起了对马克思主义整体性的研究，中国社会科学院的靳辉明和中国人民大学张雷声、梁树发等同志发表了一批颇有见地的文章，提出了一些新的观点。我因为参加了《马克思主义基本原理概论》的编写，自然对这个问题感兴趣，拜读了诸多专家的文章后，也进行了一些思考。我认为，研究马克思主义的整体性要以马克思恩格斯的文本为基本依据，着力于研究马克思主义三个理论来源和三个组成部分的整体性，研究马克思主义理论体系、基本范畴、基本原理以及继承和发展的整体性。这些想法当时只是一个大致的轮廓，但是为我2007年申报国家社科基金项目“整体把握马克思主义科学体系研究”打下了初步的基础。

关于马克思主义学科建设，有一个问题一直萦绕脑际挥之不去，这就是现在的马克思主义理论一级学科所属二级学科中为什么没有马克思主义哲学、马克思主义政治经济学、科学社会主义，这样做是否妥当，是否会影响这些学科的建设和发展，甚至使其被边缘化？记得新中国成立以后，曾经十分重视政治经济学的研究，当时政治经济学的教材分为上、下两篇，上篇是马克思恩格斯关于政治经济学的理论，下篇是社会主义建设时期的政治经济学。尽管囿于当时的历史条件，其中有些理论观点不够准确、不够科学，但许多观点还是有理论价值和实践价值的。改革开放以后，社会经济生活中的问题比较多，针对这些问题也提出了许多新的思想观点，但是缺乏系统的理论概括，这些思想观点只是纳入中国特色社会主义理论体系当中，似乎政治经济学这门学科已不复存在，这个问题需要认真加以研究。

学科建设的一项很重要的成果，是第一次在全国高校和研究部门建立了21个马克思主义一级学科博士点、200多个二级学科博士点。这些博士点的建立极大地推动了理论人才的培养和学术研究的开展。许多博士毕业生在马克思主义的各个领域进行深入的研究，发表了大量的学术论文，出版了许多学术专著，从而推进了马克思主义的中国化、时代化、大众化，增强了马克思主义在青年学生中的感召力和在全社会的影响力。当然，这次评审中也存在一些问题，例如布点不平衡，有的博士点不能真正完成培养博士生的任务。

就云南的情况看，这次评审中云南大学被批准建立思想政治教育学科博士点，后来又有了科学社会主义学科博士点。当时云南大学马列学院的实力是比较强的，在教学水平和科研能力等方面能够担负起培养博士生的任务。其他学校虽然没有马克思主义学科的博士点，但硕士点建设方兴未艾，如地处专州的大理学院先后也有了三个硕士点。云南师范大学、云南农业大学、云南财经大学等高校在硕士点建设方面也取得了较好的成绩。

昆明理工大学在这次评审中申报了马克思主义基本原理博士点，应当说设点条件是比较好的，教师队伍实力强，科研成果比较多，马克思主义学院有教授十余人，学术带头人可以覆盖研究的三个主要方面。据说评委会讨论时也是肯定的，只是因当时没有马克思主义基本原理的硕士毕业生而未能通过。对于这件事情，我和一些教师是有想法的：为什么有的大学马克思主义学院只有六七名教授，却有 3 个马克思主义理论二级学科博士点，有的学校的马克思主义学院只有三四名教授，却被批准建立马克思主义理论博士后流动站？有人说，设立博士点不仅要看马克思主义学院本身的师资队伍状况，还要看全校师资队伍的总体状况。这个看法是值得商榷的。事实上，培养马克思主义理论博士生主要还是依靠马克思主义学院本身的力量，把其他学院的教授作为博士生导师，往往是有名无实的。为此，我曾向有关领导和组织者提出建议，建立马克思主义理论一级学科博士点至少要有 8 名以上的教授，有较丰硕的成果，否则是难以承担培养重任的。

昆明理工大学虽然没有申报成功，但是没有影响到学院的学科建设。学校的领导认为，要把昆明理工大学办成高水平的大学，就必须重视哲学社会科学的发展，把培养学生的人文素质和科学素质结合起来；就必须重视马克思主义理论教育，引导学生树立正确的世界观、人生观、价值观。2004 年，学校专门建立了哲学社会科学工作领导小组，由校党委副书记孙书行任组长，我也被聘为成员之一。在贯彻“05 方案”的过程中，学校又进一步加强了马克思主义学院的建设。2016 年，学院思想政治理论课专任教师已经增加到 68 人，全院有教授（正高）16 人，博士和在读博士占

48%，享受国务院政府特殊津贴专家 2 人，全国优秀教师 1 人，全国高校优秀思想政治理论课教师 1 人，云南省有突出贡献的哲学社会科学专家 3 人，云南省中青年学术技术带头人 2 人。2005—2016 年这十多年里，全院教师主持国家社科基金项目 27 个，出版学术专著、教材 140 余部，获得云南省哲学社会科学优秀成果奖一等奖 4 项。

六、难以忘怀的一次学术座谈会

在《马克思主义基本原理概论》教材编写完成之后，编写组又紧张地投入《马克思主义基本原理概论》的教师用书和学生用书的编写工作中。这两本书不是一般的参考读物，而是围绕教材各章的内容、针对教师和学生的需要而编写的。例如，学生辅导读本，按照教材的绪论和 7 个章节，每一章都设置了 5 个栏目。教师用书由编写组成员分工撰写，学生用书由南开大学和云南的教师编写。云南师范大学的刘化军同我们一起工作，付出了辛勤劳动。

时间进到 2009 年。这一年是新中国成立 60 周年，举国欢庆，13 亿同胞共祝祖国繁荣昌盛。

这一年也是我从事马克思主义理论教育的第 60 个年头。在云南省委高校工委副书记杜永银、陶晴和宣传统战部部长桂正华、徐华的关心支持下，由昆明理工大学、云南省哲学学会、云南省高校马克思主义教学研究会联合举办了我从事马克思主义理论教育 60 年学术座谈会。学校领导很重视这次活动，学校党委宣传部部长刘智国，马克思主义学院的韩跃红、樊勇、王海云等领导同志精心组织、协调各方，准备工作井井有条。座谈会于 2009 年 9 月 26 日丹桂飘香的时候如期召开。省委宣传部、省社科联、省委高校工委、省社科院、云南大学的有关领导以及理论界的代表一百余人参加了座谈会。在会上发言的有胡正鹏、靳昆萍、陶晴、马汉儒、纳麒、刘绍怀、温茂芬、向翔、陈国新、陈路、张建国等同志。昆明理工大学党委书记何玉林发表了热情洋溢的讲话，周荣校长赠送了纪念牌匾。何玉林书记在讲话中说：“我们以学术座谈会的形式隆重纪念我校王展飞先生六十年来在思想理论教育战线和哲学社会科学研究领域做出的辉煌业绩和卓越贡献，表达我们对他深深的感谢和崇高敬意。王展飞教授一生勤勤恳恳，忠诚于党的教育事业；兢兢业业，致力于哲学社会科学的兴旺发达；孜孜不倦学习钻研，不断提高学术水平，做到了学无止境；对中青年理论工作者、哲学社会科学工作者尽力扶持；他身在高校，更关心国家兴旺、云南省经济社会发展，他在社会科学道路上的‘红色之旅’大放异彩，为我们展示了一幅平凡而充实、闪现理性光辉和丰富多彩的人生画卷。”

2007—2010年，我参加了两次重要的会议，主持完成了一个国家社科基金项目。项目的名称是“整体把握马克思主义科学体系研究”，这一项目是在编写《马克思主义基本原理概论》过程中想到的，于2007年申报立项。由于该项目的研究难度大、理论性强，所以，整合了校内外10多位功底比较深厚的教师共同攻关。在整个3年的研究过程中，确实下了很大的功夫，先后征询了省内外近10位专家的意见，召开了5次研讨会，研究提纲修改了两次，最后形成了20余万字的研究成果，共分为6个专题。第一专题为“绪论”，由我负责；第二专题为“本质属性论”，由樊勇、杨少龙负责；第三专题为“科学体系论”，由温茂芬、张仲华、童贤成、姚强负责；第四专题为“基本原理论”，由张建国、杨春玲负责；第五专题为“继承创新论”，由韩跃红、王海云、白利鹏、李敏负责；第六专题为“发展趋势论”，由陈路、李红专、和军负责。可以说，每一个专题都有一些创新的内容，有些是以往研究中未曾研究过的问题。例如，“绪论”对马克思主义的三个组成部分的内在联系做了比较深入细致的剖析。“本质属性论”联系胡锦涛同志提出的“四个最”的思想，即最根本的世界观和方法论、最鲜明的政治立场、最重要的理论品质、最崇高的社会理想，比较全面地论述了马克思主义的本质。“科学体系论”分析了马克思主义科学体系的历史起点和逻辑起点、主题主线和价值目标，并且概述了马克思主义三个领域共28个基本范畴。“基本原理论”阐明了马克思主义基本原理的科学内涵、主要内容和层次，论述了马克思主义基本原理的理论价值、实际运用和丰富发展，并探讨了关于马克思主义基本原理的实现条件与现实反差的辩证认识。“继承创新论”阐明了中国特色社会主义是当代马克思主义的理论形态。“发展趋势论”论述了马克思主义的发展规律。项目成果经国家社科规划办评审通过，等级为“良好”。评审专家认为，该项目成果有理论深度、有新意，对于如何把握马克思主义的整体性有重要的参考价值。国家社科规划办在项目成果选介汇编的第八辑中选介了这一项目的研究成果。

两个重要会议是马克思主义理论研究和建设工程工作会议、加强和改进高校思想政治理论课工作会议。这两个会议我都参加了。在马克思主义理论研究和建设工程工作会上，李长春同志做了重要讲话，进一步阐明了“马工程”的重要意义和几年来的工作成绩和基本经验，提出了下一步的任务。加强和改进高校思想政治理论课工作会议由刘延东同志主持，李长春同志接见了全体代表。

云南为贯彻上述会议精神召开了全省高校思想政治教育工作会议。会前有同志说我八十岁高龄还工作不息，真是“老骥伏枥，志在千里”，我在大会发言中回应了这个说法。我说，我不是志在千里，而是“老骥伏枥，志在马列”，说完后会场上响起了热烈的掌声。几个月后，教育部社会科学委员会马克思主义理论学科建设研讨会在南开大学举行，我应邀出席。休会期间，我与杨瑞森等老同志在一起闲话年龄，得知我是老大。有同志问我，你如此高龄还充满活力，有何奥秘？我在大会发言中也回应了这个问题。我说，没有什么奥秘，就是热爱生活、热爱马列。瞬间，会场上又响起了热烈掌声。我从这两次掌声中，真切地感受到马克思主义是受人欢迎的，是有强大生命力的，正是这种强大的生命力激励着我为宣传马克思主义而奋斗不息。

第九章　云南高校马克思主义理论课建设的初步总结

云南虽然是边疆民族地区，但高等教育有一定的历史积累。抗日战争时期，西南联合大学蜚声海内外，百年云大以至公天下闻名。新中国成立后，云南高等教育有了较快的发展，到改革开放之初，已有本科大学和高等专科学校 20 余所。有的学校在教学实践中，逐渐形成了有一定影响的优长特色学科，如云南大学的历史学、物理学，云南师范学院的语言文字学、教育学，云南民族学院的民族学，昆明工学院的冶金工程、机械工程，云南工学院的建筑学等，都是建设得比较好的。云南高校的马克思主义理论课建设也是富有成效的。

一、云南高校马克思主义理论课建设的特色和基本经验

实施“85 方案”以来，云南省高校马克思主义理论课在编写教材、培训教师、发挥教学研究会的作用、创办《思想理论教育》刊物、开展高校马克思主义理论课建设评估等方面，都取得了比较好的成效，积累了比较丰富的经验，形成了比较鲜明的特色。省外的兄弟院校来云南参观考察，都认为云南的马克思主义理论课教师具有团结奉献精神，云南各高校的马

列部之间具有合作共进的优良传统，一个教学研究会竟然能把全省马克思主义理论课教师凝聚起来，使之共同进行教学改革和学术研究，这是难能可贵的。20世纪90年代以来，教育部社科司的领导同志经常来云南指导工作，也充分肯定云南在教材建设、教师队伍建设等方面做了很好的工作。进入新世纪，云南对马克思主义理论研究和建设工程重点教材的编写方面又做出了重要贡献。也许是由于云南高校的思想理论教育成绩比较显著，有可借鉴的经验，因而在中央召开的全国高校思想政治教育工作会议上，被安排做大会发言。这无疑是对云南的鼓励和鞭策。我们作为普通的马克思主义理论课教师，感到欣慰和自豪，增强了搞好工作的信心，应当不负众望、继续前进，争取新的、更大的成绩。

我曾经不止一次地思考一个问题，云南既无“985”高校，“211”高校也只有云南大学一所，那么为什么能够取得如此成绩，形成一些优势？其深层的原因何在？我想除了领导方面的原因外，主要有以下几点原因：

一是较早地形成了一批有深厚理论功底的学科带头人。早在20世纪50年代，就有不少毕业自北京大学、中国人民大学、北京师范大学等高校的哲学、党史、政治经济学、科学社会主义等专业的本科生和研究生来滇工作。云南也派出青年教师到北京、上海等地的高校进修学习。如曹铎光、马啸原、温茂芬、陈子贤、周子良、伍雄武等，这些同志忠诚于党的教育事业，勤奋学习，到70年代以后，成为云南省高校马克思主义理论学科的学术带头人。其中，有几个同志担任了省高校马克思主义理论课教学研究会的副会长，在课程建设、学科建设等方面发挥了重要作用。由于他们的带动，到20世纪90年代，一批中青年学术带头人脱颖而出，因而在云南马克思主义理论教育和理论研究中，没有出现学科带头人的断层现象。学术带头人代代相传、绵延不息、持续发展，保证了高校马克思主义理论教育不断向前推进。

二是有开放思想。教师的互相交流本身就是一种开放性的活动，开放活动孕育着开放意识。如前所述，早在20世纪70年代末80年代初，云南工学院和昆明工学院就联合西南、西北18所高等院校编写出了改革开放后的第一本工科院校哲学教材，这项活动为后来的校际学术交流和教学研究创造了有利的条件。从1982年开始，云南就主动邀请北京等地的专家学者来讲学，云南的马克思主义理论课教师也经常到外地去参加学术活动、开展理论研究。1983年，中国辩证唯物主义研究会在广东东莞召开第一次学术研讨会，成立首届理事会，我得到通知后，及时到东莞参加了会议。在这次会议上，我被选为首届理事会的理事。后来，相继有郭文卿、高力、李以国、陶晴、李晓南、李兵等同志担任研究会的理事和常务理事。较早地参加中国辩证唯物主义研究会的活动，与全国知名的专家学者一起研究问题，对云南的哲学学科建设和高校的马克思主义理论教育都产生了积极的作用。“85方案”实施以后，云南省委宣传部、省教育厅多次组织马克思主义理论课教师到全国有关高校进行考察学习，并使之成为一种制度，各高校马列部也力所能及地组织教师到省外和本省专州县进行调查研究。此外，不少高校召开了全国性的马克思主义理论教学研讨会，有的还召开了国际性的学术研讨会。凡此种种活动，都体现了开放的思想，产生了开放的效果，为云南高校的马克思主义理论教育注入了新的活力。

三是有创新精神。省委宣传部、省教育厅都曾提倡在教师中培养创新精神，在贯彻中央精神和教学改革中，力求有所创造、有所前进。无论是在“85方案”“98方案”的实施过程中，还是“05方案”的实施过程中，云南省都有一些具有创新性的举措，推动了教学和研究的创新发展。例如，在编写教材中贯穿创新的思想，在教学管理中探讨创新的举措，在教学内容和方法的改革中体现创新的精神。

四是注意总结经验、探索教学规律。20世纪90年代初，全省高校对“85方案”的实施进行了认真的总结，取得了一些经验。其中一条重要经验就是要加强邓小平建设有中国特色社会主义理论的教育。2001年，在“98方案”实施三年之后，教育厅要求教学研究会以课题研究的方式总结教学经验。该课题包括两大部分：一部分是对“98方案”开设的课程分别进行总结，另一个部分是对改革开放以来云南高校的思想政治理论课进行比较全面的、概略的总结。课题组的负责人，是教学研究会的副会长、云南师范大学的张传伦教授，各门课程的总结由相关教师组成课题组负责，全面的、概略的总结由温茂芬和我负责。我和温老师共同制定了研究提纲，讨论了研究的内容，然后由温老师执笔完成。这一总结包含了三个部分：第一部分是改革开放以来云南高校思想政治理论课教育的历程和主要成效，第二部分是云南高校思想政治理论课建设的基本经验，第三部分是对进一步加强和改进云南高校思想政治教育的思考和建议。在撰写本书的时候，我们以上述第二部分的内容为基础进行必要的修改、补充，以云南高校马克思主义理论课建设的基本经验为题阐述了以下六个方面的内容。这些内容也许不尽全面、不够精当，但内容是真实的，体会是真切的。

（一）各级领导的重视是搞好马克思主义理论课建设和改革的关键

完成高校思想政治理论课教学改革的艰巨任务，领导重视是根本的保证。1986 年，高校马克思主义理论课改革开始后，国家教委把教材审批权放到了省级教育行政主管部门，1993 年又把试点学校及其改革方案的审批权放到了省级教育党政管理部门。这不仅增加了省级教育党政部门的责任心，而且极大地调动了省级教育党政管理部门的积极性和创造性，有力地加强了对高校“两课”建设的领导。云南省的马克思主义理论课改革之所以进展顺利、成绩显著，关键是因为省委宣传部和省教育厅加强了对高校思想政治理论课改革的领导。省委宣传部、省教育厅的分管领导和职能部门深入实际、亲自参与、具体指导，有力地推进了中央精神的贯彻。

首先，改革伊始，省委宣传部、省教育厅就把高校思想政治理论课改革的一些重大问题列入议事日程，在教材编写、人员培训、经费投入等方面进行了统筹规划并加强了组织领导，随后又对教学、科研、学科和教师队伍建设进行了宏观管理和指导。90 年代中期以来，随着改革的深入，省委宣传部、省教育厅又对高校思想政治理论课的管理体制、机构（马列部、社科部）建设提出了明确要求，除了在组织编写教材、教学改革、学科建设、科学研究、师资队伍建设等方面已开展的工作外，还对整个高校思想政治理论课工作做出规划和部署，对教学过程、教学质量进行管理、监督和检查评估，等等。所有这些，都受到各高校领导和广大思想政治理论课教师的欢迎和拥护，收到了很好的效果。

当然，加强高校思想政治理论课教学的领导和管理，基础在学校。实践表明，凡是高校思想政治理论课教学搞得好的学校，都是所在单位的党政领导对高校思想政治理论课建设和改革切实给予关心的学校，反之亦然。

其次，省委宣传部、省教育厅在指导高校思想政治理论课改革的过程中，始终强调高校思想政治理论课在学校思想政治教育工作中的地位，同时强调要充分发挥其主阵地、主渠道的作用，强调学校党委和校长是思想政治理论课的第一责任人，并且针对不同时期出现的各种认识，不断解决思想政治理论课在高校思想政治工作中的有位有为的问题。为了进一步推动思想政治理论课的建设和改革，云南省高校工委又于2000年成立了“两课”教学指导委员会和“两课”教材编写委员会。

最后，省委宣传部、省教育厅十分重视加强对马克思主义理论课教学研究会的领导，积极为教学研究会的活动提供有利条件，依靠教学研究会开展教学改革工作，发挥教学研究会在教材建设、教师培训、教学研究等方面的作用。

这里有一个情况值得讲一讲。由于工作关系，我同省委宣传部理论处、省教育厅政教处联系较多。经过十多年的工作，我同省委宣传部理论处先后担任处长的赵绍敏、李文辉、胡正鹏、张建庆、黄映玲、郑维川六位同志以及省教育厅的吕有文、刘绍怀、李云芳、杨丽、桂正华、杨国良等同志成了朋友。这也反映出他们对高校思想理论教育的关心、支持以及密切联系群众的优良作风。这些处长中，后来有的晋了级、升了官，仍然以朋友相待，仍然关心着教学研究会的工作，关心着思想理论课教学研究。

（二）抓好教材和师资队伍建设是搞好马克思主义理论课的基础

教材建设是马克思主义理论课建设的基础工程，省委宣传部、省教育厅从始至终都十分重视，抓得很紧。在教材编写过程中，省委宣传部、省教育厅领导同志参加与组织编写工作，领导编写组成员，反复讨论编写的指导思想、原则、课程体系和主要内容，提出在“精”“深”“新”三个方面下功夫，力求达到准确、简明、通俗、生动的基本要求。为了开阔视野、攻克难题、提高质量，教材编写组先后几次到兄弟省市的十多个高等院校走访学习，并向中宣部、教育部有关部门汇报研究和编写中的有关问题，得到有关领导的支持和指导。同时，根据党的重要会议、重大战略部署和中央重要文献精神，几乎每年修订一次教材，把党和国家的重大战略部署及时体现在教材之中。多年来，云南省统编了《马克思主义原理》《中国社会主义建设》《中国革命史》《世界政治与国际关系》《科学社会主义的理论与实践》《马克思主义哲学原理》《政治经济学》《毛泽东思想概论》《邓小平理论概论》《思想道德修养》《法律基础》《形势与政策》等教材。通过这些教材的编写，培养和锻炼了一大批中青年教师，例如，《马克思主义原理》先后有四位同志担任过主编，有十多位同志担任过副主编，这些同志大多成为云南省思想理论界的骨干力量。再如，“98 方案”实施后，云南省教育厅德育处积极推进《形势与政策》教材编写工作，省委高校工委为此专门建立了《形势与政策》教材编写专家库。从 2000 年开始直到 2015 年，云南省坚持把省编的《形势与政策》（每学年两册、每学期一册）作为指定教材，不断规范教材使用，从而较好地满足了全省高校形势与政策教育教学的需要。有关领导多次说过，编写教材一是为了服务和保障教学，二是通过编写教材锻炼教师队伍。从实践中来看，确实如此。

在教材编写的实践中，我们有以下几点深切体会：一是教材的编写必须科学地安排好马克思主义基本原理和教材体系的中心内容；二是必须贯彻党的十一届三中全会以来确定的党的基本理论、基本路线、基本政策；三是必须贯彻党中央、中宣部、教育部有关高校思想政治理论课改革的精神和教育部下发的教学大纲（教学基本要求）；四是必须坚持理论联系实际和“要精，要管用的”的指导原则；五是必须体现准确、简明、通俗、生动和不断创新的要求；六是必须正确处理好理论的科学体系和教材体系的关系，基本原理的坚定性、彻底性与鲜明的时代感、现实性的关系；七是集中全省骨干教师的力量，组织教材编写组，使编写的教材能代表全省的水平。这样编出来的教材，才能符合新时期培养社会主义事业建设者和接班人的目标和要求。

云南省先后编写出的马克思主义理论课统编教材，在规范教学基本内容，进行学科建设，培养提高教师素质，帮助青年学生树立马克思主义的世界观、人生观、价值观，确立为建设有中国特色社会主义而奋斗的政治方向，增强抵制错误思潮和拜金主义、享乐主义、极端个人主义腐朽思想的能力等方面，都发挥了良好作用。

抓好师资队伍建设，是推动教学改革和加强学科建设的主要依靠和基本保证。1995 年国家教委在《关于高校马克思主义理论课和思想品德课教学改革的若干意见》中明确提出了“培养和建设一支坚信马克思主义，政治上与党中央保持高度一致，有扎实的马克思主义理论基础和一定的科研能力、比较丰富的人文社会科学知识和必要的自然科学基础知识以及一定的思想政治教育经验、献身思想理论教育事业的教师队伍”的要求。云南省师资队伍的情况离国家教委这个要求还有一定差距。因此，抓好师资队伍建设是马克思主义理论课建设和改革的一项紧迫任务。第一轮改革初期，云南省马克思主义理论课教师队伍的状况是：人数少、理论准备不足、学历结构和职称结构严重不合理。在学历上，无博士生，硕士研究生也很少，绝大多数是本科毕业生；在职称上，教授有 2 人，副教授也屈指可数，绝大多数是讲师和助教。1985 年，经省教育厅批准，在云南大学、云南师范学院、云南教育学院举办了政治经济学、哲学、科学社会主义三个研究生班。这三个研究生班的学生后来大多成为教学骨干。90 年代以来，省委宣传部、省教育厅不断加强高校思想政治理论课师资队伍建设，采取了一系列切实措施，培养提高师资队伍的政治、业务素质，并为教师提高学历、职称层次提供政策保障。其主要做法和经验是：

第一，积极吸收和引进人才，注意选拔优秀大学生、研究生和政工干部，充实教师队伍；第二，拓宽培养师资的渠道，要求各高校建立相应的培养机制，采取脱产进修、在职培训、访问学者、挂职锻炼等形式，提高教师的政治、业务水平；第三，采取省教育厅主办、云南大学承办、省高校马克思主义理论课教学研究会协办的形式举办“两课”教师的研究生班，并为“两课”教师攻读硕士研究生、博士研究生提供优惠条件；第四，加强对中青年骨干教师和“两课”教学部门负责人的培养，1999 年和 2000 年组织高校“两课”教师参加在职攻读硕士学位研究生考试，共选送 95 名“两课”教师到清华大学攻读硕士学位，2001 年推荐选送 55 名“两课”教师参加国家级“两课”骨干教师培训班；第五，为“两课”教师的职称评审单独成立高评委的学科组，并在外语考试、高职指标等方面采取一定的倾斜政策；第六，围绕新教材的建设，建立了相应的教师培养制度，每年暑假期间集中培训一次全省“两课”教师；第七，通过一定的审批手续，放宽退休年龄限制或以返聘等方式，继续发挥老教师在课程建设和培养青年教师等方面的作用；第八，根据学科建设、教材建设和骨干队伍长远建设的需要，有计划地组织部分教师参加多种形式的考察、讲学、研修；第九，建立表彰奖励制度，提高教师的专业水平，增强教师的事业心和使命感；第十，要求各高校采取措施，尽可能改善教师的工作条件和生活条件。

经过多年建设，云南省高校思想政治理论课教师不仅数量大幅增加，而且质量有明显提高，特别是广大教师形成了团结精神和奉献精神，正是这种精神推动着全省高校思想政治理论课的创新和发展。2016 年，全省高校已有思想政治理论课专任教师 1 020 多人，有全国高校思想政治理论课教学能手 2 人、省级高校教学名师 30 人、省级思想政治理论课教学名师 28 人、省级思想政治理论课中青年骨干教师 33 人、厅级思想政治理论课优秀骨干教师 22 人、省级名师工作室（思想政治理论课）5 个，学历层次得到较大提高、职称结构明显改善，基本适应了教学需要。目前的问题是发展不平衡。有的本科院校，特别是专科院校，教师人数偏少，学历、职称结构不合理的状况仍存在，教师的政治业务素质还有待进一步提高。整个师资队伍的建设仍然是一项长期的任务。

（三）坚持理论与实际相结合是马克思主义理论课建设和改革的基本原则

马克思主义理论课的教学改革必须遵循理论联系实际的基本方针。实践性是马克思主义的一个本质特征。马克思主义在实践中产生，也是在实践中发展的。这是马克思主义生命力之所在，也是马克思主义理论课教学生命力之所在。讲授理论不能照本宣科，干巴巴的，而是要讲清楚原理的历史渊源、主要内容及当代发展。因此，理论联系实际，既要联系历史的实际，又要联系现实的实际；既要联系国外的实际，关注全人类共同面临的重大问题，又要联系国内的实际，特别是教育对象的思想实际，引导学生正确看待人生和社会问题。理论联系实际，不是无的放矢，不是现象罗列，也不是没有重点。正如江泽民同志指出的："一定要以我国改革开放和现代化建设的实际问题、以我们正在做的事情为中心，着眼于马克思主义理论的运用，着眼于对实践问题的理论思考，着眼于新的实践和新的发展。"根据多年马克思主义理论课教学的改革经验，贯彻理论联系实际的方针要坚持做好以下几点：

（1）要坚持教学内容的科学性和针对性，防止和克服随意性和教条化的倾向，使马克思主义理论课教学既具有基本原理上的准确性和彻底性，又具有鲜明的时代性和现实性，并把理论教育同青年学生的世界观、人生观、价值观的培养紧密结合起来。也就是说，要针对青年学生的思想状况，运用社会主义现代化建设的实践，讲授马克思主义的基本原理，努力回答学生普遍关注的重要理论和实践问题；要正确把握青年学生的思想特点，遵循教育规律，着力引导他们领会马克思主义的精神实质，掌握马克思主义的立场、观点、方法。只有这样，才能提高教学的说服力和实效性。

（2）要倡导和发扬严谨务实的教学作风，防止和克服夸夸其谈、空洞无物的风气。马克思主义的精髓就是实事求是，马克思主义能征服人，靠的是真理的力量、逻辑的力量。因此，马克思主义教育要遵循"要精，要管用的"这一原则，简明扼要、通俗易懂地进行教学。要做到求真务实，就必须完整地、准确地把握马克思主义的基本原理和深刻地、本质地了解实际，只有这样，才能从理论和实际的结合上讲清问题，才能使理论教学具有吸引力和说服力。

（3）要提倡和发扬启发式和生动的教学方法，防止和克服照本宣科、我讲你听"填鸭式"的教学方法。在改革过程中，特别是近几年来，云南省马克思主义理论课教师在教学方法改革上有许多成功的实践，如丰富教学环节、活跃教学气氛、启发学生思考、指导学生阅读原著、精心设计组织课堂讨论、运用多媒体进行教学、配合教学组织必要的参观考察和利用假期进行社会实践等，较好地调动了学生学习的积极性，增强了分析问题和解决问题的能力。

（四）致力于党的理论创新成果“三进”是马克思主义理论课建设和改革的重要任务与根本措施

高校思想政治理论课改革的重点是教学内容的改革，而教学内容改革的核心问题，就是加强邓小平理论以及党的理论创新成果的教育。邓小平理论和马克思列宁主义、毛泽东思想是一脉相承的、统一的科学体系，是当代中国的马克思主义，是马克思主义在中国的新阶段。党的十五大报告指出：“在当代中国，只有把马克思主义同当代中国实践和时代特征结合起来的邓小平理论，而没有别的理论能够解决社会主义的前途和命运问题。”① 当代大学生是祖国的未来，帮助他们学习和掌握邓小平理论，确立建设有中国特色社会主义理想信念，是培养和造就千百万社会主义事业建设者和接班人的百年大计，是马克思主义理论课改革的必然要求。江泽民同志在庆祝中国共产党成立80周年大会上提出了中国共产党要始终代表中国先进生产力的发展要求，代表中国先进文化的前进方向，代表中国最广大人民的根本利益的“三个代表”重要思想。党的十六大以后，胡锦涛同志提出了坚持以人为本，树立全面、协调、可持续的发展观。于是“三个代表”重要思想和科学发展观进教材、进课堂、进学生头脑的工作又成为高校思想政治理论课建设的重要内容。实践表明，要保证“三进”工作的落实，应当着重抓好“三项建设”“四个环节”和实现“两个内化”。

第一，认真抓好教材、阵地和队伍建设。在教材建设中，要重点使教材真正体现马克思主义基本原理的时代内容，以便于学生掌握邓小平理论的科学体系和“三个代表”重要思想、科学发展观的科学内涵及其立场、观点、方法，树立中国特色社会主义的理想信念。其他马克思主义理论课的教材，也应结合自身体系和特点，强化邓小平理论、“三个代表”重要

① 中共中央文献研究室．十五大以来重要文献选编：上．北京：人民出版社，2000：10.

思想、科学发展观的内容。在科研阵地建设上，云南省成立了高校邓小平理论研究中心，后来改为云南省中国特色社会主义理论体系研究中心，不断加强对邓小平理论、“三个代表”重要思想、科学发展观的研究，形成了一批有影响力的科研成果。在教师队伍建设上，各高校都普遍成立了邓小平理论研究室，为了提高教学水平、保证教学质量，许多学校采取了集体备课的方式，在专题研究基础上开设专题讲授以及开展互相听课、评课和示范教学等活动。

第二，认真抓好讲授、读书、讨论和运用四个环节。抓好讲授，就是要保证课堂教学质量。主讲教师应在认真备课的基础上，从教育对象的实际出发，抓住重点、难点、热点问题，有针对性地讲授，尽量做到准确、简明、通俗、生动，以增强教学效果。抓好读书，就是要根据讲授的内容，组织学生阅读相关理论著作，引导学生原原本本地理解和掌握邓小平理论、“三个代表”重要思想、科学发展观的精神实质和蕴含在其中的立场、观点、方法。抓好讨论，就是教师提出学生普遍关心的社会热点问题，并运用启发式的方法，引导学生对问题展开分析和讨论，并通过讨论提高学生的思想理论水平。抓好运用，就是要引导学生理论联系实际，运用所学的理论去分析、认识改革开放和现代化建设中出现的实际问题，提高学生分析问题和解决问题的能力。

第三，实现“两个内化”是“三进”的落脚点。首先，要把邓小平理论、“三个代表”重要思想、科学发展观内化为教师的理论素质和理想信念。教育者要使别人相信马克思主义，自己就首先要坚信马克思主义。作为马克思主义理论课教师，除了进行言教之外，更要进行身教，以身示范，言行一致。其次，通过各种有效的教育传导机制（包括思想政治理论课和思想政治工作在内），把邓小平理论、“三个代表”重要思想、科学发展观内化为学生运用马克思主义立场、观点、方法分析、判断和解决问题的能力，使学生在辩证唯物主义和历史唯物主义的指导下，完整、准确、系统地掌握党的创新理论，克服和消除一些模糊认识，提高抵制各种错误思潮影响的能力。

党的十八大以来，习近平总书记在治国理政新的实践中，发表了一系列重要讲话，深刻回答了新形势下党和国家发展的一系列重大理论和现实问题，提出了一系列新思想、新观点、新论断，丰富和发展了中国特色社会主义理论体系。高校马克思主义理论教育必须与时俱进，用习近平总书记系列重要讲话精神武装学生头脑。2014年，在认真学习习近平总书记系列重要讲话精神的基础上，云南省委高校工委宣传统战部组织省内有关专家学者编写了《云南省高校思想政治理论课贯彻习近平总书记系列重要讲话精神的教学建议》，并要求全省高校按照教学建议贯彻执行。

（五）马克思主义理论课教学研究会是推进全省高校马克思主义理论教育的有效组织形式

云南省高校马克思主义理论课教学研究会从1985年成立以来，一直是在省委宣传部和省教育厅的直接领导下、在省社科联的指导下开展工作的，是贯彻上级领导部门的高校教育方针、开展教学研究、推动教学改革、加强教师队伍建设的有力助手，对提高马克思主义理论课的教学质量、增强教学效果、提高队伍素质起到了重要作用。教学研究会最初成立于1985年，根据中宣部、教育部等中央部委有关文件的精神和要求以及全省各高校思想政治理论课教学和研究的实际，2000年更名为“云南省高校马克思主义理论课和思想品德课教学研究会”，2009年又更名为“云南省高等学校思想政治理论课教学研究会”。这些年来，教学研究会所做的主要工作和经验是：

第一，积极开展教学研究和理论研究。1985年以来，特别是1992年党的十四大以来，教学研究会每年都要召开1～2次较大规模的教学研究和教学经验交流会，主要是围绕如何在各门马克思主义理论课中贯彻党的基本理论、基本路线、基本政策，特别是邓小平理论的内容，以增强教学的科学性、现实性和实效性。每年召开学术年会后都要出版论文集，这些论文凝结着广大教师从事马克思主义理论教育的心血，体现了云南省马克思主义理论课建设和改革的成果。

第二，推进和深化教学改革，努力提高教学质量。这主要是结合课程设置、课程体系、教学内容和方法的改革，教学研究会及时了解教学改革的情况、问题和经验，组织研讨，相互交流，在刊物上发表，营造教学改革的舆论氛围。同时，研究会还通过调查研究、配合省委宣传部和省教育厅检查、评估“两课”教学工作，同高校有关领导、教师共同研究教学改革的问题，促进了云南省高校马克思主义理论课持续健康发展。

第三，协助领导抓好省统编教材建设，并不断修订、完善。从1986年起，省委宣传部、省教育厅统一组织编写了两套马克思主义理论课系列教材。第一套三门马克思主义理论课教材，在使用过程中，根据党的十三大、十四大、十五大精神和学生的思想实际，做了多次修订，主要是删繁就简、弃旧扬新，突出党的理论创新成果，增强内容的现实性。实践表明，云南省统编的教材，观点正确鲜明，体系较为严谨，体现了理论与实际的结合、历史和逻辑的统一，具有自身的特点。为了配合教学改革中学原著的要求，教学研究会还编纂了《马克思主义原著选读》，解决了学生的用书问题。

第四，采取相应措施加强教师队伍建设。主要是通过各门课程的研究会和教材编写组，组织教师编写、修订和讨论教材，采取召开备课会的方式培训教师，学术研究、教学经验交流，举办专题讲座等学术活动，协助省教育厅举办培养“两课”教师和政工干部的研究生班，组织理论课题研究，积极支持马克思主义理论课教师在职称晋升方面的合理要求等，不断提高教师的政治、业务水平。90年代以来，已有一大批45岁以下的马克思主义理论课教师晋升为教授，逐渐成为各学科的骨干和带头人。

第五，坚持办好《思想理论教育》刊物。《思想理论教育》创办于1987年，原为省教委主办的“两课”教学研究会刊物，1994年改为省高校思想政治教育研究会的刊物。时任省教育厅副厅长陆炳炎积极支持和指导《思想理论教育》的创办。他在讲到为什么要创办这个刊物时说，《思想理论教育》的发刊，开辟了教师和思想政治教育工作者在改革和加强高校思想政治工作、改革马克思主义理论课和思想教育课、建设一支坚强的马克思主义理论工作队伍和思想政治工作队伍、总结交流教书育人的经验等方面进行科学研究、教育研究和学术交流的园地。《思想理论教育》的创办，得益于省教育厅政教处和各高校党委宣传部、马列部的大力支持。该刊物先为季刊，后改为双月刊，每期根据稿源的情况分设领导讲话、书记校长论坛、课程建设、教学内容方法改革、思想政治工作、信息之窗、资料选编等 10 个左右的专栏。这个刊物从 1987 年发刊到 1997 年共出刊 56 期，刊登各类稿件 1 400 多篇，其中云南省高校马克思主义理论课教师发表的文章占半数以上。这个刊物成为传达上级教育党政管理部门指示精神的一个渠道，成为马克思主义理论课教师开展理论研究和教学研究的一个阵地，成为交流学术信息和对外宣传的一个窗口。在刊物发展过程中，稿源不断增加，质量逐步提高，影响日益扩大，社会效益明显，在各省的同类刊物中占有一席之地。该刊虽然是内部刊物，但北京、上海等地的图书馆和许多省外高校都有订阅或收藏，在国内产生了一定的影响。

第六，开展调查研究，参与上级部门的组织和检查指导工作。省委宣传部、省教育厅十分重视对高校思想政治理论课的调查研究，指导各高校的工作，并组织教学研究会积极参与。例如，到各高校检查“教”和“学”的情况，组织听课、评课、座谈，组织教师赴省外兄弟院校考察学习，参加全国性学术研究和教学研究的会议，组织对全省各高校“两课”教学的评估等，从而协助上级主管部门加强了对马克思主义理论课程改革工作的领导，促进了马克思主义理论课改革和建设的发展。

教学研究会发挥上述的积极作用，根本是靠省委宣传部、省教育厅领导的高度重视和广大马克思主义理论课教师的热情支持，特别是省委宣传部理论处、省教育厅政教处的具体指导及其在思想、工作和经费等方面的尽力支持和帮助；靠明确的指导思想，即始终坚持四项基本原则，同中央保持思想上、政治上的高度一致，准确把握形势的发展，围绕党的思想理论宣传重点和工作重心，深入研究社会生活和教学实践中提出的重大理论和实践问题，以推进教学改革和教学质量的提高；靠研究会理事特别是常务理事、会长和副会长的自强不息、精诚团结、无私奉献的精神；靠各高校和马列部（社科部）历届领导的大力支持，以及为教学研究会开展活动提供的良好的条件。

（六）开展高校“两课”教学评估是推进马克思主义理论课建设和改革的重要举措

云南省高校的思想政治理论课建设，从总体上看是与时俱进的。1998年之后，在教学管理上又采取了一项重要举措。

90年代末，省委高校工委、省教育厅为了全面、高质量地实施中央“两课”改革新方案，决定建立高校“两课”建设评估制度。时任高校工委副书记张大昌和省教育厅政教处处长李云芳亲自组织省教育厅德育处和有关专家制定了评估方案，并在调查研究的基础上制定了评估指标体系。省教育厅于2000年5月下发了《关于印发〈云南省普通高等院校“两课”建设评估方案〉和开展2000年评估工作的通知》。根据通知精神，省委高校工委、省教育厅组织了5个专家组，于2000年6月1日至7月1日，分别对全省24所高校“两课”建设情况进行了全面评估。在此之前，各高校认真开展了本校的自查和迎评工作，为评估顺利进行奠定了基础。这次评估主要采取的手段是听取学校、马列部（社科部）领导关于“两课”建设情况的汇报，参加汇报的有学校党政主要领导和教务处、科研处、财务处、学生工作处以及党委宣传部和团委负责人，汇报之后由评估专家组提出问题，学校有关同志加以说明。此外，还采取了召开“两课”教师和学生座谈会，查阅“两课”建设的有关资料，随堂听课、个别交谈和问卷调查等形式。评估组在调查了解的基础上，根据“两课”建设评估体系，本着目标、过程、效果相结合的原则，逐项进行评估打分，然后将评估结果（总的看法和意见）如实地反映给学校。在评估中，评估组既要充分肯定各高校“两课”建设和改革所取得的成绩和经验，又要指出存在的问题和不足，并提出加强和改进“两课”建设的意见和建议，要求学校领导认真研究加以解决。这样的评估达到了以评促改、以评促建的目的。经过这次评估，评出了云南大学、云南师范大学、昆明理工大学、云南农业大学4所优秀的学校，以及6所达标的学校和14所基本达标的学校。评估后，各高校召开了党委会，进行了认真总结，发扬成绩，找出差距，增添措施，加强建设，呈现出在新一轮改革中不断前进的喜人景象。

2001年，纳麒教授调任省委高校工委副书记，他曾是马克思主义理论课教师，后为云南大学党委副书记，对“两课”在高校的地位和作用有着深刻的认识。他上任后仔细了解“两课”建设和评估的情况，认为评估是推进“两课”教学的有力措施。为了持续有效地开展此项工作，他提出了实行滚动评估的办法，即已评估的高校可以根据自身的情况，主动申报评估，如基本达标的可以申报达标等级，达标的可以申报优秀等级，形成一种互相竞争、互相学习的局面。在申报之前各高校先进行自评，并请专家诊断，有针对性地改进工作，待条件具备时即正式向省教育厅申报，接受专家组评估。实践表明，“两课”建设评估确实产生了良好效果。首先是学校党政领导更加重视“两课”建设，书记、校长是第一责任人的思想更加明确了。因为“两课”建设评估不只是对马列部（社科部）工作的评估，同时也是对学校领导的评估。学校党政领导要对“两课”教学全面负责。每次评估前的自评、评估中的汇报、评估后的改进措施，都要由学校党委研究实施。由于学校党政领导的重视，经过多年有序的评估工作，许多学校的“两课”教学条件大为改善，教师队伍建设明显加强，教学质量不断提高。特别是都能严格贯彻执行中央明确规定的课程设置、课时安排、教材使用、机构设置、经费投入等。有些外省兄弟院校来滇考察“两课”建设情况，都充分肯定我们实施的“两课”建设评估是一项创举，是推进“两课”建设的有力措施。在“两课”建设评估中，省教育厅的李云芳、杨丽、杨国良、桂正华、徐华等几位领导，做了大量卓有成效的工作。他们在省委高校工委、省教育厅的领导下，及时总结经验，精心组织，充分发挥老专家和评估组的作用，直接参加评估工作，使每一次评估都收到良好效果。

从2005年开始，云南省委高校工委、省教育厅在全省范围开展了高校思想政治理论课和形势与政策课教育教学“手拉手”共建活动，缩小了各高校在思想政治理论课和形势与政策课教育教学方面的差距，达到了双向互动和共同提高的目的，实现了全省高校思想政治理论课和形势与政策课和谐发展。实践表明，该活动取得了显著的效果。

随着形势的发展，云南省高校思想政治理论课建设也不断进行创新。

例如：2014年4月，云南省委高校工委、云南省教育厅实施了高等学校意识形态和宣传思想工作“六大工程”，即社会主义核心价值观建设工程、思想政治理论课建设创新工程、网络舆情引导工程、思想政治工作队伍建设工程、维护高校和谐稳定工程、校园文化建设工程；2015年12月，省委高校工委成立了高校思想政治理论课分课程教研中心，即依托云南大学马克思主义学院成立研究生思想政治理论课程教研中心，依托云南师范大学马克思主义学院成立云南省高校“马克思主义基本原理概论”课程教研中心，依托昆明理工大学马克思主义学院成立云南省高校“毛泽东思想和中国特色社会主义理论体系概论”课程教研中心，依托云南民族大学马克思主义学院成立云南省高校“中国近现代史纲要”课程教研中心，依托云南财经大学马克思主义学院成立云南省高校“思想道德修养与法律基础”课程教研中心，依托云南农业大学马克思主义学院成立云南省高校“形势与政策”课教研中心，依托昆明冶金高等专科学校马克思主义学院成立高职高专思想政治理论课程教研中心；2016年1月，省委高校工委实施了云南省高校思想政治理论课“四个计划”，即云南省高校“优秀中青年思想政治理论课教师择优资助计划”“思想政治理论课教学科研团队择优支持计划”“思想政治理论课教学方法改革项目择优推广计划”“思想政治教育中青年杰出人才计划”。这些举措都有力地推动了云南省高校思想政治理论课建设。

以上是从教学研究会和教师的视角谈的云南省高校马克思主义理论课建设的特色和经验。

二、中共云南省委高校工委在全国高校思想政治教育工作会议上的交流发言

2008年7月，中央在北京召开了加强和改进高校思想政治理论课工作会议。会议由中央政治局委员刘延东主持，中央政治局常委李长春接见了会议代表，并做了重要讲话。全国有3个省市的相关机构和3所大学在会上做交流发言，即中共上海市科技教育工作委员会、上海市教育委员会，

中共云南省委高校工委、云南省教育厅，中共广东省委高校工委、广东省教育厅，北京大学、清华大学、华中师范大学。

中共云南省委高校工委、云南省省教育厅交流发言的题目是《打好基础　切实推进我省高校思想政治理论课建设》。谨将云南省交流发言的内容转录于此。

高校思想政治理论课是对大学生进行思想政治教育的主渠道，是帮助大学生树立正确的世界观、人生观、价值观的重要途径。近年来，在省委、省政府的高度重视和领导下，我们按照党中央关于实施高校思想政治理论课新课程方案的决策、部署和要求，从抓基础工作入手，以贴近实际、贴近生活、贴近学生为原则，以改革和创新为动力，以提高思想政治理论课教育教学的针对性、实效性和吸引力、感染力为目标，切实推进云南省高校思想政治理论课建设。

一、主要做法

（一）加强领导，健全组织机构

（1）进一步加强组织领导。省委宣传部、省委高校工委、省教育厅共同提出实施意见，加强宏观指导和组织协调。省教育厅负责实施工作的具体落实，抓好检查和指导工作。公办高校根据党委领导下的校长负责制的要求，进一步明确高校党委书记、校长是思想政治理论课建设的第一责任人。民办高校根据董事会或理事会领导下的校长负责制的要求，也明确了思想政治理论课建设的第一责任人。高校领导班子中，有分管思想政治理论课建设及教育教学工作的领导。如云南警官学院领导站在“政治建警”的高度，形成了主要领导直接抓、其他领导主动积极参与抓的良好局面。多数高校成立了思想政治理论课建设工作领导小组。

（2）进一步健全教学单位的设置。按照设置直接隶属学校的、人财物相对独立的思想政治理论课教学组织机构的要求，我省多数高校进一步理顺了校内职能部门和教学机构的关系，明确各自的责任，形成分工协作机制。如云南大学、云南师范大学、大理学院等成立了马列主义教学部暨马克思主义研究院（或中心），有的高校正在往这个目标努力。指导学校选派懂业务、会管理、乐奉献的思想政治理论课教育教学专家和管理人员担任思想政治理论课教学组织机构的负责人。绝大多数高校以必修课程为单位设置了教研室，有的还成立了选修课教研室。

(3) 进一步发挥专家群体的作用。我们以云南省高校思想政治理论课和形势与政策课教育教学指导委员会、云南省高校思想政治理论课和形势与政策课教育教学研究会为纽带，聚集人才、依靠专家，充分发挥专家群体优势，加强对思想政治理论课建设的指导、咨询、研究工作。

（二）抓好关键，强化队伍建设

(1) 明确要求，努力建设一支数量足、质量高的教师队伍。在充分调研的基础上，确立了按照政治强、业务精、师德好、素质高的要求，把握数量和质量两个重点，抓住引进、培养、留住、用好几个环节，把好思想政治理论课教师的入口关、使用关、提高关，建设一支数量充足、质量较高、结构合理、以专为主、专兼结合、相对稳定的思想政治理论课教师队伍的目标。经过几年的努力，云南省思想政治理论课教师的数量、学历层次、职称结构和年龄结构得到了优化。据2007年的统计，云南省有专兼职教师1 150人，其中：本科学历626人，占教师总数的54.4%；硕士以上学历509人，占教师总数的44.3%；副高职以上职称的493人，占教师总数的42.9%；30～55岁的教师906人，占教师总数的78.8%；党员教师占教师总数的72%。

(2) 把教师培训放在突出的位置，有计划、分层次地全员培训教师。在选送骨干教师参加国家级培训的基础上，着力构建本省思想政治理论课教师培训体系。一是由省教育厅组织对所有任课教师开展每一轮开课前的全员培训，培训以吃准、吃透教材为目的，省外专家讲座、本省专家辅导、一线教师交流和行政部门布置工作相结合，立足于处理好学科体系、教材体系和教学体系的关系，突出“战前动员”和“实战演练”，严格纪律要求，培训结束发培训证。对确实不能参加省级培训的，要求学校上报方案并进行培训，省教育厅派专家进行指导监督，再补发培训证。切实做到了“不培训，不上岗”。二是依托云南大学成立了云南省高校思想政治理论课师资培训中心，以学校为主来进行学历补偿或学历提升培训。三是通过审定主题、划拨经费的方式，委托高等学校思想政治理论课教学研究会的各个分会进行高层次学术培训。四是由省教育厅和学校两个层面组织思想政治理论课教师在省内调研、省外和国外考察，进行实践性培训。

(3) 抓好课堂教学的基本环节，提倡启发式、参与式、研究式和案例式教学，力求生动活泼、以情动人、以理服人。各高校全面推进思想政治理论课集体备课制度、听课评课制度，加强动态服务和过程管理。如云南大学在“思想道德修养与法律基础”课的教学中，采取专题讲座的形式进行教学，把整个教学内容分解为22个专题讲座，各专题既相互联系又相对独立，大大地增强了教学的吸引力，学生到课率达到97%以上。云南民族大学围绕新课程建立教学资料数据库，为学生和教师提供学习和教学资源；同时进一步加强实践教学环节，改进考试的方式方法。云南农业大学、云南艺术学院等高校充分发挥辅导员队伍、共青团组织的作用，把课堂教学与实践教学有机结合起来，把学生的平时表现纳入思想政治理论课考试之中，引导学生在学习生活中加强思想品德修养。

(4) 建立健全了思想政治理论课教师的表彰奖励机制。在把高校思想政治理论课教师纳入全体教师评先推优体系和德育先进工作者评选表彰范围的基础上，建立了每两年评选表彰一次思想政治理论课教学名师的制度。迄今为止，共评选表彰思想政治理论课教学名师17人。各高校从师德入手，组织思想政治理论课教师认真学习马克思主义中国化的最新理论成果，要求思想政治理论课教师必须做到“真学、真懂、真信、真用”马克思主义，坚定马克思主义理想信念。鼓励教师在职或者脱岗攻读研究生。采取“走出去”“请进来”和“传帮带”等办法加强对教师的培养，思想政治理论课教师的政治责任感和育人意识普遍增强，教学水平有了新的提高。

(5) 开展“五个一”评选活动。从2005年起，连续三年组织“两课”“精彩一课”教学示范片、教学课件、精彩教案或备课方案、教育教学实效性调研报告、教师社会实践报告评选活动，强化教师深入开展教学研究的意识。同时，在全省范围内遴选专家，组建高校学生形势与政策教育教学宣讲团，培育一批形势与政策教育的专家，为提高教学水平奠定了坚实基础。

(6) 加强学科和课程建设，提升科研、教研水平。我们抓住国家设立马克思主义理论一级学科的难得机遇，会同有关部门切实加强马克思主义理论学科建设。截至目前，云南省高校有马克思主义理论二级学科博士学位授权点 2 个，7 所高校获得了马克思主义理论学科硕士学位授予权。新办本科院校也十分重视马克思主义理论学科建设。如红河学院在办学经费极端困难的情况下，把“马克思主义中国化研究”列入校级 A 类重点建设学科，建设周期为三年，每年给予 12 万元的经费。省教育厅以思想政治理论课本科 4 门必修课和形势与政策课省级课题为龙头，不断推进高校思想政治理论课建设和形势与政策课的科研、教研工作。全省各高校结合各自的实际，选择1～4 门思想政治理论课新课程作为学校的精品课程来建设，以精品课程建设推动思想政治理论课新课程教学质量的提高。有的高校对列入校级精品课程建设的每门课程拨给 1～3 万元经费。

（三）完善督导评估，促进理论课建设

(1) 不断完善《云南省高等学校“两课”建设评估方案》。2000 年起，省教育厅结合实施高校思想政治理论课“98 方案”，制定了《云南省高等学校“两课”建设评估方案》，并对全省高校“两课”建设进行了评估。2002 年，进一步完善了云南省高校“两课”建设评估制度，实行“自主申报，动态管理，滚动评估，定期复查”，变被动式的检查为主动式的建设，每 5 年复查一次；评估等级为优秀、良好、合格、不合格 4 个等级。根据高质量全面实施“05 方案”的要求，为更好地实现分类指导，云南省正在组织专家修订本科学校思想政治理论课建设评估方案和研制高职高专学校思想政治理论课建设评估方案。截至目前，云南省高校共有思想政治理论课建设优秀等级学校和良好等级学校各11所。通过评估，有力地促进了云南省高校的思想政治理论课建设及教育教学工作。

(2) 在云南省高校督导团内成立云南省高校“两课”督导组（现改为思想政治理论课督导组）。督导组由高校在职和退休的思想政治理论课教授、教学管理部门负责人组成。自1996年成立以来，定期或不定期对高校的思想政治理论课建设及教育教学情况进行检查，参与高校思想政治理论课建设评估，有力地促进了“05方案”的高质量实施。

(3) 建立高校思想政治理论课和形势与政策课教育教学“手拉手”共建机制。为帮助新办高职高专学校尽快提高思想政治理论课教育教学水平，缩小校际差距，促进校际交流，达到双向互动和共同提高的目的，省教育厅从2005年起，在全省高校开展思想政治理论课和形势与政策课教育教学“手拉手”共建活动。共建学校是由评估为优秀、良好等级的学校与新办高职高专学校结对，在思想政治理论课和形势与政策课教育教学单位建设、教学、科研、社会实践等方面实现共建。

二、主要成效

通过以上工作，我们取得了以下成效：

(1) 对高校思想政治理论课建设工作的思想认识大大提高，环境氛围大大改善，建设条件大大改进，工作系统逐渐形成，关系进一步理顺，体制和机制进一步健全，落实力度进一步增强。

(2) 高校思想政治理论课教育教学的针对性、实效性和吸引力、感染力明显增强，教学效果明显提高，促进了广大学生思想政治素质和综合素质的提高。据对10所高校的800名学生进行无记名抽样调查，思想政治理论课教学满意和比较满意率2006年为67.3%，2007年为73.9%。云南省高校大学生党员数和入党积极分子人数逐年提高。好人好事蔚然成风，涌现出云南农业大学见义勇为大学生杨继斌等一批典型。

(3) 高校思想政治理论课教师队伍整体素质明显提高。在全国

“精彩一课”评选中，云南省先后有 4 名教师获全国第一批“精彩一课”奖；2005 年在中宣部和教育部组织的高校“两课”教学大纲评选中，云南省申报的“马克思主义基本原理概论”和“中国近现代史纲要”两门课程大纲入选，王展飞、张建国等 5 位专家成为全国课题组的首席专家和主要成员，填补了此前云南省没有专家进入全国马克思主义理论研究和建设工程的空白；云南大学苏升乾教授、昆明理工大学樊勇教授参加了教育部组织的“思想道德修养与法律基础”“马克思主义基本原理概论”精彩课程全程示范片的讲授和录制工作，展示了云南省思想政治理论课教育教学的水平，涌现出以王展飞、温茂芬、张建国、郝立新、陈路、李申文、苏升乾、陈国新、樊勇、韩跃红、熊万兴等为代表的知名教师。

高校思想政治理论课担负着光荣而艰巨的历史使命。我们将进一步从提高人才培养质量和全面实施素质教育的高度，切实把思想政治理论课作为一把手工程来抓；贯彻学校教育、育人为本的要求，把这个“本”切实体现在学校工作、教育工作的各个方面、各个环节之中；按照德智体美、德育为先的要求，使受教育者既成人又成才，为我国教育事业的改革、发展、稳定做出应有的贡献。

第三篇　理论研究篇

党的十一届三中全会为马克思主义理论研究指明了方向，开拓了研究领域，创造了研究的良好环境和条件。可以说，党的十一届三中全会后，全国迎来了科学研究的阳光灿烂的春天。从那时开始到党的十八大，我的理论研究大体分为四个阶段。从党的十一届三中全会至1984年前后，主要是基于伟大的历史转折，从新的视角研究马克思主义哲学的基本原理，探寻马克思主义哲学的本质及其历史使命，思考现实生活中的重要哲学问题。1985—1992年，随着社会主义改革和建设的全面展开，研究内容也有所扩展，涉及经济、政治和思想文化领域，但仍以哲学世界观的具体运用为主轴。从1992年邓小平视察南方讲话和党的十四大至党的十五大，主要是研究邓小平理论与邓小平哲学思想，并结合改革中的新问题做一些研究。从党的十六大到党的十八大，主要是研究马克思主义的基本原理和马克思主义的科学体系等问题。

在这个过程中，我的研究思路大致有以下几点，这几点并不是一开始就十分明确的，同样是一个从感性到理性的过程：

其一，坚持马克思主义科学性和革命性的统一。科学性是前提，革命性是科学性的必然结论。只有以科学的态度、科学的方法去研究马克思主义的论述，才能深刻地理解和揭示其科学真理，并将其运用于改造世界的实践。

其二，以我国的社会主义改革和建设为中心，关注时代的脉搏，关注实践中提出的新问题，关注理论的实际运用，使研究的成果能为贯彻党的路线、方针、政策发挥积极作用。

其三，立足于哲学的高度，把辩证唯物主义和历史唯物主义的立场、观点、方法运用于理论研究中。无论研究什么问题都从哲学层面进行思考，以拓宽思路，增强深度，避免主观性和片面性。理论研究中常常出现一些分歧甚至对立的观点和意见，这就需要哲学分析。例如，我在研究市场经济的作用，80年代大学生的思想道德状况，当代青年学生之人生观、价值观，以及现代西方社会思潮等等问题时，都力求以历史的观点、实践的观点和辩证的方法进行具体分析，以达到比较科学的认识。

其四，围绕马克思主义理论教学中的重点和难点问题开展研究。时代赋予马克思主义新的内容，实践也给马克思主义提出了许多新的问题，如果我们不研究这些新的内容和新的问题，给学生讲授马克思主义理论课就必定没有吸引力和说服力，使学生感到枯燥无味，误认为马克思主义是教条，达不到以科学的理论武装人的目的。

其五，鉴于理论研究需要多学科的参与，需要群体的智慧，我认为开展集体研究是提高研究水平的一种重要形式。我主持完成的几本论著，都是联合省内或省外同行共同研究的成果。当然，这种形式也带来一些问题，如研究过程中争议较多，统稿时较为费力，但争议多又有利于互相启发，推动认识的深化。同时，吸收一些中青年同志参加研究，对于培养锻炼理论队伍也是有益的。

第十章 十一届三中全会精神与马克思主义哲学的研究

真理标准的讨论，开启了思想理论上的拨乱反正。这场讨论始于北京，推及全国，云南大学的申有龙和省委党校杨灿震参加了北京的讨论会。他们回昆后，及时宣传了讨论会的情况。为了更好地研究问题，申有龙联络了几所高校从事哲学教育的六位教师，组成了“六哲小组”。这六位教师除申有龙外，还有云南师范学院的李以国，昆明工学院的孙佩贞、刘学梅，昆明医学院的程传贤和我，后来陈国新也参加进来。可能是由于我年龄较大，选我为小组的召集人。从1978年到1980年，“六哲小组”经常在一起研究问题，撰写文章。其间，我和申有龙合作撰写了《评林彪、“四人帮”左倾机会主义路线的“理论”》，文章发表在《思想战线》上。1980年到1981年，为了澄清在矛盾同一性和矛盾斗争性问题上的错误认识，我相继撰写了《关于矛盾同一性和矛盾斗争性的几个问题》《对矛盾同一性和矛盾转化问题的探讨》两篇文章。与此同时，我参加了省委宣传部组织的《漫谈思想路线》《马克思主义哲学基础知识》等著作的编写。

1983年，中央召开了纪念马克思逝世100周年大会和理论研讨会，我作为云南理论界的代表参加了会议，在纪念大会上聆听了胡耀邦的报告，见到了邓小平。理论研讨会在中共中央党校举行，周扬同志出席了会议并在会上做了发言。他的发言主要是讲了人道主义和社会主义异化问题。周扬的发言产生了强烈的反响，研讨会停会三天再继续开会。有几位同志在发言中批评了周扬的观点。我对周扬同志的发言没有深入研究，但是他在发言中引用了马克思《1844 年经济学哲学手稿》中的一些观点，对此我是有不同看法的。在我看来，手稿是一部非常重要的著作，但其中的马克思主义哲学思想还不成熟，手稿虽然触及了资本主义的社会关系，但还没有揭示社会关系的本质。手稿关于异化的扬弃和共产主义社会的人的本质的复归等论述，还明显带有思辨的性质。所以，不能说手稿的思想构成了历史唯物主义的基础。但可以说，手稿是解答“历史之谜”的起点。1845 年，马克思的《关于费尔巴哈的提纲》才是“新的世界观的天才萌芽”的标志。参加会议回来后，我撰写了《从马克思主义哲学的本质谈谈对我国新的历史时期哲学工作的意见》，文章发表在《云南社会科学》上。文章的第一部分，把我对手稿的基本理解做了说明。同年，在湖南长沙召开了纪念毛泽东诞辰 90 周年大会和理论研讨会。我为会议提交了《关于社会主义基本矛盾的理论及其发展》，文章收录于湖南人民出版社 1985 年出版的《论新时期毛泽东哲学思想的发展》一书中。1986 年，我们党提出了发展社会主义商品经济，我针对当时社会的思想反映，撰写了《要重视对发展商品经济过程中人们思想认识问题的科学分析》。

现选取我在这一时期的部分成果整理如下：

一、关于矛盾同一性和矛盾斗争性的几个问题*

近年来，理论界就矛盾同一性和矛盾斗争性等问题进行了较为充分的讨论。这对于正确理解对立统一规律，澄清多年来所造成的理论上的混乱有着重要的意义。目前这个问题的研究正在深入，本节仅就以下几点谈些

* 本节内容发表于《理论学习》1980 年第 26 期。

粗浅的意见，以期得到同志们的指教。

（一）矛盾转化不能包括在矛盾同一性中，应该作为一个单独的范畴

1979年教育部举办的政治理论教员讲习会上，有同志提出矛盾同一性不能包括矛盾转化本身。我认为这是在理论上的突破，值得认真研究。当前，对此问题仍有异议，这是正常现象。如：有的同志还是坚持认为转化是同一性的一种表现形式；而有的同志虽然肯定转化是事物既对立又统一的结果，不应归入同一性中，但因没有与之相对应的范畴，故认为其不必单独作为一个范畴，可以在对立面的统一是事物发展的源泉中去论述。我们感到后一种说法的理由站不住脚。作为科学的范畴在形式上可以是成对的，也可以是不成对的，关键看它是否从一定的方面揭示了事物发展过程的本质的联系。如质量互变规律中，质和量是一对重要范畴，度则没有与之相对应的概念，但它体现了质和量的统一，也是这个规律中的重要范畴。矛盾转化在事物发展过程中具有重要作用，它不仅具有客观性，而且也有普遍性，应该同矛盾同一性、矛盾斗争性一样，将其作为一个重要范畴来研究。

第一，“矛盾转化”范畴的客观性和普遍性。一切事物都是矛盾，一切矛盾着的东西，都互相联系着，不但在一定条件下共处于一个统一体中，而且在一定条件下互相转化，这是客观存在的事实。科学发展已经充分证明，世界上千差万别的事物，由于互相联系和互相转化，形成了统一的物质世界。从物质运动的五种基本形式来看，它们之间也是互相转化的。没有转化就没有今天的人类社会。转化之所以必然发生，乃是由于事物的内部矛盾，由于各种运动形式都不会丧失转化为别种运动形式的能力。再以唯物辩证法中的范畴为例，矛盾普遍性和矛盾特殊性、主要矛盾和次要矛盾、量和质、肯定和否定、现象和本质、必然和偶然、原因和结果、可能性和现实性、形式和内容等，都在一定条件下互相转化。而这一切的互相转化，又是客观事物的转化在主观思想中的反映。

翻开马克思主义经典作家的哲学著作，其中对矛盾转化都有明确的论述。马克思说：“两个相互矛盾方面的共存、斗争以及融合成一个新范畴，

就是辩证运动。”① 这里说的“融合成一个新范畴”就是指矛盾的转化。而矛盾转化是同矛盾方面的共存、斗争相并列的。恩格斯说：“辩证法是关于普遍联系的科学，主要规律：量和质的转化——两极对立的相互渗透和它们达到极端时的相互转化——由矛盾引起的发展或否定的否定——发展的螺旋形式。”② 在这里，恩格斯十分清楚地把对立统一规律概括为对立面的相互渗透和对立面的互相转化。把矛盾转化作为一个范畴是毋庸置疑的。列宁说：“马克思主义辩证法的基本原理是：自然界和社会中的一切界限都是有条件的和可变动的，没有**任何一种**现象不能在一定条件下转化为自己的对立面。”③ 这说明了矛盾转化的普遍性。毛泽东说：“矛盾着的对立的双方互相斗争的结果，无不在一定条件下互相转化。”④

经典作家们类似的论述还有很多。这些论述都一致肯定了矛盾转化的客观性和普遍性，都把矛盾转化作为对立统一规律中的一个重要范畴。

第二，矛盾斗争性和矛盾同一性都包含不了矛盾转化的内容。矛盾转化是矛盾同一性和矛盾斗争性相互结合而发生作用的结果。矛盾斗争性不包括矛盾转化的内容，这是人所共知、普遍承认的。那么矛盾同一性包不包括矛盾转化的内容呢？答案是不应该也不能够包括。矛盾同一性是指矛盾双方的一致性，表现为互相联系、互相渗透，共处于一个统一体中。矛盾转化是讲矛盾双方的互相分享、统一体的破裂，新的统一体代替旧的统一体。两个概念的含义完全不同。一个是相互依存，一个是相互分离；一个起着维持统一体的作用，一个是新的统一体代替旧的统一体。怎么可以把矛盾转化包含在矛盾同一性之中呢？诚然，矛盾同一性与矛盾转化是有联系的。这就是矛盾双方的互相联系和互相渗透为矛盾转化提供了前提条件，架设了由此及彼的桥梁。但是，转化的条件并非转化本身，有了桥梁并不等于已经过了桥。所以二者是有区别的。区别的明显表现就是：首先，同一性体现着事物的矛盾双方不可分离的联系性，矛盾转化则是渐进

① 马克思，恩格斯．马克思恩格斯选集：第1卷．北京：人民出版社，1995：144.
② 马克思，恩格斯．马克思恩格斯选集：第4卷．北京：人民出版社，1995：259.
③ 列宁．列宁选集：第2卷．北京：人民出版社，1995：693.
④ 毛泽东．毛泽东文集：第7卷．北京：人民出版社，1999：239.

过程的中断，是事物发展的飞跃和质变，而质变不仅是联系的环节，而且是发展的环节；其次，按照唯物辩证法的观点，矛盾同一性是相对的，也就是说，一切过程都有始有终，任何矛盾双方都不可能永远互相依存下去，而矛盾转化是绝对的，一切过程都转化为它们的对立面，如果把矛盾转化本身包括在矛盾同一性中，就会变成矛盾同一性也是绝对的，这样，在概念的内涵上就自相矛盾，无法自圆其说；最后，从矛盾转化的原因来看，分别考察矛盾同一性和矛盾斗争性，都无法说明矛盾双方为什么会转化，只有从矛盾同一性和矛盾斗争性的相互结合中，才能揭示矛盾转化的原因，才能找到事物发展的动力和源泉。正如毛泽东所说的："矛盾着的对立面又统一，又斗争，由此推动事物的运动和变化。"①

有的同志引证列宁的一段话——"**辩证法**是一种学说，它研究**对立面**怎样才能够**同一**，是怎样（怎样成为）**同一的**——在什么条件下它们是相互转化而同一的，——为什么人的头脑不应该把这些对立面看作僵死的、凝固的东西，而应该看作活生生的、有条件的、活动的、彼此转化的东西。"② ——来说明矛盾同一性包含了矛盾转化的内容。这种理解是不对的。列宁这段话并不是阐述矛盾同一性的含义，而是说明辩证法研究的主要内容是什么。就从字义来理解，列宁在这里把矛盾转化放在重要地位，认为同一性和转化是有区别的。列宁在其他好几个地方都是分别提出同一性、斗争性、转化的。如"不仅是对立面的统一，而且是**每个**规定、质、特征、方面、特性向**每个**他者［向自己的对立面?］的**过渡**"③。"对黑格尔来说，这里主要的也是把**过渡指出来**。……不仅是（1）一切概念和判断的**联系**、不可分割的联系，而且是（2）一个东西向另一个东西的**过渡**，并且不仅是过渡，而且是（3）**对立面的同一**"④。

第三，矛盾转化在对立统一规律中的地位。对立统一规律是唯物辩证法的核心，它阐明了世界上一切事物的"自己运动""自生的发展"和

① 毛泽东．毛泽东文集：第7卷．北京：人民出版社，1999：213.
② 列宁．列宁全集：第55卷．北京：人民出版社，1990：90.
③ 同②191.
④ 同②147-148.

"蓬勃的生活"，揭示了事物发展的源泉。仅仅研究矛盾同一性和矛盾斗争性，还不能全面地理解对立统一规律的实质，不能正确认识事物是如何在既对立又统一中发展的。只有对矛盾转化加以研究，才能把握对立统一规律的内容。从根本上讲，人们学习和掌握对立统一规律，就是要根据事物自身运动的规律做事物的转化工作。毛泽东指出："共产党人的任务就在于揭露反动派和形而上学的错误思想，宣传事物的本来的辩证法，促成事物的转化，达到革命的目的。"①

（1）矛盾转化是事物发展的决定性环节，否定了矛盾的转化，就是否定了事物的发展。形而上学就是认为事物是不运动、不发展变化的，即使有变化也只有位置的移动、量的变化，而没有根本性质的变化。列宁说："如果一切都发展着，那么一切就都相互过渡，因为发展显然不是简单的、普遍的和永恒的**生长**、**增多**（或减少）等等。——既然如此，那首先就要**更确切地**理解进化，把它看作一切事物的产生和消灭、相互过渡。"② 为了强调矛盾转化的飞跃性质，划清唯物辩证法和形而上学的界限，列宁还指出："辩证的过渡和非辩证的过渡的区别何在？在于飞跃。在于矛盾性。在于渐进过程的中断。在于存在和非存在的统一（同一）。"③

（2）矛盾转化与矛盾同一性和矛盾斗争性是密切联系的范畴，只有具体地研究矛盾转化的内容和形式，并把同一性、斗争性同转化联系起来考察，才能正确分析同一性和斗争性的关系，才能深刻认识同一性和斗争性在事物发展中的作用。马克思把两个相互矛盾方面的共存、斗争、转化看作辩证运动的实质，这说明这些范畴之间存在着不可侵害的联系，抽掉了其中任何一点内容，都会影响对事物辩证运动实质的理解。我们肯定"有条件的相对的同一性和无条件的绝对的斗争性相结合，构成了一切事物的矛盾运动"这一观点的正确性，就是因为这个观点客观地而不是主观地、科学地而不是任意地概括了事物辩证运动的实质。

（3）"矛盾转化"范畴也同对立面的同一和斗争一样，贯穿于质量互

---

① 毛泽东．毛泽东选集：第1卷．北京：人民出版社，1991：330.

② 列宁．列宁全集：第55卷．北京：人民出版社，1990：215.

③ 同②244.

变规律和否定之否定规律之中，对理解这两个规律也具有重要意义。从量变到质变、肯定到否定再到否定之否定，显示了矛盾转化的客观性和必然性。把对立统一规律贯穿到辩证法的一切领域，这是坚持唯物辩证法的一元论的基本要求。其基本要点在于：无论是量变和质变、肯定和否定还是其他辩证法的范畴，都不仅是对立面的统一，而且是对立面的转化。同时，通过对质变和辩证的否定的内容和形式的研究，又可以加深对矛盾转化的理解。

总之，我认为把矛盾转化作为一个独立的范畴来研究，至少有以下三点意义：第一，更加科学地区分对立统一规律的范畴；第二，有助于具体而深入地研究矛盾转化的原因、条件和形式、内容，防止对矛盾转化的曲解和简单化；第三，可以加深对唯物辩证法一元论的理解。

（二）关于对矛盾同一性、矛盾斗争性、矛盾转化的理解

过去我们对这几个范畴的意义研究得很少，可以说是处于囫囵吞枣的状态。当前理论界正在开展讨论，通过讨论把它们的含义搞得更清楚些、具体些，显然有重要的理论意义和实践意义。

第一，关于矛盾的同一性。（1）矛盾同一性讲的是矛盾双方的一致性（不是完全一致），而不是矛盾双方的差别性（同一中有差别）。这种一致性表明矛盾双方具有共同因素和内在联系，共处于一个统一体中。矛盾同一性表现为矛盾双方的互相依存、互相联结、互相贯通、互相渗透以及由此而产生的矛盾双方互相转化的趋势。有的同志认为矛盾同一性的基础是矛盾斗争性。这个看法似有不妥。我们认为所谓“没有斗争性就没有同一性”的提法，是从斗争性和同一性都是矛盾的属性来说的，不应理解为斗争性是同一性的基础。如果这样理解，那么我们也可以说“没有同一性就没有斗争性”，因此同一性是斗争性的基础。事实上同一性的基础不是斗争性而是矛盾双方的一致性。

（2）矛盾双方的互相依存、互相渗透等都属于矛盾同一性的系列，但不是一个意思，不能在完全等同的意义上来引用。互相依存是说矛盾双方互为存在的条件，离开一方他方就不存在。如无产阶级同资产阶级、唯物主义与唯心主义、革命与反革命、正和负、生和死等等矛盾双方就是如

此。互相渗透是说矛盾双方你中有我、我中有你。如量和质、感性认识和理性认识、绝对真理和相对真理、体力劳动和脑力劳动、生产与消费等等。各个事物的矛盾双方究竟如何依存、如何渗透，应当具体分析。只有具体分析才能了解它们之间是怎样同一的，在什么条件下它们是相互转化而同一的。

（3）矛盾双方既然具有一致性就必然有共同点。但是共同点的情况也是不一样的。过去有人说，承认矛盾双方有共同点就是矛盾融合论，就是修正主义观点。这种批判是没有道理的。矛盾双方如果没有一致性，没有共同点，那么怎么能互相依存、联结在一起呢？马克思把生产和消费的同一性称为直接的同一性，认为生产即消费，消费即生产，它们之间显然是有共同点的。当然各种矛盾及其双方的共同点是有区别的。有的具有共同的性质，有的具有共同的对象，有的具有共同的要求，有的具有共同存在的条件……我们需要特别注意的是分清具有根本性质上的共同点和不具有这种共同点的矛盾。因为它关系到怎样处理矛盾的同一和斗争及转化的问题。如工人和农民、领导和群众、社会主义民主和法制等，其矛盾双方都有根本性质上的共同点，处理这类矛盾时应该着力于互相结合、互相促进、互相创造，以利于事物的发展。至于像无产阶级和资产阶级、唯物主义和唯心主义以及敌我双方等矛盾，虽然具有共同存在的条件和某些共同的要求，但不具有根本性质上的共同点。它们的矛盾斗争就不同于前者，即使在量变阶段也主要不是靠互相结合、互相创造来发展自己。斗争性在这类矛盾中起的作用是显著的。

（4）矛盾同一性是事物存在和发展的基础。一方面它决定了事物的常住性，起着维持统一体、巩固和促进统一体的发展、规定矛盾斗争的范围和界限的作用；另一方面它又决定了矛盾转化的趋势和可能性。没有周期性就没有事物的相对稳定状态，就不可能有事物从量的积累到质的变化。但这绝不是说质变过程中便没有矛盾同一性了，只要统一体还存在，矛盾双方就不可分离地联系在一起；也不是说事物的相对稳定状态中只有同一性，没有斗争性；而是说只有矛盾双方互相依存、互相结合才能构成矛盾统一体，维持统一体的存在，随着事物从量变到质变，旧的统一体就被新的统一体代替了。当矛盾还不具备转化条件时，就人为地去破坏矛盾双方的依存性，那就会在实践上造成危害。

第二，关于矛盾的斗争性。(1) 矛盾斗争性讲的是矛盾双方的差异性或反对性。同一中有差异，如果同一中没有差异，那就构不成矛盾。自然现象中所有的两极分离和对立，只存在于它们的相互依存和相互联系中。没有差异的同一，只能是僵死的同一。矛盾双方的这种差异性就是矛盾斗争性的基础。列宁指出："'差别的内在的**发生**'，是差别、两极性的演进和斗争的内部客观逻辑。"① 一切矛盾，不管其矛盾双方是怎样互相依存、互相渗透，它们之间总存在着差异，因而总存在着斗争。这种矛盾的斗争性表现为矛盾双方的互相否定、互相排斥、互相作用。

(2) 矛盾斗争性是一个广泛的哲学范畴，不能与政治上的斗争概念混为一谈。各种事物的矛盾双方的斗争也是各不相同的，需要做具体分析。这种分析应该与矛盾同一性联系起来。矛盾双方互相依存、互相联结的情况不同，决定着矛盾双方斗争的情况也不相同。也就是说，不同的矛盾同一性，影响着矛盾斗争的不同形式，是矛盾斗争形式多样化的原因之一。如工农之间的斗争主要表现为互相促进，而不是主要表现为互相排斥或一方吃掉另一方，它们之间的互相否定，也是为了促进共同发展。战争中敌我双方的斗争就不同了，它主要表现为对抗，其结果是一方吃掉另一方或一方战胜另一方。所以，列宁指出："辩证的东西＝'在对立面的统一中把握对立面'……"② 我们认为，可以把差别、对立、对抗等都归属于矛盾斗争性的系列，但它们在程度上是有区别的，不能在等同意思上来应用。正确地、具体地分析矛盾的斗争性对于在实际工作中解决矛盾有着重要的意义。林彪、"四人帮"的"斗争哲学"能够在相当长的时期内横行，也是同我们在理论上没有对矛盾斗争性做具体分析有关系的。

(3) 有的同志把"分"理解为斗争性，如认为"一分为二"中的"分"就是讲的斗争性，这种观点是不对的。不管"一分为二"中的"分"是指统一物"分"为两个方面，还是指矛盾双方的"分离"或统一体的

① 列宁．列宁全集：第55卷．北京：人民出版社，1990：82.

② 同①83.

“分解”，都不能与矛盾斗争性的含义等同。分离、分解是事物发展中的质变状态，它属于矛盾转化的内容。不能说“分”是斗争性，“合”是同一性。正如我们不能把事物的不平衡状态说成是矛盾斗争性、把事物的平衡状态说成是矛盾同一性一样。过去我们在理论问题上缺乏应有的科学态度，把一些概念、原理搞得很混乱。

（4）矛盾斗争性的作用，一方面表现为它与同一性相结合构成矛盾的统一体，即没有斗争性就没有同一性，没有同一性就没有斗争性；另一方面它是使矛盾双方的状况发生改变的力量，是促使矛盾转化变成现实的力量。近几年来，由于批判“斗争哲学”，有的同志就特别强调同一性在事物发展中的作用，轻视和贬低斗争性的作用，连斗争性是推动事物发展的力量都不敢承认了。这是一种片面性。事实上，在自然界、社会和人类思维中，一切事物的矛盾双方的联系都在发生着变化，是什么力量逐渐改变以至于根本打破矛盾双方的联系呢？显然，联系本身不能起这种作用，能够起这种作用的只有矛盾双方的斗争性。没有矛盾双方的斗争，就没有矛盾双方力量的消长和联系的变化，事物就将永远保持原状，不会发展。这个道理可以用事实来说明。下面再引用几段经典作家的论述。恩格斯说：“进化论证明了，从简单的细胞开始，怎样由于遗传和适应的不断斗争而一步一步地前进，一方面进化到最复杂的植物，另一方面进化到人。”① 列宁说：“没有斗争，就不可能把情况弄清楚，不把情况弄清楚，就不可能顺利前进，就不可能有**巩固的统一**。”② 斯大林说：“我们是在斗争中、在各种矛盾的发展中、在克服这些矛盾中、在发现和消除这些矛盾中前进的。”③ 毛泽东说：“矛盾着的对立的双方互相斗争的结果，无不在一定条件下互相转化。”④ 列宁还说过：“要认识在‘**自己运动**’中、自生发展中和蓬勃生活中的世界一切过程，就要把这些过程当作对立面的统一来认识。发展是对立面的‘斗争’。”⑤ 有同志说列宁在这句话之后紧接着讲了

---

① 马克思，恩格斯．马克思恩格斯选集：第4卷．北京：人民出版社，1995：317.
② 列宁．列宁全集：第44卷．北京：人民出版社，1990：60.
③ 斯大林．斯大林全集：第10卷．北京：人民出版社，1954：283.
④ 毛泽东．毛泽东文集：第7卷．北京：人民出版社，1999：239.
⑤ 列宁．列宁选集：第2卷．北京：人民出版社，1995：557.

“发展是对立面的统一”。不错，列宁是把对立统一联系起来考察的，我们要全面理解。但是联系起来考察并不妨碍人们具体研究斗争性和同一性各自在事物发展中的作用，更不是否认斗争性是推动事物发展的力量。从这些年来的经验看，问题不在于讲不讲斗争，而在于怎样正确地开展斗争，怎样在斗争中把握同一，在同一中把握斗争。试想，要巩固安定团结，不同妨碍和破坏安定团结的东西做斗争行吗？要恢复和发扬党的优良作风，不同歪风邪气做斗争行吗？要实现四个现代化，不同官僚主义做斗争行吗？在自然界的事物中，矛盾的转化也是通过矛盾斗争来实现的。如在太阳系的范围内，一切宏观物体的机械运动，总是在吸引与排斥这两种对立的作用和反作用中实现的；分子运动也是分子间相互作用的结果，分子具有的热运动，就是破坏“静平衡”状态的因素，而热运动的实质就是排斥的一种形式；生命的发展过程，也是通过遗传变异和选择适应的矛盾斗争，不断地一分为二的过程。当然，我们肯定矛盾斗争性推动事物的发展，绝不是说斗争性可以脱离同一性而起作用，也不是否定同一性在事物发展中的作用。同一性和斗争性既然是矛盾的属性，那么两者必然是相结合而起作用的。

第三，关于矛盾的转化。矛盾转化的原因以及矛盾转化在事物发展中的作用如上所述。对于这一范畴的内容再做如下补充：

（1）矛盾转化就是事物的质的飞跃，就是统一物的分解，即一事物转化为他事物。矛盾转化体现了事物的联系和发展，联系是转化的前提，没有联系就没有矛盾的转化，没有转化就没有事物的发展。无限的宇宙之所以是多样性的统一，就是因为事物的联系和转化。正如列宁所说：“如果一切都发展着，那末一切都互相转化。”这里需要注意区别的是，事物在其量变过程中也有矛盾双方的转化，如 A 在运动中成为 B，B 在运动中成为 A。在自然界、人类社会和思维中都有这种现象。但是这种转化是为事物的质变、为矛盾总体上的转化创造条件，只有当量的积累达到一定点时，事物才产生质的飞跃。我们一方面要十分重视这种量变过程中矛盾双方的转化，另一方面又不能把它同事物的根本性质的变化混为一谈。

（2）由于事物的矛盾性质及其所处的条件不同，矛盾转化的情形也是不同的。通常有以下几种情形：其一，矛盾双方因一定条件各向着同自己相反的方面转化。如正转化为负、热能转化为电能、无机物转化为有机物、战争转化为和平、真理转化为谬误等。其二，矛盾双方向对立面所处的地位转化，即矛盾双方主次地位的转换。如：原子核和电子这一矛盾的主、次方面在一定条件下相互转化；无产阶级和资产阶级矛盾双方从资本主义到社会主义，其主次地位也发生了转化。这种主次地位的转化，也是事物性质上的变化。其三，矛盾双方融合为新的统一体，即矛盾双方在其发展过程中，都具有了新的性质，融合成为新的事物。这不是那种一方战胜另一方、一方吃掉另一方的情形。当然，在这种类型的矛盾转化中也有“扬弃”，有对旧的事物的否定，但不是一方否定另一方，而是双方都在“扬弃”。在它们融合成新的事物后，并不是成了无差别的同一，而仍然有其自身的矛盾推动着它的发展。如在思维领域内，原来两种不同的思想、理论都具有一定的真理性，经过互相吸取融合成为更全面、更深刻的认识。而新的认识中又包含着矛盾，经过对立面的同一和斗争推动着认识向前发展。在社会领域内，随着生产力的高度发展，工农差别、城乡差别、脑力劳动和体力劳动差别逐渐消失，并将融合成新的统一。在自然界的现象中，如植物的嫁接、动物的生育也有这种情形。其四，矛盾双方都不存在了，且不是各自向对立面转化，而是为新的矛盾双方所代替。过去把这种情形叫作“同归于尽”。“同归于尽”的提法不确切，因为它表明不了新旧事物的联系。例如，奴隶和奴隶主矛盾双方的斗争，其最终的结局，不是一方战胜另一方，而是奴隶制度的消灭，代之以封建社会制度。奴隶和奴隶主的矛盾，被农民和地主的矛盾所代替。然而，这里还是存在着新旧事物的联系，存在着前者向后者的转化——许多农民由奴隶转化而来，一些奴隶主也转化为地主。

由此可见，客观事物是纷繁复杂的，矛盾的性质和斗争形式也是多种多样的。因而，解决矛盾的方法和矛盾转化的情况也是各不相同的，绝不能千篇一律地对待，必须对不同的矛盾进行细致的具体分析。林彪、“四人帮”所鼓吹的“斗争哲学”就是把对抗的斗争形式普遍化，把一方克服、消灭、吃掉另一方作为矛盾转化的普遍规律。在这种错误观点指导下，我国陷入了混乱之中，一个团结统一、欣欣向荣的社会主义新中国，被他们搅得四分五裂、不成样子。前车之鉴，应该引以为戒。

（3）矛盾转化既是无条件的，又是有条件的。一切事物都是发展的，一切矛盾都必然转化，这是无条件的。否认了矛盾转化的绝对性，就是从根本上取消了辩证法。但是，任何矛盾的转化，都必须具备一定条件。正如毛泽东所说："矛盾着的对立的双方互相斗争的结果，无不在一定条件下互相转化。在这里，条件是重要的。没有一定的条件，斗争着的双方都不会转化。"① 注意矛盾转化的条件性十分重要。坏事向好事转化，后进向先进转化，社会主义向共产主义转化都要有条件。人们做转化工作，就是要认识和掌握事物转化的具体条件，创造事物转化的具体条件，做到因势利导，瓜熟蒂落，水到渠成。不能不顾条件，随心所欲。如"有条件要上，没有条件创造条件也要上""跑步进入共产主义"等等口号都是不顾矛盾转化的条件。我国农业合作化过程中的速度过快，特别是1958年搞的"一大二公、政社合一"的人民公社化，正是忽视矛盾转化的条件性，造成了很多严重后果，以至于如今要花很大力气来端正方针政策。

（三）怎样认识同一性和斗争性的关系

这个问题是长期以来所争论的问题，近几年来更有一些新的见解见之于报刊，值得深入讨论，以求逐渐取得正确认识。

矛盾同一性和矛盾斗争性是相互联结的关系。这一原理大家都没有异议，在此就不赘述了。矛盾同一性和矛盾斗争性的关系中还有个重要的问题，这就是二者是不是相对和绝对的关系。对此有不同看法。有的同志认为：矛盾同一性和矛盾斗争性都是矛盾的根本属性，它们之间只有互相联结的关系，不存在相对同绝对的关系。有的同志认为：矛盾同一性和矛盾斗争性都既是绝对的又是相对的，既相对又绝对的同一性与既相对又绝对的斗争性相结合，构成事物的矛盾运动。还有的同志认为：相对同绝对的差别也是相对的，在有些矛盾中，同一性是绝对的，斗争性是相对的；在

① 毛泽东．毛泽东文集：第7卷．北京：人民出版社，1999：239.

另一些矛盾中，斗争性是绝对的，同一性是相对的。

我们的看法是：第一，分别考察矛盾的同一性和矛盾的斗争性时，可以说，它们各自既是绝对的又是相对的。因为任何事物的存在和发展都离不开同一性和斗争性，这是绝对的。而就具体事物来看，其同一性和斗争性的内容、性质、形式都是有条件的、暂时的，因而是相对的。但是，这样的认识并没有回答矛盾同一性和矛盾斗争性的关系。

第二，就两者的关系来看，除了相互联结的关系以外，还有相对和绝对的关系。“有条件的相对的同一性和无条件的绝对的斗争性相结合，构成了一切事物的矛盾运动。”这个观点无疑是正确的。需要说明的是，所谓绝对相对的关系，既不是讲矛盾同一性和矛盾斗争性的内容、性质；也不是讲它们在事物发展中各起何种作用——谁的作用大，谁的作用小；而是讲矛盾同一性和矛盾斗争性在事物发展过程中的辩证结合的关系，即相对和绝对的辩证结合。这种结合正是事物发生从量变到质变转化的内在原因。如果没有这种相对和绝对的辩证结合，就很难理解事物的发展变化。例如，若是同一性和斗争性都是绝对的，或者同一性、斗争性都是相对的，绝对与绝对结合，相对与相对结合，这样一来事物又如何发展呢？所以，对于同一性的相对性和斗争性的绝对性的关系，只能从这个意义上来理解，不能加进别的意义。那么，这样一来又可能产生另一个问题，即能不能说相对的斗争性和绝对的同一性相结合，构成事物的矛盾运动呢？这也是相对和绝对的关系呀！我们认为，不能得出这个结论。所谓相对性是指条件性，绝对性是指无条件性。同一性的相对性，是讲矛盾双方的互相依存，构成一个统一体是暂时的、易逝的、有条件的，不可能永远互相依存下去。当统一体内部矛盾双方的斗争发展到一定程度的时候，就会导致统一体的分解、破裂，而为新的统一体所代替。这就是“一切过程都有始有终”，“一切过程的常住性是相对的”。假如同一性是绝对的，矛盾双方的互相依存永远不会破裂，那还谈得上什么事物的发展变化呢？可见，肯定矛盾同一性在事物发展过程中的相对性有着显而易见的理论意义和实践意义。矛盾斗争性的绝对性，就是指它的无条件性。“事物的常住性是相对的”的另一面就是“事物的变动性是绝对的”，“一切过程都有始有终”

的另一面就是“一切过程都转化为它们的对立物”。是什么因素决定了事物的变动性是绝对的，决定了一个过程转化为他过程呢？是事物的矛盾斗争。矛盾斗争贯穿于过程的始终，促使事物从相对静止状态转化到显著变动状态，推动事物发展。离开了矛盾斗争就没有矛盾的转化和事物的发展。所以，斗争性是绝对的、无条件的。有的同志说，同一性也是存在于事物发展的两种状态中，离开了同一性也不可能有事物的存在和发展，怎么又不说它是绝对的呢？这里的问题在于：首先，要明确同一性的相对性有它的确切的含义，即事物的常住性是相对的，一切统一体在一定条件下破裂，因而不可能是绝对的同一。其次，斗争性的绝对性是相较于同一性的相对性来说的。绝对的斗争性是寓于相对的同一性之中的。正因斗争性寓于同一性之中，才有旧的统一体的破裂和新的统一体的产生。至于说离开了同一性也不可能有事物的存在和发展，这个观点当然是对的。但是，这个观点的内容同前面所说的通过斗争使同一破裂、使矛盾转化的意思是不同的。同一破裂和矛盾转化恰恰体现了同一性是相对的，斗争性是绝对的。

第三，肯定同一性和斗争性是相对和绝对的关系，不应该排斥同一性的相对性中存在着绝对性，斗争性的绝对性中存在着相对性。这个问题确实是过去在理解同一性和斗争性的关系时被忽视了的重要问题。正确地、全面地理解这种关系有助于人们注意在同一中把握斗争、在斗争中把握同一，促进事物的发展。长期以来，由于只讲同一性的相对性、斗争性的绝对性，不讲相对中有绝对、绝对中有相对，所以造成了许多片面性的东西。例如“斗争就是一切”“斗争就是政策”“分裂就是发展”“转化都是革命”等等观点全是与此有关的。在一些人看来，既然同一性是相对的，斗争性是绝对的，那就要把重点放在斗争上，放在转化上，忽视了事物的质的相对稳定性和转化的条件性，造成了在实际工作中乱搞斗争、乱搞转化的后果，背离了事物发展的客观规律。如何理解矛盾同一性的相对性中存在着绝对性呢？这里有两层意思：一是说相对的同一性中存在着绝对的斗争性，要注意两者的结合，在同一中把握斗争。二是说矛盾双方的互相依存固然是终究要破裂的，因而是暂时的、相对的，但是，只要这个统一体还存在，事物的发展还没有达到质变，矛盾双方就不可分离地联系在一起，因而也就不能任意破坏它们之间的相互依存，这是绝对的、无条件的。例如，社会主义制度下的工农之间、城乡之间、体力劳动和脑力劳动之间存在着互相依存的关系，当生产力水平和科学技术水平还没有发展到足以消灭三大差别时，它们之间的互相依存就是无条件的、绝对的，不能任意加以破坏，而是要维护它们的同一，保证它们的结合，使之在互相依存中互相促进。从1958年以来，我们曾不止一次地想在生产力水平相当低的条件下，用平均主义的办法来缩小和消灭这些差别。如：在农村中用办公共食堂和吃大锅饭等办法来实行"按需分配"；用知识青年上山下乡，工农兵上大学，护士当医生，工人上讲台，科技、文艺人员下放搞体力劳动，以及降低全民族的科学文化水平等办法来缩小以至于消灭三大差别。这些都是不切实际的。结果是适得其反，欲速则不达。这方面的经验教训使我们懂得了要辩证地对待同一性的相对性，在任何情况下都不能把相对看成是排斥绝对的相对。如何理解矛盾斗争性的绝对性中存在着相对性呢？这里也有两层意思：一是绝对的斗争性离不开相对的同一性，要注意在斗争性中把握同一。二是说矛盾的斗争性固然是无条件的、绝对的，但是斗争性寓于同一性之中，矛盾斗争的内容和形式都要受到同一性的制约，也就是说矛盾双方只能在同一性所规定的范围和界限之内进行斗争。这就是绝对性中有相对性，没有离开相对的绝对。例如，我们党内的矛盾斗争是在中国共产党这个统一体中进行的。党内不存在无产阶级和资产阶级两大阶级的对立，在开展党内斗争时就不应该把社会上阶级斗争的办法搬到党内来。即使有的党员已经蜕化变质，那也不是表明党内有了一个资产阶级。"文化大革命"时期，正是在错误的"资产阶级就在共产党内"的理论指导下，破坏了党的团结统一，造成了极大的危害。今后我们在建设四个现代化的过程中，还要处理大量的党内、党外的矛盾，处理大量的人民内部矛盾，在开展矛盾斗争时，一定要注意具体的同一，用正确的方法来解决矛盾。千万不能重蹈覆辙，搞阶级斗争扩大化，搞残酷斗争、无情打击。

二、对矛盾同一性和矛盾转化问题的探讨*

（一）关于对于矛盾同一性的理解

为了正确理解矛盾同一性和矛盾转化的关系，先就同一性问题做点剖析。

理解矛盾同一性有两点是需要注意的。第一，矛盾同一性是辩证的同一，而不是形而上学的等同性。所谓辩证的同一是说“同一性自身包含着差异”①。同一和差异不是不可调和的对立，而是同一个东西的两极。正是差异性和同一性相结合而构成矛盾。第二，矛盾的同一性是具体的同一，不是抽象的同一。这一点与前一点是密切联系的。因为“真实的具体的同一性包含着差异和变化”②，但必须是具有内在联系的差异才是矛盾。黑格尔在论述具体的同一，批判抽象的同一时，把“差异”作为一个哲学范畴，并把差异分为外在的差异和内在的差异两种。外在的差异各自独立，互不影响对方的性质，不互相规定对方，因而不存在具体的同一，不能构成矛盾。内在的差异则是互相规定对方、互相影响对方的性质的差异。列宁肯定了黑格尔的这个观点，并将其称之为“差别的内在发生”。这种内在的差别，才是同一性的差别，即辩证法意义上的对立。

以上两点的意义在于：只有确立了辩证的同一性的观点，才能科学地理解什么是矛盾，进而把握矛盾规律的内容和实质。所谓矛盾，即对立统一，即具有内在差别的同一。矛盾双方的关系是相反相成的关系。其中每一个方面都在自己的独立性中包含着另一个方面，因此两个方面的独立性都只是相对的。例如民主和集中的矛盾，民主的独立性中包含着集中，集

---

* 本节内容发表于《云南社会科学》1981年第3期。

① 马克思，恩格斯．马克思恩格斯选集：第4卷．北京：人民出版社，1995：321．

② 马克思，恩格斯．马克思恩格斯全集：第20卷．北京：人民出版社，1971：557．

中的独立性中包含着民主，两者都不能独立存在，只是由于两者的辩证的同一才构成矛盾。这样，我们就抓住了矛盾的实质，肯定了同一性和差异性（对立性）是矛盾的根本属性。至于矛盾转化，乃同一性和斗争性相互作用而产生的，它不是矛盾的根本属性，也不能包含在矛盾的根本属性之中。但是从矛盾运动的过程来看，从对立统一规律的内容来看，矛盾转化又是一个重要的范畴。这是我们的一个观点。

对于矛盾同一性的内容，也要从矛盾双方的辩证关系中去把握。恩格斯说："两极的分离和对立，只存在于它们的相互依存和相互联系之中，反过来说，它们的相互联系，只存在于它们的相互分离之中，它们的相互依存，只存在于它们的相互对立之中。"① 这里所说的分离是指矛盾双方的对立性，不是指统一体的分解。毛泽东也指出："一切对立的成分都是这样，因一定的条件，一面互相对立，一面又互相联结、互相贯通、互相渗透、互相依赖，这种性质，叫做同一性。"② 可以认为，矛盾斗争性就是矛盾双方的对立性、分离性，矛盾同一性就是矛盾双方的一致性、联系性。如果没有把对立双方联系起来的同一性，矛盾就不存在。只要是矛盾，其对立双方就不可分离地联系在一起，共处于一个统一体中。当这个统一体还未具备分解或破裂的条件时，不能人为地去破坏它们之间的联系。

对立面这种联系的性质又显示出各种不同的情况。一是共同性，即矛盾着的两个方面存在着共同的东西，或一致的东西。正是这种共同性使它们互相联结。当然，所谓共同性不是完全等同，而是异中之同。例如社会主义制度下的领导和群众，领导是社会的公仆，群众是社会的主人，这是不同的。然而，他们又都是劳动者，有共同的利益、共同的事业，这又是相同的。有些事物，矛盾双方的性质根本相反，看起来似乎没有共同的东西，其实不然，如果毫无共同性、一致性，就不可能构成统一体。以无产阶级和资产阶级为例，一个是被剥削阶级，一个是剥削阶级，两者是根本对立的。但它们也有共同的基础和条件。社会化大生产及其所决定的资本

① 马克思，恩格斯．马克思恩格斯全集：第 20 卷．北京：人民出版社，1971：411.
② 毛泽东．毛泽东选集：第 1 卷．北京：人民出版社，1991：328.

主义生产资料所有制，就是它们的共同的基础和条件。又如唯物主义和唯心主义的根本对立，也不排斥它们有共同的研究对象、共同的材料，而且能够在某些内容上互相吸取、互相继承。众所周知，马克思主义哲学就吸取和继承了黑格尔和费尔巴哈的哲学思想。诚然，由于事物的复杂性，各种矛盾的对立双方的共同性也是千差万别的，不应千篇一律地看待。但是，不能因此而否定其共同性或一致性。否认了一致性就是否定了矛盾双方结合的基础。二是依存性，即矛盾着的两个方面互为存在的条件，离开了一方，他方就不存在。双方在互相依存中互相作用，由此而使同一体能够存在和发展。如真理与谬误、困难与顺利、实践和认识、经济基础和上层建筑等，都是互相依存的。经济基础离不开上层建筑，上层建筑也离不开经济基础，它们不仅共处于统一体中，而且互相作用，各以对方为自身存在和发展的条件。三是共通性，即矛盾着的两个方面互相渗透，你中有我，我中有你。矛盾着的一方不只是联系着对方，还包含着对方、创造着对方。如量和质、感性认识和理性认识、绝对真理和相对真理、体力劳动与脑力劳动、生产与消费等等，其矛盾双方都具有共通性。自然界的事物中的矛盾也是如此。正是这种互相渗透性，决定了对立面之间存在着一条由此及彼的桥梁，因而能够在一定条件下向对立面转化。

（二）矛盾同一性和矛盾转化的联系和区别

从矛盾同一性的内容来看，它同矛盾转化显然不是互不相干的两个概念。两者是密切联系的。概念间的联系是客观事物联系的反映。唯物辩证法是关于事物普遍联系和发展的科学，联系的观点是唯物辩证法的基本观点。事物由于相互联系而相互作用，由于相互作用而构成运动，这是事物、现象的客观逻辑。离开了事物的联系就无从考察事物的发展、变化。既然矛盾同一性表明了对立双方的联系，那么无疑也就表明了对立双方的相互作用。既然对立双方是互相贯通、互相渗透的，那么也就为事物向对立面转化提供了条件。我们研究矛盾同一性和矛盾转化的关系时，不是否定它们的联系，而是要搞清它们的联系和区别，从而深入地研究事物的矛盾运动的过程，把握对立统一规律的实质和内容。列宁指出，“**辩证法**

是一种学说，它研究**对立面**怎样才能够**同一**，是怎样（怎样成为）**同一的**——在什么条件下它们是相互转化而同一的”①。这句话说明了同一性和转化是密切联系的，也指出了研究这个问题的重要性。其中“对立面怎样才能够同一”，就是说对立的两个方面是怎样在一定条件下互相联系、互相依存，共处于一个统一体中而构成矛盾的。这个问题前面已经谈到，它主要说明事物是如何既对立又同一的。其中“是怎样（怎样成为）同一的——在什么条件下它们是相互转化而同一的”，是说共处于统一体中的对立双方又是在什么条件下相互转化而成为新的同一的。这就是要从事物的矛盾运动中研究矛盾的转化，研究矛盾为什么会转化，是怎样转化的。列宁把这两个问题联系起来谈，并指出这正是辩证法学说所要研究的，实际上就是对立统一规律所要研究的。如前所述，矛盾双方具有互相联系、互相贯通的性质，为矛盾转化提供了由此及彼的桥梁。同时矛盾双方又具有相互否定、相互排斥的性质，这使矛盾转化的可能性能够在一定条件下实现。一切事物中的矛盾在同一性和斗争性的相互作用中，经过量的积累达到质的变化，从肯定到否定，就完成了向对立面的转化。在这个过程中，矛盾同一性不仅存在于量变阶段，而且存在于质变阶段。尽管在向对立面转化过程中，同一性趋于瓦解，但只要转化过程没有结束，矛盾着的对立双方就始终存在着联系。即使在矛盾转化后，新旧统一体之间也不是一刀两断的。所以，唯物辩证法认为，辩证的否定既是发展的环节，又是联系的环节。

但是，矛盾转化与矛盾同一性又不是同一个范畴，不能把矛盾转化归结为矛盾同一性。同一性、斗争性、转化是对立统一规律中同一序列的、具有不同内容的范畴。矛盾同一性和矛盾转化之间存在着明显的区别。

第一，两者反映着不同的内容和状态。矛盾同一性表示的是矛盾双方的依存性、联系性，它规定了矛盾双方共处于统一体中。矛盾转化表示的是矛盾双方的互相分离，它规定着统一体的分解。这是因为矛盾的同一性是有条件的、相对的，矛盾双方不可能永远相互依存下去，随着对立面的

① 列宁．列宁全集：第55卷．北京：人民出版社，1990：90.

相互作用，必然在一定条件下发生转化。当矛盾转化的条件具备时，硬要阻止统一体的分解，维持原有的同一，那就是阻碍事物的发展。但若在转化的条件未具备时，硬要破坏同一，那也是违反事物发展规律的。这就证明同一性和转化反映着不同的内容和状态。有的同志认为，依存和转化这两种状态都是由于联系而产生的，因此可以把转化归入同一性中。这种观点只是看到同一性和转化中都存在着矛盾双方的联系，而没有看到互相依存中的联系与矛盾转化前后的联系是有区别的。矛盾转化前后的联系已经不是原来共处于统一体时的联系，而是两个不同质的事物的联系。如果把矛盾双方在事物量变的联系与实现矛盾转化后的联系混为一谈，那就是取消了事物的质变，抹杀了量变和质变的区别。同时还要看到，矛盾双方的联系只是转化的条件，并非转化本身，转化同联系不完全是一回事。还有的同志以同一性是静态中的联系，转化是动态中的联系为理由，把转化归结为同一性。这种观点也是难以成立的。即使我们承认静态联系和动态联系的提法是正确的，但两者的内容和结果都不相同，静态联系不改变矛盾的性质，而动态联系则会导致统一体的分解。因此，与其说矛盾同一性包含了转化，不如说矛盾转化中存在着同一性。

第二，矛盾同一性和矛盾转化在事物发展中的作用不同。矛盾同一性起着维持和巩固统一体的作用，在事物处于相对稳定状态中，为事物的量的积累到质的飞跃创造条件，提供矛盾转化的可能性。矛盾转化则是在事物量变的基础上完成质的飞跃，使矛盾不断解决、事物不断发展。矛盾同一性架起了由此及彼的桥梁，矛盾转化则是实现由此及彼的过程。一个起着维持和巩固统一体的作用，一个起着分解和改变统一体的作用。一个是为事物的质变创造条件，一个是实现质的飞跃。两者是有区别的。

第三，矛盾同一性和矛盾转化赖以发生作用的基础和条件不同。统一体中的对立面之所以能够相互作用、相互促进，相互吸取有利于自身发展的因素，是由于它们之间具有内在的联系，存在着一致性。因此，矛盾双方的一致性是同一性赖以发生作用的基础。矛盾转化则不能只从同一性中去找原因。矛盾转化是矛盾同一性和矛盾斗争性相互联结、相互作用的结果。一方面是对立双方的同一性包含着否定自己的因素，孕育着破坏矛盾统一体自身的条件；另一方面是对立双方的不同一性，即对立双方的互相排斥、互相斗争推动着矛盾双方的力量发生变化，当这种变化达到突破现存事物的限度时，对立面相互转化，统一体发生分解。尽管在不同的矛盾中或同一矛盾的不同情况下，矛盾同一性和矛盾斗争性的作用是不一样的，但是，事物从量变达到质变，都离不开同一性和斗争性的相互作用。正如毛泽东所说："矛盾着的对立面又统一，又斗争，由此推动事物的运动和变化。"① 那种把矛盾转化仅仅归结为同一性的作用或仅仅归纳为斗争性的作用的观点都是错误的。

以上简要地说明了矛盾同一性和矛盾转化的联系和区别。从中可以看出：矛盾转化是事物发展中的质变，是联系和分离、连续性和非连续性的统一。它归结于同一性和斗争性的相互联结和相互作用，既不能将它包含在同一性中，也不能将它包含在斗争性中，它是对立统一规律中，一个与同一性和斗争性相联系的范畴。如果把转化归结于同一性，就会抹杀它们之间的区别，就无法解释矛盾转化是同一性的分解过程，就不能从同一性和斗争性的相互作用中去把握矛盾的转化，而且会导致一些逻辑上的矛盾。这样也会给正确理解对立统一规律、质量互变规律、否定之否定规律带来一些问题。所以，我们认为应该把矛盾转化作为一个范畴来研究。

（三）把矛盾转化作为一个范畴的理论意义和实践意义

科学发展已经证明，世界上千差万别的事物，由于相互联系、相互转化，形成了物质世界的无限多样性的统一。物质运动的五种基本形式是互相转化的，没有这种转化，就没有今天的人类社会。从自然界的现象来说，能量守恒和转化定律就是运动守恒原理在自然科学上的表述。从巨大的天体到基本粒子的运动，都严格地服从于这个定律。再以人类社会来看，从猿到人的转化，从原始社会到奴隶社会、封建社会、资本主义社会、社会主义社会的转化，已为社会发展历史所证实。转化之必然发生，

① 毛泽东．毛泽东文集：第7卷．北京：人民出版社，1999：213.

是由事物的矛盾运动和各种运动形式都不会丧失转化为别种运动形式的能力所决定的。所以，转化这个范畴具有普遍性和客观性。

有的同志提出，马克思主义的经典作家并没有把矛盾转化作为一个范畴来论述，不必要“标新立异”，将矛盾转化作为单独的范畴。我们认为这种说法也不符合事实。翻开马克思主义经典作家的哲学著作，其中对矛盾转化有着许多明确的论述。例如，恩格斯说：“辩证法是关于普遍联系的科学，主要规律：量和质的转化——两极对立的相互渗透和它们达到极端时的相互转化——由矛盾引起的发展或否定的否定——发展的螺旋形式。”① 他又说：“由分析表明，一极已经作为胚胎存在于另一极之中，一极到了一定点时就转化为另一极，整个逻辑都只是从前进着的各种对立中发展起来的。”② 这些说法也清楚地表明，恩格斯是把体现互相渗透的同一性与矛盾转化区别开来的。恩格斯把对立统一规律概括为对立面的互相渗透和互相转化的规律，对于理解矛盾转化在对立统一规律中的作用有深刻的意义。列宁曾说，“对黑格尔来说，这里主要的也是把**过渡指出来**。……不仅是（1）一切概念和判断的**联系**、不可分割的联系，而且是（2）一个东西向另一个东西的**过渡**，并且不仅是过渡，而且是（3）**对立面的同一**”③。列宁也是把转化与同一分开论述的。毛泽东说：“矛盾着的对立的双方互相斗争的结果，无不在一定条件下互相转化。”④ 以上说明，马克思主义经典作家也是把矛盾转化作为一个范畴来论述的。

矛盾转化在唯物辩证法及其基本规律中占有重要的地位。恩格斯在谈到自然科学的进步使关于能的转化的积极表述代替了仅仅概括为运动不生不灭的那种表述时指出：“转化过程是一个伟大的基本过程，对自然的全部认识都综合于对这个过程的认识。”⑤ 毛泽东在谈到学习辩证法的重要性时也明确指出：“共产党人的任务就在于揭露反动派和形而上学的错误思

① 马克思，恩格斯．马克思恩格斯选集：第4卷．北京：人民出版社，1995：259.

② 马克思，恩格斯．马克思恩格斯全集：第20卷．北京：人民出版社，1971：545.

③ 列宁．列宁全集：第55卷．北京：人民出版社，1990：147-148.

④ 毛泽东．毛泽东文集：第7卷．北京：人民出版社，1999：239.

⑤ 马克思，恩格斯．马克思恩格斯选集：第3卷．北京：人民出版社，1995：352.

想，宣传事物的本来的辩证法，促成事物的转化，达到革命的目的。”① 可以认为，矛盾转化问题是划清唯物辩证法和形而上学的界限的重要问题。我们知道，对立统一规律是辩证法的核心，它揭示了世界上一切事物的“自己运动”“自生的发展”和“蓬勃的生活”。这里无疑应该包括两个基本的内容：对立双方的统一和斗争是事物发展的源泉和动力，对立双方的转化是事物发展的决定性环节。矛盾转化是事物的质的飞跃，体现了事物的联系和发展。仅仅研究矛盾的同一性和矛盾的斗争性，还不能全面理解对立统一规律，只有进一步研究矛盾转化，才能全面地把握这一规律的内容和实质。如果把矛盾转化放在无足轻重的地位，或者否认转化的飞跃性质，那就可能陷入形而上学的错误。

矛盾转化范畴也同对立面的同一和斗争一样，贯穿于辩证法的其他规律和范畴之中。研究矛盾转化在质量互变规律、否定之否定规律中的作用和表现，对于深入探讨这些规律、坚持唯物辩证法的一元论也有重要意义。事物从量变到质变，从肯定到否定再到否定之否定，都体现了矛盾转化的客观性和必然性。但是，过去我们在这方面的研究处于一般化的状态，缺乏细微而深入的分析。例如，在否定之否定规律中，对立面不是一次转化，而是经过两次转化才完成一个周期，这两次转化究竟有什么区别和联系？又如，必然和偶然、现象和本质的相互转化，具体情况如何，需要什么条件？类似的问题虽然是这些规律和范畴本身需要研究的问题，但是，我们如果重视矛盾转化范畴的研究，并把它贯穿于整个辩证法中，那显然会加深对这些问题的理解。

从我们多年来社会主义革命和建设的实践看，把矛盾转化作为一个范畴来研究还有不可忽视的实际意义。这里仅举两个事例为证。

例一，关于矛盾转化的条件性问题。按照唯物辩证法的观点，一切事物都是发展的，一切对立面都必然互相转化，这是绝对的、无条件的。否定了矛盾转化的绝对性就从根本上取消了辩证法。然而这只是事情的一个方面。事情的另一个方面是，任何矛盾的转化都必须具备一定的条件。人

① 毛泽东．毛泽东选集：第1卷．北京：人民出版社，1991：330.

们做转化工作，从根本上讲，就是要认识转化的条件，创造转化的条件，做到因势利导，瓜熟蒂落，水到渠成。所以，研究转化的条件性是很重要的。而过去，有时只强调转化的无条件性，忽视转化的条件性，甚至不顾主客观条件，随心所欲。诸如“有条件要上，无条件也要上”“人有多大胆、地有多高产”等等口号都是不顾矛盾转化的条件，结果欲速则不达，造成经济建设中的不少失误。

例二，关于矛盾转化的具体形式问题。毛泽东指出：“事物内部矛盾着的两方面，因为一定的条件而各向着和自己相反的方面转化了去，向着它的对立方面所处的地位转化了去。”① 这些论述无疑是正确的。但是，由于具体矛盾的复杂性，矛盾转化的形式也必然是多种多样的。特别是在社会主义条件下，许多矛盾的同一和斗争都与以前的阶级社会不同，矛盾转化的形式和解决矛盾的方法很值得加以研究。然而，在一段时间内，由于“左”倾路线的影响，往往把矛盾转化形式归结为一方消灭一方，一方吃掉一方，形成了所谓“一切都对着干”的“斗争哲学”。其危害之深，众所周知。其实，矛盾转化除了向对立面转化以及向对立面所处的地位转化的形式外，还有其他一些形式。如矛盾双方融合为新的统一体也是一种常见的形式。这种形式表现为矛盾双方在其发展过程中互相作用，互相渗透、互相吸取、互相排除其旧的因素，到一定程度时，结合为新的事物。在这种类型的矛盾转化中，也有否定和扬弃，但不是一方否定另一方，而是既扬弃自身又扬弃他方。当它们融合为新的统一体后，并不是成了无差别的同一，而是仍然有其自身的矛盾推动着它们的发展。如在思维领域中，原来两种不同的思想、理论，各具有一定的真理性，经过互相吸取，互相排除其片面的东西，结合成更全面、更深刻的认识。新的认识中又包含着矛盾，推动着认识不断向前发展。这类情况也是需要从哲学上进行研究和概括的。在自然界中，植物的嫁接、动物的生育也有类似情形。总之，矛盾转化的形式是多种多样的，人们在做矛盾转化工作时，要善于做细致的具体分析，防止主观主义和简单化的倾向。

---

① 毛泽东．毛泽东选集：第1卷．北京：人民出版社，1991：328.

三、从马克思主义哲学的本质谈谈对我国新的历史时期哲学工作的意见*

（一）

“任何真正的哲学都是自己时代的精神上的精华，因此，必然会出现这样的时代：那时哲学不仅在内部通过自己的内容，而且在外部通过自己的表现，同自己时代的现实世界接触并相互作用。”① 这句话是马克思在1842年《〈科隆日报〉第179号的社论》中说的，那时马克思尚处于探索科学社会主义的过程中，但它所包含的深刻思想对于马克思实现哲学的变革，对于我们今天研究哲学，都有重要的意义。

马克思所处的时代是资本主义得到了充分发展、资本主义社会自身固有的矛盾日益尖锐、无产阶级革命蓬勃兴起的时代。一切旧哲学的内容及其表现形式都在新时代面前黯然失色，不能适应社会发展的要求，迫切需要一种崭新的哲学来正确反映无产阶级的利益、观点和文化，给予人们一个绝不同任何迷信、任何反动势力、任何为资产阶级的压迫所做的辩护相妥协的世界观。这种世界观就是辩证唯物主义和历史唯物主义的世界观。

这种科学的世界观是怎样形成的呢？它不是形成于对以往哲学简单的继承和纯理论的推演，而是哲学上的一场伟大变革。这个变革是在对旧世界、旧理论的批判中，是在无产阶级的革命实践中实现的。这是一个深刻揭示旧世界的内部矛盾、概括科学发展成果、总结社会斗争经验、探寻历史发展奥秘的艰苦过程。众所周知，马克思主义哲学的产生有其社会条件、科学基础、理论来源，这里毋庸赘述，仅从对旧世界、旧理论的批判的角度，谈一谈马克思主义哲学的本质。

任何哲学都不是超然于社会生活之外的东西，哲学的存在绝不是为了

* 本节内容发表于《云南社会科学》1983年第6期。

① 马克思，恩格斯．马克思恩格斯全集：第1卷．北京：人民出版社，1995：220.

抽象的目的，而是同宗教、神学、阶级、政治等社会现象紧密联系的，正如恩格斯在《路德维希·费尔巴哈和德国古典哲学的终结》中所说，从15世纪中叶起的整个文艺复兴时代，哲学的内容本质上是和中小市民阶级发展为大资产阶级的过程相适应的思想的哲学表现。18世纪的法国哲学唯物主义成了资产阶级革命的前导。同样，在18世纪末19世纪初的法国，哲学革命也是政治变革的前导。马克思主义哲学所实现的变革首先是从研究社会实际问题、研究无产阶级和农民群众的利益开始的。马克思认为，哲学必须深入实际斗争，“对当代的斗争和愿望作出当代的自我阐明”①。他在《莱茵报》工作期间所写的《关于新闻出版自由和公布省等级会议辩论情况的辩论》《关于林木盗窃法的辩论》《关于摩泽尔记者的辩护》等文章，都同社会实际相联系，都触及了社会政治生活的客观基础。尽管马克思这段时间还没有摆脱黑格尔和费尔巴哈哲学的影响，然而他已开始意识到“彼岸世界”的真理对现实的改造无能为力；历史的任务就是确立此岸世界的真理，把对天国的批判变成对尘世的批判，把对宗教的批判变成对法的批判，把对神学的批判变成对政治的批判。他在1843年9月致阿尔诺德·卢格的信中鲜明地提出：“什么也阻碍不了我们把政治的批判，把明确的政治立场，因而把**实际**斗争作为我们的批判的出发点，并把批判和实际斗争看作同一件事情。在这种情况下，我们不是教条地以新原理面向世界：真理在这里，下跪吧！我们是从世界的原理中为世界阐发新原理。”② 这个思想是相当精辟而深刻的。正是在这种思想指导下，他一方面在批判黑格尔唯心主义的同时，剥取其辩证法的内核并将其作为观察现实的武器；另一方面又联系社会斗争对费尔巴哈的哲学进行深入研究。当他读了费尔巴哈《关于哲学改造的临时纲要》后，既给予高度的评价，又指出其中一个根本缺陷是“强调自然过多而强调政治太少。然而这是现代哲学能够借以成为真理的惟一联盟”③。这种情况决定了马克思必然要超越黑格尔和费尔巴哈并把哲学继续向前推进。

---

① 马克思，恩格斯．马克思恩格斯全集：第47卷．北京：人民出版社，2004：67.

② 同①66.

③ 同①53.

要研究社会实际就必须深入社会实际，以便从错综复杂的现象中找到其本质的决定性的东西。“社会历史是什么”“社会经济形态的发展究竟是怎样的一个过程”“什么是构成历史的真正动力”“如何使现存社会革命化”等等问题，都只能在深入实际斗争中、在哲学与政治的联盟中找到答案。为此，马克思从 1843 年冬开始了政治经济学的研究，并且亲自到巴黎直接观察资本主义的现实基础。他在观察调查中感受到无产阶级不仅是一个饱受压迫的阶级，而且是社会革命的决定力量。他在这时所写的《〈黑格尔法哲学批判〉导言》把无产阶级看作人类解放的心脏，把哲学看作人类解放的头脑，并且指出：哲学把无产阶级当作自己的物质武器，同样地，无产阶级也把哲学当作自己的精神武器。这说明马克思已经从无产阶级的立场上来看待哲学的作用。没有在实际斗争中形成的这种立场，新哲学的产生是难以想象的。

马克思力图使哲学为无产阶级斗争服务的立场，在他写作的《1844 年经济学哲学手稿》中有着明显的反映。在这本著作里，马克思不是对以前的各种哲学思想加以简单的概括，也不是仅仅综合黑格尔和费尔巴哈的哲学成果，而是着眼于人与社会的关系，着眼于时代的深刻社会矛盾的分析，把视野追踪到资本主义社会的经济、政治、文化等各个领域，力图用唯物辩证法改造政治经济学，以揭示资本主义的社会关系和阶级矛盾。他通过对国民经济学的批判，提出了“劳动异化”的概念，尽管这个概念还不是真正经济科学和历史科学本身的概念，但是，他指出“通过异化劳动，人不仅生产出他对作为异己的、敌对的力量的生产对象和生产行为的关系，而且生产出他人对他的生产和他的产品的关系，以及他对这些他人的关系”①；并且认为经济异化是决定人们政治异化和思想异化的东西。可见，马克思在这里已经开始触及人与人之间的社会关系，触及资本主义的剥削制度。

1844 年以后，马克思在改造经济学的过程中进一步批判了费尔巴哈的唯物主义，批判了“真正社会主义”和蒲鲁东主义等，从社会关系的总和

① 马克思，恩格斯．马克思恩格斯选集：第 1 卷．北京：人民出版社，1995：49.

中去研究人的本质，从资本主义的现实生活中去剖析人与人、人与社会、“市民社会”与国家等的关系，实现了向唯物史观的飞跃，形成了他在《德意志意识形态》中所阐明的一个极其重要的理论观点：唯物史观就在于“从直接生活的物质生产出发阐述现实的生产过程，把同这种生产方式相联系的、它所产生的交往形式即各个不同阶段上的市民社会理解为整个历史的基础，从市民社会作为国家的活动描述市民社会，同时从市民社会出发阐明意识的所有各种不同理论的产物和形式，如宗教、哲学、道德等等，而且追溯它们产生的过程”①。随后，马克思在《哲学的贫困》《雇佣劳动与资本》等著作中，具体阐明了生产力和生产关系的矛盾运动，指出它们之间的矛盾必然引起社会革命，而被压迫阶级要获得解放就必须使既得的生产力和现存的社会关系不再继续并存。由此可以看出，在 1847 至 1848 年的马克思的著作中，关于历史唯物主义的基本原理已经得到了明确的阐述。正如列宁所说：“马克思在 1844—1847 年离开黑格尔走向费尔巴哈，又**超过**费尔巴哈走向历史（和辩证）唯物主义。”②

从以上关于马克思主义哲学产生的简略过程中，可以得出如下几点简短结论：第一，马克思主义哲学所进行的变革，是在对旧理论、旧世界的批判中实现的。它的根基深藏于现实社会之中，它的方法是理论和实践相结合，它的目的是建立一种新的为无产阶级斗争所需要的世界观。第二，马克思主义哲学变革的实质，在于用唯物辩证法改造全部政治经济学，把唯物主义彻底贯彻到社会历史领域，使它成为完备的唯物主义哲学，从而为分析社会历史提供科学的世界观，使社会主义从空想变成科学。第三，马克思主义哲学的变革，破除了哲学的神秘观念，带来了哲学的解放。无产阶级不仅由于有了马克思主义哲学而明确了自己的历史使命，而且在改造世界的实践中掌握了强大的精神武器。以上几点又可概括为：马克思主义哲学的本质是批判的、革命的；它的显著特点是实践性和阶级性；它的使命是把伟大的认识工具给予人类，特别是给予无产阶级，以使其达到改造世界、解放自己和全人类的目的。

---

① 马克思，恩格斯. 马克思恩格斯选集：第 1 卷. 北京：人民出版社，1995：92.

② 列宁. 列宁全集：第 55 卷. 北京：人民出版社，1990：293.

（二）

一百多年来，马克思主义哲学确实给无产阶级和劳动人民指明了摆脱精神奴役的道路，成为革命人民认识世界和改造世界的强大思想武器。俄国十月革命和我国新民主主义革命与社会主义革命的胜利，以及一切国家的无产阶级革命斗争，都是同马克思主义哲学的指导分不开的。而且在不同国家的革命实践中，都由于斗争的需要而丰富和发展了马克思主义哲学。列宁的哲学思想和毛泽东的哲学思想是丰富和发展马克思主义哲学的光辉典范。事实说明，在共产主义运动发展的各个阶段上，实现哲学同无产阶级革命事业的结合，是开创新时代、新局面的前提。现在，我国已经进入全面开创社会主义现代化建设新局面的历史时期，如何根据实际斗争的需要，研究、运用和发展马克思主义哲学，不能不是一个重要而迫切的任务。我们回顾马克思主义哲学的产生，从中体会马克思主义哲学的本质、特点和使命，正是为了获得教益，有助于探讨怎样推动哲学理论工作的开展。下面谈些粗浅的意见，供批评指正。

1. 努力反映时代的特点，使哲学更好地为社会主义现代化建设服务

既然任何真正的哲学都是自己时代精神的精华，那么，哲学研究就要适应时代的需要，回答现实社会生活中提出的重大问题。马克思主义哲学产生于19世纪40年代，它概括了自然科学和社会科学发展的成果，批判地继承了以往文化的优秀遗产，总结了无产阶级斗争的经验，完全称得上当时时代精神的精华。一百多年后的今天，我们的时代具有什么特征，我们的哲学应该如何反映时代的特征？这样的问题当然是一个大而难的问题，回答这些问题需要多方面的艰苦努力。但是，我们应当有敢于探索这些问题的勇气和决心。从世界范围来说，各个国家的经济、政治、思想和科学文化都有了许多新的变化，反映这种变化的哲学理论层出不穷。哲学研究不能不放眼世界，以马列主义、毛泽东思想的立场、观点、方法为指导，通过比较鉴别、分析研究，探讨当代社会变革、科学发展中的新思想、新问题，以丰富马克思主义哲学。譬如，我们应该研究不同类型国家的社会矛盾，研究现代自然科学和社会科学中体现的哲学思想，研究各种

具体条件下产生的哲学理论，研究各社会主义国家经济政治发展的规律，等等。在这方面，我们的工作是比较薄弱的，很有必要加强。

从国内来说，我们不仅早已完成了新民主主义革命的任务，而且有了30多年社会主义革命和建设的历史，经过了一段较长的曲折前进的道路。现在，作为剥削阶级的地主阶级和资产阶级已经消灭，阶级矛盾已不是社会的主要矛盾。党的十一届三中全会以来，党的工作重点已经转移到社会主义现代化建设上来。经过努力，实现了我党具有历史意义的伟大转折，在各个领域实行了一系列的改革。党的十二大在总结经验的基础上，提出了全面开创社会主义现代化建设新局面的宏伟纲领。在这样的历史条件下，哲学研究的任务无疑是艰巨的。它必须从理论高度概括社会实践中带规律性的东西，必须研究新情况，解决新问题。什么是我国今天最重要的新情况和最重要的新问题呢？当然就是实现四个现代化。邓小平在谈到思想理论工作的任务时提出："深入研究中国实现四个现代化所遇到的新情况、新问题，并且作出有重大指导意义的答案，这将是我们思想理论工作者对马克思主义的重大贡献，对毛泽东思想旗帜的真正高举。"① 这句话很值得我们深思。马克思主义哲学是在无产阶级的革命实践中产生的，马克思主义哲学的发展也绝不能离开无产阶级的斗争实际，尤其是像我国社会主义现代化建设这样的实际。

在这个方面有两个问题是需要正确地加以分析的。一个问题是哲学同政治的关系。哲学能不能脱离政治？从上面谈到的关于马克思主义哲学的本质来看，哲学不仅不能脱离政治，而且必须为政治服务。问题是要科学地理解政治的含义和明确哲学怎样为政治服务。邓小平在谈到马克思主义的思想理论工作不能离开现实政治时曾说："我这里说的政治，是国内外阶级斗争的大局，是中国人民和世界人民在现实斗争中的根本利害。不能设想，离开政治的大局，不研究政治的大局，不估计革命斗争的实际发展，能成为一个马克思主义的思想家、理论家。"② 这个意思是很明确的。他讲的是马克思主义的思想理论，当然也适用于马克思主义哲学。哲学为

①② 邓小平．邓小平文选：第2卷．北京：人民出版社，1994：179.

现实政治服务，就是要按照它自身的特点、使命，研究革命的大局，反映革命斗争的实际发展，维护人民的根本利益。唯其如此，才能对革命事业起指导作用，才能体现马克思主义哲学所具有的批判的、革命的本质。这正是科学性和革命性的统一。当然，哲学为政治服务，绝不是把哲学等同于政治、等同于阶级斗争，也不是把哲学当成医治社会病症的一张处方，而是给人以认识社会、认识自然、坚持真理、修正错误的理论武器。在“左”的错误影响下，一段时间中哲学的作用被歪曲了，实用主义代替了实事求是，折中主义冒充成辩证法，使哲学在一定程度上成了为错误的东西做论证的工具。这种倾向已受到批判和得到纠正，我们今后还要继续批判和纠正它。但是，与此同时，也要防止哲学脱离政治的倾向。现在，有的同志忌讳提哲学要为政治服务，担心这样会损害哲学的科学性，这显然是不对的，也是没有必要的。

另一个问题是坚持马克思主义哲学的基本原理和发展马克思主义哲学的关系。随着时代的变化，哲学的内容要更新，理论要深化，但这不是要用什么新的东西取代基本原理。马克思主义的辩证唯物主义与历史唯物主义，作为科学的世界观和方法论是万古长青的，只会发展，不会过时。在讨论哲学的定义时，有的同志不同意说哲学是世界观，不同意说马克思主义哲学是无产阶级的世界观。但我们认为哲学是世界观这样的定义是科学的。所谓哲学，是指对自然知识、社会知识、思维知识的概括，这种概括就是从世界观、方法论的高度来概括的。没有这种概括就没有哲学，就会模糊哲学同其他科学的界限。我们应该坚持从世界观和方法论的角度来学习、运用和发展马克思主义哲学。还有一种看法也值得商榷。由于西方自然科学的发展和哲学方法论的新探讨，有的同志认为马克思主义方法论不那么适用了，急于引进西方现代自然科学和哲学的方法论。这种主张对不对呢？看来也不是那么正确的。我们应该研究西方的哲学思想，其中确有值得吸取的有科学价值的东西。在方法论上西方的哲学家、科学家做了不少新的探讨，对我们研究马克思主义哲学也颇有启发。然而，是把这些东西同马克思主义哲学对立起来，以至于取代马克思主义哲学方法论呢？还是以马克思主义哲学为指导吸取其精华，丰富和发展辩证唯物主义、历史唯物主义的世界观呢？我们的主张是后者。

2. 改善学风，在理论和实践的结合上做出新贡献

要使哲学反映时代的特点，发挥哲学对现实斗争的指导作用，就必然涉及学风问题。学风问题是一个原则问题，它关系到马克思主义哲学能不能随实践的发展而发展。既然马克思主义哲学的本质是批判的、革命的，不承认什么永恒不变的理性，那么，它本身也应在理论和实践的结合中永葆其强大的生命力。哲学的研究工作必须面向实际，深入实际，进行科学的具体分析，取得符合实际的认识。这样，才能如马克思所说，哲学家就不是以空论家的姿态，手中拿了一套现成的新原理，要别人承认它是真理，向它跪拜，而是从世界本身的原理中，为世界阐发新原理。

理论和实践相结合的学风本来是我们党在长期实践中形成的优良传统。毛泽东思想的形成和发展、我国革命的胜利与成功，都是同这个优良学风分不开的。十年内乱使党的学风遭到严重破坏，党的十一届三中全会以来，我们在这方面做了许多工作，真理标准的讨论和坚持四项基本原则的宣传教育等活动，对于理论研究的正确开展、对于恢复党的优良学风起到了重要的作用。但是，我们认为，理论和实践的结合问题还不能说已经得到了很好的解决，需要全体理论工作者共同努力，而且贵在躬身笃行。

事实表明，目前哲学工作同实际工作的结合是很不够的。哲学研究给人的感觉是纯理论的探讨多，搞哲学史的多，谈自然科学中的哲学问题的多。当然，这是感觉，没有经过较充分的调查研究，因而不一定是靠得住的认识，提出来的目的是希望引起重视。上述那些方面该不该研究呢？应该。哲学要同自然科学结成联盟，哲学研究不能忽视基本理论和哲学史的研究。可是，社会生活中大量的实际问题摆在我们面前，却缺乏系统而深入的理论探讨，这不能不是一个问题。从报刊上发表的文章看，有些论文也触及现实中一些尖锐的思想问题、理论问题，有新的见解，但为数不多。相当数量的文章浅尝辄止，缺乏深度，或者是对现行方针、政策做一般性的哲学解释，或者是对某些现象进行一些由此及彼的推理，以至于说服力不强、启发性不大。这里，我们认为有两个问题是需要认真解决的：一是哲学工作者深入实际的问题。应该强调大家走出书斋，走出课堂，到

社会主义现代化建设的第一线去了解情况，占有材料，进行艰苦细致的调查研究工作，用自然科学、工程技术上那种攻关的精神，去争取某些理论上的突破。譬如，社会主义精神文明的建设问题、经济体制改革问题、社会主义社会中人与人的关系问题、各种社会思潮的本质问题等等，都很值得研究。但是，这只有经过深入的调查和透彻的分析，才能取得理论上的进展。所以，建议有关领导部门加强这方面的组织工作。二是哲学工作者的理论胆略问题。要有深入实际的勇气，敢于对现实做深刻的理论剖析。在研究工作中要能够坚持真理，修正错误，不为偏见所左右，不受错误思潮干扰，坚持扎扎实实的科学研究态度。这就需要努力贯彻百花齐放、百家争鸣的方针。

附带还说明一点。在刊物上曾出现一种说法，叫作提倡多学马克思的原著，提倡回到马克思的出发点。近几年来，读马克思的早期著作，研究他的早期著作中的哲学思想，在理论界颇为盛行。对这种情况要做具体分析。以科学的态度进行学习研究，无疑会有助于对马克思主义哲学的精神实质的理解，有助于防止把马克思主义哲学教条化、简单化。但是，这里也有两点是值得注意的。一是读马克思的原著仍然要坚持理论联系实际的原则，用历史与逻辑相统一的方法分析问题，不能搞主观主义的论证。二是所谓"回到马克思的出发点"，这个出发点应该是马克思主义的出发点，不能是非马克思主义的出发点，不能是黑格尔和费尔巴哈的出发点。如果出发点搞错了，又在这个错误的出发点上往前走，并用其来解决我们"四化"建设中的问题，那就会背离正确的轨道，就可能在理论上倒退而不是前进。

3. 普及哲学，实现哲学的群众化

要使哲学成为改造世界的物质力量，发挥哲学在社会主义现代化建设中的作用，就要解决哲学的群众化问题。因为一个起码的常识是：革命事业是群众的事业，我国的社会主义现代化的实现要靠广大群众的努力奋斗。哲学需要掌握群众，群众需要哲学武装。马克思把哲学比喻为法国人解放的头脑，这是很深刻的。同样地，我们也可以说，中国搞社会主义现代化建设，必须用马克思主义哲学来武装广大干部和群众的头脑，否则，思想理论上就没有根底，斗争中就缺少锐利的武器。实现社会主义现代化是宏伟而艰巨的事业，需要提高全民族的科学文化水平，需要充分发挥广大干部和群众的主观能动作用，需要适应新时期的特点，改进工作作风和工作方法，这就使哲学的群众化更具有重要作用。

哲学的群众化是哲学解放的根本标志。无产阶级革命导师们都十分重视在群众中普及哲学，用辩证唯物主义和历史唯物主义教育革命人民。毛泽东曾经指出："任何思想……如果不为人民群众所掌握，即使是最好的东西，即使是马克思列宁主义，也是不起作用的。"① 我党几次从艰难困苦的局面中走出来，实现历史性的转变，都是同党用马克思主义哲学教育干部和群众分不开的。1942 年，延安的整风运动就是一个在全党普及马克思主义哲学的学习运动。这个运动从世界观和方法论的高度总结了历史经验，提高了全党的马克思主义理论水平，为争取抗日战争和解放战争的伟大胜利奠定了思想基础。1978 年，我国开展的关于真理标准问题的讨论，是在新的历史条件下用马克思主义哲学武装干部和群众的头脑。通过这次讨论，批判了"两个凡是"的观点，冲破了教条主义和个人崇拜的思想束缚，端正了党的思想路线，为开创党的十一届三中全会以后的新局面奠定了思想基础。历史事实证明，使哲学群众化，对于革命和建设事业具有根本性的作用。

哲学能不能群众化呢？作为反映自然和社会发展客观规律的马克思主义哲学，反映了工人阶级和全人类的根本利益，因而它肯定能够为人民群众所接受，能够在群众中普及。当然需要做工作，因为辩证唯物主义的世界观不可能在工人农民中自发产生。从我们党长期的经验来看，使哲学群众化有两条重要途径。一条途径是普及哲学的宣传和教育工作，从理论上把马克思主义哲学的基础知识灌输给群众。当前国家正在进行体制改革，系统地培训各类干部，应将马克思主义哲学列入培训内容中。同时要大力在工人农民中进行通俗的哲学宣传。我们哲学工作者在这方面有义不容辞的责任，切不要轻视普及工作的重要意义。有关领导部门、学术机构、专家、委员在评价哲学工作者的水平、贡献的时候，也不要把他们在普及工

① 毛泽东．毛泽东选集：第 4 卷．北京：人民出版社，1991：1515.

作中的成绩视为不能登大雅之堂的低级产品；要把这项工作看作为人民服务的表现。另一条途径是以马克思主义哲学为指导，通过制定和贯彻方针、政策，总结工作经验教训，从中学习和掌握辩证唯物主义的立场、观点、方法。两条途径是互为补充、相得益彰的。为此，我们要重视马克思主义哲学理论宣传队伍的建设，切实改变轻视哲学社会科学的状况。哲学的理论宣传队伍应该包括两个组成部分。专业哲学工作者是一支队伍，在各条战线上有一定理论水平和实践经验的干部也是一支重要的队伍。前者数量较少，后者数量大而分布广，又在第一线直接接触广大群众，有更好的条件通过不同途径和方法普及马克思主义哲学。两支队伍共同努力，就能使哲学的宣传蔚然成风，收到良好效果。

四、关于社会主义基本矛盾的理论及其发展*

我国社会主义革命和建设事业已经走过了30多年艰苦奋斗、曲折前进的路程，成绩是巨大的，经验教训也是不少的。党的十一届三中全会决定把全党工作的重点转移到社会主义现代化建设上来以后，党领导全国人民从我国的实际出发，走自己的道路，建设有中国特色的社会主义，在各方面都取得了巨大的进步。在这种情况下，认真研究社会主义社会的基本矛盾及其发展规律，无疑具有重要的理论意义和实践意义。

（一）马克思关于社会基本矛盾的理论的重要意义

人类社会是由一系列交织在一起的复杂而庞大的矛盾关系构成的。这一矛盾系统具有整体性，又具有层次性。要认识社会及其发展规律，不能不研究社会的矛盾，不能不首先研究社会的基本矛盾。如何认识社会矛盾，在马克思主义产生之前长期没有一个科学的答案，因而无法解释社会为什么会发展，是怎样发展变化的。甚至把社会看作按人的意志随意改变

* 本节内容成稿于1983年，收录于《论新时期毛泽东哲学思想的发展》（湖南人民出版社，1985）。

的。只是在马克思对人类社会的历史，特别是对资本主义社会的历史过程进行了深入研究之后，把纷繁复杂的社会关系归结于生产关系，把生产关系归结于生产力高度，揭示了人类社会的基本矛盾及其辩证运动的规律，才明确了社会的发展是由经济必然性决定的自然历史过程，有其固有的客观规律性。马克思在《〈政治经济学批判〉序言》中指出："人们在自己生活的社会生产中发生一定的、必然的、不以他们的意志为转移的关系，即同他们的物质生产力的一定发展阶段相适合的生产关系。这些生产关系的总和构成社会的经济结构，即有法律的和政治的上层建筑竖立其上并有一定的社会意识形式与之相适应的现实基础。物质生活的生产方式制约着整个社会生活、政治生活和精神生活的过程。……社会的物质生产力发展到一定阶段，便同它们一直在其中运动的现存生产关系或财产关系（这只是生产关系的法律用语）发生矛盾。于是这些关系便由生产力的发展形式变成生产力的桎梏。那时社会革命的时代就到来了。随着经济基础的变更，全部庞大的上层建筑也或慢或快地发生变革。"① 在这里，马克思虽然没有提出社会基本矛盾的概念，但已经指明了社会生活中的基本矛盾关系，指明了生产方式制约着整个社会生活、政治生活和精神生活，指明了生产力和生产关系、经济基础和上层建筑的矛盾运动规律，指明了社会发展变化的根本动力。马克思正是从这个基本理论出发，批判了以前的唯心主义历史观，特别是"批判了已有几百年历史、经历了各种形态、但都是以抽象的人和人性为出发点的人道主义的唯心主义历史观，包括批判了马克思曾深受其影响的费尔巴哈人本主义及其关于人的本质的异化的观点"②，从而建立了历史唯物主义，使社会主义理论从空想变成了科学。所以，社会基本矛盾的理论，是马克思主义的基石，是人们观察社会历史根本的立场、观点、方法。只有掌握社会基本矛盾的理论才能认清社会的本质，揭示社会生活中各种矛盾的相互关系，预见社会发展的趋势和规律，找出解决矛盾的途径和方法。马克思关于社会基本矛盾的科学论断，不仅是资本主义社会中的无产阶级进行革命斗争的重要理论武器，而且对已经取得社会主

① 马克思，恩格斯. 马克思恩格斯选集：第2卷. 北京：人民出版社，1995：32-33.

② 胡乔木. 关于人道主义和异化问题. 北京：人民出版社，1984：11.

义革命胜利的国家和人民也具有指导意义。

（二）毛泽东对社会主义社会基本矛盾理论的贡献

社会基本矛盾是各个社会形态都共同具有的。但各个社会形态的基本矛盾又有不同的特点。关于社会主义社会的矛盾情况，列宁曾经指出："在社会主义下，对抗将会消失，矛盾仍将存在。"① 这个观点揭示了分析社会主义社会矛盾的总的原则，但由于列宁还缺乏社会主义建设的具体实践，所以他也就不可能对社会主义社会的基本矛盾做出具体的论述。斯大林在这个问题上，曾经一度陷入形而上学观点，片面地认为社会主义社会中生产力和生产关系、经济基础和上层建筑之间已经"完全适合"，没有矛盾了。后来斯大林从实践中认识到生产力和生产关系之间还有矛盾，改变了原来的观点，但也没有来得及对社会主义社会的基本矛盾做深入的分析和阐明。

毛泽东在我国的社会主义改造基本完成之后，根据我国的实际情况和国际共产主义运动的历史经验，对社会主义社会的矛盾做了系统的分析。概括说来，其内容有以下几个方面：

第一，明确提出了社会基本矛盾的概念。他批判了认为社会主义社会没有矛盾的错误观点，肯定了社会主义社会仍然充满着矛盾，指出："在社会主义社会中，基本的矛盾仍然是生产关系和生产力之间的矛盾，上层建筑和经济基础之间的矛盾。"②

第二，对社会主义社会的基本矛盾同资本主义社会的基本矛盾的不同性质和特点做了分析。毛泽东指出了资本主义社会的矛盾表现为剧烈的对抗和冲突，表现为剧烈的阶级斗争，不可能由资本主义制度本身来解决，只有通过社会革命才能加以解决。而社会主义社会的矛盾则是另一回事，它不是对抗性的矛盾，可以通过社会主义制度本身，自觉地加以调整解决。

第三，论述了社会主义生产关系同生产力、上层建筑同经济基础又相适应又相矛盾的情况。他指出相适应是基本的、主要的，相矛盾是次要

① 列宁．对布哈林《过渡时期的经济》一书的评论．北京：人民出版社，1976：12.

② 毛泽东．毛泽东文集：第7卷．北京：人民出版社，1999：214.

的，因此我们的社会制度比旧时代的社会制度要优越得多。但是，现时的社会主义生产关系和上层建筑还不完善，还存在着某些缺陷，只有不断加以改革和完善，才能适应生产力发展的要求。

第四，根据社会主义社会矛盾的性质和特点，阐明了正确处理人民内部矛盾是国家政治生活的主题，提出了两类矛盾的学说（包括严格区分和正确处理敌我矛盾和人民内部矛盾的一系列方针政策和方法）。

第五，明确提出了社会主义社会中人民内部矛盾是社会发展的动力，解决社会矛盾就是为了加强全国人民的团结。我们要进行一场新的战争——向自然界开战，发展我们的经济和文化，巩固社会主义制度，建设繁荣昌盛的社会主义国家。

以上这些论述集中地反映在毛泽东于1957年写的《关于正确处理人民内部矛盾的问题》这一光辉著作中。这时，我国生产资料私有制的社会主义改造任务已经基本完成，社会主义制度已经基本建立，社会基本矛盾的内容和性质以及主要矛盾都发生了变化。正是在这样的历史转折时期，毛泽东又一次把马克思主义基本原理同我国具体革命实践结合起来，进行了关于社会主义建设的理论创造，丰富和发展了马克思主义。这些理论是把唯物辩证法贯彻到底的光辉典范，为我们的社会主义建设事业提供了纲领性的指导原则。后来，我们在艰难曲折的过程中所取得的成就，是同毛泽东这些理论的指导分不开的。但是也应该承认，由于我们当时还缺乏建设社会主义的丰富经验，对社会主义社会基本矛盾的分析还不可能十分具体，因而对于如何巩固和完善社会主义生产关系和上层建筑以及适应生产力发展的需要还存在一定的盲目性；加之党的指导思想上的“左”的错误，我们在社会主义建设实践中，没有能够很好地贯彻这些理论原则，发展这些理论原则，而且在有些时候背离了这些理论原则，以致妨碍了社会主义制度优越性的充分发挥，造成了经济上和政治上的一些不良后果。

（三）十一届三中全会以来党对社会主义社会基本矛盾的新认识

“文化大革命”中，林彪、江青反革命集团以所谓“无产阶级专政下继续革命的理论”全面否定了毛泽东关于正确处理人民内部矛盾的理论，在全国范围内大搞“造反”“夺权”“斗走资派”等活动，造成了史无前例的内乱和灾难，严重地破坏了社会主义生产关系和上层建筑，破坏了生产力的发展。粉碎“四人帮”以后，特别是党的十一届三中全会以来，党领导全国人民一方面总结经验教训，解放思想，拨乱反正，批判了“以阶级斗争为纲”和“上层建筑决定论”等错误观点，果断地把工作重点转移到社会主义建设上来；另一方面在社会主义建设的实践中认真研究我们的经济制度和政治制度中所存在的各种问题，采取实事求是的态度解决生产关系同生产力、上层建筑同经济基础之间的矛盾，探索具有中国特色的社会主义现代化建设的道路。我们取得了巨大的新成就，对社会主义社会基本矛盾有了新的认识，发展了毛泽东关于社会主义社会基本矛盾的理论。这些新的认识是党和人民在新的历史时期的理论创造，集中地反映在《邓小平文选》和党的十一届三中全会以来党的历次重要会议的文件中。

据我个人学习的体会，将其概述如下：

第一，提高了对社会主义社会基本矛盾理论的重要性的认识，进一步明确了处理社会主义社会基本矛盾的指导思想。

社会基本矛盾是社会一切矛盾的总根源，对社会主义社会来说也是如此。在社会主义建设中处理各种矛盾，归根结底都同如何认识和解决社会基本矛盾相关联。我们的实践证明，对社会基本矛盾的错误认识，必然导致路线、方针、政策的错误。对社会基本矛盾缺乏深入研究，也会影响社会主义建设的顺利进行。1957 年以后的相当长的时期中，由于我们对基本矛盾的性质、特点缺乏深入的研究和清醒的认识，确实干了一些不符合生产关系和生产力、上层建筑和经济基础的矛盾运动规律的蠢事。但是，事实教训了我们，使我们进一步懂得了坚持社会主义社会基本矛盾理论的重要性，懂得了我们正处在错综复杂的社会矛盾中必须以社会基本矛盾的理论为指导，否则我们的方针、政策就会偏离正确的轨道，我们的认识就会陷入盲目性。邓小平在谈到这个问题时说：“关于基本矛盾，我想现在还是按照毛泽东同志在《关于正确处理人民内部矛盾的问题》一文中的提法比较好。”① “从二十多年的实践看来，这个提法比其他的一些提法妥当。”同时，邓小平还指出：“当然，指出这些基本矛盾，并不就完全解决了问题，还需要就此作深入的具体的研究。”②

党的十一届三中全会以来，我们党坚持和发展了毛泽东思想，坚持和发展了毛泽东关于社会主义社会基本矛盾的理论，使处理社会基本矛盾有了更加明确的指导思想。例如，确立了处理社会基本矛盾必须从实际出发的原则。从实际出发最根本的就是从我国的国情出发，从生产力发展的需要和经济基础、上层建筑的实际状况出发；反对凭主观愿望办事，反对照抄照搬别人的经验。又如，进一步明确了我们的社会主义制度是无比优越于资本主义制度的，但还不完善，只有依靠社会主义自身的力量自觉地调整社会基本矛盾，改革和完善不适应社会发展需要的经济基础和上层建筑，才能充分发挥社会主义制度的优越性。再如，把处理社会基本矛盾的手段和目的统一起来，通过改革和完善社会主义的经济基础和上层建筑，促进高度文明和高度民主的发展，改善人民的物质生活和文化生活。这些正确思想对我们的社会主义现代化建设都具有重要的指导意义。

特别重要的是，以邓小平为核心的党的第二代中央领导集体从历史唯物主义的高度总结我国的历史经验，坚持马克思主义与中国实际相结合的原则，提出了全面进行改革，建设有中国特色的社会主义的指导思想，为我们的一切工作指明了方向。这个指导思想深刻地反映了我国社会主义社会基本矛盾发展的客观要求，也是我们正确解决社会基本矛盾、推动“四化”建设向前发展的根本原则。所谓改革，主要就是调整生产关系不适应生产力、上层建筑不适应经济基础的某些方面和环节，使生产关系同生产力、上层建筑同经济基础协调地发展。邓小平指出，实现社会主义的四个现代化，“既要大幅度地改变目前落后的生产力，就必然要多方面地改变生产关系，改变上层建筑，改变工农业企业的管理方式

① 邓小平．邓小平文选：第2卷．北京：人民出版社，1994：181-182.

② 同①182.

和国家对工农业企业的管理方式，使之适应于现代化大经济的需要”①。邓小平还运用社会基本矛盾的理论研究社会主义制度，区分了社会主义根本制度和具体制度。改革就是通过不断调整具体制度逐步完善根本制度，促进生产力的发展。他还说：“我们过去没有及时提出改革。但是如果现在再不实行改革，我们的现代化事业和社会主义事业就会被葬送。”② 他不仅指明了改革的重要性，而且正确地阐述了改革的性质、目的、方针和办法。邓小平关于建设有中国特色社会主义的思想，实质上就是探索如何依靠社会主义制度自身的力量，正确解决社会主义社会的基本矛盾。解决好这个问题，就能破除那些不适合我国国情或已经过时的旧框框、旧模式、旧章法，就能发挥社会主义制度的优越性，开创社会主义现代化建设的新局面。所以，这个问题是我国社会主义建设中的根本问题。这几年来，我们的事业蓬勃发展、欣欣向荣，生动地说明了党中央领导的正确性，说明了坚持马克思主义基本原理并在实践中加以丰富和发展的重要性。

第二，在处理生产关系和生产力的矛盾方面，几年来我们破除了“左”倾思想的束缚，从实际出发，改革和完善社会主义的生产关系，在实践上取得了显著成效，在理论上有了新的创造。

根据多年的经验教训和马列主义的根本原则，我们党在理论上阐明了一些十分重要的思想。诸如：社会主义生产关系的变革和完善必须适应于生产力的状况，有利于生产的发展；社会主义生产关系的发展并不存在一套固定的模式，我们的任务是要根据我国生产力发展的要求，在每一个阶段上创造出与之相适应和便于继续前进的生产关系的具体形式。当新的生产关系形成以后，必须保持其相对稳定性，以有利于发挥其积极作用，而不能随意地变革生产关系，也不能认为生产资料所有制公有化程度越高就越先进，关键是看其是否适应生产力发展的需要。在这些思想的指导下，广大人民群众发挥了创造精神，实行经济体制的改革，使社会主义经济有了新的活力。如在广大农村，我们在坚持生产资料公有制的基础上，推行家庭联产承包责任制，克服了“瞎指挥”“一窝蜂”“一刀切”等弊端，调

① 邓小平．邓小平文选：第2卷．北京：人民出版社，1994：135-136.

② 同①150.

动了农民的积极性。在工商业方面，针对以往存在的权力过于集中、经济效益不高以及官工、官商的体制和作风等问题，也在努力实行经济体制的改革，并取得了初步的成效。

关于分配关系，这也是社会主义生产关系中的一个重要问题。“文化大革命”以前，我们对这个问题缺乏经验，常常习惯于搞平均主义的东西，把“吃大锅饭”视为社会主义制度的优越性。“文化大革命”中物质利益和按劳分配原则被完全否定，严重破坏了生产力的发展。邓小平坚持马列主义原则，一再强调按劳分配的重要性。早在1975年，他在《关于发展工业的几点意见》中就要求大家动脑筋想一想这个问题，并且指出了我们的一些做法是不符合按劳分配原则的，因而不能调动人们的积极性。1978年他又专门讲了坚持按劳分配原则的道理，批评了那种按政分配、按资格分配、不按劳分配的错误观点，提倡实行严格的、全面的、经常的考核制度，做到有奖有罚、奖惩分明。

在社会主义的人与人的关系上，我们党从社会主义的本质出发，提出了“要在全社会建立和发展体现社会主义精神文明的新型社会关系。这就是国内各民族之间、工人农民知识分子之间、干部群众之间、军民军政之间以至全体人民内部的团结一致、友爱互助、共同奋斗、共同前进的关系”①。建立和发展这种新型的社会关系，必将对我国的社会主义起着巨大的推动作用。

第三，在处理上层建筑同经济基础的矛盾方面，我们也取得了许多新的认识，特别是在改革和完善社会主义上层建筑、建设高度社会主义民主、建设社会主义精神文明等问题上，发展了毛泽东关于社会主义社会基本矛盾的理论。

毛泽东在社会基本矛盾的理论中特别重视上层建筑对经济基础、生产关系对生产力的巨大反作用，并且提出在一定条件下上层建筑和生产关系起主要决定的作用。“四人帮”把它推向极端，鼓吹“上层建筑决定论”，这当然是荒谬的、反马克思主义的。但是，对“上层建筑决定论”的批

---

① 中共中央文献研究室．十二大以来重要文献选编：上．北京：人民出版社，1986：30-31.

判，绝不应导致对上层建筑巨大反作用的丝毫忽视。特别是在社会主义条件下，在公有制基础上建立起来的上层建筑，它的根本特点之一，就是人民通过参加国家政权和企业（包括集体所有制单位）的各种重大事务来实现对生产资料的管理、使用和支配。所以，能不能实行社会主义民主制，是关系到社会主义经济制度能否巩固、能否充分发挥优越性的重大问题。党的十一届三中全会以来，党中央十分重视社会主义上层建筑的建设，把建设高度民主的社会主义政治制度作为社会主义革命和社会主义建设的根本目标之一，阐明了社会主义民主既是手段又是目的；而且在加强社会主义民主建设的同时，加强社会主义法制的建设，使社会主义民主制度化、法律化。

为了建设高度的社会主义民主制度，党中央强调必须改革和完善党和国家的领导制度，因为无产阶级政党和无产阶级国家的作用在社会主义上层建筑中是特别重要的。邓小平指出："改革并完善党和国家各方面的制度，是一项艰巨的长期的任务，改革并完善党和国家的领导制度，是实现这个任务的关键。"① 他又说："这种制度问题，关系到党和国家是否改变颜色，必须引起全党的高度重视。"②

我们党不仅在建设高度的社会主义民主制度方面有了新的理论创造，而且针对我国上层建筑中的薄弱环节和弊端实行了一系列的改革。例如，改变党政不分、以党代政的状况，废除干部实际上的终身制，从体制上解决官僚主义的问题，建设革命化、年轻化、知识化、专业化的干部队伍，加强党的集体领导，发展人民民主统一战线，精简机构，等等。这对于完善社会主义的上层建筑，使上层建筑适应经济基础的需要，都具有重大的意义。

第四，"两个文明"建设的理论，展示了解决社会主义社会基本矛盾的根本途径。

《邓小平文选》和胡耀邦在党的十二大的报告，对建设"两个文明"的重要性及其相互关系都有许多科学的论述。建设社会主义物质文明和精

---

① 邓小平．邓小平文选：第2卷．北京：人民出版社，1994：342．

② 同①333．

神文明是社会主义社会基本矛盾发展的客观要求，是社会主义制度优越性的表现。“两个文明”的发展是在社会主义社会基本矛盾的辩证运动中实现的。一方面，社会基本矛盾的正确解决，必然推动社会主义物质文明的建设。另一方面，“两个文明”的发展又有利于社会基本矛盾的解决。从社会主义物质文明来说，它不仅是社会主义经济基础和上层建筑得以巩固和发展的物质基础，而且是解决生产关系和生产力、上层建筑和经济基础的矛盾的重要条件。从社会主义精神文明来说，共产主义思想体系是我们进行革命和建设、处理社会生活中各种矛盾的指导思想，离开了它，我们的事业就会迷失方向，就不能处理好各种矛盾（包括社会基本矛盾），精神文明建设中的文化建设对于生产力的发展和完善都具有重要作用。党的十二大报告指出，建设高度的社会主义精神文明是建设社会主义的一个战略方针问题。邓小平也反复强调建设社会主义精神文明的重要性。他指出：“没有这种精神文明，没有共产主义思想，没有共产主义道德，怎么能建设社会主义？”只有以共产主义思想为指导来进行经济建设和文化建设，才能正确贯彻执行党在现阶段的路线、方针、政策，才能正确处理国家、集体、个人三者之间的关系。此外，在文化建设方面，我们党推翻了“两个估计”，提出了尊重知识、尊重知识分子、重视科学、发展社会主义教育事业和科学事业等重要思想，调动了广大知识分子的积极性。

建设高度的社会主义精神文明是同开展意识形态领域的斗争分不开的。党的十一届三中全会以来，我们对于思想战线上的斗争内容、特点和方法都有了许多新的认识。邓小平在《党和国家领导制度的改革》等文章中，对肃清封建主义和资产阶级思想影响问题做了精辟的分析，是我们在新的历史条件下改革和完善社会主义上层建筑的重要理论依据。

以上四个方面并没有完全概括党的十一届三中全会以来对社会主义社会基本矛盾理论的发展，但可以说明我们党对这个问题的认识更深入了，对这个问题的处理更自觉了。

（四）对社会主义社会基本矛盾辩证运动的规律性的几点看法

如前所述，马克思主义关于社会基本矛盾以及社会主义社会基本矛盾的理论已经有了一系列科学的规定和论证。国际共产主义运动和我国社会主义革命和建设的实践已经并正在丰富和发展这方面的理论。社会主义社会基本矛盾的理论是指导我们进一步发展社会主义事业、推动社会主义社会向共产主义社会前进的重要理论武器。为此，我们应该不断总结这方面的实践经验，深入研究社会主义社会基本矛盾运动的客观规律性。

怎样深入研究社会主义社会基本矛盾运动的客观规律？我们认为以下几点是必须认真考虑的：

第一，要认识社会主义社会基本矛盾的运动同阶级社会的基本矛盾运动的不同特点。生产关系同生产力的矛盾，上层建筑同经济基础的矛盾，在一切社会都是推动社会前进的动力。但在阶级社会中这种作用具有很大的自发性，而且是在阶级对抗中实现的。我们知道，在原始社会、奴隶社会、封建社会、资本主义社会发展的不同历史阶段，社会基本矛盾的运动也表现出不同的特点。但总的说来，生产力和生产关系之间、经济基础和上层建筑之间都是从基本适合到不适合，又在新的基础上达到基本适合。而新的基础上的基本适合，不是在旧社会内部能够实现的，只有经过社会革命，推翻维护旧的生产关系（这种旧的生产关系是生产力发展的桎梏）的反动统治才能达到。社会主义社会的基本矛盾则不同。由于社会主义制度的建立和巩固，由于消灭了剥削阶级，社会主义生产关系和生产力、上层建筑和经济基础之间的矛盾，已经是非对抗性的矛盾，不再表现为剧烈的阶级斗争，它可以通过社会主义制度本身，自觉地调整解决。其发展的趋势已不再是从基本适合到不适合，再到新的基础上的基本适合；而是在既相适应又相矛盾的基本状态中，不断调整和改革生产关系和上层建筑方面不适应生产力发展的环节和具体制度，使之协调地、稳步地发展。所以，自觉调整和协调发展，保持基本适应的总趋势，是社会主义社会基本矛盾运动规律的一个重要内容。这当中当然也有深刻的革命，但“不是对人的革命，而是对体制的革命”①。这当中也可能出现阻碍生产力发展的情况，但只要注意纠正指导方针上的错误，认真调整生产关系和上层建筑中

① 邓小平．邓小平文选：第2卷．北京：人民出版社，1994：397.

不适应的东西，阻碍就会消除。由此可见，社会主义社会基本矛盾的特点决定了党和国家必须自觉地依据生产关系一定要适合生产力状况的规律、上层建筑一定要适合经济基础状况的规律，制定正确的方针、政策、制度和措施；必须完善社会主义的民主制度，充分发挥人民群众的积极性和革命精神，正确地解决社会中的各种矛盾。

第二，要分析我国社会主义社会基本矛盾同其他社会主义国家社会基本矛盾的不同特点，正确处理普遍—特殊—个别的关系，走出一条有自己特色的道路。我国是一个有悠久历史的多民族的大国，我国的无产阶级革命是在半封建半殖民地社会的条件下，经过民主革命而转变为社会主义革命的。因此，我国的社会基本矛盾不仅特殊于资本主义，还特殊于其他社会主义国家。例如：我们的社会制度是先进的，但生产力比较落后；我们的国家幅员辽阔，资源丰富，但科学技术还远远跟不上建设的需要；我们的社会主义生产关系已经建立和巩固，但发展不平衡，在很长的时期内需要多种经济形式同时并存；我们有巩固的人民民主专政国家政权，但民主和法制都不够健全；我们有几千年文明的优良传统，但封建主义思想、小生产的习惯势力又比较严重……这一切都造成了我国社会基本矛盾的复杂性，在分析和处理基本矛盾时，在改革和完善社会主义生产关系和上层建筑时，不能不注意这些特点，不能不从我国的具体实际出发。

第三，要注意社会主义和共产主义的联系和区别。社会主义社会是共产主义的低级阶段，处理和解决社会主义社会的基本矛盾要注意这一阶段的质的规定性，不能混淆低级阶段同高级阶段的界限。当然，社会主义是向着共产主义社会前进的，随着物质文明和精神文明的高度发展，社会主义的生产关系和上层建筑必将为共产主义的生产关系和上层建筑所代替。但是，在社会主义阶段解决社会基本矛盾的目的主要在于逐步完善社会主义的生产关系和上层建筑，建设高度文明、高度民主的社会主义国家，为实现共产主义制度创造条件。当然，社会主义社会里也必然有共产主义因素的生长，有总的量变过程中的部分质变，但绝不能脱离社会发展的现实条件，人为地制造什么共产主义的生产关系和上层建筑。在这方面我们是有过严重的教训的。应当肯定从我国的实际和国际共产主义运动的状况来看，我国要由社会主义社会转变到共产主义社会，还需要一个相当长的过程。在这个过程中还将有不同的发展阶段。我们的任务是要进一步研究各个不同阶段中基本矛盾运动的特点及其相互联系。当前特别要研究社会主义现代化建设中的各种矛盾，解决新的历史时期出现的新问题，使党的十二大提出的战略目标一步一步地得到实现。

五、要重视对发展商品经济过程中人们思想认识问题的科学分析*

（一）为什么提出这个问题

经济体制改革使我国发生了深刻的变化，各条战线，一派生机勃勃。人们对改革及其随之而来的种种变化十分关心，充分肯定其主流。然而，改革既然是一场深刻的社会变革，那就不可能不触动社会的各个方面，给人们带来思想的、行为的、心理的冲击。因此，人们在改革过程中产生各种不同思想认识就是不可避免的。

事实告诉我们，在改革中每一项政策的提出和付诸实施，在广大干部群众中都有议论、有反响。特别是那些直接关系到人民群众生产和生活的重大决策，反映更为强烈。

例如，关于发展商品经济问题，据有关部门对云南省部分职工的调查，认识是不一致的。有的认为利大于弊；有的认为弊大于利；有的认为利多弊多、得失相当；还有的认为发展商品经济就是搞承包，承包就是多拿钱，不符合四项基本原则。

我们认为，改革中人们议论纷纷、各抒己见，这不是坏事而是好事。各种看法，无论是正确的还是错误的、是表面的还是本质的、是客观的还是带有主观片面性的、是包含合理因素的还是没有道理的，对决策部门和执行部门来说都具有重要的参考价值。

---

* 本节内容发表于《云南师范大学学报（哲学社会科学版）》1987年第3期。

曾有一位中央领导同志说："上海的大学生曾对开放以来的变化提出了一些理论方面的问题，反映了大学生参与改革的积极性，这是很好的。这也是一种信息反馈。中央很重视基层的信息反馈。"重视信息反馈是党的调查研究的优良传统在新时期的发扬，是依靠群众进行改革的重要途径之一。没有信息反馈，就不可能有对改革中方针、政策、措施的反思。没有反思，则不可能使认识逐步深化，使决策日益正确、完善。反思要求人们从对立统一中认识事物，考察改革中出现的各种问题。有助于及时总结经验教训，发扬成绩，克服缺点；减少片面性，增强全面性；减少盲目性，增强预见性。

应该承认，在社会主义条件下发展商品经济是一项关乎全局、十分复杂的改革，它牵涉整个社会的经济、政治、文化以及人们思想观念、生活方式、心理状态的变化。这些变化的复杂性，决定了人们思想认识的多样性。人们不可避免地从不同的出发点、不同的角度、不同的层次、不同的主体需要上来认识和评价现实中的变化。因此，领导机关和决策部门完全应该而且可能通过各种渠道、各种方式，对各种思想认识进行比较、分析，妥善地解决发展商品经济中出现的新问题，有的放矢地开展宣传教育工作。

从历史的经验来看，我们对于社会变革中出现的某些思想认识问题，曾经采取过不正确的对待办法，听不得对现行方针政策的不同意见，只喜欢"千人之诺诺"，不喜欢"一士之谔谔"。这样做的结果是，群众路线成为空谈，实事求是的作风遭到破坏，恰好给错误的东西以可乘之机。这种情况已成为历史，但"左"的影响仍需注意。

当前，领导机关、经济工作者和理论工作者对广大群众在发展商品经济过程中反映出来的各种思想认识是给予了应有的重视的，问题在于缺乏深入细致的研究，从而使我们的理论宣传工作显得不力。例如，正如前面提到的，有些人对发展商品经济的得失的看法很不相同，就值得认真分析研究。究竟利在哪里，弊在何处？为什么有些人赞成，有些人反对？赞成者和反对者都各有什么根据？弄清楚这些问题，对于统一人们的思想认识，贯彻党的方针、政策都是大有好处的。可是，我们在这方面似乎有所顾忌，担心接触这些问题会带来不好的影响。其实，不同的思想认识是客观存在，只有予以科学分析和妥善处理，才能达到真正的统一。

在研究群众的思想反映时有两点值得注意：一是对各种不同认识要有具体深入的了解；二是在分析时不能简单化，无论是肯定还是否定都要实事求是。特别要重视各种不同意见中的合理的、积极的东西。粗略看来，人们的不同思想认识经常从以下几个方面反映出来：由于旧的传统观念不适应发展商品经济的要求而产生的各种思想认识问题；由于发展商品经济改变着人们的利益而产生的各种思想认识问题；由于理论上某些问题不清楚、政策上某些界限不明确而产生的思想认识问题；由于许多新问题还处于探索过程中，人们各抒己见而形成的不同见解；由于改革中经验不足，某些具体政策不完善而提出的批评和建议；由于在发展商品经济中某些封建主义、资本主义的东西有所抬头而产生的意见。对于上述这些反映，都要具体地进行分析，把它们作为完善已定政策、制定新的政策、进行工作、进行思想政治教育的客观依据。这就要求我们把改革的基点放在相信群众、依靠群众、发挥群众的积极性之上。若非如此，就可能造成一些不应有的失误。因为对于发展社会主义商品经济这个十分复杂而艰巨的任务，我们还缺乏经验。仅靠领导者和专家们的胆识和智慧是很不够的，只有充分发扬社会主义民主，实行领导和群众相结合，才能克服各种障碍，开创改革的广阔道路。

（二）一个需要认真研究的问题

经过几年的实践，我们在经济体制改革中的一个重大突破，是认识到商品经济的充分发展，是社会经济发展不可逾越的阶段，是实现我国经济现代化的必要条件。发展社会主义的商品经济必将推动我国的物质文明和精神文明的建设。事实说明，我国在改革计划体制、价格体系，以及工资制度、劳动人事制度等方面所取得的成果，社会主义民主和法制的不断加强，许多新的社会主义观念的形成，都是同发展社会主义商品经济这一重大战略决策直接相关的。而且，在社会主义条件下，商品经济是以公有制为基础的，同资本主义条件下的商品经济有着本质的区别。它可以通过国家的计划指导、各种经济杠杆的作用，避免和克服在资本主义条件下所必然产生的生产无政府状态、经济危机；可以通过社会主义的法制和共产主义思想品德的宣传教育，正确处理在追求物质利益过程中个人同集体、国家的关系。所以，发展社会主义商品经济的积极作用是显而易见的，应该予以充分肯定。但是，针对改革过程中出现的一些现象，例如偷工减料、以次充好、做假欺骗、降低服务质量，以及哄抬物价、抢购物资、套利套汇、行贿受贿、以权谋私、欺行霸市、偷税漏税、剥削牟利、截留国家财政收入、滥发工资奖金等等，群众提出了一个问题：发展社会主义商品经济有没有消极作用的一面，如果有又应该如何防止，使其降低到最小限度？

这个问题的提出，我们认为是有积极意义的。第一，它是从实践中提出来的，要求理论工作者从实际出发进行具体的科学分析。第二，这个问题的研究可以使决策部门在制定政策、措施时考虑得更全面、更完善，减少或避免消极作用。

如何回答这个问题，需要很好的研究。近来报刊上关于发展社会主义商品经济的文章，都是正面论证它的积极作用，阐明发展商品经济对提高经济效益、促进生产发展、冲破落后愚昧的观念的重要意义，很少论及消极作用这方面的问题。也许这是一个比较尖锐的问题，不宜轻易发表意见。我在省里组织的理论讨论会上提出了这个问题，希望能引起关注。

下面谈一点个人的初步的看法。

首先，从一般的意义讲，事物都是对立统一、相反相成的。任何事物内部都包含着肯定因素和否定因素，世界上不可能有十全十美的东西。社会主义商品经济不是一个简单的事物，而是一个非常复杂的事物。它同资本主义的商品经济虽然有本质的区别，但也有共同的东西。作为商品经济的一般形态，在资本主义条件下所存在的一些问题，在社会主义条件下也不可能完全消除。要说在社会主义社会中发展商品经济根本没有一点消极作用，这是不符合唯物辩证法的。例如，我们知道，发展商品经济就是要注重经济效益，就是要重利、取利、追求利，这是价值规律的本质决定了的，也是促进商品生产不断发展、社会财富不断增加的推动力量。但是，正是在这种重利、取利、追求利的过程中形成了资产阶级的“唯利是图”“损人利己”，产生了商品拜物教、货币拜物教。尽管社会主义商品经济把商品经济的一般形态和社会主义的生产关系融合在一起，从而使追求物质利益的观念同公有观念、按劳分配观念等有机地统一起来，但这还是一种理论上的认识，从理论到实践需要一个反复过程。现实生活比理论复杂得多，人们对社会主义原则的理解、掌握、贯彻还受着许多主、客观条件的限制，尽管我们的方针政策是正确的，但在发展商品经济的过程中，要完全消除商品拜物教的影响是不可能的。在一定条件下还可能刺激某些人的“损人利己”“重权轻义”（这里说的“义”是指社会主义的思想品德）的思想。在社会上曾经一度流行的“一切向钱看”“工农兵学商，一起来经商”“改革就是承包，承包就是捞钱”等思想观念，就是追求物质利益的一种消极作用的表现。正因为如此，我们才必须坚持社会主义思想与物质利益原则的统一，不能抛开社会主义的公有观念和集体主义原则去追求物质利益。再例如，发展商品经济必然提倡竞争，商品生产者在竞争这种内在动力推动下能使劳动生产率不断得到提高。因此竞争能激发人的奋斗精神，充分发挥主观能动性。可是，竞争带来欺诈、封锁、垄断，造成价格远远背离价值，等等，这在资本主义社会是普遍现象。在社会主义条件下也不可能是绝无仅有的。虽然我们社会主义社会的竞争同资本主义社会的竞争有本质的不同，它不是大鱼吃小鱼，而是强者扶持弱者，它不是造成两极分化，而是走共同富裕道路，它不是只顾自己不顾别人，而是互助互利；但是，由于社会生产水平和人们思想觉悟不高，在竞争过程中难免产生“不义”、“不法”、不合乎社会主义按劳分配原则的行为。又例如，社会主义的商品经济是有计划的商品经济，如果能够把计划调节和市场调节结合起来，使宏观经济活动与微观经济活动协调发展，那当然可以避免资本主义商品经济所固有的无政府状态，从而有效地调节生产资料和劳动力在各个生产部门的合理流动和分配，减少人力、物力的损失和浪费。但是，计划调节具有主观性，不可能同市场调节在任何情况下都结合得很好，因此，有时会出现计划调节和市场调节发生矛盾、宏观经济活动同微观经济活动不协调的情况。

其次，从特殊的意义讲。我国是一个生产力水平不高、人民生活不富裕、科学技术不发达的发展中国家，封建主义思想、小生产习惯势力根深蒂固，社会主义民主和法制还很不完善，党风和社会风气还没有根本好转。从根本上说，发展社会主义商品经济有利于解决上述这些问题。但那需要一个较长的过程。从目前来看，我们发展商品经济，不能不受到上述这些条件的影响和制约，从而产生一些新的问题，如果处理不好也会出现消极的东西。特别是在新旧体制的转换过程中，在政治体制和其他上层建筑领域的改革不适应发展商品经济要求的情况下，产生一些负面影响是大有可能的。这里试举几例：

（1）我们的传统发展战略是以“高投资、高速度、低效益、低消费”为特征的，这一发展战略当然不适应发展商品经济的要求。为了改变这种状况，促进生产发展和市场繁荣，采取了扩大需求的发展战略，刺激群众的消费。而在物资相对贫乏的情况下，这就导致了“消费饥饿症”，迫使货币发行猛增、物价上涨。

（2）适应商品经济的要求，实行对外开放，引进外资、技术，这是十分必要的。同时，这也在经济上、意识形态上产生一定的不利影响。

（3）实行多种所有制形式，对发展商品经济是有利的。但在各种经济杠杆的作用不能正常发挥的情况下，损害国家利益的行为会在一定时期内有所加剧。

（4）主张一部分人先富起来，无疑是正确决策，也是商品经济的必然结果。而在现实条件下，不正当致富者又在所难免。

（5）在流通领域，由于个体所有制的较快发展和商品供不应求，出现了中间剥削和局部性的不正常物价上涨。

（6）既然是商品经济，那么当然要注重经济效益。这给非生产部门甚至科学、教育、文化领域也带来了消极影响，在一定程度上忽视了社会效益。

（7）民主不充分，法制不健全，管理跟不上，一些人钻商品经济的空子，大发“改革财”，大肆挥霍国家财富。

（8）不正之风并非改革带来的，但在开放、搞活过程中，这种见缝就钻的邪风，在某些方面有所滋长。

（9）适应发展商品经济要求的新的观念和生活方式正在形成，但人们的思想认识颇有差异，在一定时间内，社会精神生活会出现不平衡状态。如果宣传上搞片面性，将不利于社会主义精神文明的建设，尤其会对青少年产生不良影响。

上述浅见，主要意思在于说明事物都有矛盾，正视矛盾是为了解决矛盾。现实的改革，正是在解决各种矛盾之中前进的。发展商品经济是社会主义祖国繁荣昌盛的必由之路，对这条道路上的艰险只有给予充分的估计，我们才能走得更坚定、更踏实。

（三）三点建议

基于以上认识，向省里提出三点建议。

（1）要充分重视发展商品经济过程中的信息反馈。一方面，是要在全省范围内建立起了解、搜集和研究整理信息的系统；另一方面，各级领导要深入实际、深入基层直接听取信息、调查研究，特别要重视不同的意见。

（2）省、地、县的决策部门和有关研究机构，要从云南的实际出发，加强对发展商品经济的理论和政策问题的研究，对群众反响较大的问题要集中力量、抓紧时机研究可行的对策。在相当一段时间内，发展社会主义商品经济问题应作为社会科学和软科学研究的重点。

（3）应成立全省软科学研究会，组织一定力量对省里的有关重大决策，在事前进行充分的讨论、论证；并可考虑由专家、学者、实际工作者组成省委领导的咨询组织。

第十一章　社会主义初级阶段和社会主义改革的研究

1987年，我们党召开了第十三次全国代表大会，会上提出了社会主义初级阶段的理论和党的社会主义初级阶段的基本路线，即以经济建设为中心，坚持四项基本原则、坚持改革开放的基本路线。社会主义初级阶段的理论，是中国特色社会主义理论的重要内容，其重大意义在于，我国的社会主义建设和改革都必须从社会主义初级阶段的实际出发，坚持“一个中心、两个基本点”。党的十三大以后，全党全国掀起了学习热潮。云南的理论界，也先后召开了多次研讨会。在这个过程中，我先后撰写了《社会主义初级阶段理论的重大意义》《论社会主义初级阶段的改革》《关于党的基本路线的哲学思考》等论文。1988年，省委宣传部组织理论界编写《商品经济与观念变革》一书，我和恽志吾为该书的统稿人。在这本论著中，我撰写了《发展社会主义商品经济与观念变革的关系》。随后，云南又开展了生产力标准问题的讨论，这场讨论出现了一些波折。有的同志认为，从真理标准到生产力标准，体现了马克思主义哲学的创新发展；也有的同志认为，生产力标准的提法带有“唯生产力论”的性质。其间，我先后撰写了《关于生产力标准的几个问题》《略论社会主义市场经济与道德建设》这两篇论文。现将这一时期的部分研究成果整理如下：

一、社会主义初级阶段的改革*

社会主义是在改革中前进的社会。我国现在处于社会主义的初级阶段，改革是推进一切工作的动力。现从改革的现实出发，联系唯物辩证法的观点，谈点对改革的想法，以期引起人们的思考。

（一）改革必须坚持从社会主义初级阶段的实际出发

按照马克思主义创始人的设想，社会主义是在资本主义高度发展的基础上建立起来的。因此，社会主义在生产力发展的水平上必然要高于资本主义，它所建立的经济制度和政治制度，也会较快地臻于完善。但是，历史进程中出现了新的情况，社会主义革命首先是在一些资本主义发展不充分、经济文化比较落后的国家取得胜利，这就决定了在这些国家建设社会主义必须经过相当长的历史时期。也就是说，在这些国家要解决历史遗留的问题，大力发展生产力，逐步完善社会主义制度，必须经过一系列的改革。当前，许多社会主义国家都在进行的改革实践，正是反映了社会主义发展的这一客观要求。

我们党在总结多年来的经验教训，对社会主义进行再认识的过程中，提出了我国处于社会主义初级阶段的理论，这一理论是我们进行改革的科学依据。党的十一届三中全会以来，我们在经济体制、科技体制、教育体制等方面的改革已取得了明显的进展。僵化的经济体制逐渐被冲破，长期束缚人们思想的许多观念受到了很大冲击。积极变革，勇于开拓，讲求实效，开始形成潮流。但是，与此同时，实践也告诉人们，改革绝非轻而易举之事，不是短期内所能完成的，而是十分艰巨长期的任务。为了进一步推动改革，增强在改革中的自觉性，必须认真研究我国社会主义初级阶段的实际，并从这个实际出发，考察改革的进程，预见改革的趋势，探讨改

* 本节内容收录于《社会主义初级阶段理论研究文集》（云南人民出版社，1988）。

革的政策和措施。

我国社会主义初级阶段的实际是一个总体性的概念，它是指我国现实存在的事物的总和。“实际”表现为多层次、多方面的复杂结构，我们在考察社会主义初级阶段的实际时，当然要对不同地区、不同领域的事物进行具体分析，不能千篇一律。但是，从总体上看又必然有其共性。一是整个社会的生产力水平低，科学文化不发达。二是社会主义经济制度和政治制度不成熟，表现在性质不完全、体制不合理、具体制度不完善，特别是长期形成的僵化体制严重束缚生产力的发展。三是旧社会的痕迹多，封建主义、半殖民地半封建主义的影响严重存在；新的观念虽然正在萌芽生长，但旧的观念相当顽固，新旧观念的冲突和斗争随处可见。这些情况，对我们改革的性质、步骤、速度、进程和方向起着非常重要的制约作用。

第一，这些情况决定了改革将贯穿于我国社会主义初级阶段的全过程。可以认为，社会主义初级阶段就是改革的阶段，就是把改革和建设统一起来，推动社会主义现代化的阶段。在这个阶段中，改革和建设是相辅相成的。改革的每一步发展，都会为社会主义生产的发展带来生机和活力；而生产的发展又会为改革创造有利条件，使改革不断深化。所以，我们必须以经济建设为中心，坚持不懈而又有节奏地把改革推向前进。

从社会主义初级阶段的实际出发，考察改革的进程，大体可设想为三步。第一步是初步改革。这一步我们已经迈出了坚定的步伐，尝到了甜头，提高了对改革的重要性的认识，初步积累了一些改革的经验。与此同时，也暴露了改革中的许多矛盾，要求人们更全面、更科学地加以分析和解决。特别是新旧体制、新旧观念转换过程中突出的问题，需要认真地加以对待。第二步是深化改革。它是整个改革过程中的关键一步，将比第一步更为艰巨。这一步的主要任务是突破新旧体制转换中的重重困难，形成较完整的配套改革体系，逐步实现以新的体制代替旧的体制，以新的观念代替旧的僵化的观念，从而推动社会主义商品经济的巨大发展，改变自然经济和半自然经济占统治地位的状况。并且，在文化教育、科学技术等方面都有较大发展，以基本适应社会主义经济发展的要求。第三步是完善改革。即在第二步的基础上解决一些尚未解决的薄弱环节，和某些方面新出现的突出问题，使社会主义的经济制度和政治制度达到初步完善，并较充分地发挥其优越性。经过以上几步，社会主义初级阶段的改革任务可谓基本完成。而当我国的社会主义进入另一个新阶段时，仍然需要通过改革解决新的社会矛盾，那是另外一个问题。

上述改革的三步进程，是同我们对改革的认识发展相适应的。第一步我们是"摸着石头过河"，对改革的认识还没有实现从感性到理性、从必然到自由的飞跃，主要处于探索前进的状况。第二步对改革的认识日益深化，对改革的规律性有了较全面的分析，因而能够在宏观和微观等方面有计划地进行配套改革。第三步则是有了更多的自由，达到了理性的具体，能够全面地把握改革的各方面的联系和中介。

第二，我国社会主义初级阶段的实际，决定了改革是一个渐进的过程。也就是说，社会主义制度只能逐步完善，社会生产力只能逐步提高，社会主义制度的优越性只能逐步发挥。我们在思想上和行动上都不能急于求成，要把尊重客观规律性同发挥主观能动性结合起来，脚踏实地地搞好改革和建设。当前，一些人对社会主义初级阶段的理论的偏颇认识和消极思想，实质上仍然是急于求成的心理的反映。我们应该认识到，在社会生活中，经济因素、生产力的发展程度是最终起决定作用的东西。在生产力水平较低的情况下，社会主义的经济制度、政治制度是不可能完善的。人为地搞"一大二公"，恰好同社会发展的客观要求背道而驰，我们已经吃够了苦头。所以，我们在经济体制、政治体制以及其他方面的改革中，都要注意循序渐进。例如，在我国社会主义初级阶段，以公有制为主体的多种所有制并存的局面，势必长期存在，改革的任务则是通过对生产关系的调整，使之在总体上适应生产力发展的要求，而不是盲目追求公有制成分比例的增加，当然也不是无限度地扩大个体和私人经济的成分。与此相联系，在分配关系方面，以按劳分配为主的多种分配形式并存，也必将是长期的。改革的任务也不是急于实现按劳分配的单一形式，而是着眼于如何有利于促进生产力的发展。在这个过程中，一部分人先富起来是一个必然的趋势；而且，一定时期内这种趋势会得到加强。对此，我们不能从平均主义的观点出发，人为地抑制这种趋势，或者想方设法使那些靠劳动致富、合法致富的人减少收入来达到所谓“共同富裕”。共同富裕是我们的方向和目标，实现共同富裕也需要一个过程，在生产力水平低、物质财富不丰富的情况下，急于搞拉平式的“共同富裕”，反而会阻碍共同富裕的进程。再如，民主政治的建设、社会主义精神文明的建设，也都受社会主义初级阶段主客观条件的制约，只能逐步向前发展。这样讲，绝不是说什么都要慢慢来，而是要使改革和建设顺乎社会发展，特别是生产力发展的客观要求，在尊重客观规律的基础上，充分发挥人的主观能动作用。

（二）“摸着石头过河”与科学预见

改革是新事物，在社会主义制度下，究竟如何开拓大力发展社会生产的新路子，如何克服和消除生产关系和上层建筑中存在的种种弊端，并建立各种适合生产力发展要求的富有生机和活力的体制，在我国和其他社会主义国家都缺乏充分的经验。因而，改革只能在探索中开拓前进，在探索中解决各种新的问题和矛盾。特别是在改革初期更是如此。“摸着石头过河”，形象地反映了这个探索过程的特点。

“摸着石头过河”，大体有这样几层意思：一是要有求实精神，没有石头无法过河，只有摸着了石头才能站住脚、迈出步子。二是要稳步前进，踏着石头一步一步向前走，否则就可能掉进河中造成危险，影响继续前进。三是要有进取精神，敢于冒点风险，过河不是走平路，河流中总有风险，即使摸着了和踏着了石头，也不能说就能平安过河，万无一失，但即使掉下河里，仍可以抓住石头爬起来，再前进。所以，“摸着石头过河”，既不能盲目冒险，又不能畏首畏尾，而是要把求实态度同革命精神结合起来。这是改革初期的一种重要的指导思想。它可以使改革既取得良好的成效，又避免和减少失误，即使发生了问题，也不至于造成巨大的损失。

然而，我们也要看到人的认识能力是在实践中不断提高的。在许多事情的探索过程中，人们往往是“事后诸葛亮”。但是，吃一堑长一智，随着实践的推移和经验的积累，“事后诸葛亮”可以而且应该转化为“事前诸葛亮”。这个转化过程，就是认识从实践中来又指导实践的过程。在一定时期内，我们在改革中是走一步看一步，随着改革的发展，我们的认识就会也必须不断深化，那时就不是走一步看一步了，而是看得更远些，走得也更稳更快些。所谓高瞻远瞩，就是在实践的基础上形成了科学预见，能够洞察事物的本质联系，掌握事物的发展趋势。这样，我们在改革中的主动性就增强了。

我们的改革已有近十年的实践经验。党的十三大对我国前些年的改革做了系统的总结，在经济发展战略、经济体制改革和政治体制改革等方面，都理论联系实践地进行了论述和阐发，我们从中可以学习到关于改革和规律性的认识，加之各个地区、部门都有自己改革的经验教训可以借鉴，所以我们认为，增强改革的科学预见的条件已逐步具备，应该在实现从“事后诸葛亮”向“事前诸葛亮”的转化方面多下功夫，以争得在改革中的更多主动权。

诚然，在不同的改革方面，实践经验和认识程度各有差别，不能等同看待。大体说来，有三类情况。一类是刚开拓改革的领域，还谈不上有什么经验。另一类是已经进行了一段时间的改革，有一定的经验，但经验还不丰富。对于这两类情况，总的说来，我们仍然要“摸着石头过河”，走一步看一步，并在实践中注意总结经验、深化认识。再一类是我们已有了较丰富的经验、较明显的成效，而且这一领域中的矛盾已暴露得比较充分。对此类情况应该做系统而全面的分析，尽力从中揭示出规律性的东西，从全局上和战略上进行理论概括，以指导今后的改革实践。例如，农村经济体制改革，已显示了推动生产发展的巨大威力，展现了未来的美好发展前景，但是，需要解决的矛盾也是层出不穷的。当前应着手深入研究如何使农村经济转向商品经济轨道的问题，科学地分析转轨过程中已经出现的和将会出现的各种矛盾，以便采取正确的办法加以解决。城市经济体制改革更为复杂，理顺改革中各方面的关系仍然是十分艰巨的任务，需要较长的时间。但也要尽可能对某些在现实改革生活中已经突出的问题进行根本性和长远性的研究。如价格体系改革问题，它既是发展社会主义商品经济必须解决的关键问题，又关系到人民群众的生活和社会的稳定。这几年来在价格体系改革方面已做了一些工作，新的矛盾亦有所暴露，现在应当在深入调查研究的基础上，做出全局性的科学决策，以促进改革的深化。在价格改革问题上，究竟是长痛不如短痛、动大手术好，还是走小步、动小手术好，或者是先动些小手术再动大手术好，需要有总体的考虑，只有明确指导思想，才能有所前进。

（三）要用联系和系统的观点指导改革

增强改革中的科学预见，一是要深入改革的实际，了解改革的实际；二是要用辩证的方法研究改革中的各种关系和矛盾，从中抽象出必然性的东西。在这当中，联系和系统观点是必不可少的。

改革是一个复杂的事物，诸如在改革和建设之间，经济、政治和科技教育之间……都存在着多种多样错综复杂的关系。我国的改革正在不断深化，也就是说，改革将进入更广泛的领域和更深的层次。因而，诸方面的联系更加复杂，新的问题和矛盾更加层出不穷。要理清各方面的关系，处理好这些矛盾，就要总揽全局，善于分析矛盾的普遍性、特殊性及其相互关系，研究各种矛盾在事物中所处的不同地位和作用，考察各种矛盾自身以及诸矛盾之间相互转化的情况和趋势。联系和系统的观点可以帮助我们从整体和全局上、从诸环节的相互关联上去把握改革的进程，进行科学的决策，处理好改革中各方面的关系，选择最优化和富有成效的改革方案，防止顾此失彼、畸轻畸重，甚至严重失调、失控等情况。

从近几年来看，我国改革的实践也有许多这方面的经验和教训。在改革逐步深化的时候，很有必要通过认真总结，深化我们对改革的认识。

譬如，关于经济体制改革和政治体制改革的关联问题。从理论上讲，两者是不可分割、互相促进的，不能等到经济体制改革进行到相当程度，或经济体制改革难以深入的时候，才来进行政治体制改革。但是，实际要比理论复杂得多，由于诸多主客观原因，我们没有同步进行，在一定程度上影响了改革的深化和发展。现在，党中央已经把政治体制改革提到重要日程上来，指明了政治体制改革的基本方向。我们就要切实研究如何把经济体制改革和政治体制改革统一起来，使之协调发展。特别是对政治体制中那些阻碍生产力发展、阻碍经济体制改革深化的东西，如权力过分集中的领导体制，僵化的人事制度、干部制度，官僚主义等，要下决心加以解决。

再从经济体制、政治体制改革的内部来看，也有一些如何统筹安排和协调改革的问题。如经济体制改革内部，计划体制、价格体系、所有制形式和分配形式的改革，都是相互交错、相互结合的，要研究它们之间的结合和交错情况，找出它们的交错点和结合点，在改革中逐步形成既富有活力又有序运行的机制。

还有，每一项具体改革都有其内部联系和外部联系，也就是说每一个具体改革都是一个子系统，系统之外又有相关联的系统。我们在做出决策、付诸实践时，要考虑到它们的内外联系。例如在农村发展商品经济，发展乡镇企业，就必然要改变产业结构，形成人口的新的流向和分布，影响到农业生产，并涉及整个生产、消费、分配和交换等广泛的领域。对此，我们不能不从全局和局部的关系上考虑问题，否则就可能出现抓了这头丢了那头、走一步退两步的被动局面。

此外，系统都是动态的，系统内的各要素之间相互联系、相互影响、相互制约、相互作用，使该事物处于经常变化之中。任何一个方面的改革也是如此。我们必须运用联系和系统的观点分析其内部的相互关系，预见其发展趋势。例如，政治体制改革作为一个系统，其中的每一次改革都会带来系统内部的变化。党政分开以后，不仅将造成各自的变化，还会带来相互关系的新变化，以及政治体制中其他方面的相应的变化。对所有已经产生或可能产生的变化，应该有所分析和预见。同时，还要注意，由于改革过程中，各种因素和力量都在交错而综合地起作用，因此，其发展变化的趋势不可能是直线的，往往会产生多种发展趋势和可能，会出现曲折和反复。这就要求人们趋利避害，促进其积极而有益的变化，抑制其消极而有害的变化，使改革较顺利地进行，避免和减少曲折和反复。

总之，用联系和系统的观点指导改革，从根本上讲，就是要使改革逐步配套，克服东一榔头、西一棒子，胸中无全局的状况。任何改革方案都要进行系统而全面的科学论证，尤其不能缺少哲学论证，即主观同客观、理论和实践的具体的历史的统一的论证。在经过科学论证并付诸实践之后，还要根据情况的变化不断修正和完善改革的方案和计划。当然，由于改革是十分复杂的任务，不可能一下子就做到比较完满，但在指导思想上应该确立这种认识。在现实改革中，确实有人是缺乏这种认识的。

（四）提高人们对改革的理解力和承受能力

我国是从半殖民地半封建社会过来的。在社会主义初级阶段，旧社会的痕迹多，自然经济半自然经济的影响无论是在经济、政治领域还是在思想文化领域都比较深。广大人民群众为了发展生产，摆脱贫穷落后，振兴中华，对改革是拥护的。几年的改革实践又使人们看到了它的好处，所以，改革确实是人心所向、大势所趋。但同时，也不能不看到人们对改革的理解并非已经实现了从自发到自觉的飞跃。这一方面是由于旧的思想观念、旧的习惯势力不是一下就能清除的，阻碍着人们的视野和思想境界的开阔；另一方面也由于改革是十分复杂的事物，改革中又遇到了许多困难和问题，人们也不可能在较短的时间内就深刻地理解它。所以，不断提高人们对改革的理解能力是推动改革不断深入的重要一环，它有利于增强人们对改革的信心，减少改革的阻力，加快改革的步伐。

与此联系的还有一个人们对改革的承受力的问题。改革既然是一场伟大的变革，就必然会涉及人们的利益，触动人们的思维方式、生活方式、价值观念等等。每一个重大改革的出台，都会引起社会的震动，打破原有的利益格局，这就产生了人们的承受能力问题。承受能力包括三个方面：一是心理上的适应能力，即能不能够较快地适应改革带来的变化；二是精神上的接受能力，即能不能够较自觉地接受改革所要求的思想观念和利益原则；三是物质上的负担能力，主要是指改革所造成的经济利益的变化对人们的影响。改革能否顺利进行，在一定程度上取决于它是否走出了人们承受能力的限度。

当然，人们对改革的理解能力和承受能力是可以不断提高的。其提高主要依赖于两方面的工作。第一，以马克思主义为指导，努力加强社会主义精神文明的建设，从各方面宣传改革的必要性和必然性，用改革的伟大成就增强人们对改革的信念，用改革的思想指导人们改革的行动。如党的十三大报告所说："要努力形成有利于现代化建设和改革开放的理论指导、舆论力量、价值观念、文化条件和社会环境，克服小生产的狭隘眼界和保守习气，抵制封建主义和资本主义的腐朽思想，振奋起全国各族人民献身于现代化事业的巨大热情和创造精神。"[①]近几年来，我们对改革的"鼓"与"呼"的工作做得是不够的。第二，坚持改革开放的总方针，努力发展社会主义商品经济，让广大干部和群众在改革的实践中，在发展社会主义商品经济的过程中，接受教育，提高认识。发展社会主义商品经济是实现生产社会化、现代化不可少的基本条件，也是冲破和改变自然经济观念和其他保守落后观念的巨大力量。随着改革的深化和商品经济的发展，人们的思想解放进程必然加快。我们的工作要做到因势利导，在调动人们的积极性上下功夫。

二、关于党的基本路线的哲学思考[*]

新中国成立以来，我们的社会主义事业峰回路转，在曲折中前进，取得了举世瞩目的成就。党的十一届三中全会以后，我们党在建设有中国特色的社会主义的实践中，把马克思主义与中国国情结合推进到一个新的高度，做出了我国处于社会主义初级阶段的科学论断，形成了"一个中心、两个基本点"的基本路线。这条基本路线是对历史经验的科学总结，也是指导今后实践的政治思想保证。它的提出，对中国的命运和前途有长远的决策性意义。我们必须认真研究，深刻理解，切实贯彻。我从党的基本路线的客观性、整体性、实践性等方面做了一些思考，供批评指正。

（一）党的基本路线的客观性

客观性原则是辩证唯物主义最基本的原则，坚持客观性原则，就要做

---

* 本节内容发表于《思想战线》1992 年第 1 期。

① 中共中央文献研究室. 十三大以来重要文献选编：上. 北京：人民出版社，1991：14-15.

到一切从实际出发，实事求是。客观实际是复杂的，它是现象和本质、必然性和偶然性、现实性和可能性、内容和形式等诸方面的统一，而且是不断发展变化的。因此，要正确地反映客观实际并非易事。党的基本路线的形成，正是经过反复实践、反复认识的结果，它表明我们深化了对建设有中国特色社会主义的认识。

党的基本路线的客观性在于它充分体现了我国的国情。邓小平一再强调要研究国情，把国情作为我们办事情的出发点。研究国情的实质就是解决马克思主义基本原理同中国实际相结合的问题。如果不从中国的国情出发，对社会主义建设的指导就必然脱离实际，也就是背离客观性原则。我们过去经历了许多曲折，很重要的一条教训就是脱离了国情。新中国成立以来，我们党一开始就是在探索怎样根据中国国情来建设社会主义，并取得了一定成果。但后来，由于经验不足，也由于对国情和经济发展规律的认识有偏差，夸大了主观意志的作用，曾多次出现急于求成的情况，影响了社会主义事业的顺利发展。"党的十一届三中全会以来，我们党基于对基本国情的正确分析，确立了以经济建设为中心、坚持四项基本原则、坚持改革开放的基本路线。党的十三届七中全会在总结贯彻执行基本路线经验的基础上，又提出了建设有中国特色社会主义的十二条原则，标志着我们党对社会主义现代化建设规律的认识更加深刻了。党的基本路线和这十二条原则，总起来说，就是要通过社会主义制度的自我完善和发展，建设有中国特色社会主义的经济、政治、文化，以适应和促进社会生产力不断发展和社会全面进步，实现社会主义现代化。"① 这一论述，对于我们理解党的基本路线的客观性及其指导作用是十分重要的。

党的基本路线来自对国情的深入了解和对历史经验的科学总结。那么，我们怎样才能更好地贯彻这条基本路线呢？这里仍然有一条基础性的东西，就是一定要继续了解和研究国情。党中央制定了这条正确的路线，并不就万事大吉了。我们的各级领导和广大干部要真正理解这条路线还需要一个过程。特别是中青年干部，他们中的一些人既缺乏历史的经验，又

① 江泽民．江泽民文选：第1卷．北京：人民出版社，2006：152-153.

缺乏对国情的深入研究，这就容易产生认识上的偏差、决策上的失误、行动上的动摇。只有对中国的国情有深刻的理解，我们才能真正懂得党的基本路线的正确性，并自觉地为其实现而奋斗。例如，为什么我国只能按这条路线，而不能按别的路线去做？为什么我国处于社会主义初级阶段？为什么必须以经济建设为中心，大力发展生产力？为什么必须坚持四项基本原则，反对资产阶级自由化？为什么必须坚持改革开放，怎样坚持？为什么要发扬自力更生、艰苦创业精神？等等。这些都是由我国的具体国情决定的。我们只有从国情出发，搞清楚这些问题，才谈得上理论联系实际，谈得上把马列主义与中国的实际结合起来。

江泽民同志在庆祝中国共产党成立70周年大会上的讲话中，对中国特色社会主义的基本内容，从经济、政治、文化三个方面做了简明而精辟的概括。这些概括可以说是新中国成立40多年来特别是80年代以来社会主义建设的新鲜经验的总结，它丰富了党的基本路线的内容，体现了实事求是的原则。我们要认真学习和理解这些理论概括是如何体现马克思主义与中国国情相结合的，从中学习辩证唯物主义与历史唯物主义的世界观和方法论。

总之，认识党的基本路线的客观性，要十分重视对国情、省情和各地实际情况的研究，要反对本本主义和一切主观主义的东西，学会具体问题具体分析，使我们在贯彻执行党的基本路线时富有自觉性和创造精神。

（二）党的基本路线的整体性

事物都是作为系统而存在、作为过程而存在的。联系和发展是唯物辩证法的总特征。任何事物内部的诸要素都是互相联系、互相制约、互相促进的，它们的有机统一形成事物的整体。以联系的、全面的、发展的观点来认识党的基本路线，也是贯彻执行党的基本路线所必需的。

党的基本路线是通过科学的抽象以理论形式来反映我国社会主义初级阶段的实际的。从形式看它是主观的，从内容看它是客观的，它是客观内容和主观形式的统一。社会主义初级阶段的中国这个事物是一个非常庞大而复杂的系统，它由许多子系统所组成，包括社会生活的各个方面。不了解其中各个方面（系统）的联系和关系，就不能把握其整体；不能从整体上把握事物，就不能认识其本质和规律性。

如何把握党的基本路线的整体性，即其内部诸方面的有机统一，这是一项巨大的系统工程，我们不可能一下完成这个任务，但必须努力去研究它，以期取得一定成效，有助于各项社会主义事业协调而稳定地向前发展。下面从三个方面略加分析：

第一，从马克思主义关于社会形态的学说来看。按照历史唯物主义的观点，社会物质生活条件是社会存在和发展的基础，它包括人口、地理环境、生活方式诸方面，其中生产方式起着决定作用。在社会存在的基础上产生了社会意识，它对社会存在具有能动的作用。任何有组织的社会，都存在着各种各样的社会关系，有直接的和间接的，有物质的和精神的，有宏观的和微观的，社会的每个人都生活在这些关系网中，正是这些关系把人们联系在一起，形成社会系统。马克思主义的社会形态学说，揭示了这个复杂系统的宏观结构，阐明了这个系统的发展动力和运行机制。马克思在《〈政治经济学批判〉序言》中指出："人们在自己生活的社会生产中发生一定的、必然的、不以他们的意志为转移的关系，即同他们的物质生产力的一定发展阶段相适合的生产关系。这些生产关系的总和构成社会的经济结构，即有法律的和政治的上层建筑竖立其上并有一定的社会意识形式与之相适应的现实基础。物质生活的生产方式制约着整个社会生活、政治生活和精神生活的过程。不是人们的意识决定人们的存在，相反，是人们的社会存在决定人们的意识。社会的物质生产力发展到一定阶段，便同它们一直在其中运动的现存生产关系或财产关系（这只是生产关系的法律用语）发生矛盾。于是这些关系便由生产力的发展形式变成生产力的桎梏。那时社会革命的时代就到来了。随着经济基础的变更，全部庞大的上层建筑也或慢或快地发生变革。"① 这段话作为分析人类社会的基本结构、基本关系以及社会矛盾的精辟见解，是我们考察社会系统的科学依据。社会关

① 马克思，恩格斯．马克思恩格斯选集：第2卷．北京：人民出版社，1995：32-33.

系纷繁复杂，但基本的是经济关系、政治关系和思想关系，这三种宏观关系就像网一样把微观的人联结起来，形成社会系统的三个组成部分或者说社会的三个基本结构。

一是社会经济结构（系统），即由生产力和生产关系构成的生产方式。它的功能是生产社会需要的物质财富和创造物质文明。在这个系统中又分为生产力和生产关系系统。生产力系统是社会经济系统中最活跃的部分，起着决定作用。生产关系系统是在生产力系统的基础上建立起来的。二是社会政治结构（系统），即社会的政治机构、政治制度、政治组织、政治设施。政治结构是经济最直接最集中的反映，是为经济基础服务的。它的功能虽然不是直接创造物质文明和精神文明，但它处在组织管理社会的关键地位。政治文明建设对促进物质文明和精神文明建设有重大作用。三是社会意识结构（系统），它是社会生活的精神方面，是社会存在的反映，包括政治思想、法律思想、哲学、宗教、艺术、道德、科学等。它的功能是生产社会精神财富，创造社会精神文明。这三个方面（系统）之间的关系是：经济结构决定政治结构，经济结构和政治结构一起决定意识结构，同时三者又互相制约、互相作用。正是它们之间的相互作用，构成社会矛盾运动，推动社会发展。

社会系统的整体性原则表明，一个有组织的社会要存在和发展，就必须正确认识和处理社会系统内部诸方面的关系，遵循它们在社会系统内部的地位和作用，采取一定的方针、政策、方法，使之能协调运动、互相促进、共同发展。我们党在社会主义初级阶段的基本路线，正是根据马克思主义上述基本原理，从中国社会主义初级阶段的实际出发，把社会主义经济、政治、思想等系统作为一个有机整体，把握其内在联系和相互关系，正确处理和发挥其在社会主义建设中的地位和作用，指明了中国社会主义初级阶段的发展路线。它不仅根据一般的社会系统的整体性，而且着眼于特定的中国社会主义初级阶段社会系统的整体性；不局限于宏观的社会系统的分析，而是把宏观和微观统一起来；不仅揭示社会发展的客观规律，而且体现了主观同客观的辩证统一。

第二，从党的基本路线的具体内容来看。我们习惯把党的基本路线称为“一个中心、两个基本点”，它简明而形象地指出了这条路线的本质。以其具体内容而论，它涉及更多的方面和关系。要认识它的整体性，就必须做全面考察。

这条基本路线是中国共产党领导中国人民在中国社会主义初级阶段建设社会主义的路线，必须坚持党的领导，充分依靠群众，发动群众，发扬自力更生、艰苦创业的精神。这是贯彻执行党的基本路线的根本保证。

这条基本路线是在经济文化不发达的拥有11亿人口的中国实行的。它要达到的目标是：把我国建设成为富强、民主、文明的社会主义现代化国家。这个任务是相当艰巨的，它包括物质文明、政治文明、精神文明的建设，涉及社会生活的各个领域，要经过由落后到先进、由不富强到富强以及工业、农业、科技、教育的逐步现代化的过程。

如何达到这个目标？关键是以经济建设为中心，坚持四项基本原则，坚持改革开放，使社会生产力水平不断提高，使社会主义制度不断自我完善，使国民经济持续、稳定、协调发展。若非如此，党的基本路线所指引的宏伟目标就不能实现。

可见，党的基本路线是由前提、保证、目标以及实现这个目标的一系列方针、政策、手段、措施等构成的整体。其中有几个主要关系是我们在把握其整体性时需要认真加以研究的。

一是“一个中心”同“两个基本点”的关系。有不少文章论述过这个问题。有人试图把它们概括为对立统一或主次矛盾的关系，也有人说它们是中心任务同保证的关系。这些考虑都是把它们看作直接的对应关系而简单地加以概括，并不完全准确。事实上，所谓“一个中心”和“两个基本点”是就整个基本路线来说的，即在我国社会主义建设的全部事业中，经济建设是中心，四项基本原则和改革开放是基本点。它们的地位和作用，都是由社会主义的本质所决定的，都是发展社会主义所必需的。对于社会主义建设为什么要以经济建设为中心，马克思、恩格斯、列宁、毛泽东都有深刻论述。我们的政治路线就是把“四化”作为重点，社会主义的根本任务就是坚持发展社会生产力，要始终抓住这个中心环节不放。中国的社会主义能否站得住，它的优越性能否发挥，归根到底要看经济文化、科学技术的发展水平如何。同时，我们要发展经济文化，实现现代化，就必须坚持四项基本原则，走社会主义道路，不能按资本主义那一套搞；必须改革开放，不断调整社会基本矛盾，使社会主义制度不断完善。经济建设这个中心问题解决不好，其他诸如民主法制建设、精神文明建设就无从谈起。离开了“两个基本点”，经济建设就失去了保证和动力，就会偏了方向。

二是“两个基本点”之间的关系。它们是互相联结、互相渗透、相辅相成的。四项基本原则是立国之本，改革开放是强国之路，立国和强国不可分割，它们的目标是一致的，发挥的作用也是一致的，在实践中相互制约、相互促进，都是为了发展经济，建设富强、民主、文明的社会主义现代化国家。但是，不能否认，如果处理不好，也会发生矛盾，出现冲突。例如，以僵化的观点来对待四项基本原则，就会束缚改革开放的深入进行；以自由化的观点来对待改革开放，就会损害甚至破坏四项基本原则这个立国之本。这个问题是要认真对待的。

三是“两个文明”的关系。物质文明和精神文明的协调发展是社会主义优越性的体现，社会主义精神文明是社会主义的主要特征，物质文明是基础，精神文明对物质文明具有能动的反作用。离开物质文明建设，精神文明建设无从谈起；离开精神文明建设，物质文明建设就失去智力支持和思想保证。科学技术作为第一生产力，更显现其在社会主义现代化建设中的重要作用。然而，这个问题却常常解决不好，出现偏差。在经济文化落后的国家中建设社会主义，或者由于经济条件比较差，又具有精神方面的优势，因而过分强调精神的作用；或者由于看不到精神的巨大作用，又急于发展物质文明，因而轻视精神文明建设。这两种倾向都要防止，但在当前和今后一段时间内，特别要注意解决“一手硬，一手软”的问题，切实加强思想道德和科学文化建设。

四是党和群众的关系。贯彻执行党的基本路线有两个依靠，其一是依靠党的领导，其二是依靠广大人民群众。两者又是一致的。江泽民同志在庆祝中国共产党成立 70 周年大会上的讲话中指出：“建设有中国特色的社会主义，关键是加强和改善共产党的领导。在中国这样的大国，要把十一亿人民的思想和力量统一起来建设社会主义，没有一个由具有高度觉悟、严明纪律和自我牺牲精神、真正代表和团结人民群众的党来领导，是根本不可能的。”这句话既说明了党的领导的重要性，也说明了党的领导和依靠群众的一致性。这里的核心问题是坚持中国共产党全心全意为人民服务的宗旨和密切联系群众的优良作风。只要实现了上述要求，我们党就能赢得人民群众的拥护，就能充分发挥人民群众的伟大力量为社会主义事业而奋斗。

第三，从实现党的基本路线的方法来看。贯彻党的基本路线，除了要深刻理解其内容以外，还有一个科学方法的问题。只有运用科学的方法，才能保证在实践中不走或少走弯路。有没有这种科学方法呢？有的。从系统科学的观点看，实现党的基本路线提出的“一个中心、两个基本点”的总方针的过程，实际上是一个开放的特殊复杂系统——社会系统的组织管理过程。在系统工程中，组织管理社会经济系统的技术是社会意识系统工程，而社会系统工程则是使社会三个系统协调发展的组织管理技术。党的基本路线的内容基本上就是物质文明建设、政治文明建设、精神文明建设，改革开放也渗透在这三个文明建设当中。深化经济体制、政治体制、教育和科技体制的改革，目的也在于启动这三个子系统的内在机制和活力，并使它们能够协调发展，以取得社会系统的长期的和最好的整体效益。所以，社会系统工程对社会主义社会的发展具有重要的现实意义。问题在于我们对社会系统工程缺乏必要的研究，相当多的领域、部门还没有把社会系统工程提到议事日程。我们的工作中要真正做到系统性、预见性，就必须做出巨大的努力。

（三）党的基本路线的实践性

辩证唯物主义和历史唯物主义的世界观是彻底的唯物主义的一元论，它在实践的基础上实现了唯物论和辩证法的统一、唯物主义自然观和历史观的统一。实践的观点是辩证唯物主义认识论的第一的和基本的观点。列宁曾经指出：“**实践高于（理论的）认识**，因为它不仅具有普遍性的品格，而且还具有直接现实性的品格。”① 毛泽东也指出，马克思主义哲学辩证唯物论有两个最显著的特点：一个是它的阶级性，公然申明辩证唯物论是为无产阶级服务的；再一个是它的实践性，强调理论对于实践的依赖关系，理论的基础是实践又转过来为实践服务。

社会生活本质是实践的。人们正是通过社会实践认识社会的本质及其规律，并依据社会的规律去改造社会，使人的本质力量对象化，使主体客体化。党在社会主义初级阶段的基本路线是在实践中取得的科学认识，为我们提供了建设有中国特色社会主义的思想理论武器。然而，它毕竟是精神的东西，理论只有掌握群众才能变成巨大的物质力量。即使有了正确的路线，但它不能付诸实践，那又有什么意义呢?

党的基本路线的实践性，也内在地蕴含于这条路线的内容之中。中国人民要改变经济文化的落后状态，建设富强、民主、文明的社会主义国家，这是时代的要求、历史赋予的使命。经过 40 多年的实践，我们已经具备了实现这个目标的可能性，而要使这种可能性转化为现实，就必须经过长期艰苦的实践过程。“世界不会满足人，人决心以自己的行动来改变世界。”社会的变化发展同自然界的变化发展有重大区别，自然界的规律是自发起作用的，社会规律则是通过人的自觉活动来实现的。这种自觉活动，就是人的社会实践。实践是人的本质力量的对象化，是导致物具有人化的形式从而满足人的需要的物质活动。这就是说，条件既已具备，航道既已开通，目标既已明确，党就必须领导和团结全国各族人民，为实现基本路线而奋斗。不管前进途中会遇到什么惊涛骇浪，不管国际风云如何变幻，我们都不能徘徊动摇、半途而废。

遵循实践性原则，我们在贯彻执行党的基本路线中，还要随着实际情况的变化，在实践中深化对基本路线的认识，丰富和发展基本路线的内容。从党的十一届三中全会做出工作重点转移的决策到党的十三大提出党在社会主义初级阶段的基本路线，从党的基本路线的提出到党的十三届七中全会对建设有中国特色社会主义的十二条原则的理论概括，这一系列行

① 列宁．列宁全集：第 55 卷．北京：人民出版社，1990：183.

动都表明我们在贯彻党的基本路线的实践中不断研究新情况、解决新问题、总结新经验，日益深化了对党的基本路线的认识，不断丰富和发展了关于“一个中心、两个基本点”的内容。

遵循实践性原则，我们还要注意在贯彻党的基本路线的过程中坚持科学性和革命性的统一。科学性是革命性的前提，革命性是科学性的必然结论。党的基本路线是符合我国客观实际的科学真理，是一条正确的路线，但是在贯彻执行中，无论是从全局来看还是从局部来看，都难免会出现偏差和失误，这是因为它是一个复杂的系统工程，人们要真正把握它、驾驭它，是很不容易的。有时强调了这一方面又可能忽视另一方面，抓了主要矛盾又可能放松了次要矛盾，重视了同一性又可能忽视了斗争性，注意了特殊性又可能忽视了普遍性，或者是相反。这就要求我们始终坚持实践是检验真理的唯一标准，不断总结经验教训，发扬成绩，克服缺点，增强工作中的科学预见性。从前一段的经验来看，我们要加倍警惕的是急于求成的思想和形而上学的片面性，在处理物质文明建设同精神文明建设的关系、经济体制改革同政治体制改革的关系以及全局和局部、眼前和长远的关系等方面，都需要坚持联系的观点和全面的观点，在贯彻党的基本路线中实现科学性和革命性的统一。

坚持党的基本路线的实践性，就是要在科学世界观指导下勇于实践，敢于探索，有所创造，有所前进。因循守旧、因噎废食的思想行为是错误的，脱离实际、为所欲为也是不可取的。我们的各级领导和广大干部要善于深入实际，依靠群众，在实践中增长才干，掌握真理。只要我们坚定不移地执行党的基本路线，自力更生、艰苦奋斗、勤俭建国，沿着有中国特色的社会主义道路走下去，我们的伟大目标就一定能实现。

三、发展社会主义商品经济与观念变革的关系*

当今的世界是开放的世界，当今的时代是改革的时代。改革的潮流正在

* 本节内容收录于《商品经济与观念变革》(云南人民出版社，1988)。

全球范围内迅猛发展。当前我国社会主义现代化建设正是顺应了这股潮流。

党的十一届三中全会公报指出："实现四个现代化，要求大幅度地提高生产力，也就必然要求多方面地改变同生产力发展不相适应的生产关系和上层建筑，改变一切不适应的管理方式、活动方式和思想方式，因而是一场广泛、深刻的革命。"随着改革的进行，我们党做出了发展社会主义商品经济的重大决策。社会主义商品经济的发展又必然会伴随着一场观念的变革，深入研究这个问题，无疑具有重要的理论意义和实践意义。

（一）发展社会主义商品经济必然引起人们观念的变革

观念作为社会意识，必然伴随一定的社会历史条件的出现而诞生。马克思恩格斯早在《共产党宣言》中就指出："人们的观念、观点和概念，一句话，人们的意识，随着人们的生活条件、人们的社会关系、人们的社会存在的改变而改变，这难道需要经过深思才能了解吗?"我国近年来的大量事实表明，那些产生在自然经济和小商品生产基础上的传统观念，那些在过去几十年中曾被奉为"正统"的某些社会主义观念，正在受到改革浪潮的巨大冲击，遭到人们的摒弃；而许多新的观念正在形成，这不能不是发展社会主义商品经济的必然结果。

为什么社会主义商品经济的发展会带来人们观念的变革呢?

第一，发展社会主义商品经济，有力地推动了生产力的发展，使国家的经济实力不断增强，人民生活不断改善，社会主义的优越性日益显示出来。因而它就不仅使人们更加热爱社会主义，增强了作为主人翁的责任感，而且逐渐形成奋发进取、开拓创新、民主、平等等新的观念。

国民经济实力的增强和发展社会主义商品经济的需要，又造成科学文化和教育事业的新的繁荣，使人们的科学文化水平日益提高。这也为观念的变革创造了条件。因为观念的产生和发展不仅由经济条件所决定，还受科学文化条件的制约。人们科学文化水平的提高，对于破除愚昧落后的观念有着重要的作用。例如，轻视知识和知识分子的偏见，固然是传统的小农经济意识和"均贫富"思想在对待知识和知识分子问题上的反映，同时也是与我们国家的科学文化水平不高相关联的。今天，这个问题虽然还没有得到根本的解决，但是，在发展社会主义商品经济的实践中，尊重知识、尊重人才的社会舆论已较之以往强烈得多了。

第二，发展社会主义商品经济，使人们的劳动方式、分配方式、交往方式和消费方式发生变化，从而也改变着人们的观念。

社会主义商品经济的发展，一方面使大量的劳动者（主要是农民）从自给自足的自然经济转向商品生产；另一方面也使生产主体（包括集体、个体和大部分全民所有制单位）置身于商品经济的体系中，这就必然增强生产主体的自主性和竞争性。相应地，价值观念、效益观念、竞争观念便逐渐形成。

社会主义商品经济的发展，使人们要靠劳动致富、创业致富，靠提高劳动生产率、管理水平和科学技术水平来增加生产、增加收入；要求实行按劳分配原则，从而有利于改变那种“干多干少一个样，干好干坏一个样”的平均主义，打破“铁饭碗”，激发起人们的劳动热情和学习精神，形成新的进取观念、人才观念、致富观念等等。

社会主义商品经济的发展，要求社会生产和再生产过程的各个环节更紧密地联系起来，使横向经济联系不断加强，人们的交流不断扩大，交往日益频繁，信息日益重要，从而形成开放观念、创新观念、信息观念。而在交往日益频繁的情况下，为了正确处理在经济领域和其他领域的各种矛盾，又必须健全民主和法制，使人们的民主观念、法制观念得到加强。

随着生产发展和分配方式的变化，社会的供求关系和人们的消费方式也会发生变化，从而改变那种重生产轻消费、勒紧裤腰带存钱的陈旧观念，树立起合理的消费观念。

第三，发展社会主义商品经济所造成的生产力水平的提高、科学文化教育事业的进步，以及人们物质生活和精神生活的改善，起着推动思想解放的作用，促进人们对传统观念的反思，有利于树立新的观念，破除不符合社会主义现代化建设需要的观念。思想解放是一种巨大的力量，它使人们的精神状态发生巨大的变化。例如，长期以来，一些陈旧的传统的观念在我国人民群众中影响很深，许多人把一些已经过时了的观念视作神圣不可侵犯的权威和至高无上的价值标准，用它去量度、规范、裁剪丰富多彩的现实生活。如“重义轻利”“知足常乐”“安贫乐道”，以及“以农为本、重本抑末”“无商不奸”等，早已在人们头脑中根深蒂固，像一条条绳索束缚着人们的思想。然而，随着改革的进行和社会主义商品经济的发展，这些陈旧的观念的地位和影响已经受到极大削弱。

又如，在过去几十年中，我国人民对社会主义的认识也形成了一些不科学的僵化的观念。但是，在党的十一届三中全会提出的解放思想的方针指导下，在发展社会主义商品经济的实践中，经过人们的深刻反思，对那些来自苏联模式和根植于小农经济土壤中的“社会主义就是高度集中统一的计划经济”“社会主义就是有饭大家吃”等不科学的观念，已在逐渐改变。人们提出了对社会主义再认识的问题。“平均主义不是社会主义”“贫穷落后不是社会主义”“社会主义必须发展生产力”等思想观念已经深入人心。在社会主义制度和经济结构方面，社会主义“多模式”的新观念正在取代“唯一模式”的旧观念；以公有制为主体的多种所有制并存的新观念正在取代“一大二公”的社会主义观念。这些观念的变化，充分显示了改革和思想解放的巨大作用。

（二）观念变革对发展社会主义商品经济具有先导作用和推动作用

社会存在决定社会意识，社会意识对社会存在又具有能动的反作用。历史上的任何革命和改革都不能不以观念的变革为前景。我们党在领导社会主义现代化的建设事业中，也是首先号召解放思想，实事求是，通过坚持实践是检验真理的唯一标准的全民讨论，破除了“两个凡是”的反科学观念，重新确立了实事求是的思想路线。没有新的观念的产生，就不可能有新的思维方式、新的体制构思和突破，就不可能提出建设有中国特色社会主义的战略方针。观念是一定的民族、阶层和群体所共有的普遍的社会意识形态，因而具有广泛的社会性。它介于理论和实践之间，对人们的实践方式产生直接的作用。当新的观念还未成为一定的民族、阶层和群体所共有的普遍的社会意识形式之前，任何社会规模的改革创新都不可能顺利进行。而当新的观念在主体的实践活动中逐渐形成并发挥其作用时，它就会成为改革社会、改造世界的巨大力量。近几年来，我国的经济体制、科技体制、教育体制等方面的改革，在探索中开拓前进，取得了前所未有的成效，正是由观念更新与社会改革这种内在联系和机制所决定的。那么，观念更新对发展社会主义商品经济又起着什么样的作用呢？这可从以下两个方面来看：

第一，观念更新对于改革我国旧的经济体制、确立公有制基础上的社会主义商品经济具有先导作用。

党的十三大报告指出："党的十二届三中全会通过的《中共中央关于经济体制改革的决定》明确指出，社会主义经济是公有制基础上的有计划的商品经济。这是我们党对社会主义经济作出的科学概括，是对马克思主义的重大发展，是我国经济体制改革的基本理论依据。"① 然而，我们回顾历史，可以看出，这一理论的提出和付诸实践确实经历了观念更新的过程。没有对旧的传统思想观念的突破和新的观念的建立，就不可能做出关于经济体制改革的决定，也不可能推动社会主义商品经济的充分发展。

商品经济到底是不是社会主义经济的固有属性？计划经济和商品经济是不是互相排斥的？这是长期以来理论上没有解决的问题。从马克思到列宁的马克思主义经典作家都认为，在社会主义社会里，商品生产和商品交换将随着资本主义的灭亡而消亡。多年来，我们一直按照马克思、列宁关于社会主义社会用产品经济代替商品生产的设想，把商品生产看成是社会主义制度的"异己力量"，在实践中曾经两次企图限制和取消商品生产，把商品生产看成是同旧社会没有多少差别的东西，说成是"产生资本主义的土壤和条件"。这就是说，我们对社会主义的认识，长期是在这样一条原则的基础上形成的，即不是用实践检验以往的思想、理论、观念，而是用僵化的观念来裁剪现实生活。这种形而上学的、教条主义的思维方式，严重地阻碍着人们的观念更新，阻碍着社会主义经济的发展。只是在经过几十年的实践，付出了沉重的代价之后，才否定了我国理论界长期沿用的一个传统公式，即人类社会是循着自然经济—资本主义商品经济—社会主义计划经济的道路发展的；突破了把计划经济和商品经济对立起来的错误

① 中共中央文献研究室．十三大以来重要文献选编：上．北京：人民出版社，1991：26.

观念；认识到商品经济的充分发展是社会主义经济发展不可逾越的阶段；认识到用计划经济来排斥市场调节、用产品调拨排斥商品交换、用行政手段排斥经济杠杆等思想观念是在“绝对对立中思维”，是不符合我国社会发展的实际的；认识到我国当前还处于社会主义的初级阶段，尤其需要发展以公有制为主体的包括各种经济成分在内的商品经济；而且还认识到社会主义经济是建立在公有制基础上的有计划的商品经济，厘清了社会主义商品经济和资本主义商品经济的本质区别。这充分说明，改变不适合实际情况的旧的观念，清除“左”的思想影响，建立从实际出发的新的思想、观念，对经济体制改革和发展社会主义商品经济具有先导性的作用。

另外，我国原有的经济体制是建立在自然经济和超前的产品经济的基础上的，要发展社会主义的商品经济就必须破除在自然经济和超前的产品经济基础上形成的种种阻碍商品经济发展的传统观念，树立适合社会主义商品经济要求的新观念。否则，即使做出了发展社会主义商品经济的科学决策，在实践上也会遇到重重障碍。这几年来，我们在改革中所遇到的一个最大的困难，就是那些旧的传统观念形成强大的社会力量，阻碍着人们自觉地投入改革的洪流之中。根据1986年的一份调查材料，部分职工对发展社会主义商品经济的认识是有很大差距的。有的认为利大于弊，有的认为弊大于利，有的认为这是搞资本主义。对于改革价格体系，实行价格放开，在职工中也是众说纷纭的。产生这种情况的原因，仍然是一些人受旧的传统观念的束缚。所以，要使改革顺利进行，就不能不以观念更新为先导。

我国经济发展极不平衡，尤其是边疆地区，生产技术和科学文化都比较落后，总的说来，社会化大生产的商品经济观念是相当淡薄的。有的地区连小商品生产的观念都很微弱。一些边远山区的人，以前根本不懂得什么“做生意”，把出卖劳动产品当作羞耻的事；种植粮食只是为了糊口；要等到饲养的牲畜衰老濒死时才拿来食用。很多地方只搞农牧业，不搞农工副业，从来没想过发展商品生产。近几年来，由于进行经济体制改革和商品经济观念的宣传教育，也由于全国范围内所形成的改革浪潮的推动，这些落后地区的人的观念也在发生着变化，并在新的观念指导下开始从事商品生产，发展本地区的民族经济。以云南省与缅甸交界的孟连傣族拉祜族自治县为例，随着农村经济体制改革的实行，人们的思想观念逐步开放了，对“贫穷命中定”“做生意可耻”的观念不以为然了。1981 年该县出现了第一批重点户、专业户，到 1984 年“两户”发展到2 783户，产值占全县农业产值的 20.25%。在粮食生产和多种经营的比例上也有了显著改变，从 1979 年的粮食生产占 71%、多种经营占 29%，发展到 1986 年的粮食生产占 40%、多种经营占 60%。由于他们找到了发展民族经济的突破口——有计划地发展商品经济，人们的劳动积极性大大提高。这个县的情况说明了观念更新对于推动改革和生产发展的重要作用。

第二，适应社会主义商品经济的观念的形成，对发展社会主义商品经济具有直接的推动作用。

社会主义商品经济观念是适应发展社会主义商品经济的要求而产生的，它们一经形成就会反过来成为推动商品经济发展的巨大力量。社会主义商品经济观念可以分为两大类：一类是发展社会主义商品经济必须具有的基本观念，包括社会主义商品经济的主体观念、利益观念、交换观念、市场观念、竞争观念、信息观念、分配观念、消费观念、效益观念、劳动观念和时空观念等。另一类是与发展社会主义商品经济相适应的价值观念，例如社会主义的人生价值观念、伦理道德观念、民主法制观念、知识与人才观念、科学决策观念等。这样的分类只是我们的初步认识，可能有不完善、不准确之处，而且随着实践的发展，各种观念也将发生新的变化。当然这只是一个初步的分类，它绝不可能将有关的概念都包括无遗，其内容还将随着实践的发展而不断增加。但应当肯定的是，这些观念对社会主义商品经济的发展都具有重要的作用。

首先，社会主义商品经济观念对社会主义的商品生产、交换、分配、消费起着直接的推动作用。在相当长的一段时间内，当人们把商品经济观念看成是资产阶级思想体系所特有的之时，根本不敢讲什么物质利益原则，不讲企业之间的竞争，不讲“劳动致富”，致使我们的经济体制缺乏生机和活力，严重地阻碍着商品经济的发展。随着实行改革开放，人们已逐渐认识到在公有制基础上的社会化生产，只有具有商品经济观念才能搞活生产、交换、分配和消费，并使这些环节形成一个整体，互相协调、互相促进。如实践所证明的，当我们在改革过程中破除了平均主义，树立起利益观念，破除了闭关自守思想，树立起开放观念，破除了安于现状的思想，树立起竞争的观念；破除了“大锅饭”思想，树立起效益观念，等等，就已经使生产者的自主性、自强性、竞争性大大增强，促进了劳动生产率的提高，形成了社会主义经济发展欣欣向荣的局面，推动了生产力的发展。就以横向经济联系来说，在短短的几年中，不仅在经济较发达的地区建立了省内各企业之间、省与省之间的经济联合体；而且在生产较落后的地区，各种经济联合体已如雨后春笋般发展起来。仅云南省思茅地区近几年来，各种多层次、多民族甚至跨越所有制的经济联合体就发展到972个，参加农户达4 668户。他们联合起来搞工副业，既发展了生产，又提高了人民生活水平。不难预料，这种形势继续发展下去，必将使生产面貌发生巨大的变化。

其次，社会主义商品经济观念的树立，对社会主义生产关系的巩固和发展也具有能动的作用。过去，由于“左”的思想观念的影响，我们对社会主义生产关系的认识是不科学的，认为社会主义的生产关系只有单一的公有制。事实证明，这种认识是不符合我国生产力发展状况的。它脱离了我国生产力水平低和发展不平衡的实际。其结果不是巩固和发展了我国的社会主义生产关系，而是造成了一种僵化的模式，影响了社会主义制度优越性的发挥。搞了20多年的社会主义建设，才在不断的曲折中突破了原来的僵化的认识。现在，我国在以公有制为主体的前提下，实行包括个体所有制、国家资本主义所有制等在内的多种所有制并存，这是适合发展社会主义商品经济需要的。而新的商品经济观念的树立，又反过来作用于社会主义生产关系，使之得到巩固和发展。这不仅表现在劳动者的积极性可以得到更好的发挥上，还表现在人们更加热爱自己的企业，热爱自己的国家上。例如，利益观念是商品经济的一个核心观念，当人们破除了平均主义，承认了国家利益、集体利益、个人利益及其相互之间的一致性和差别性，会对适当发展不同所有制、处理人们在生产过程中的相互关系，以及贯彻社会主义的按劳分配原则等起到积极的作用。又如，从上层建筑对经济基础的作用来看，当人们树立了社会主义民主与法制的观念，逐渐消除等级特权、家长制、一言堂的不良影响，就能使人们在生产和交换过程中获得民主、平等的权利，按法律规定办事，这也有利于发展社会主义商品经济，巩固社会主义的生产关系。当然，随着社会主义商品经济的发展和社会生产力水平的提高，生产关系还将不断发生某些变化，这些变化在社会主义发展过程中，既是人们自觉调节的结果，也都是以相应的观念为指导的。

最后，社会主义商品经济观念，对社会主义商品经济的发展方向起着保证作用。有些人担心，发展社会主义商品经济会导致资本主义。他们认为，实行开放、竞争，搞活市场，提倡一部分人先富起来，可能造成贫富悬殊，两极分化。对这种担心，不能简单地认为完全是杞人忧天，我们的思想、理论工作和政策、措施应当注意这个问题。但是，从本质上看，社会主义商品经济不同于资本主义商品经济。适应社会主义商品经济需要的种种观念，也不同于资本主义的商品经济观念。树立社会主义商品经济观念，绝不是要照搬资本主义商品经济观念。社会主义商品经济观念不仅不会诱发资本主义，而且可以起到保证社会主义商品经济发展的正确方向的作用。例如竞争观念，它的原则是优胜劣汰，谁的技术好、管理善、成本低、质量高，谁就在市场上占有优势，得到发展。反之，就会落后甚至被淘汰。这在资本主义和社会主义条件下都是一样的。但是在资本主义的商品经济中，是资本家之间剥削工人剩余价值的争夺，是“大鱼吃小鱼，小鱼吃虾米”的竞争。资本家为了自己的生存和发展，不择手段，置人于死地。社会主义商品经济中的竞争是建立在公有制基础上的，是以互相促进、共同发展为前提的，优胜劣汰的结果有利于促使商品生产者改善生产经营状况，增强生产能力，从而促进整个社会生产的发展，反对那种损人利己、唯利是图、坑害消费者和危害国家利益的不择手段的竞争方式。又如利益观念，资本主义和社会主义的利益观念也有本质的区别。资本主义的利益观念追求的是资产者的剥削利益，体现着贫富两极分化的阶级对立关系，它的核心是利己主义。社会主义的利益观念，既反对重义轻利，也反对重利轻义，要求正确处理个人、集体、国家三者之间的利益关系。人们之间的利益差别反映着人们的劳动成果和对社会贡献的大小。这种差别有利于推动社会主义生产的发展。所以，社会主义商品经济观念的树立，能够保证我国的商品经济沿着社会主义方向前进。

社会主义商品经济观念的作用又具有过程性和整体性。各种观念互相联系、互相渗透，共同发挥其对社会主义商品经济的先导作用和推动作用，并表现为一个逐渐深化的过程。

（三）观念变革的艰巨性及规律性

发展社会主义商品经济要求观念更新，并为之创造条件。这只是问题的一个方面；另一方面，还要看到实现观念更新并非轻而易举、一蹴而就的，它往往需要经历一个艰难的过程。近几年来，有大量事实证明：一方面，社会主义商品经济的发展推动着观念更新；另一方面，许多陈腐的传统观念仍在顽强地发生作用，阻碍着观念更新和社会主义商品经济的发展。就拿“大锅饭”“铁饭碗”来说，有的人在理论上承认它们是十分有害的东西，应当摒弃，但在思想感情上却恋恋不舍。又如改革价格体系，人们也懂得了按价值规律办事，必然要逐步实行价格放开的政策，但一旦出现某些物价变动，就感到不安。再如提倡一部分人先富起来，这并非什么人的主观构想，而是发展社会主义商品经济的必然结果；它是共同富裕的先导。但是，面对这种事实，那种“不患寡而患不均”的传统观念，又时时冒出头来，束缚着人们的手脚。所以，我们要充分认识观念更新的艰巨性，以便采取积极而符合实际的办法，促进新观念的形成和发展。

观念更新的艰巨性，首先是同观念发展变化的规律相联系的；而观念更新的过程，又是通过观念发展变化的规律来实现的。

第一，从认识论的角度看，任何社会意识尽管是第二性的，由社会存在所决定；但并非某种社会物质生活条件一经出现，相应的思想、观念就能立即自发地产生。而且以往的思想、观念还具有历史继承性和相对独立性。特别是作为自发性较强的社会意识形式，观念是人类认识历史自身发展的积淀，是认识主体在长期实践过程中凝结而成的。因而任何新观念的产生都需要一个积淀的过程。它一经产生就渗透于主体的行为过程中，与人们的日常工作、生活密不可分，从而广泛地影响并支配着人们的思维方式、行为方式和生活方式，具有顽固的惰性。所以，改变旧的观念和建立新的观念，必然要经过曲折的斗争。这就产生了如前面所说的在我国当前这场伟大的改革运动中新旧观念相互并存、相互较量的局面，人们既不能不去接受适应社会主义商品经济发展的新观念，又往往在不同程度上保留着那些陈旧的传统观念。

第二，在一定的社会物质生活条件下产生的各种观念是相互联系、相互渗透的。因此，观念更新不只是个别观念的新陈代谢，而是一系列互相联系的观念的新陈代谢，是一种“观念群”的更新。观念群中的各种观念既互相联系，又互相制约，它们“抱成一团”，具有很大的稳定性。它们既各自发挥作用，也促使其他观念发挥作用；既各自维护本身，又互相依存，不肯轻易改变、轻易分离，即使形成某些观念的社会基础已经发生变化，但由于观念之间的相互依存关系，要改变其中的一些观念，也是不容易的。例如，在自给自足的自然经济基础上产生的以农为本的观念，就把保守、封闭、中庸之道、平均主义、乐天安命、重义轻利、重农抑商等等观念联结在一起，要变革其中某一种或一些观念，其他观念就会牵制着这种变革。即使其中某种观念在人们意识中逐渐衰弱或消亡，其他观念也可以支持它重新滋生或复苏。

第三，人们的观念是同一定的思维方式相联系的。一定的思维方式产生于一定的社会实践，又反过来影响主体对客体的认识的广度和深度。当人们的思维方式没有改变时，要实现观念的更新也是十分困难的。在生产规模狭小的基础上产生的思维方式，不能不具有单向性、保守性等特点，在这种思维方式中形成的观念也必然是封闭的、狭隘的、缺乏创造性的。而要适应社会主义商品经济的发展，就需要具有多维的、多层次的、开放的思维方式，这样才能形成一系列新的观念。所以，要更新观念就必须树立新的思维方式。

第四，实践是观念更新的推动力。生产实践和科学技术的发展决定着观念的产生和发展。马克思恩格斯在《共产党宣言》中讲到近代文明时指出，大工业所提供的大量廉价商品是“用来摧毁一切万里长城、征服野蛮人最顽强的仇外心理的重炮”①。这句话说明商品具有很强的渗透力和扩散力，它对促使人们消除陈旧观念、解放思想具有不可估量的作用。我国发展社会主义商品经济才刚刚起步，自然不可能一下就把阻碍商品经济发展的旧的传统观念全部破除。但是，可以相信，随着商品经济的发展和科学文化水平的提高，新的观念必将逐步取代旧的观念。

观念更新的艰巨性除了从观念更新的规律性中加以考察外，在我国还有其特殊的历史原因。

观念具有社会性，它表现为一定的民族、阶层、群体所共同的普遍的社会意识形式。形成某些观念的社会历史过程愈长，这些观念的基础就愈深，观念群的凝聚力就愈大。我们中华民族有几千年的文明历史，社会实践的复杂性既积淀了许多传统的美德，又造成了不少愚昧落后的观念。近百年来，我们虽然经历了几次大的思想解放运动，但总的说来，还没有从根本上摧毁由旧的传统观念（包括封建思想残余）所形成的顽固势力。新中国成立后的一段时间内，一些落后的传统观念又在新的历史条件下以某种形式重新出现，一些人甚至把一些小生产观念、封建主义观念当成社会主义的东西，致使革命进程中的极左思想同封建主义的观念相结合，最终成为产生十年“文化大革命”悲剧的重要原因。从某种意义来讲，十年“文化大革命”就是封建主义在新的历史条件下的大暴露。历史是一面镜子，党的十一届三中全会正是从历史的沉痛教训中提出了解放思想的正确方针，使人们深刻地认识到必须彻底扫荡存在于我们社会中的封建主义观念和“左”的思想的影响，否则历史的代价将会白白付出，我们的改革也难以顺利进行。

基于对观念更新规律的考察和对历史的反思而提出观念更新的艰巨性，并不是说人们在观念更新面前是无能为力的，而是意在促使我们继续坚持解放思想的方针，遵循观念更新的客观规律，从我国的实际出发，加快观念更新的进程。发展适应商品经济的新观念应着重注意以下几点：

---

①　马克思，恩格斯．马克思恩格斯选集：第1卷．北京：人民出版社，1995：276.

第一，要坚定不移地发展社会主义商品经济，让社会主义商品经济的实践去冲破旧观念，召唤新观念。我们要认识到：发展社会主义商品经济是一项复杂的任务，它给社会生活带来的影响必然是多方面的，在某种情况下可能会产生一些消极的作用，但要充分认识其积极作用是占主导地位的。例如，发展生产资料市场、金融市场、技术市场和劳务市场，发行债券、股票，都是伴随社会化大生产和商品经济的发展必然出现的，并不是资本主义所特有的。社会主义可以而且应当利用它为自己服务，并在实践中限制其消极作用。所以，我们应当坚持发展社会主义商品经济的正确方向，在改革实践中推动观念的更新。

第二，要认真进行社会主义初级阶段的理论和发展社会主义商品经济的宣传教育，使广大干部和群众进一步认识到我国社会主义初级阶段是逐步摆脱贫穷、摆脱落后的阶段。在这个阶段必须发展商品经济，使我国由自然经济和半自然经济占很大比重的国家，变成商品经济高度发展的国家。在经济和文化较落后的地区还有必要进行商品经济知识和商品经济观念的启蒙教育。观念是在主体实践中积淀而成的，但绝不是说宣传教育是无济于事的。当人们连最基本的商品经济观念都不具备时，又怎么谈得上发展社会主义商品经济，谈得上什么发展新观念呢？

第三，要加强社会主义精神文明的建设，努力提高全民族的文化、科学水平，普及辩证唯物主义和历史唯物主义的基本常识。现在，在不少农村，特别是经济落后地区，人们缺乏商品经济观念，这是同文化、科学水平十分低下相关联的。我们的干部要深刻理解社会主义精神文明建设的重要战略意义，明确认识建设社会主义精神文明必须为社会主义现代化建设服务，为发展社会主义商品经济服务。

第四，要进一步解放思想，激发人们在改革中的开拓创新精神，积极支持和宣传各种适应改革开放的新思想、新观念、新风气，使之日益深入人心，扩大其在社会生活中的作用，逐步削弱和消除旧的观念的影响。干部队伍的素质和人们的思想观念，还不完全适应发展社会主义商品经济的要求。我们要立足于现实的条件，以更大的决心做艰苦细致的工作。

四、关于生产力标准的几个问题*

（一）

生产力是社会发展的最终决定力量，这是唯物史观的一条最根本的原理。坚持生产力标准，是社会主义建设的一条最重要的经验。赵紫阳在党的十三大报告中阐明了生产力标准的理论，指出在我们进入社会主义建设时期，“生产力标准就更加具有直接的决定意义”。这是真正坚持了马克思主义。马克思主义本来就是在克服唯心史观的根本缺陷、创立唯物史观的基础上，才使社会主义从空想变成科学的。从《德意志意识形态》《雇佣劳动与资本》到《〈政治经济学批判〉序言》，马克思恩格斯反复阐明了社会运动的本质及规律，揭示了物质生活的生产方式制约着整个社会生活、政治生活和精神生活的过程，而生产力是一切社会发展的最终决定力量，生产关系只有适应生产力的状况才能促进生产力的发展。无论是一种社会形态向另一种社会形态的过渡，还是同一社会形态中一个阶段向另一个阶段的推进，都离不开生产力的发展。为什么会发生社会革命？就是因为旧的生产关系严重地阻碍了生产力的发展，社会革命的目的就在于解放生产力。为什么要搞社会主义？这是社会化大生产的客观要求，社会主义的根本任务就是发展生产力。上述原理是马克思主义的根本原理，也是科学社会主义与空想社会主义的根本区别。然而，要在实践中坚持和贯彻这一原理，却不是轻而易举的。国际共产主义运动的实践表明，在处理生产力和生产关系、经济和政治的关系上，“左”的思想长期存在，脱离生产力来抽象地谈论社会主义的历史唯心主义观念有着深刻的影响。在我们国家，在30多年的社会主义建设过程中，有伟大的成就，也有严重的失误，其中最重要的一条经验，就是要从根本上划清科学社会主义同种种空想的界限，坚持生产力决定生产关系，生产力是社会发展的最终决定力量的观

* 本节内容发表于《理论辅导》1984年第4期。

点。现在，我们总结了这方面的经验，但是，能否在今后真正坚持生产力标准，还有待于在实践中不断分析新情况，解决新问题。这里，有两个问题是值得我们注意的：一是要正确认识社会主义条件下生产关系同上层建筑的作用，即考察它们的作用和发挥它们的作用，都必须以是否有利于发展生产力为标准，绝不能凭借上层建筑的强制力量而违反社会发展的客观规律，绝不能凭主观空想采取不利于生产力发展的方针政策。二是要继续破除和摒弃在长期历史积淀中形成的“左”的思想，以及对于社会主义的非科学观念，深入研究和探索现实条件下科学社会主义的理论和实践。否则，尽管在理论上承认了生产力标准，在实际工作中仍可能顾虑重重、犹豫徘徊，甚至走回到老路上去。

（二）

从真理标准的讨论到生产力标准的确立这一过程，标志着党对社会主义再认识的深化，我们应该进一步解放思想，从实际出发，继续加深对社会主义的再认识。党的十三大报告指出，60 多年来，我们党在把马克思主义同中国革命和建设的具体实践相结合的过程中，有两次历史性飞跃。第一次飞跃发生在新民主主义革命时期，这次飞跃使我们找到了有中国特色的革命道路，把革命引向了胜利。第二次飞跃，发生在十一届三中全会以后，这次飞跃使我们开始找到了建设有中国特色的社会主义的道路。在第二次飞跃中，真理标准的讨论起了重要作用。哪个地方对这个问题讨论得越好，认识得越深，哪个地方的工作就越有成效。正是经过这场讨论，我们总结历史经验，恢复和发扬了实事求是的思想路线，对社会主义进行再认识，逐步抛弃了前人囿于历史条件仍然带有空想因素的个别论断，破除了对马克思主义的教条式的理解和附加到马克思主义名义下的错误观点，并且根据新的实践，在哲学、政治经济学、科学社会主义等方面发挥和发展了一系列科学理论观点。关于社会主义社会的根本任务就是发展生产力、集中力量实现现代化的观点，就是其中一个重要观点。这个观点同赵紫阳在党的十三大报告中谈到的其他理论观点是密切联系、不可分割的，而且可以说，它是所有这些观点的核心。我们为什么要坚持四项基本原则？就是为了从根本上保证生产力的发展。为什么要坚持改革、开放？就是为了进一步解放仍然受到束缚的生产力。为什么要发展社会主义商品经济？就是因为它是社会主义条件下促进生产力发展的根本途径。只有生产力不断发展，我们的国家和人民才能摆脱贫穷和落后，社会主义的优越性才能显示出来。十年巨变，说明了确立生产力标准是坚持实践标准的必然结果，也说明了生产力标准对于社会主义建设的伟大作用。所以，我们应当进一步总结历史经验，解放思想，同种种空想划清界限。凡是有利于生产力发展的东西，就积极支持并加以实行；凡是不利于生产力发展的东西，就予以摒弃。

有人提出，又是实践标准，又是生产力标准，它们究竟是什么关系？两者当然不是一回事，但又互相联系，具有一致性。实践标准是讲检验认识是否具有真理性的标准，它首先是解决认识领域的是非问题，进而解决认识和实践的统一问题。它是马克思主义认识论的基本原理，是划清辩证唯物主义认识论同唯心主义、旧唯物主义认识论的根本界限。生产力标准，是讲人们在考察社会历史时，判断社会的进步与落后，判断一种生产关系或经济体制是否值得存在和发展，判断一种方针、政策是否正确，归根到底要看其对生产力发展起何种作用。它是马克思主义历史唯物主义的基本原理，是划清科学社会主义和空想社会主义的根本界限。由于马克思主义的认识论同唯物史观是统一的，因而这两个标准具有内在联系和一致性，它们都贯穿着唯物论和辩证法相统一的思想，都体现了实事求是的精神，都是以实践为基础来认识和考察问题的。我们知道，作为检验认识真理性标准的实践，当然包括生产实践，而且生产实践是最基本的实践，从这个意义讲，生产力标准丰富了真理标准的内容，是坚持实践标准最重要的组成部分。我们认为，从云南的实际出发，结合这些年的经验，把两个标准结合起来加以理解，对于进一步解放思想、更新观念、深化改革、推动经济建设和各项工作的发展必将具有十分重要的作用。

（三）

坚持生产力标准，有利于破除陈旧的观念，有利于把改革、开放推向前进。长期以来，我们曾经把平均主义看成社会主义的东西；曾经认为社会主义的优越性就在于它是以公有制为基础的生产关系；曾经盲目追求“一大二公”，企图跑步进入共产主义“天堂”；曾经把商品经济看成社会主义的对立物，大搞割“资本主义”尾巴的蠢事。结果，社会生产受到破坏，贫穷落后的面貌长期得不到改变。在这种情况下，空想代替了科学，一些阻碍生产力发展的东西被看成神圣不可侵犯的原则，改革开放根本提不到日程上来。

党的十一届三中全会以来，我们在社会主义的根本任务就是发展生产力思想的指导下，采取了一系列改革开放的政策，在农村实行家庭联产承包责任制，在企业实行承包制、租赁制、股份制，鼓励城乡个体经济和私营经济的发展，开放城乡自由市场，积极引进外国资金和技术，凡此种种都有力地推动了社会主义商品经济的发展。这就说明，只有坚持生产力标准，才能推动改革开放；只有实行改革开放，才能促进生产力发展。云南的情况也是如此，近十年来取得的伟大成就，也是改革开放的结果。但是，正如人们所熟知的，云南地处西南边陲，经济文化比较落后，生产力低、发展不平衡的情况尤为突出，如何根据自己的特点深化改革，实现进一步开放，是我们面临的严重任务；特别是在东部沿海地区参加国际经济大循环的情况下，更是对我们的严峻挑战。最近省委领导已提出了一些设想，广大理论工作者和实际工作者都在思考这个问题。我们认为，这里首先要解决的是思想观念上的问题。能不能摒弃束缚生产力发展的种种旧观念，树立起一切以发展生产力为出发点的新观念，决定着云南是否能开拓前进。当然，思想观念问题不是一下就能完全解决的，需要有一个过程。特别是一些地区长期处于自然经济和半自然经济状态，缺乏社会化大生产的观点，商品经济观念十分淡薄，安于现状、不求开拓的习惯势力相当严重。这就要求我们加强这方面的工作，广大干部要在破除旧观念、树立新思想、开拓新视野方面起带头作用。思想解放了，观念更新了，云南前进的道路是很广阔的。怕就怕人们所说的“温吞水”的状况、“慢腾腾”的习惯得不到根本改变。

（四）

坚持生产力标准，才能正确发挥社会主义经济基础和上层建筑的作用。近来在讨论生产力标准问题的时候，有人提出了这样一个问题："脱离生产力来抽象地谈论社会主义是历史唯心主义，那么，脱离生产关系来谈生产力标准，是不是科学社会主义?"这个问题的提出反映了一种思想，即担心强调生产力标准，会忽视生产关系的能动作用，会影响社会主义制度的性质。这确实是值得认真讨论的问题，讨论清楚了，不仅能加深对生产力标准的理解，而且有助于解放思想、消除疑虑、更加坚定改革的信念和步伐。就我们的初步认识来说，所谓生产力标准并不是脱离一定社会历史条件，脱离一定生产关系的抽象的东西。生产力的形成和发展都是在同生产关系的辩证统一中实现的。没有脱离生产力的生产关系，也没有脱离生产关系的生产力。当我们谈到判断一种生产关系是先进还是落后必须以是否适合生产力发展要求为标准时，就已经内在地体现了生产力同生产关系的辩证统一。问题的实质在于承不承认生产力决定生产关系，承不承认生产关系一定要适应生产力状况的要求。确认这一原理，并在实践中加以贯彻，就能使生产关系的作用得到正确的发挥，就能有利于生产力的发展，而不是相反。我们这些年来遵循这一原理，改革了不适应生产力发展的生产关系的某些方面和环节，从而推动了社会主义建设事业，就是确切的证明。我们当前正在进行的政治体制改革，也是为了改革上层建筑中那些不适应社会主义经济基础和生产力发展要求的东西，以保证和推动社会主义现代化建设的顺利进行。所以，坚持生产力标准，不仅没有否定或忽视生产关系和上层建筑的作用，反而使它们的作用得到更好的发挥。

至于在经济体制改革中，我们发展了一些过去被批判但确实有利于生产力发展的新思想、新体制，也恢复了一些过去被禁绝但确实有利于生产力发展的经济形式。如恢复和发展个体经济、私营经济，兴办经济特区，鼓励中外合资和外商独资经营，允许合法的非劳动收入和提倡一部分人先富起来等。这是不是只讲发展生产力，不顾社会主义的生产关系呢?是不是偏离了社会主义方向呢?很明显，这些改革措施都是在社会主义条件下实行的，是适合我国生产力发展要求的。党在社会主义初级阶段，建设有中国特色的社会主义的基本路线写得十分明白，我们要把祖国建设成为富强、民主、文明的社会主义现代化国家，绝对不会回过头去走资本主义道路，也绝不允许改变社会主义的性质。在所有制方面，我们坚持在以公有制为主体的前提下发展多种经济成分。在分配方面，我们坚持在以按劳分配为主体的前提下实行多种分配方式，在共同富裕的目标下鼓励一部分人通过诚实劳动和合法经营先富起来。这些做法，既坚持了社会主义性质，又符合社会主义初级阶段生产力发展的状况。这就是说，在我国社会主义初级阶段，由于生产力的落后，发展社会主义公有制所必需的生产社会化程度还很低，商品经济和国内市场很不发达，因而允许个体经济、私营经济、国家资本主义经济等经济成分有一定程度的发展，对社会主义事业不是不利，而是有利的。在今后深化改革的过程中可能还会发展一些新的体制和新的经济形式，这也必须取决于生产力发展的客观要求，不是由人的主观意志来决定的。当然，任何事物的存在和发展都体现为质和量的统一，都有一定的度。如果非社会主义性质的东西过度了，占据了主导地位，那就是背离了社会主义原则，同时也会不利于生产力的发展，不利于生产社会化程度的提高。现在，人们对一部分人先富起来议论颇多，对个体经济、私营经济以及国营、集体企业中有的人搞投机倒把、偷税漏税、大发横财十分不满，认为政府在解决这些问题上措施不力、改革不配套，长此下去势必产生不良影响。这是新旧体制过渡阶段中出现的问题，有些也同我们缺乏经验有关，需要认真研究，逐步解决。但是，我们不能因噎废食，要始终明确和坚持社会主义的根本任务是发展生产力的思想，从全局出发，从人民的利益出发，把是否有利于发展生产力作为考虑一切问题的出发点和检验一切工作的根本标准。

五、略论社会主义市场经济与道德建设*

近几年来，道德问题突出了，人们对此议论颇多。一般都认为，发展

---

* 本节内容发表于《云南学术探索》1994 年第 1 期。

社会主义市场经济对我国伦理道德领域的理论和实践会带来重大而深刻的影响。但是对这种影响的认识是不一致的。持乐观态度者认为，我国社会主义集体主义道德不会改弦更张，而会在新的历史条件下不断丰富和发展，获得新的生命力。持悲观态度者认为，市场经济中的重利轻义、优胜劣汰，必然导致人们的价值取向与社会主义道德原则相背离，出现新的道德危机。我深感这个问题的重要，期望能通过认真的研究和讨论，正确分析社会主义市场经济与道德建设的相互影响、相互作用，以便趋利避害，扬长避短，达到两者的协调发展。

（一）用唯物辩证的观点看待社会主义市场经济对道德建设的作用

观察错综复杂的社会现象，不能不靠辩证唯物主义的世界观。社会主义市场经济的运作，确实给道德建设带来错综复杂的影响，我们必须用理性思维对其进行科学分析。

1. 坚持用经济基础解释观念形态的原则

马克思恩格斯创立的唯物史观，其独创性的伟大贡献之一，就是从生产力和生产关系相结合而成的生产方式出发来说明社会意识形态。他们不像唯心史观的信奉者那样，从观念自身去解释观念，不是离开道德赖以生根的社会存在特别是经济存在去解释道德，而是科学地揭示其产生发展的内在根据，这种思想在《资本论》和《反杜林论》中我们都可以不止一次地领悟到。它的科学性就在于透过人们思想观念的表象，揭示出隐藏于其后的物质原因，找到了社会存在和发展的决定力量，解开了是谁创造出人类世代不息、五光十色的精神文明之谜。从这一思想出发，我们就能消除堆砌于各种道德观念之上的层层迷雾，就能辨析各种道德观念和历史进步性与局限性。历史已经充分说明，无论哪一个国家、哪一个民族，在一定历史阶段上都会产生与其经济基础和生产方式相适应的道德观念，也会保留着一些过时的落后的道德观念。社会存在是发展变化的，道德观念也是发展变化的。

今天，我们已经走在市场经济的大道上，但是，我们是在商品经济不发达的基础上搞市场经济的，而且是从原先的计划经济体制转轨过来的。这种情况决定了我国现阶段社会道德观念的多重性和复杂性。因此，对现实的种种道德观念就必须做具体的分析，看看哪些是社会主义市场经济运作所带来的新的道德观念，哪些是在经济体制转轨过程中出现的暂时性、过渡性的道德观念，哪些是原有的经济、政治条件下产生而今仍延续下来的道德观念。毫无疑问，建立和发展社会主义市场经济体制既然是我国社会主义建设和改革的重大突破，就必然涉及我国经济基础和上层建筑领域诸方面，包括道德领域的深刻变革。这个变革将是一个过程，不可能一蹴而就；变革的成果将是逐步完善的，不可能一下子达到完美。重要的问题在于坚持正确的方向，因势利导，在深化改革中解决新产生的各种矛盾和问题。

2. 充分肯定社会主义市场经济对道德建设的积极作用

市场经济是社会化大生产的客观要求，我国把社会主义市场经济作为经济体制改革的目标模式，是社会主义基本矛盾运动的结果。社会主义市场经济为我国“四化”建设开拓了广阔前景，理所当然地也为社会主义道德建设提供了新的有利条件。首先它为变革在小农经济、计划经济条件下形成的陈旧落后观念开辟了道路。20世纪80年代以来，随着社会主义商品经济的发展，人们的道德观念发生了一系列变化。如安贫乐道、重义轻利、重农抑商、平均主义、因循守旧、封闭保守等几千年根深蒂固的传统观念，已受到很大的冲击，使我们的国家和民族在思想道德建设方面进入了一个新的阶段。可以说，广大人民群众对于善与恶、美与丑、荣与辱的道德评价和道德实践，已经开始突破抽象的人本主义的束缚和封建关系的羁绊，转移到以社会文明进步和经济发展为出发点的轨道上来。人们的价值取向，虽然呈现出多样化的趋势，但其中却贯穿着一种蓬勃向上、积极进取的主流。这不能不说是一个巨大的变化。这种变化已经给我国社会主义现代化建设带来了新的驱动力。

再则，从理论上分析，我们也不能不承认，随着社会主义市场经济的发展，以“平等”“自由”和尊重人的权利的新的价值观念体系必将逐步形成。这是因为市场经济是以公平竞争和等价交换为特征的，必须遵循价值规律。市场经济的运作使社会得以按照市场信号合理地配置劳动力和资源，从而有效地发挥人们在改造自然中的能动作用。在这个过程中，交换主体是自由的，人的个体既在社会劳动中做出自己的贡献，又获得社会给予自己的应有的权利和享受。这就是我们在经济体制改革过程中常说的责权利的统一。生产与交换中主体的独立与自由正是作为观念形态的“自由”得以产生的经济原因。而平等与自由是联系在一起的。等价物的交换，就包含着公正与平等。它是由价值规律决定的。诚然，在现实的市场经济的实践中，自由和平等往往是形式上的，事实上存在着大量的不平等和不自由。这是由于完全的自由和平等有赖于社会物质文明和精神文明的高度发展。同样，关于人的价值问题，也是在商品经济的发展中逐渐得到确认的。在奴隶社会以至封建社会，人的尊严和人的权利受经济的、政治的条件遏制，连“人的价值”的概念都没有进入人类的文字之中。只是在商品经济条件下，为了实现商品的价值。商品生产者内在地又具有一种拼搏、奋进，在竞争中求生存、求发展的动力。人的价值正是这种主体能动性的表现。在漫长的封建社会中，人的价值被忽视。新中国成立后，人民群众成为国家的主人，人民的权利受到保护，人的价值得到尊重。然而，在计划经济体制下，社会主体能动性的发挥是很有限的。改革开放以来，情况发生了显著变化，整个社会逐步形成一种拼搏、创新、求强、求富的蓬勃向上的新风尚。这种风尚是适应社会主义商品经济的需要而产生的，也是对自然经济和产品经济条件下形成的某些道德观念的扬弃，不能不是道德建设上的一次飞跃。

还有，社会主义市场经济毕竟有其不同于资本主义市场经济的特殊性，市场经济作为一种经济体制和经济手段，在不同社会制度下必然要受到不同条件的制约。例如，在资本主义条件下，市场经济受到资产阶级私人占有制的制约，其运作受剩余价值规律的支配，竞争是为了最大限度地剥削和瓜分工人所创造的剩余价值，因而在这个基础上产生的道德原则无疑是以资产阶级个人主义为核心的。在以公有制为主体的社会主义条件下，市场竞争和对利益的追求，则不局限于商品生产者主体本身，而是服从于不断满足人们日益增长的物质文化需要。尽管在现实社会生活中，并非人人、处处都是在为国家为人民利益而劳动，但个人利益同集体利益、国家利益不是根本对立的。集体主义道德原则仍然是社会主义道德的主旋律。又如，社会主义实行的是以按劳分配为主体，其他分配方式为补充，兼顾效率与公平原则，这就能够防止和避免在资本主义市场竞争中必然产生的两极分化，能够较好地处理人们之间的物质利益关系，把当前利益同长远利益、局部利益同全局利益结合起来，逐步实现共同富裕。这也是集体主义道德原则赖以产生的经济原因。

所以，不能得出这样的结论：社会主义市场经济使道德状况恶化，不利于社会主义道德建设。

3. *社会主义市场经济给道德建设带来的新问题*

社会主义市场经济对道德建设的积极作用是毋庸置疑的。但是，市场经济绝非万能。它不可能解决社会生活中的一切问题，不可能自发地调整好人们之间的各种利益关系。同时，还要看到，市场确有其自身的弱点和消极方面。它的主要弱点是同它的优点相联系的，这就是它遵循价值规律，只顾及经济利益的追求而不管其他方面。它用“看不见的手”控制和调节社会生产和经济运行，而这只“手”不问你是什么社会制度，也不管在市场竞争中谁优谁劣、谁胜谁败、谁富谁穷。这给我们社会主义国家带来了道德建设上一系列新的问题。

例如，市场经济的竞争规律决定着人们的行为与追求，优则胜，劣则汰。一般说来，谁都不愿意被淘汰，都要奋力拼搏，但各自的追求不尽相同，这就使人与人之间的关系发生了新的变化。在这种情况下，扶贫济弱、团结互助、先人后己、见义勇为等传统道德观念受到冲击，我们究竟应该如何认识和解决这类问题？目前，舆论导向同实际生活中人们的价值取向往往背道而驰，对这种现象又该做何解释？

又如，市场经济的主体性原则必然造成利益多元化的格局，社会活动中的一切主体都把自己的利益放在第一位，从而使人们之间的利益关系复杂化，个人利益之间、个人利益同集体利益之间、集体利益之间，都显现出从未有过的矛盾冲突，这也给社会主义道德建设带来新的课题。处理好人们之间的利益关系，处理好个人、集体、国家之间的利益关系，是一项相当艰巨复杂的任务，既要靠国家的法律和政策，又要靠一定的道德规范，还要靠人的素质的提高。如果这些问题不解决，就难以化解和缓和各种利益关系的冲突，就不能创造出有利于社会主义市场经济发展的道德环境。如果损人利己、损公肥私、尔虞我诈、钩心斗角的风气蔓延，形成“人对人是狼”的局面，那么社会主义市场经济势必崩溃。

再如，市场经济讲求物质利益和经济效益，这对于促进商品生产和市场经济的发展具有重要的推动作用。然而，重视物质利益又可能忽视精神的作用，重视经济效益也可能忽视社会效益。特别是当商品交换的原则渗透到思想道德领域时，就会滋生出拜金主义、个人主义、享乐主义，在我国目前的条件下，要完全阻止这种渗透是难以做到的。这可以说是社会主义道德建设中的一大难题。

社会主义市场经济给道德建设带来的新问题远不止这些。我们研究它，是要给予其应有的关注，在充分发挥社会主义市场经济对道德建设的积极作用的同时，防止和克服已经出现和可能产生的消极作用。

（二）正视问题，把道德建设放到重要位置

1. 当前社会道德方面出现的不良倾向及其原因

现实的情况是，社会主义经济有了迅速发展，人民的物质文化生活水平有了明显的提高。但是物质文明同精神文明建设没有同步，市场经济的发展同道德建设不够协调。社会中滋生了许多不良现象，人们的价值取向和道德观念出现了令人担心的种种问题。“一切向钱看”成为社会的一种病态，封建主义的余毒沉渣泛起、死灰复燃，巨大的挥霍和浪费令人痛心疾首，社会治安恶化搞得人心不安，商战中的假、丑、恶横行无忌，市场上欺诈勒索屡见不鲜。一些人视理想信念为空谈，崇尚“有钱能使鬼推磨”；一些人丢掉了做人的基本道德，置集体和国家的利益于度外；一些国家机关公职人员忘记了自己是人民的公仆，以权谋私，违法乱纪，道德败坏。产生这些问题的原因是多方面的，不能简单地归咎于市场经济的负面作用，但其又同市场经济相关联。具体说来，有以下几点关联：

第一，社会主义市场经济处于初始阶段，市场机制运转不灵，某些市场行为背离了社会主义市场经济的客观要求，因此，在非公平竞争的环境中，一些人抓住千载难逢的机会，不择手段追逐私利，从而在义与利、公

与私等价值取向上出现了倾斜和倒置，甚至出现了把道德沦丧作为发展经济的代价的现象。

第二，在计划经济体制向市场经济转轨过程中，一些人钻了体制和政策的漏洞，获取不义之财，成为暴发户。他们中不少人文化水平低、道德素质差。愚昧加财富，使其形成一个挥金如土、为富不仁的特殊阶层。他们的思想行为对社会风气的污染起了不可忽视的作用，特别是对青少年的影响很坏，给社会主义道德建设蒙上了一层阴影。

第三，经济市场化、人际关系商品化，使商品交换原则和金钱交易侵蚀到非经济领域，加之社会主义法制建设和精神文明建设落后于实际，为权钱交易、贪污腐败提供了滋生的土壤。我们人民政府的某些官员经不起金钱和物质利益的诱惑，丧失了人民公仆的品格，以权谋私、损公肥私、狼狈为奸。这些人对社会道德以至社会主义建设事业的破坏作用尤其明显。

第四，多种经济成分并存而产生的利益主体多元化，决定了价值取向的复杂化。这对社会主义集体主义的道德原则，不能不带来严重的冲击。所谓“雷锋精神不可行”的观点正是在这个背景下产生的。事实上，在某些情况下集体主义受到利益主体的排斥，个人主义却受到利益主体的严格保护。《粤港信息日报》载文称：广东130万个三资企业，都自定厂规厂纪，这些厂规厂纪都以老板利益为宗旨，千方百计地剥削工人。对这些老板来说，谈得上什么集体主义？举这个例子并不是否定三资企业或私营企业的作用，而是要注意市场经济运作中来自某些方面的负面影响。

第五，发展商品经济以来，存在着讳言商品经济负面作用和轻视精神文明建设的倾向。这是不良风气滋长、思想道德建设不力的一个重要原因。党中央一再强调要“两个文明一起抓”“两手都要硬”，但现实中总是顾此失彼，难以落实。例如，集中力量抓经济建设就不兼及其他，强调物质利益就忽视精神的作用，甚至把商品经济原则同社会主义道德原则绝对对立起来。产生这种情况固然同认识上的片面性有关，但更重要的是我们一些干部的马克思主义理论素质和科学文化水平不高，缺乏高瞻远瞩的战略眼光，缺乏运筹现代化建设全局的能力。单向性的思维方式和小生产方式的工作方法是很不适应社会主义市场经济的客观要求的。

第六，舆论导向上的偏颇也对社会主义道德建设产生了不利影响。我们的报刊积极宣传市场经济，宣传贫穷不是社会主义，宣传讲求物质利益，宣传实现个人价值，等等，都是应该的。但是，在一些时候，有的报刊公开“为个人主义正名”，提倡“低头向钱看，抬头向前看”，为“大款”摆阔气，替不正之风做辩护，甚至宣传资产阶级生活方式，无疑是助长了社会不良风气。有的报刊没有坚持用历史唯物主义对待中华民族传统文化，鼓吹以西方文明来重塑民族精神，导致对优良传统观念的否定，而使某些腐朽没落的道德观念“借尸还魂”。这不能不是一个教训。

正视问题，分析原因，是为了社会主义市场经济与社会主义道德建设协调发展、相互促进。当前和今后我们都要重视这个问题。

2. 充分认识社会主义市场经济需要道德规范

任何社会的经济行为都需要道德规范，只不过在不同的社会，道德规范的内容不同罢了。这是由经济基础与上层建筑的辩证统一关系所决定的。资本主义市场经济有其道德规范，社会主义市场经济当然也不例外。我们先撇开不同的社会制度，仅就市场经济的一般性而言，既然商品交换要遵循等价交换的原则，那就需要有法律和道德来保证市场竞争的公平性，用来交换的商品必须是货真价实。所谓“诚招天下客，誉从信中来”的传统信条，也反映了商场中的道德追求。那种以次充好、以假充真、哄抬价格、敲诈勒索的行为，就是在资本主义社会中也被人们视为不道德的。我们是社会主义国家，市场经济的运行法则，不能不受到社会主义生产目的的制约；市场经济的行为，不能不遵守社会主义的道德规范。

要正确认识和解决这个问题，首先，我们就必须明确，社会主义道德对市场经济的规范作用不是从外部强加的，而是社会主义市场经济内在的要求，是发展社会主义市场经济的题中应有之义。建立和完善社会主义市场经济体制，是一项艰巨复杂的社会系统工程。这个社会系统工程中，就包括教育和科技、法制和道德建设等内容。我们只有搞好这项系统工程，才能使社会主义条件下的市场经济比资本主义条件下的市场经济运转得更好。其次，我们还要澄清一种误解，即认为只要是市场经济就必然唯利是图，唯利是图是市场经济的本质。这种认识仍然是漠视了不同社会制度下市场经济的区别。诚然，市场竞争的机制，激发了个人的积极性，要求更好地实现个人的正当利益，但这同唯利是图是不一样的。在资本主义条件下，资本家为了追求更多的剩余价值，有时会不顾一切、不择手段去打垮竞争者，坑害消费者，残酷榨取劳动者的血汗，把自己的财富和利益建筑在他人的贫困和痛苦之上。但是，这种行为在资本主义社会也是要受到道德谴责的。而在社会主义制度下，市场经济的运作条件不同。如前所述，它要受到社会主义经济制度的规范和制约，还要受到社会主义上层建筑的规范和制约，它要服务于社会主义生产的根本目的。这些条件决定了社会主义市场经济不可能把唯利是图作为驱动力，而要在社会主义制度范围内进行运作，包括在社会主义法律和社会主义道德的规范下进行运作。

3. 社会主义市场经济条件下的道德建设，仍然要以培养和发扬集体主义为主题

社会主义道德是在社会主义生产方式的基础上产生的。它与社会主义市场经济不是格格不入的，而是相适应的。社会主义道德的基本要求或基本规范是：爱祖国、爱人民、爱劳动、爱科学、爱社会主义。这“五爱”曾家喻户晓、深入人心，特别是对青少年的健康成长起着极为重要的作用。可是，近几年来，它在一些人心中淡漠了，报刊上宣传得也少了，似乎提倡“五爱”就会妨碍市场经济的发展。其实只要我们冷静地思考一下，就会发现“五爱”中的任何一项都是社会主义市场经济不可缺少的。

社会主义道德体现在社会关系中，还有一些具体的规范和行为要求，如顾全大局，诚实守信，互助互爱，扶贫济困，积极向上，遵守职业道德和社会公德，以及倡导健康的社会生活方式，抵制封建主义和资本主义的腐朽思想，等等。这些具体的规范和行为要求，也正是我们发展社会主义市场经济需要提倡和实行的。

贯穿在社会主义道德诸内容中的核心的东西，是社会主义的集体主义原则。在社会主义条件下，人与人之间，个人与集体、国家之间不存在根本的利益冲突，个人利益同集体利益是相辅相成的。集体利益是个人利益得以实现的基础，个人利益的满足是集体利益发展的条件。因此，“提倡

以集体利益和个人利益相结合的原则为一切言论行动的标准的社会主义精神”①，是社会主义道德的基本要求。这样讲，绝不是否认个人利益之间、个人利益同集体利益之间存在着矛盾。矛盾是客观存在的，在社会主义市场经济条件下，这样的矛盾更加明显和突出。毫无疑问，解决上述矛盾的根本途径是发展生产力，但是生产力的高度发展需要一个很长的过程。正是为了促进生产力的发展，在道德上就要求人们树立集体主义思想，奋力拼搏，多做贡献。当我们用集体主义原则来观察和处理社会主义市场经济运作过程中出现的矛盾时，就有了正确方向，并能够采取正确的方式。譬如，关于义和利、公和私、竞争和互助、先富和后富、经济效益和社会效益、全局和局部等等关系，究竟应该如何处理？按照集体主义的原则，在义和利的关系上，既要反对重义轻利，又要反对见利忘义，提倡义利统一；在竞争和互助的关系上，既要鼓励公平竞争，又要提倡互助互利，不能把竞争搞成尔虞我诈、巧取豪夺；在先富和后富的关系上，应是先富帮后富，互相促进，逐步实现共同富裕；在经济效益和社会效益的关系上，一切经济部门当然要努力提高经济效益，同时也要使自己的经济行为有利于社会的全面进步，不能只考虑赚钱而置道德和法律于不顾；在全局和局部的关系上，要力求两者的统一和协调，当局部和全局发生矛盾时，局部必须服从全局。当前有些地区、部门不顾国家的法律和政策，不顾全局的利益，各自为政、各行其是，甚至不惜损害国家和他人的利益来发展自己，这既不符合集体主义原则，又有损于社会主义市场经济的健康发展。所以，在社会主义市场经济条件下，把集体主义作为道德建设的主题，不仅是出于意识形态的考虑，更是出于经济体制上的考虑。难以想象，离开了全局和整体、国家和人民的利益，市场经济还会沿着社会主义方向前进。

总之，面对社会主义市场经济发展的现状和要求，我们应当把社会主义道德建设提到重要的位置上。要高度警惕道德水平下降的危险性。要充分认识道德对经济关系具有强大的反作用。因为经济关系的变革，只有通

① 毛泽东. 毛泽东文集：第6卷. 北京：人民出版社，1999：450.

过人民群众的活动才能实现，他们的积极性能否发挥出来，是决定经济改革成败的关键之一。怎样调动人民群众进行经济改革的积极性呢？这一方面要通过经济改革本身，使广大群众真正得到改革带来的好处；另一方面就是要通过道德教育，把社会主义道德的原则和规范变为广大人民群众的内心信念，使其自觉地为发展社会主义市场经济、为祖国的“四化”建设贡献自己的专长和能力。所以，我们热切期望，全社会的人们特别是领导者真正把精神文明建设这一手抓起来。

第十二章　邓小平理论、“三个代表”重要思想的研究

1992年，邓小平发表了在武昌、深圳、珠海、上海等地的谈话，提出了关于社会主义改革、社会主义本质、发展社会主义市场经济等一系列重要的思想观点。党的十四大以后，全国掀起了学习邓小平理论的热潮。在此后的几年中，我也着力于邓小平理论的学习和研究，先后发表了有关邓小平理论的十余篇论文，主持编写了《邓小平哲学思想研究》等著作。2000年到2001年，江泽民同志提出了“三个代表”重要思想，全国掀起了学习贯彻“三个代表”重要思想的热潮，同时我又撰写了《论贯彻“三个代表”的关键、核心和本质》，由于文章较长，《云南日报》分两期予以发表，后来《学术探索》做了全文转载。在这一章中主要是选择了我在这一时期所写的几篇关于邓小平理论和“三个代表”重要思想的文章。

一、邓小平理论是马克思主义在中国发展的新阶段*

党的十五大是在我国社会主义事业承前启后、继往开来的重要时期召

* 本节内容发表于《云南学术探索》1997年第6期。

开的一次具有历史意义的会议。会议向全党和全国人民提出了“高举邓小平理论伟大旗帜，把建设有中国特色社会主义事业全面推向二十一世纪”的伟大号召，并把邓小平理论作为我们党的指导思想写进党章，这是十五大对马克思主义和社会主义运动的重大贡献。现仅就邓小平理论是马克思主义在中国发展的新阶段这一科学论断谈一些学习体会。

（一）

马克思主义是发展的学说。邓小平理论是马克思主义与当代中国的实践和时代特征相结合的产物。邓小平理论之所以是马克思主义在中国发展的新阶段，是因为这个理论第一次初步地、比较系统地回答了中国这样经济文化比较落后的国家如何建设社会主义、如何巩固和发展社会主义的一系列基本问题，用新的观点和理论发展了马克思主义。

伟大的事业必须有伟大的理论做指导。马克思主义是19世纪40年代适应无产阶级改变旧世界、建设新世界的斗争需要而产生的。它植根于实践，也必定在实践中不断丰富和发展。它是科学真理，但它没有结束真理，而是为认识真理和发展真理开辟了道路。这正是马克思主义生命力之所在。马克思恩格斯在他们创立马克思主义的过程中，就曾不止一次地强调指出，他们不接受任何僵化的教条，也反对把自己的学说封闭起来。因为任何理论，哪怕是那个时代最先进的理论，如果在新的条件下故步自封，就会丧失生命力，就会变成枯燥和反动的东西。所以，从19世纪40年代马克思主义创立到19世纪末，马克思恩格斯本人也在实践中不断批判和完善自己的学说。

到今天，马克思主义创立已有一百多年。在马克思主义指导下，社会主义运动在曲折中前进，经历了多次高潮和低潮，但无论是高潮还是低潮，也无论是成功的经验还是失败的教训，都为马克思主义的发展提供了实践依据。一百多年来，马克思主义与实践相结合，已经实现了三次历史性飞跃。第一次历史性飞跃是俄国的列宁把马克思主义普遍真理同俄国具体革命实践相结合，创立了列宁主义，指导革命斗争取得了胜利。

中国共产党是非常重视理论指导的党，从党的建立之日起，就确立了马克思列宁主义在全党的指导地位。毛泽东在中国革命过程中，坚持马克思主义与中国具体实践相结合，开辟了新的革命道路。"经过遵义会议和延安整风，党的七大又把马克思列宁主义的理论与中国革命的实践之统一的思想——毛泽东思想，确立为党的指导思想。"① 毛泽东思想的创立及其实践，是马克思列宁主义与中国实际相结合的第一次历史性飞跃，也是马克思主义在其发展史上实现的第二次历史性飞跃。在毛泽东思想指导下，中国取得了新民主主义革命和社会主义革命的胜利。进入社会主义建设时期，由于种种原因，我们在取得重大成就的同时，出现了严重的曲折和失误，社会主义面临着严峻挑战。直至党的十一届三中全会，邓小平领导全党总结历史经验，致力于探索建设有中国特色的社会主义道路，逐步创立了邓小平理论。在党的十一届三中全会、十二大、十三大，特别是十四大的基础上，中央在十五大党章中，把邓小平理论确立为党的指导思想。邓小平理论的创立，是马克思列宁主义与中国实际相结合的第二次历史性飞跃，也是马克思主义在其发展史上实现的第三次历史性飞跃。

邓小平理论是在20世纪70年代末至90年代初的历史条件下，在中国这样特殊的环境中产生的，它所要解决的是在经济文化比较落后的中国如何建设和发展社会主义这样一个特殊的问题。理解这一点，对于我们认识"邓小平理论是马克思主义在中国发展的新阶段"这一科学论断是十分重要的。

众所周知，从50年代中期开始，社会主义运动出现曲折，一些社会主义国家实行的改革没有取得成功。各国共产党人都在思考曲折的原因。我国从1958年至1978年的整整20年间，经济发展缓慢，"文化大革命"十年把国民经济推向崩溃的边缘。这种状况，迫使中国共产党冷静下来，对现实和社会主义的未来进行严肃的思考。邓小平以彻底的唯物主义精神，深刻地总结历史经验，寻找失误的根本原因；实事求是地认识国情，探索社会主义建设的新途径；敏锐地洞察时代的变化，分析社会主义建设的国际环境。正是从对历史与现实、时代与国情的全面考察中，邓小平酝酿了新的理论。历史表明，造成我国社会主义建设严重曲折的原因是多方面

① 中共中央文献研究室．十五大以来重要文献选编：上．北京：人民出版社，2000：9.

的，但最根本的原因在于对什么是马克思主义、什么是社会主义认识不清楚。在对待马克思主义方面，僵化思想和教条主义严重束缚着人们的头脑，甚至把一些非马克思主义的东西当作马克思主义。在对社会主义的认识上，背离了马克思主义基本原理，忽视了解放和发展生产力，长期搞“以阶级斗争为纲”，实行僵化的体制。在对待国情方面，脱离我国经济文化落后的实际，实行超越客观条件的路线、方针、政策。在时代问题上，看不到时代主题的重大变化，固守封闭保守的政策。据此，邓小平坚持实践是检验真理的唯一标准，坚决反对“两个凡是”的错误思想，重新确立我党实事求是的思想路线，倡导完整准确地理解毛泽东思想；在此基础上，初步提出了一系列正确的方针政策，这些方针政策的中心点可以概括为“三个转变”，即从“以阶级斗争为纲”转变到以发展生产力为中心，从封闭转到开放，从固守成规转到各方面的改革；从而开创了我国改革开放的新的历史时期，开辟了建设有中国特色社会主义的新道路。在党的十二大开幕词中，邓小平明确指出：“把马克思主义的普遍真理同我国的具体实际结合起来，走自己的道路，建设有中国特色的社会主义，这就是我们总结长期历史经验得出的基本结论。”① 这个基本结论是对我国社会主义建设中诸多问题的集中透析，也是建设有中国特色社会主义理论产生的标志。此后，在改革开放和社会主义现代化建设的实践中，在坚持走自己的道路的过程中，他不断深化对国情、社会主义本质、社会主义发展阶段、经济体制和政治体制改革、民主和法制建设、物质文明和精神文明建设等等问题的认识，又形成一系列新的理论观点，使建设有中国特色社会主义理论不断发展和完善。

从上述邓小平理论产生和不断完善的过程中，我们可以看出：

第一，这一理论是在正确认识国情、重新认识社会主义的基础上产生和发展的，它植根于中国的实践，建设的是中国式的社会主义。

第二，这一理论以新的历史条件为依据，坚持实践标准和生产力标准，摒弃了背离科学社会主义的理论观点，创造性地发展了马列主义、毛

① 邓小平．邓小平文选：第3卷．北京：人民出版社，1993：3.

泽东思想，是当代中国的马克思主义。

第三，这一理论所回答和解决的一系列问题，是以往没有解决过的，或者是试图解决而没有解决好的，在世界社会主义运动史和中国社会主义建设史上是开创性的。

第四，这一理论在实践中不断发展，形成具有丰富内容的严整的科学理论体系，是马克思主义与中国具体实际相结合的第二次历史性飞跃。

这些方面是我们从总体上理解“邓小平理论是马克思主义在中国发展的新阶段”这一科学论断时要认真把握的。

（二）

江泽民同志在党的十五大报告中，对邓小平理论做了全面而深刻的论述。根据我们的学习体会，从内容和作用上讲，邓小平理论之所以是马克思主义在中国发展的新阶段，主要是因为：

第一，以实践唯物主义世界观开启了新的思想解放运动，发挥了群众的创造精神，集中了群众的智慧，开辟了马克思主义的新境界。

解放思想、实事求是，是马克思主义的精髓，也是邓小平理论的精髓。这一精髓贯穿于邓小平理论产生发展的全过程，渗透在邓小平理论的全部内容中。从根本意义上讲，邓小平理论对马列主义、毛泽东思想的丰富和发展，源于精髓理论的丰富和发展以及其在实践中的运用。邓小平在新时期的理论创造，就是从哲学世界观高度锻造这一思想武器开始的。他在马克思主义精髓这个问题上做出了突出的贡献。一是完成了精髓思想的整体建构，丰富和发展了党的一切从实际出发、实事求是的思想路线。二是把解放思想与实事求是统一起来，打破了教条主义和传统观念的束缚，实现了革命的创新精神与求实的科学态度的结合，深化了实事求是的内涵。三是在实践中坚持真理观和价值观的统一，为改革开放提供了强大思想武器。

历史表明，正是解放思想、实事求是这一“精髓论”，否定了“两个凡是”的错误观点，纠正了把马克思主义教条化的错误倾向，解决了长期争论不休的姓“社”姓“资”的问题，指导全党和全国人民勇于改革，勇于创新，谱写出社会主义新篇章。正如江泽民同志所说：“邓小平理论坚持解放思想、实事求是，在新的实践基础上继承前人又突破陈规，开拓了马克思主义的新境界。”①

解放思想、实事求是既体现了中国社会主义建设的本质要求，又反映了当今的时代精神。邓小平理论成为马克思主义在中国发展的新阶段，是解放思想、实事求是的结果。

第二，把握时代主题，坚持马克思主义基本原理同中国具体实践相结合，创立了关于社会主义建设的新的理论和路线。

在如何认识社会主义以及如何建设社会主义问题上，邓小平理论不是在个别方面有突破，而是提出了系统的理论，全面发展了马克思主义。首先是搞清了什么是社会主义，深刻揭示了社会主义的本质，纠正了种种对社会主义的非科学的理解。再则是实事求是地分析了社会主义的发展阶段，提出中国处于并将长期处于社会主义初级阶段的科学论断。这也是对马克思主义的新发展。马克思恩格斯认为，无产阶级革命胜利后，可以直接向发达的社会主义过渡，社会发展将经过三个大的阶段：（1）从资本主义社会向社会主义社会过渡的时期；（2）社会主义社会（指发达的社会主义社会）；（3）共产主义社会。邓小平理论认为，经济文化比较落后的国家在社会主义革命胜利之后，不能直接过渡到发达的社会主义，社会发展要经历过渡时期、社会主义初级阶段、发达的社会主义社会、共产主义社会四个阶段。这一理论克服了多年来那些超越发展阶段的错误观念，成为我们党制定路线、方针、政策的根本出发点。党所制定的“一个中心、两个基本点”的基本路线已被实践证明是完全正确的。正如江泽民同志在党的十五大报告中所说：“近二十年改革开放和现代化建设取得成功的根本原因之一，就是克服了那些超越阶段的错误观念和政策，又抵制了抛弃社会主义基本制度的错误主张。”② 党的十五大又对社会主义初级阶段的理论做了系统的新的发挥，使全党在社会主义建设和改革中更好地贯彻这一理论。

---

① 江泽民．江泽民文选：第2卷．北京：人民出版社，2006：9．

② 同①13．

此外，在邓小平理论体系中，关于社会主义市场经济的理论、社会主义民主法制建设理论、社会主义精神文明建设理论、新时期党的建设和统一战线理论等，都以新的思想观点发展了马克思主义。

第三，适应时代的要求和实践的发展，着力于解放和发展生产力，开辟了社会主义改革开放的新道路。

社会主义社会应当是不断改革的社会。长期以来这个问题没有解决好，导致我国体制僵化，缺乏生机和活力，严重制约着社会主义制度优越性的发挥。在我国社会主义改造基本完成后，毛泽东曾对社会主义社会基本矛盾做了科学分析，为社会主义改革奠定了理论基础。但后来在实践中没有得到贯彻。“文化大革命”结束后，在中国面临向何处去的重大关头，邓小平以开辟社会主义新道路的政治勇气，决心实行全面改革。他明确指出：“革命是解放生产力，改革也是解放生产力。”① “不坚持社会主义，不改革开放，不发展经济，不改善人民生活，只能是死路一条。”② 经过近20年的改革开放，我国经济发展很快，国力不断增强，人民生活水平显著提高，社会主义制度焕发出蓬勃生机。正是在这个过程中，邓小平集中群众智慧，对实践经验进行科学总结，形成了系统的改革开放理论，确立了崭新的社会主义改革观。改革将贯穿于社会主义建设全过程，成为社会主义发展的重要的直接动力。

第四，驾驭社会主义建设的客观规律，正确处理改革、发展、稳定的关系以及其他事关全局的关系，开创了经济发展与社会全面进步的新局面。

邓小平以其精深的辩证法思想和整体性思维方式，分析了改革开放和社会主义现代化建设中的各种矛盾和关系，并在实践中妥善地加以解决。在诸多矛盾和关系中，改革、发展、稳定的关系是事关全局的。发展是目的，改革是动力，稳定是前提，三者是密切联系、有机统一的。这一思想已成为全党和全国人民的共识，有力地保证了社会主义建设和改革的顺利进行。在社会主义现代化建设的整体布局上，邓小平尊重规律，综观全

---

①② 邓小平. 邓小平文选：第3卷. 北京：人民出版社，1993：370.

局，既强调突出重点又注意相互促进，把建设有中国特色社会主义经济、政治、文化统一起来，构成一个系统。早在改革开放初期，就确定了“坚持以经济建设为中心，坚定不移地进行经济体制改革，坚定不移地进行政治体制改革，坚定不移地进行社会主义精神文明建设”的战略部署。此外，邓小平还提出了一系列“两手抓”的方针。例如：一手抓物质文明，一手抓精神文明；一手抓建设，一手抓法制；一手抓改革开放，一手抓惩治腐败；等等。“两手抓”就是按辩证法办事，在牢牢抓住经济建设这个中心的同时，推动社会的全面进步。

第五，立足现实，面向未来，抓住机遇，加快发展，确立了社会主义现代化建设的新的战略目标。

坚持党的基本路线一百年不动摇，经过长期的艰苦奋斗，把我国建设成为富强、民主、文明的社会主义现代化国家，这是邓小平理论的重要内容。为此，邓小平提出“发展才是硬道理”，只有抓住机遇、加快发展，社会主义中国才能屹立于世界民族之林，才能对人类做出重大贡献。党的十五大高瞻远瞩，对“政治体制改革和民主法制建设”“有中国特色社会主义的文化建设”等做了全面部署，指导全党和全国人民在跨世纪征途上阔步前进。

第六，为民族振兴和祖国统一，提出了“一国两制”的伟大构想，开辟了完成祖国和平统一大业的新途径。

实现祖国完全统一是海内外全体中国人的共同心愿。邓小平“一国两制”的构想符合包括香港、澳门、台湾同胞在内的全中国人民的根本利益。香港回归祖国标志着“一国两制”构想的巨大成功。

“一国两制”的构想是邓小平理论的重要组成部分。这一构想的提出也是解放思想、实事求是的成果，它既体现了实现祖国统一、维护国家主权的原则性，又充分考虑了台湾、香港、澳门的历史和现实，体现了高度的灵活性。“一国两制”的构想，在马克思主义发展史上也是一个伟大的创造。它丰富和发展了马克思主义的国家学说和毛泽东关于统一战线的理论，对于正确处理国际关系有着重要的理论意义和实践意义。

第七，邓小平理论的创立，从根本意义上讲，解决了如何坚持和发展马克思主义的问题，开辟了在新的历史条件下认识真理、发展真理的广阔道路。

当前，社会主义运动面临着许多新的课题，马克思主义面临着严峻挑战。对于如何回答和解决这些新课题、迎接新的挑战，邓小平理论提供了根本指导思想。我们的体会是：研究和解决马克思主义的新课题，要把时代的变化作为切入点，把本国的国情作为立足点。和平与发展的潮流，汇成了推动当今世界的强大力量，马克思主义必须在这新时代的潮流中创新自己的理论。创新理论的根本途径，就是把马克思主义的基本原理同时代特征结合起来，同本国的具体实践结合起来，走自己的道路。无论是革命还是建设都不能照搬别人的经验。邓小平理论成为马克思主义在中国发展的新阶段的根由也在这里。

（三）

党的十五大确立马克思列宁主义、毛泽东思想、邓小平理论为中国共产党的指导思想，是我们党经过近20年改革开放和社会主义现代化建设的成功实践做出的历史性决策。要切实贯彻这一决策，我们必须正确认识马克思主义整体同它的各个组成部分的关系。

江泽民同志在党的十五大报告中指出，马克思主义是科学，它始终严格地以客观事实为根据。而实际生活总是在不停的变动中，马克思主义必定随着时代、实践和科学的发展而不断发展。静止地孤立地研究马克思主义，把马克思主义同它在现实生活中的生动发展割裂开来、对立起来，没有出路。在当代中国，马克思列宁主义、毛泽东思想、邓小平理论，是一脉相承的统一的科学体系。坚持邓小平理论，就是真正坚持马克思列宁主义、毛泽东思想；高举邓小平理论的旗帜，就是真正高举马克思列宁主义、毛泽东思想的旗帜。

江泽民同志的这些论述深刻地说明了马克思主义是一个整体。把马克思主义作为一个整体来看待，是坚持马克思主义的基本前提，离开这个前提，把马克思主义的各个发展阶段割裂开来，都不可能坚持马克思主义。

把马克思主义作为一个整体来坚持，我们应当把握以下几点：

第一，马克思主义作为统一的科学体系，有其基本的立场、观点、方法。这些立场、观点、方法在不同历史条件下的创造性运用，必然使马克思主义得到丰富和发展。因此，马克思主义的科学体系也是发展的。把马克思主义作为整体来坚持，就是要坚持它的基本立场、观点、方法，特别是这些立场、观点、方法在新的条件下的创造性运用。

第二，马克思主义作为统一的科学体系，经历了一系列发展阶段。迄今为止，主要有马克思恩格斯创立并发展理论阶段、列宁主义阶段、毛泽东思想阶段、邓小平理论阶段。这些阶段之间的关系是继承与发展的关系。继承是指各个阶段的理论一脉相承；发展是指每一个新阶段都把马克思主义推进新的境界，使其具有新的理论意义和实践意义。不断开拓马克思主义新境界是无产阶级及其政党的历史使命。中国共产党人在邓小平理论指导下开拓前进，也必须在实践中从各方面进一步丰富和发展这一理论，发展马克思主义科学体系。

第三，马克思主义作为统一的科学体系，是由一系列具有内在联系的基本原理构成的。由于历史条件、经济政治形势和革命任务的变化，“马克思主义这一活的学说的**各个不同**方面也就**不能不**分别提到首要地位”①。例如：在革命战争年代，阶级斗争理论和国家政权的学说必然要提到首要地位；无产阶级夺取政权以后，需要建立新的生产关系，马克思主义关于生产资料所有制社会主义改造的理论必然要提到首要地位；社会主义改造基本完成以后，社会主义现代化建设成了首要任务，又要把马克思主义关于社会主义建设的理论提到首要地位。当然这绝不是说那些不属于首要地位的科学原理就过时了，更不是说这些原理已不是马克思主义的组成部分。关键是着眼于现实的运用。例如，我们讲在当代中国坚持邓小平理论就是真正坚持马克思列宁主义、毛泽东思想，正是着眼于现实的运用，是因为邓小平理论是马克思主义在中国发展的新阶段，而绝不意味着我们党要抛弃或贬低马列主义和毛泽东思想在党内的指导地位。

总之，我们在理解邓小平理论是马克思主义在中国发展的新阶段时，

---

① 列宁．列宁选集：第2卷．北京：人民出版社，1995：279.

既要看到其发展性，又要看到其继承性。我们要充分认识马列主义、毛泽东思想、邓小平理论，是一脉相承的统一的科学体系。任何割裂其统一的观点，或者用一个否定另一个的观点，都是错误的和十分有害的。我们只有从统一的科学体系中理解邓小平理论，才能真正懂得邓小平理论是马克思主义在中国发展的新阶段，才能真正高举邓小平理论的伟大旗帜。

二、深入学习和研究邓小平哲学思想*

邓小平作为我们党的第二代中央领导集体的核心，作为中国改革开放和社会主义现代化建设的总设计师，把马列主义与中国实际相结合，创立了建设有中国特色社会主义理论。这一理论与实践开拓了哲学的新境界，不仅拓展了哲学的功能和哲学应用的范围，而且深化和创新了哲学的理论内容。可以认为，在创立建设有中国特色社会主义理论的同时，也形成了邓小平哲学思想。

建设有中国特色的社会主义是一项艰巨而伟大的事业，它急切要求人们具有哲学新境界的自觉，以科学的世界观和方法论去研究和解决新情况和新问题。为此，我们必须认真学习和研究邓小平哲学思想，开拓思维，更新观念，充分发挥哲学改造世界的功能。

（一）深入学习和研究邓小平哲学思想所体现的时代精神

任何真正的哲学都是自己时代精神的精华。邓小平哲学思想深刻地蕴含着当今时代精神中的精华。具体表现在：

第一，把握时代发展的脉搏和契机，揭示时代的主题和特征，预见时代发展的方向与趋势，为人们放眼世界、展望未来、迎接挑战和把握机遇提供科学的世界观和方法论。因此，邓小平哲学思想具有鲜明的时代特色，是现时代精神的哲学概括。

---

* 本节内容发表于《云南学术探索》1995年第2期。

第二，充分重视现代科学技术革命的发展与挑战，以全球战略的眼光考察社会的发展，提出了“科学技术是第一生产力”、科技与经济结合、尊重知识、尊重人才等科学论断，指导我国努力实现把国民经济转移到依靠科技进步和提高劳动者素质的轨道上来。这一理论和实践不仅对中国的社会主义现代化建设有重大意义，而且对世界的和平与发展具有深远意义。它赋予唯物史观新的内容。

第三，顺应时代潮流，立足中国实际，实行改革开放，致力于改革的实践和理论创造，使人们的思想观念、思维方式、生活方式产生深刻的变化，冲击和破除旧的传统观念的束缚。邓小平关于改革的哲学理论传播着时代的呼声，实践着时代的要求，使马克思主义哲学更富有生命活力。

第四，以彻底的唯物主义精神，实现哲学作为文明灵魂的使命，开拓了中外思想文化交流的新境界。邓小平对当代资本主义、社会主义及其相互关系的科学分析，关于正确处理社会主义与资本主义的矛盾，以及正确解决国际关系，建立国际政治、经济新秩序等的论述，都闪烁着唯物辩证法的光辉，为 21 世纪的社会理论工程奠定了哲学基础。

第五，解放思想、实事求是是建设有中国特色社会主义理论的精髓，也是邓小平哲学思想的灵魂。解放思想、实事求是，既体现了中国社会主义建设新时期的本质要求，又反映了当今的时代精神。邓小平强调在解放思想中达到实事求是，这个思想本身就是由特定历史条件决定的，是时代的产物。它指导着人们去开辟新境界，创造新世界。

第六，“总结历史、开辟未来”，“抓住机遇，促进发展”，这是邓小平一贯的思想。这个思想中蕴含的深刻哲理，内化为他的“面向现代化，面向世界，面向未来”的“三个面向”理论。未来的中国是富强、民主、文明的社会主义现代化国家，未来的世界应该成为和平与发展以及实现人类解放的世界。一切正视和承认社会历史发展规律的人，都将为新时代的来临做出贡献。总之，我们只有深入理解邓小平哲学思想的时代特征，才能把握其精神实质，用以指导改造世界的实践活动。

（二）深入学习和研究邓小平哲学思想的科学体系和主要内容

邓小平哲学思想的一个突出特点是务实性，他尊重实际，关注实际，努力把理论转化为实践活动，反对空谈玄论，反对形式主义。因此，邓小平的哲学思想不是通过系统的鸿篇巨制阐发出来，而是包含在他分析和解决实际问题的过程之中，体现在他治党、治国、治军的伟大实践中。怎样对其丰富的内容和深邃的思想进行理论把握，揭示其内在联系，无疑是一个重大的研究课题。

就我个人的初步理解，邓小平哲学思想的体系和内容可以从下述思路去研究：

从总体上说，邓小平哲学思想是以科学的实践观为基础、以“精髓论”为核心的实践唯物主义。它着力于社会发展的认识论和辩证法，特别是社会主义建设和改革的认识论和辩证法。由此，在邓小平哲学思想中，认识论、辩证法和历史观是融为一体的。

从理论内容看，邓小平哲学思想主要包括三个相互联系的组成部分。

一是关于“精髓”的理论，即关于解放思想、实事求是的理论。这一理论丰富了科学实践观和实践是检验真理的唯一标准的内容，阐发了解放思想、实事求是的思想路线，从实践标准升华到生产力标准、“三个有利于”标准，并把三者统一起来，正确解决了社会主义条件下历史主体与历史客体、人的认识与社会实践、人的自觉能动性与社会发展的客观规律性的关系，为充分发挥人民群众的创造精神和实现社会变革，为反对“左”和右，特别是“左”的思想提供了科学的世界观。

“精髓论”丰富和发展了马克思主义的认识论和党的实事求是的思想路线。从认识论的角度讲，它不仅阐发了实践和理论的辩证法，而且赋予了关于主体能动性的发挥，以及从实践到认识，又由认识到实践的认识运动的新的内容。从思想路线的角度看，邓小平把实践标准纳入思想路线，强调解放思想和实事求是的统一，强化了思想路线的实践性和辩证性。邓小平以“精髓论”为指导，分析时代，总结历史经验，认识国情，研究世界和中国的新变化和新问题，深化了对社会主义和资本主义及其关系的认识，深化了对社会主义本质及其发展规律的认识，开创了建设有中国特色的社会主义道路。

二是关于改革开放的哲学。改革与开放是邓小平哲学思想的显著特征，也是它的重要内容之一。这一理论是以社会基本矛盾为主线，分析我国社会主义初级阶段生产力同生产关系、经济基础同上层建筑的矛盾运动，揭示经济体制、政治体制、教育和科技体制等的不适应性，提出了“社会主义的根本任务是发展生产力”“革命是解放生产力，改革也是解放生产力”“改革是中国的第二次革命”，以及贫穷不是社会主义，发展太慢也不是社会主义，只有两个文明建设都搞好才是有中国特色社会主义等理论观点，提出了实行对外开放，充分吸取世界文明的优秀成果建设社会主义等理论观点，为确立新的社会主义观和社会改革观奠定了理论基础。

改革开放是时代的潮流，是社会发展的客观要求。在邓小平的改革开放哲学指导下，党领导全国人民解放思想，更新观念，冲破教条主义的藩篱，打破“左”的思想禁锢，全面贯彻党在社会主义初级阶段的基本路线，逐步建立社会主义市场经济新体制，使建设与改革相互促进、物质文明与精神文明协调发展，使社会主义制度的优越性和强大的生命力更加突出。邓小平的社会主义改革观和对外开放的理论，是历史唯物主义的基本原理在新的历史条件下的创造性运用和发展。

三是关于社会主义的辩证法。辩证法思想在邓小平的理论与实践中有着丰富而生动的阐发。他在创立建设有中国特色社会主义理论过程中，娴熟地运用唯物辩证法研究和解决各种错综复杂的关系和矛盾，论述了一系列社会主义辩证法的思想观点。如果说“精髓论”是邓小平哲学思想的核心，那么可以说社会主义辩证法则是邓小平哲学思想的灵魂。社会主义辩证法为人们研究和解决社会主义建设中的诸多矛盾和问题，提供了科学的方法论指导。

邓小平的社会主义辩证法是以社会主义现代化建设为主题，把握时代特点，综观全局，实事求是地分析矛盾和解决矛盾，促成事物的转化，加速事物的发展。其特点是着眼于发挥事物内部机制的活力，立足于事物的变化和发展。他的辩证法在理论上丰富了矛盾同一性和斗争性、矛盾普遍性和特殊性的原理，深化了事物由量变到质变以及辩证的否定观的内容。在研究社会主义的矛盾中，邓小平以其独到的辩证思维观察和处理各种问题，逐步形成社会主义辩证法。邓小平社会主义辩证法的内容甚为丰富，概括起来，一是社会主义系统的辩证法，二是社会主义过程的辩证法。社会主义系统的辩证法包括对中国与外部环境的辩证关系、对中国自身的社会主义建设和改革的矛盾系统的分析。在这方面，邓小平阐发了一系列社会范畴如社会主义与资本主义、战争与和平、和平与发展、经济与政治、建设与改革、稳定与发展、民主与法制、计划与市场、物质文明与精神文明等的辩证统一。社会主义过程的辩证法涉及社会主义的发展阶段、社会主义的发展战略、社会主义的发展前途、社会主义本质的实现过程等。

（三）深入学习和研究邓小平实践其哲学世界观和方法论的宝贵品格

邓小平哲学思想不仅凝聚在他的理论创造中，而且贯穿于他的伟大实践中。我们要真正领会邓小平哲学思想的精神实质并用以指导行动，就必须坚持理论与实践相统一的原则。坚持这个原则是不容易的，只有具备高尚的革命品格才能办到。所以，学习邓小平哲学思想要同学习他的宝贵品格结合起来，使我们的思想水平升华到一个新的境界，使我们的行动实现从必然王国到自由王国的飞跃。

邓小平的革命品格平凡而伟大，体现在许多方面。我认为特别要注意学习他如下方面：

一是学习他全心全意为人民服务的世界观和人生观。邓小平无限热爱人民、忠于人民、关心人民。在几十年的革命征途中，面对生死存亡，面对惊涛骇浪，面对胜利与失败，他都坚定不移，始终以党的利益为重，以人民利益为重，全身心地投入为人民服务之中。他一贯尊重群众的首创精神，坚持党的群众路线，时刻倾听群众的呼声，把“人民拥护不拥护”“人民赞成不赞成”“人民高兴不高兴”“人民答应不答应”，作为制定路线、方针、政策的出发点和归宿。他的理论和实践中最精细最深层的东西就是“一切为了人民”，改革开放、发展经济、发扬民主、健全法制、实现“四化”、共同富裕，以及“三个有利于”的标准和“三步走”的发展战略，都是为了国家富强和人民幸福。正是因为有这种全心全意为人民的品格，邓小平才能成为伟大的无产阶级革命家，才能创立使中国人民走向幸福的建设有中国特色社会主义的理论。

二是学习他一切从实际出发、实事求是的科学态度。邓小平能够脚踏实地而奋进不息，善于认识真理，把握真理，开辟真理发展之路，就在于他真正做到一切从实际出发、实事求是。在错综复杂的矛盾斗争中他能坚持正确路线，在夜路茫茫的黑暗中他能辨明方向，在紧急的关头他能拨正航向，这都在于他能够始终坚持实事求是。邓小平自己讲过，他是实事求是派。民主革命时期，他身体力行坚持和实行实事求是的思想路线，反对“左”、右倾机会主义，为建立和实践毛泽东思想做出了巨大贡献。社会主义革命和建设时期，他立足国情，总结经验，研究新情况，解决新问题，为纠正党在指导思想上的失误，恢复和发展党的实事求是的思想路线，开拓了马克思主义的新境界，开辟了社会主义建设的新道路。我们广大党员和干部若能努力学习和实践他这种实事求是的品格，那么我们的社会主义事业必将不断获得新的胜利。

三是要学习邓小平把握全局、高瞻远瞩、洞察入微的理论思维。邓小平的理论思维是创造性的理论思维，其思维方式具有时代性、开放性和唯实性的特征。他在观察形势、分析问题、总结历史、预见未来等思维活动中，表现了对辩证唯物主义和历史唯物主义的立场、观点、方法的深刻把握和娴熟运用，因而能够统观全局，透视事物的本质，揭示事物的发展规律，实行科学的决策。他从中国人民的根本利益出发，制定了我国的发展战略和一系列方针政策，充分调动了全党和全国人民的积极性和创造性，使全党和全国人民同心同德地为社会主义现代化建设事业而奋斗。他关于社会主义本质和根本任务的理论，关于坚持党的基本路线一百年不动摇的论断，关于抓住机遇，发展自己，关键是发展经济的思想，关于改革、发展、稳定及其相互关系的科学分析，关于“两手抓、两手都要硬”的领导艺术，关于中国要警惕右但主要是防止“左”的指示等，都充盈着唯物辩证法，体现了主观辩证法和客观辩证法的高度统一。这种创造性的理论思维源于全心全意为人民服务和实事求是的世界观，是需要我们加以认真学习和体会的。

四是要学习邓小平勇于探索、变革、创新的精神。邓小平创立建设有中国特色社会主义理论的过程就是探索、变革、创新的过程。早在新中国成立之初的20世纪50年代，他就同毛泽东等党的领导人一起探索中国社会主义建设的新道路；党的十一届三中全会以来，他呕心沥血，冲破各种禁锢和束缚，开创了社会主义建设的新时期，成为我国改革开放和社会主义现代化建设的总设计师，表现出巨大的马克思主义政治勇气和理论勇气。他在实践的基础上提出的社会主义发展动力的理论，社会主义市场经济的理论，社会主义初级阶段以公有制为主体、多种所有制经济共同发展和以按劳分配为主体、多种分配方式并存的理论，都突破了被实践证明是不正确的社会主义传统观念，丰富和发展了科学社会主义理论。他教导人们，看准了的，就大胆地试，大胆地闯。"没有一点闯的精神，没有一点'冒'的精神，没有一股气呀、劲呀，就走不出一条好路，走不出一条新路，就干不出新的事业。"现在我们走的这条有中国特色的社会主义道路，就是以邓小平同志为核心的党的第二代中央领导集体领导中国人民在勇敢的探索中闯出来的。这条路还有很长一段没有走完，我们还要继续开拓前进。

总之，学习建设有中国特色社会主义理论，只有同学习邓小平哲学思想相结合，要同学习邓小平革命实践和革命品格相结合，才能深得其要义，付之于行动。

三、邓小平理论及其特点*

党的十一届三中全会开创了建设有中国特色社会主义的新时期。我党在这一时期的伟大理论贡献，就是创立了邓小平理论。20年来，全党和全国人民高举邓小平理论伟大旗帜，坚持党在社会主义初级阶段的基本路线，在社会主义改革和建设中取得了举世瞩目的成就。今天我们纪念十一届三中全会20周年，最根本最重要的任务就是遵循党中央的指示，深入学

* 本节内容发表于《云南社会科学》1998年第5期。

习邓小平理论，全面贯彻党的十五大精神，把建设有中国特色社会主义事业全面推向21世纪。

（一）

深入学习邓小平理论，要在正确理解和把握邓小平理论精神实质和科学体系上下功夫。20世纪90年代以来，中共云南省委党校举办了领导干部“三基本”班和邓小平理论学习班，省级机关和各地、州、市长期坚持举办县处级干部学习邓小平理论的读书班和研讨班。遵照省委要求，坚持理论联系实际的方针，认真领会邓小平理论的基本思想和精神实质，以整风的精神改造主观世界，用邓小平理论的立场、观点、方法分析和解决改革和建设实践中的问题，取得两个方面的重要成果。一是提高了干部的思想理论素质，发扬了党的优良学风，增强了创造性地贯彻党的路线、方针、政策的自觉性。二是推动了云南思想解放和社会改革的进程，使云南从封闭走向开放，加快了经济建设和社会全面进步的步伐。作为一个理论工作者，我参加了多次领导干部邓小平理论学习班的辅导工作，深感学习邓小平理论的重要性，对邓小平理论的精神实质有了一些初步认识。

邓小平理论是当代中国的马克思主义，是马克思主义在中国发展的新阶段。把握邓小平理论的精神实质不是轻而易举的，而是一个反复学习、不断实践、逐步深化的过程。就我的体会来说，应当从以下几个方面去深入研究，并着力于实际运用。

（1）邓小平理论是解放思想、实事求是的理论。解放思想、实事求是，是在邓小平为党的十一届三中全会做的主题报告中提出的。这个问题是我党历史上和我国社会主义建设进程中的要害问题。“文化大革命”结束之后，邓小平把握时代脉搏和契机，总结历史经验，倡导解放思想，恢复和发扬了党的实事求是的思想路线。正因如此，我们才有了党的十一届三中全会以来正确的路线、方针、政策，才有了全党在马克思主义基础上的空前团结与统一，才开创了改革开放和现代化建设的新局面，并在新的实践中形成了当代中国的马克思主义——邓小平理论。所以，解放思想、实事求是，是邓小平理论的精髓。云南的实践也表明：党的十三大以来，省委亲自指导的几次联系云南实际的解放思想大讨论，对正确认识社会主义初级阶段云南省情、破除封闭保守的思想观念、确定符合实际的发展思路和战略、发挥各族人民群众的首创精神都起到了至关重要的作用。我们把握邓小平理论的精神实质，应当坚持实践和解放思想、实事求是的思想路线。

（2）邓小平理论是改革开放、开拓创新的理论。改革与创新的精神也贯穿于邓小平理论的全部内容中。解放思想、实事求是同改革创新在本质上是一致的。只有解放思想才能勇于改革，勇于探索，勇于创新。邓小平强调，总结历史是为了开辟未来。邓小平理论中一系列基本原理和观点都是具有开创性的。例如关于社会主义初级阶段理论、社会主义本质理论、社会主义市场经济理论、社会主义精神文明建设和民主法制建设理论、“一国两制”理论等等，都体现出既继承前人又突破陈规的巨大理论勇气，是对马列主义和毛泽东思想的光辉发展。这些理论是在总结群众实践经验基础上形成的，又在实践中为广大干部群众所掌握，转化成巨大物质力量。改革开放以来，全国人民在社会主义现代化建设中的积极性空前高涨，在开拓新道路中，新思路、新办法层出不穷，这充分显示出了邓小平理论的强大生命力。把握邓小平理论的精神实质，不仅要全面理解这一理论的内容，还要透析蕴含于其中的开拓创新精神，并将其运用于改革开放的实践中。

（3）邓小平理论是民族振兴、国家富强的理论。中华民族有着悠久而辉煌的历史，中国人民是勤劳、智慧的人民，对世界文明的发展曾做出巨大贡献。然而近代以来由于深受“三座大山”的沉重压迫，国家陷入贫穷落后的境地，人民处于水深火热之中。以毛泽东为核心的党的第一代中央领导集体致力于民族解放事业，领导人民经过长期艰苦卓绝的斗争，建立了社会主义新中国，使民族振兴有期、国家富强在望。可是，20 世纪 50 年代后期以来，我们党在理论和路线上产生了严重失误，多年奋斗换来的不是富强的社会主义，亿万群众仍处于贫困之中。邓小平深入体察国情民情，重新认识社会主义，明确指出贫穷不是社会主义，社会主义要消灭贫穷，社会主义的根本任务是解放和发展生产力；并且制定了

“一个中心、两个基本点”的基本路线，保证了我们的事业沿着建设富强、民主、文明的社会主义现代化国家的道路顺利前进。经过20年的建设，生产力迅速发展，国力大大增强，人民生活水平显著提高，这正是邓小平理论的出发点和落脚点。邓小平这种为国为民而奋斗不息的精神，来自对祖国和人民的热爱，正如他自己所说：我是中国人民的儿子，我深情地爱着我的祖国和人民。把握邓小平理论的精神实质，理解这一点也是很重要的。

（4）邓小平理论是凝聚党心民心的理论。科学的理论是一种思想武器、精神力量。一个民族、一个国家在其奋发向上的历史进程中，都需要一种足以感召、凝聚和指引全民族共同奋斗的思想理论作为精神支柱。新民主主义革命和社会主义革命时期，全党全国各族人民在毛泽东思想旗帜下，同心同德，艰苦奋斗，战胜千难万险，从胜利走向胜利。党的十一届三中全会后，在新的历史时期，我们全党和全国人民之所以能够团结一致，跨越一道道改革的难关，开拓一条条建设的坦途，就是因为有了邓小平理论。邓小平理论之所以凝聚党心民心，指引前进方向，就是因为它是反映时代要求、代表人民利益和愿望、符合中国社会发展规律的真理。正如江泽民同志所说：“在当代中国，只有把马克思主义同当代中国实践和时代特征结合起来的邓小平理论，而没有别的理论能够解决社会主义的前途和命运问题。”① 把握邓小平理论的精神实质，就要坚定建设有中国特色社会主义信念，高举邓小平理论伟大旗帜，一心一意建设祖国。

（5）邓小平理论是推动社会主义运动向前发展的理论。事物的发展不是径情直遂的。从马克思恩格斯创立科学社会主义学说以来，世界社会主义运动经过高潮和低潮。20世纪60年代以来，社会主义运动面临严峻挑战。苏联、东欧社会主义国家在经济和政治上产生了严重问题，在改革中适应了西方敌视社会主义势力推行“和平演变”的需要，发生了剧变。这是一个沉痛的历史教训。社会主义国家剧变的根本原因在于没有坚持科学

---

① 江泽民．江泽民文选：第2卷．北京：人民出版社，2006：9.

社会主义基本原理，没有把马克思主义普遍真理与本国具体实践结合起来，没有找到一条适合本国国情的社会主义道路。与苏联、东欧的结局相反，中国的社会主义改革事业，在邓小平理论指引下，坚持正确的改革导向，既同否定社会主义的右倾思潮划清了界限，又同超越阶段的“左”倾思潮划清了界限，使建设有中国特色的社会主义出现了欣欣向荣的局面。这就表明邓小平理论为社会主义改革和创新提供了一个新思路，创造了使社会主义获得自我完善和发展的新的机制，必将对世界社会主义运动产生现实而深远的影响。当然，当代世界社会主义运动正在进行的改革和创新，使社会主义制度从幼年时期向成熟时期过渡，这是一次更加艰巨、意义更为深远的新的飞跃，不可能一蹴而就。把握邓小平理论的精神实质，就要实实在在地坚持马克思主义与具体实践相结合的根本原则，发展科学社会主义理论，创造性地解决社会主义运动中的新问题，在如何巩固和发展社会主义上不断取得新进展。

(6) 邓小平理论是坚持真理、修正错误、为发展真理开辟道路的理论。马克思主义没有结束真理，而是为真理的发展开辟道路，这是马克思主义经典作家以不同语言反复表述过的思想。邓小平理论及其实践，充分体现了这一思想。邓小平理论的创立过程就是坚持和发展真理、修正错误的过程。它的真理性是同批判性分不开的，它的批判性又内在地包含着创新。对教条主义的批判，对错误思潮的批判，对曲解马克思主义的批判，是邓小平理论产生的契机，而生动的社会主义实践是邓小平理论产生和发展的源泉。邓小平理论从没有停留在既有水平上，也从没有停止在某些具体结论上，而是在实践中不断探索，不断阐明新的理论观点，使之逐渐臻于完善。党的十四大以来，以江泽民同志为核心的党中央，坚持邓小平理论的科学精神和批判精神，在新的实践中开拓进取，用新的理论观点丰富了邓小平理论。特别是党的十五大，提出并论述了邓小平理论是马克思主义在中国发展的新阶段的科学论断，回答了社会主义改革中出现的新问题，做出了把建设有中国特色社会主义全面推向21世纪的战略部署，这是对邓小平理论的重要贡献。我们把握邓小平理论的精神实质，就是要坚持科学精神和批判精神，着眼于马克思主义理论的运用，着眼于对实际问题的理论思考，着眼于新的实践和新的发展，努力用邓小平理论的立场、观点、方法分析和解决问题。

（二）

学习邓小平理论，把握它的精神实质，我们还要研究邓小平理论的特征。特征是事物的外在表现，但对外在特征的认识和分析，有助于我们透视事物的本质。

一种理论的特点是与其特定的历史条件，所要解决的任务、理论内容，以及创立者的理论素养、实践经验、思想品格、思维方式等相关联的。

从邓小平理论产生的历史条件看：

邓小平理论是在和平与发展成为时代主题、世界科技革命蓬勃兴起、资本主义处于相对稳定时期、实践中的社会主义出现严重曲折、原有模式弊端日益暴露、企图通过改革寻找出路的情况下产生的。它所要解决的，是在中国这样一个经济文化比较落后的国家，如何建设社会主义、如何巩固和发展社会主义的问题。它所遵循的原则是摒弃教条主义和“左”倾思想，把马克思主义基本原理同中国具体实践结合起来，走自己的道路，对长期沿用的苏联模式进行根本性变革，建设有中国特色社会主义。可见，这是在科学社会主义历史上又一次实现新的历史性飞跃的伟大任务。

从理论创立者看：

邓小平是伟大的马克思主义者，是我党、我军和我国人民卓越的领导人之一。他在民主革命时期，对坚持和实践毛泽东的正确路线、对毛泽东思想的形成和发展做出了重要贡献；在社会主义革命和建设时期对如何建设社会主义进行了富有成效的探索，有着治党、治军、治国的文韬武略。

邓小平在长期革命生涯中对党内的错误路线进行了不屈不挠的斗争，曾经“三落三起”，对党内“左”、右倾错误思想的根源、实质和危害有深刻认识，具有丰富的斗争经验。

邓小平深入实际，深入群众，时刻以人民利益为重，以党和国家利益为重，对人民的意志和愿望十分珍视，对诸多社会问题体察入微，具有远见卓识。

邓小平关注时代，关注世界科技革命，关注资本主义的发展变化，视野广阔，思想敏锐，胸怀世界，高屋建瓴。

邓小平不是专门的理论家，而是一个政治家、革命家兼理论家。有深厚的马克思主义理论素养和巨大的理论勇气。他的理论创造植根于生活，来源于实践，是为着解决实际问题、改造世界而付诸实践的。

邓小平的思维方式具有务实性、开放性、多维性、自主性、求变性，坚决摒弃形式主义和烦琐哲学。

以上这些都对邓小平理论特征的形成产生直接的影响。

邓小平理论的特征可以从不同角度加以概括。现从思路、胆识、内容、观点、语言、品格、立场、学风、体系等方面谈点粗浅认识。

（1）通观全局的思路。所谓全局是指两方面，一是世界的全局，二是中国社会主义建设的全局。中国的建设离不开世界，世界的发展也离不开中国。只有把中国的事情置于世界全局中来考虑和设计，才能适应时代的要求。邓小平清醒地看到时代主题的转换，这种转换对我们既是挑战，又是机遇。我们应当面对挑战，迎接挑战，同时把握历史提供的机遇，加速自身的发展，这是巩固和发展社会主义具有决定意义的一环。要加速自身的发展，就要改革开放，充分利用世界文明的成果，建设有中国特色社会主义。有中国特色社会主义也是一个全局，它包括经济、政治、思想、文化、教育、科技等方面，关联到正确处理改革、发展、稳定的关系。必须确立统帅全局、开创全局的思路和理论。其中的灵魂或精髓是解放思想、实事求是；主题是什么是社会主义和如何建设社会主义；途径是全面改革和全方位开放，以建设有中国特色社会主义经济、有中国特色社会主义政治、有中国特色社会主义文化。我们把握邓小平理论的精神实质，要认真研究这两个全局。

（2）高瞻远瞩的胆识。邓小平理论是在总结实践经验的基础上产生的，但它作为理性思考的升华又高于实践、超越现实。它不仅面向世界，而且面向未来，面向现代化，处处充满了高瞻远瞩的胆识。邓小平理论中关于改革蓝图的设计和对外开放战略，关于尊重知识、尊重人才以及把教育置于战略重点地位的思想，关于科学技术是第一生产力和发展高科技的论断，关于“三步走”的发展战略，关于“一国两制”的构想，都体现了深刻的科学预见性。邓小平理论之所以具有高瞻远瞩的胆识，是因为其创立者站在时代的高度，有哲人的思维和政治家的胆识，善于透析事物的本质和规律。

（3）深入浅出的内容。邓小平的论著和讲话中没有晦涩的理论和不可捉摸的观点。邓小平谈起问题来明明白白，贴近现实，贴近民心，使人感到亲切、自然。例如，他提出的“不管白猫黑猫，抓住老鼠就是好猫”“摸着石头过河”“两手抓、两手都要硬”，以及社会主义本质的理论等等，都是通俗易懂的。然而，这些理论观点，又包蕴着深刻含义，启迪人们去深入思考、举一反三。所以，邓小平理论具有亲切感和启迪作用，能够为广大干部群众所掌握，从而变成手中的锐利武器。

（4）简明精深的观点。邓小平理论中有许多经过深思熟虑的重要观点，他们既简明生动，又十分精辟。往往几个字、几句话就揭示出事物的本质，抓住问题的要害，迸发出强烈的震撼力，推动人们去身体力行。如：发展才是硬道理；贫穷不是社会主义，发展太慢也不是社会主义；不坚持社会主义，不改革开放，不发展经济，不改善人民生活，只能是死路一条；等等。这些观点多么透辟，多么实际，把社会主义建设中的问题、经验教训、努力的方向和工作的着力点讲得清清楚楚。又如“一个中心、两个基本点”、“三个有利于”、四项基本原则、“四有”公民，都是极其简明而又十分重要的观点。

（5）朴实无华的语言。语言是思维的外壳，语言的朴素性是同思维的务实性分不开的。语言是表达思想感情的工具，它又同学风紧密联系。思路不清，学风不正，感情不真，写文章、讲问题都不可能做到语言朴实无华。邓小平理论的这一特点反映的是它的创立者对人对事的态度及其思想作风、工作作风。邓小平写文章、论事理，似在同你谈心，平易近人，循循善诱，能用朴实的语言表达出很深奥的道理。语言朴实往往更富有感染力，更具可接受性。谈其文如见其人，循其理如见其行。

(6) 求实创新的品格。求实和创新是统一的，是实事求是的具体表现。实事乃求是的基础，求是就是在实践中发现新问题并用正确的立场、观点、方法去解决新问题，这当中无疑包含新思想和新理论的创造，表现为原有思想理论的更新和发展、由相对真理走向绝对真理的过程。邓小平理论的整个内容都贯穿着求实创新的品格，创立之始是这样，发展这一理论时也是这样。我们可以回顾一下，无论是社会主义初级阶段理论、社会主义本质理论、社会主义改革理论、社会主义市场经济理论，还是其他重要理论，都是在求实基础上的理论创新。把握这一特征对于坚持和发展邓小平理论是十分重要的。

(7) 明辨是非的立场。立场问题是政治原则问题，也是世界观问题。邓小平理论的立场是中国共产党的立场，是人民的立场，所体现的世界观是辩证唯物主义与历史唯物主义世界观。邓小平理论在解决党的理论是非和路线是非问题上，采取的是科学的立场和态度，坚持的是实践标准。它既分清是非，总结经验教训；又团结同志，着眼于向前看。邓小平《对起草〈关于建国以来党的若干历史问题的决议〉的意见》以及《关于建国以来党的若干历史问题的决议》本身，是正确分清和处理党内理论是非和路线是非的典范，解决了正确对待毛泽东思想和毛泽东晚年错误这个关系党和国家前途命运的问题。在分清改革中是与非的问题上，邓小平提出“三个有利于”的标准。这当中的深层意义是值得我们认真思考的。

(8) 理论联系实际的学风。我们党历来重视学风问题，历来倡导理论联系实际的学风，反对理论脱离实际的学风。但是，在“左”倾思潮猖獗时期，党的优良学风遭到破坏。邓小平理论的创立，标志着党的优良学风的大发扬。检验真理标准的大讨论就是一场恢复优良学风的大讨论。这场大讨论的过程，实际上就是批判教条主义、主观主义、脱离实际的本本主义的过程。由此才有了实事求是思想路线的重新确立，才有了邓小平理论的形成和发展。社会生活在本质上是实践的，邓小平理论的科学性就在于它始终坚持理论与实践相统一的原则，反对形形色色的教条主义，修正各种落后于或超越于客观实际的错误思想。我们学习邓小平理论只有发扬理论联系实际的学风，方能学有所得，否则是学不好的。

（9）严谨的科学体系。邓小平理论不是像《资本论》《帝国主义论》《新民主主义论》那样的专著，而是由许多篇相对独立的文章、讲话构成的。有人据此认为，邓小平理论缺乏系统性。这种看法是不正确的，说明一些同志还没有认真研读邓小平的著作，不了解邓小平的论著有着明确的主题，有贯穿于全部内容的精髓，涵盖社会生活各个领域如经济、政治、军事、思想、文化、教育、科技等领域的问题，以及党的建设问题、民族问题、祖国统一问题、对外关系问题等等。这些内容构成一个科学体系，这就是建设有中国特色社会主义理论的科学体系。问题在于从邓小平理论的丰富内容中把握其科学体系，需要下很大的功夫。这正是我们要深入学习邓小平理论的意义所在。

四、邓小平思维方式的特点*

如何概括邓小平思维方式的特点，这是一个新的研究课题。邓小平思维方式展现出多层面、多角度和全方位的丰富性。从根本上讲，它仍然是辩证的唯物的思维方式，但运用之妙，实难准确地论述，这里仅就我的初步理解，提出一些看法。

（一）整体性思维方式

事物都是有机整体，都是作为系统而存在的。事物都有其过去、现在和未来，都是作为过程而存在的。观察、处理问题，必须把握全局，高瞻远瞩，对事物做系统分析，这种思维方式对于领导者尤为重要。古人云：自古不谋万世者，不足谋一时；不谋全局者，不足谋一域。只有立足于“万世”“全局”，才能谋“一时”“一域”，才会有高明的治国措施。邓小

* 本节内容发表于《云南学术探索》1996 年第 1 期。

平在治理中国的过程中，遇到的问题是极为复杂的，矛盾斗争的尖锐程度也是罕见的，他多次在身处逆境的情况下肩负起人民的重托、历史的重任。他那深邃高远的战略眼光，综观全局的理性思维，洞察未来的科学预见，举大若小、举重若轻的宽宏气度和杰出领导艺术，使他最终战胜困难，拨正航向，破浪前行。这与他所具有的整体性或全局性的思维方式是分不开的。

邓小平在处理复杂的国内、国际政治问题和经济问题时，总是要求人们认识客观事物时有系统的整体性观念，把研究对象作为由相互联系、相互作用的要素组成的系统整体，注意从系统整体上把握事物的总体性质和组成系统的要素之间的联系，还要注意系统与系统之间即事物与外部环境的联系，揭示事物的矛盾运动状况，预见事物的发展趋势。

首先，邓小平把中国置于当代世界全球问题这个国际社会大系统之中，从世界全局来思考我国的社会主义现代化建设问题。中国的现代化建设离不开世界，世界的政治、经济形势影响和制约中国的现代化建设。为此，科学地分析世界形势，对于我们实行正确的发展战略至关重要。过去，我们长期固守着一种观点，即战争的危险严重存在，要准备打仗、打大仗、打世界战争，以致忽视发展生产力。这是造成我国经济建设发展不快的重要原因之一。邓小平从第二次世界大战后的历史事实出发，对国际形势的发展变化做了全面的、深刻的分析。他认为，战争的危险虽然仍然存在，但制约战争的力量增强了，帝国主义发动世界战争的可能性减少了，争取比较长时期的和平的可能性增加了。他还指出，当今世界的主要问题是和平与发展问题。人民要和平，国家要发展，落后国家要求发展，发达国家也要求发展。正是基于上述对世界全局的客观分析，邓小平明确提出，要抓住时机，发展自己，关键是发展经济。发展才是硬道理。不抓住时机加快发展，人家很快发展上去了，你必然落后，落后就要挨打。这些年在邓小平的理论指导下，我们抓住机遇，发展自己，取得了举世瞩目的成绩。

其次，全面认识国情，总结历史经验，重新审视社会主义。在怎样建设和发展社会主义这个根本问题上，邓小平的整体性思维方式不仅表现在从当今时代发展这个大环境、大背景出发，而且表现在立足于中国国内大局。只有既看清世界大势，又把握中国大局，才能正确确定我们的发展路线、发展战略，以及发展的方针政策。把握中国大局，一是总结历史经验，二是认清国情。在总结历史经验方面，邓小平重新审视社会主义，扬弃了我们在认识和实践社会主义中的种种偏差，洞察了经济、政治等方面存在的问题，提出了关于社会主义本质等新理论。在分析国情上，邓小平摒弃了那种片面概括国情，过高估计我国发展程度和现实社会主义制度优越性的观点。他既看到中国的长处，又看到中国的弱势；既从历史的角度做纵的分析，又从世界发展的实际做横的比较；既肯定我国社会主义根本制度的优越性，又指出我们的具体制度的弊端限制了社会主义制度优越性的发挥。他认为中国的国情是：我国已经建立了社会主义基础，经过 30 多年的建设已有了相当经济实力。但由于人口多、底子薄，从整体上来说我们的经济、文化还没有摆脱落后的状态。我们的社会主义还是不够格的。我们解决了 11 亿人口的吃饭问题是件了不起的事情，但只解决吃饭问题还只是社会主义最初级、最起码的要求。在此基础上，邓小平提出了我国处于社会主义初级阶段的科学论断。社会主义初级阶段的论断表明，它既不同于社会主义经济基础尚未建立的过渡时期，又不同于已经实现社会主义现代化的阶段。这一论断是符合中国的实际的。这一理论的提出，是对社会主义和我国基本国情再认识的重大成果，是我们党和国家制定路线、方针、政策的出发点，为建构切合实际的社会主义物质文明、政治文明、精神文明提供了历史唯物论的坚实基础。

最后，以社会主义初级阶段理论为指导，把握社会主义现代化建设和改革开放的全局，制定党在社会主义初级阶段的基本路线。这条基本路线也充分体现了邓小平整体性思维方式的科学性。它在抓住社会主义本质和根本任务的前提下，从整体上部署社会主义现代化建设中的各项任务，并从相互联系、相互作用中来处理和解决这些问题。党的基本路线的整体性表现在：它阐明了坚持党的领导，团结和依靠全国人民发扬自力更生、艰苦创业精神，是建设社会主义现代化的前提和根本保证；它阐明了现阶段全党、全国人民的任务和目标就是把我国建设成为富强、文明、民主的社会主义现代化国家，这个任务是相当艰巨的，包括物质文明、政治文明、精神文明建设，涉及社会生活各个领域，要经历由落后向先进的转化、由比较贫穷到比较富强的转化，以及逐步实现工业、农业、科技、教育、国防现代化的过程；它阐明了实现这一目标的根本方针和政策，关键是坚持以经济建设为中心，坚持四项基本原则，坚持改革开放。可见，党的基本路线是由前提和根本保证、任务和目标、根本方针和政策等相互联系而形成的有机整体。邓小平反复指出，要全面贯彻党的基本路线，就必须处理好“一个中心”与“两个基本点”的关系，处理好“两个基本点”之间的关系，处理好物质文明和精神文明建设的关系，处理好党和人民群众的关系，等等。总之，要用全面的观点、系统的观点来认识和贯彻党的基本路线，做到一百年不动摇。

邓小平的整体性思维方式还表现在许多方面。邓小平这种从整体和全局、从宏大的系统和深远的关系上来把握事物的思维方式，使他对事物的观察和分析更具广度和深度，从而在理论上能够形成科学体系，在实践上能够运筹帷幄，决胜千里。这种整体性思维方式是现代科学思维方式和现代领导思维方式的重要组成部分，也是邓小平能高瞻远瞩，把握时代的脉搏和契机，成为改革开放总设计师的重要根由。

（二）唯实务实的思维方式

邓小平的务实作风是有目共睹、有口皆碑、闻名于世界政坛的。邓小平的唯实务实思维方式是辩证唯物主义认识论在思想方法和工作方法上的创造性运用。所谓唯实务实的思维方式，其总体特征是：（1）一切从实际出发，讲究实实在在地研究问题、解决问题，注重实际效果、实际效率、实际价值。这里讲的效果、效率、价值等，是形式和内容的统一，是个人与社会的统一，归根到底是使人民得到好处、社会得到发展。（2）在认识问题上，不主观设定规律，不囿于已有的结论，坚持认识从实践中来，在实践中检验，在实践中修正和发展。（3）努力把理论转化为实践活动，既重视理性的批判，更注意实践的批判，并使两者结合起来，达到改造世界的目的。所以，邓小平的唯实务实思维方式，充分体现了他的彻底的唯物主义世界观。他的这种思维方式，具体表现在：

首先，确立求实的治国思想。治理十多亿人口的社会主义大国是一个大难题。特别是这个国家又遭受了十年浩劫，“左”的影响根深蒂固。邓小平首先考虑的就是要恢复和发扬党的实事求是的思想路线。民主革命时期，党和毛泽东领导中国人民靠实事求是取得了革命的成功。邓小平认为：“中国革命的成功，是毛泽东同志把马克思列宁主义同中国的实际相结合，走自己的路。现在中国搞建设，也要把马克思列宁主义同中国的实际相结合，走自己的路。”① 不照搬他人的模式，也不能搞“两个凡是”，要开拓一条符合现阶段中国实际的社会主义道路。这是邓小平治国的思路。然而，“实际”是发展变化的，中国的“实际”也是发展变化的。现阶段的实际与毛泽东时代不同了。在毛泽东时代，“一个阶级推翻另一个阶级的革命”是社会的主流；当今的时代，和平与发展、和平与合作是世界的主流。因此，邓小平认为，只有“转换脑筋”“解放思想”，才能适应时代的要求，否则，仍然在老路上兜圈子，还要碰得头破血流，使人民遭殃、国家受难。根据时代的要求和我国的新的实际，党和邓小平果断地停止了“以阶级斗争为纲”的口号，把党的工作重点转移到经济建设上来。早在1975年，他第二次出来主持工作期间，就强调要大力进行整顿，努力把国民经济搞上去。党的十一届三中全会以后，他在许多场合阐明了不抓四个现代化就是空谈马克思主义、四个现代化就是最大的政治，阐明了搞好经济建设是解决国际国内问题的基础、经济建设的实际成果是检验一切工作好坏的根本标准。如果不把经济搞上去，不增强社会主义国家的综合国力，不提高人民生活水平，社会主义就没有出路。这就是说，搞社会主义要实实在在地解决中国的发展问题，落实到国家富强和人民幸福上。要使经济得到迅速发展，就要进行改革，改革那些阻碍生产力发展、阻碍经济发展的旧观念、旧思想、旧体制、旧的规章制度。改革的目的就是解放和发展生产力。生产力发展了，经济搞上去了，人民才拥护我们，帝国主义才不敢欺负我们，中华民族才能屹立于世界民族之林。这才是实实在在

① 邓小平．邓小平文选：第3卷．北京：人民出版社，1993：95.

的东西，这样我们才能无愧于时代，无愧于人民。正是在这种求实治国的思想指导下，我们一个问题一个问题地解决，一步一步地前进，找到了建设有中国特色社会主义道路。所以，我们可以说，邓小平的唯实务实思维方式改写了中国的历史，改变了中国的命运。

其次，坚持理论与实践相结合的原则，发扬实践的批判精神。社会生活在本质上是实践的，只有人们的社会实践，才能改变世界。邓小平的唯实务实思维方式，也突出地表现在尊重实践、尊重群众，充分发挥群众的首创精神，努力寻求改变世界的物质力量上。他反对把马克思主义教条化，反对理论脱离实际的不良作风，主张完整准确地理解马列主义、毛泽东思想。他注重理论要从实践中来，更注重理论要到实践中去，只有到实践中，理论才能变成物质力量。空谈理论，无济于事；抽象争论，必然误事。一切都要拿到实践中去检验。他积极支持“真理标准”的讨论，充分肯定“真理标准”讨论的重要意义。正是这一场全国范围内的大讨论，为恢复和发扬党的实事求是的思想路线奠定了思想基础和群众基础。关于学习马克思主义理论的问题，他明确提出：“学马列要精，要管用的。”群众怎么读？不能要求都读大本子，要用马列主义理论指导实践，不能为学而学、光学不用。他还说：“马克思主义是打不倒的。打不倒，并不是因为大本子多，而是因为马克思主义的真理颠扑不破。实事求是是马克思主义的精髓。要提倡这个，不要提倡本本。”① 邓小平不唯书、不唯上，只唯实。他坚持马克思主义的普遍真理，又在实践中发展马克思主义。他批判那种否定和歪曲马克思主义的错误观点，批判阻碍变革现实的教条主义和陈腐观念，使马克思主义与实际结合，成为人们改造世界的锐利武器。

再次，提倡务实作风，注重实际效果。邓小平本人就是一位实干家。力戒空谈，讲求实效，是他一贯的思想作风和工作作风。他深入实际，调查研究，通过调查研究提出解决问题的办法。在调查研究中，他善于把定性分析和定量分析结合起来，从而设计和建构出符合实际的、可操作的社

① 邓小平．邓小平文选：第3卷．北京：人民出版社，1993：382.

会工程蓝图。例如，他提出的“三步走”的经济发展战略，既有总体目标的量化，又有阶段性目标的量化，把总体目标分解为阶段性量化指标：人均国民生产总值500美元、1 000美元、4 000美元，只要年增长率达到6%就能实现。这种设计，充分体现了邓小平注重实际、讲求实效的思维方式和工作作风，有利于全国人民为实现这一社会工程而脚踏实地地努力工作。邓小平历来反对形式主义、官僚主义，认为这两种东西都是革命和建设的大敌。他在1992年春的南方谈话中专门讲了这个问题，他提出：“现在有一个问题，就是形式主义多。电视一打开，尽是会议。会议多，文章太长，讲话也太长，而且内容重复，新的语言并不很多。重复的话要讲，但要精简。形式主义也是官僚主义。要腾出时间来多办实事，多做少说。毛主席不开长会，文章短而精，讲话也很精练。”① 邓小平如毛主席，讲话写文章都很精练。党的十二大的开幕词虽然篇幅很小，但既总结了党的历史经验，又提出了建设有中国特色社会主义的基本思想。

最后，邓小平唯实务实的思维方式，还表现在勇于实践，敢于试验，敢闯、敢冒，对的就坚持，错了的就改正。敢于实践才能积累经验，增长才干，把事情办好。像小脚女人一样什么事都不敢干，畏首畏尾，一步三回头，唯恐跌跤，就一事无成。“没有一点闯的精神，没有一点‘冒’的精神，没有一股气呀、劲呀，就走不出一条好路，走不出一条新路，就干不出新的事业。”② 邓小平把我国的改革看作一个大试验，是中国的大试验，也是世界的大试验。既然是试验，没有现成经验，那就只能在实践中探索，只能“摸着石头过河”，在摸石头的过程中总结经验、吸取教训。如果没有现成的经验就不敢下水，则只能“望河兴叹”，达不到胜利的彼岸。如果想过河，又不摸着石头，不管水深流急，盲目闯浪，那就会被波涛吞没。为了在实践中探索前进，邓小平提出，不要搞抽象的争论。他说：“不搞争论，是我的一个发明。不争论，是为了争取时间干。一争论就复杂了，把时间都争掉了，什么也干不成。不争论，大胆地试，大胆地

---

① 邓小平．邓小平文选：第3卷．北京：人民出版社，1993：381-382.

② 同①372.

闯。农村改革是如此，城市改革也应如此。”① 不争论，不是不分是非，不是不做结论。结论由谁来做？由实践来做，由群众来做。在 20 世纪 80 年代中期以后，当改革逐步走向深入的时候，一些人在姓“社”姓“资”问题上纠缠、争论不休，阻碍了改革开放的前进步伐。邓小平一针见血地指出：“改革开放迈不开步子，不敢闯，说来说去就是怕资本主义的东西多了，走了资本主义道路。要害是姓‘资’还是姓‘社’的问题。”② 他明确回答，特区姓“社”不姓“资”。判断是非的标准，“应该主要看是否有利于发展社会主义社会的生产力，是否有利于增强社会主义国家的综合国力，是否有利于提高人民的生活水平”③。这“三个有利于”十分清楚地体现了邓小平唯实务实的精神和思维方式。

（三）开放性思维方式

这种思维方式是相对于封闭的、机械的、缺乏创造性的思维方式而言的。从哲学上反思开放与封闭之所以有截然不同的效应，是因为人类社会中存在着交换和交往行为相加效应规律，以及封闭行为的重复效应和衰减规律。一个开放系统必定要从其环境中不断引入物质能量和信息，通过系统与环境的相互作用，使自身得到发展。邓小平的开放性思维方式的特点就在于摒弃那种封闭的、机械的、僵化的观点和方法，吸取现代科学方法，适应现代历史发展新潮流，以全球现实为参考系来思考中国和人类的问题。当今世界生产的社会化程度日益提高，生产国际化趋势不断增强，国际间的经济、政治、技术文化联系更加密切。由于科学技术的迅速发展，现在已经没有哪一个国家能够拥有发展本国经济所需要的一切。邓小平在总结国内外的历史经验教训后深刻地认识道：“现在的世界是开放的世界。中国在西方国家产业革命以后变得落后了，一个重要原因就是闭关自守。”④ “经验证明，关起门来搞建设是不能成功的，中国的发展离不开

---

① 邓小平．邓小平文选：第 3 卷．北京：人民出版社，1993：374.

②③ 同①372.

④ 同①64.

世界。”[①] 他在会见坦桑尼亚联合共和国副总统姆维尼和乌干达共和国总统穆塞韦尼时又先后谈道：“对外开放具有重要意义，任何一个国家要发展，孤立起来，闭关自守是不可能的，不加强国际交往，不引进发达国家的先进经验、先进科学技术和资金，是不可能的。”[②] “我和许多非洲朋友谈到不要急于搞社会主义，也不要搞封闭政策，那样搞不会获得发展。在这方面，你们做对了。总之，不要关起门来，我们最大的经验就是不要脱离世界，否则就会信息不灵，睡大觉，而世界技术革命却在蓬勃发展。”[③] 这些话虽然直接讲的是国家要对外开放，但我们可以从中看出，邓小平的开放性思维方式是同世界历史发展的趋势相一致的。

在中国发展的问题上，邓小平开放性的思维方式还突出表现在他关于“历史机遇”的思想中。所谓历史机遇，是指历史发展中出现的有利于我国发展的某些事件和条件。机遇具有不确定性，有利的机遇并非随时都存在，一旦有了，如果不抓住它，就会失去使自己迅速发展的条件。邓小平认为，抓住历史机遇，充分利用有利条件，对于一个国家的发展和国际地位的提高至关重要。他指出：“这方面也有国际经验嘛。好多国家都是这个样子，十年就跳出来了。”[④] 例如，20 世纪 50 年代中期以来，新科技革命的迅速兴起就为很多国家的加速发展提供了历史的契机。西欧一些主要资本主义国家，抓住了新科技革命的历史机遇，及时地实现了产业结构向高级化的调整，带动了经济的迅速发展，很快成为资本主义世界与美国抗衡的新的一极。我国的近邻日本，二战后作为战败国其经济几乎崩溃，也由于抓住了新技术革命的机遇，在不到 30 年的时间完成了由劳动密集型产业向资本密集型产业再到技术知识密集型产业的转变，一跃成为世界经济强国。如何把握机遇呢？要从国际形势和我国周边环境的重大变化中，从对人类历史发展和社会进步最具影响的事件中去把握；要善于全面分析事物的内部和外部矛盾，从偶然中发现必然，从不利因素

---

① 邓小平．邓小平文选：第 3 卷．北京：人民出版社，1993：78.

② 同①117.

③ 同①290.

④ 同①368-369.

中看到有利因素，努力避免不利因素的影响，发挥有利因素的作用。邓小平认为，时代已经变化，“现在世界发生大转折，就是个机遇”①。“现在国际形势看来会有个比较长时间的和平环境，即不爆发第三次世界大战的环境。我们都是第三世界国家，要紧紧抓住经济建设这个中心，不要丧失时机。”② 邓小平还认为，中国要实现现代化的战略目标，提高在国际竞争中的战略地位，就必须抓住新科技革命这一重要的历史机遇，要发展自己的高科技，在世界高科技领域占有一席之地。总之，邓小平关于“历史机遇”的思想，是马克思主义世界观、方法论的创造性运用，包含着深刻的哲学意蕴，体现了历史必然性和偶然性的辩证统一，是对长期存在于马克思主义哲学研究中的机械决定论观点的一次根本性的拨乱反正，对我们从战略高度把握历史发展的趋势、确立开放性的思维方式有着重要指导意义。

邓小平的开放性思维还表现在他观察分析问题时的双向思维、多元立体思维，以及求同和求异相结合的思维上。事物本来就是复杂的，邓小平历来反对那种把事物简单化、直线化的思维方式，一贯主张按辩证法办事。所谓双向思维，是指善于从同时存在、同时起作用的两个相反方向去思考问题的思维方法，是“两点论”“两分法”在思维中的灵活运用。所谓多元立体思维，是指把事物看作多元结构的统一体，认识主体从多角度、多层次、多中介去综合地考察事物的现象和本质、原因和结果、可能和现实等，揭示事物的内部和外部的复杂联系，综观事物的发展变化。邓小平关于当代世界形势的分析、关于建设有中国特色社会主义理论的形成及内容，就是这种多元立体思维方式的成果。所谓求同和求异相结合的思维方式，是指既要从事物的差异性中发掘一致性，又要从事物的一致性中发现差异性，对事物的差异性和一致性做具体的考察。邓小平善于发现事物的特点，得出新的答案，不受已有的知识和经验的局限，更不因权威的定论而束缚自己的头脑。他根据马克思主义关于国家集中统一和主权单一性的原理，结合中国的具体实际，在解决香港、澳门和台湾问题上，提出

① 邓小平．邓小平文选：第3卷．北京：人民出版社，1993：369.

② 同①270.

了“一国两制”的构想，这是一种崭新的国家结构模式。这一构想体现了邓小平求同和求异思维相结合的务实性和创造性。

开放性思维是一种创造性思维，它善于吸取借鉴，重在推陈出新、除旧布新、吐故纳新。只有渴求创造的人，才能把握这种思维方式。邓小平就是这样一个渴求创造、永远进取的伟大政治家。他深谙只有革新，才能有民族的希望；只有创造，才能有国家的振兴。在社会主义改革开放问题上，他身体力行，领导全党和全国人民解放思想，更新观念，致力于改革开放的伟业，创造了堪称世界殊荣的光辉业绩。

（四）自主性思维方式

唯物辩证法认为事物的内部联系是事物存在的基本依据，事物发展的根本原因在于事物内部的矛盾性。事物的外部原因对事物的发展也是很重要的、不可缺少的，但外因要通过内因才能发挥作用。自主性思维方式的基本特点，在于立足事物自身，着眼于事物的特殊矛盾性，充分发挥主体的自主性、主动性、能动性，促成矛盾的转化，推动事物的发展。自主性思维方式在分析观察问题时，注重开动脑筋，独立思考，不盲从，不拘泥于成见，不人云亦云；在实践中解决问题时，有远见卓识，多谋善断，有高度的自信心和坚强的毅力，不为困难所折服，不因挫折而灰心，自力更生，奋斗不息。自主性思维方式与开放性思维方式不是绝对排斥的，而是相辅相成、辩证统一的。

邓小平的自主性思维方式表现在许多方面。毛泽东在谈到邓小平时曾说过，人才难得，既有原则性，又有灵活性。这原则性和灵活性从何而来？来自他自立自强的精神和对事物本质的深刻洞察力。在指导我国社会主义建设过程中，邓小平一贯强调独立自主、自力更生，指出：“中国的事情要按照中国的情况来办，要依靠中国人自己的力量来办。独立自主，自力更生，无论过去、现在和将来，都是我们的立足点。”① “像中国这样大的国家搞建设，不靠自己不行，主要靠自己，这叫做自力更生。但是，

① 邓小平．邓小平文选：第3卷．北京：人民出版社，1993：3.

在坚持自力更生的基础上，还需要对外开放，吸收外国的资金和技术来帮助我们发展。”① 他总结我国长期的历史经验后得出的基本结论就是“走自己的道路，建设有中国特色的社会主义”②。只有发扬自力更生的精神，走自己的路，才能使我们的国家走向繁荣富强。所以，党在社会主义初级阶段的基本路线中，也专门写进了“自力更生，艰苦创业”八个大字。在外交方面，毛泽东、邓小平都把独立自主作为我国对外政策的基本原则和立足点。我们从事任何工作，处理任何国际问题，都必须独立自主地做出决定，不受制于人，不受外国的干涉和控制。邓小平针对世界形势的变化，提出建立国际新秩序，其内容也包括：各国有权根据本国国情，独立自主地选择本国的社会、政治、经济制度和发展道路。这些思想都深刻地反映了时代的要求和人民的愿望，也是自主性思维方式在实际工作中的具体体现。

自主性是创造性思维的基础，没有自主性，就没有主观能动性的发挥，就谈不上创造性。邓小平十分重视人的能动性，认为只有把人的积极性、创造性调动起来，才能实现变革世界的任务。他提出尊重知识、尊重人才，以及选拔培养干部要贯彻“革命化、年轻化、知识化、专业化”的标准，正是为了增强人们变革世界的能动性。他创造的社会主义市场经济体制，在实践中已显示了推动社会、经济发展的巨大威力。为什么这种经济体制具有如此威力？从根本上说，就是因为按照社会主义市场经济规律办事，可以比较充分地调动各个方面主体（如个人主体、集体主体、社会主体）的自主性和主动性。

邓小平的自主性思维所迸发出的独立精神、创造精神，不是一般的精神，而是无产阶级革命家的精神，在实践中生发出高度的智慧、坚强的毅力，凝聚为新的科学思想、变革现实的路线和政策，在关键时刻起着扭转乾坤、力挽狂澜的作用。古今中外有许多历史人物在失败之后很难重返历史舞台，成功人物的暮年也往往不能重振雄风。而邓小平却是人类历史上能“三落三起”的伟大人物。当他第三次登上政治舞台的时候，党和国家都处于危难之中。是他以冷静的头脑、坚定的信念、超人的胆识、大无畏

① 邓小平. 邓小平文选：第3卷. 北京：人民出版社，1993：78-79.

② 同①3.

的气魄、钢铁般的决心和独立于人的思维方式，否定了那些把中国带向灾难的错误的东西，开辟了独特的科学社会主义道路。回顾十多年的历史，改革和建设仍经历着重重困难：既要排除来自国际上的压力，又要消除党内、国内根深蒂固的“左”的影响；在经济十分困难的情况下，把经济振兴起来；在政治思想偏离正确方向的时候，把它扶正起来；在人们彷徨犹豫的时候，让他们振作起来、奋发起来。是邓小平使中国的第二次革命获得了成功。

邓小平的独立自主精神不仅表现在他独立于人和环境，还表现在他独立于自己。他不为自己过去的认识所束缚，而是不断地突破和完善自己的认识，这无疑是一种更为深刻、更为彻底的独创精神。

（五）民主性思维方式

邓小平是彻底的唯物主义者，坚信人民群众是历史的创造者。中国共产党人则是以全心全意为人民服务为根本宗旨的。邓小平的治国思想中充满着鲜明的人民性。他思考问题和处理问题始终是以最广大人民群众的利益为出发点和归宿。他说：我是中国人民的儿子，我深情地爱着我的祖国和人民。邓小平对祖国和人民倾注了无限深情，为人民的利益而披荆斩棘、奋斗不息，得到亿万群众的衷心崇敬。

邓小平的民主性思维方式表现在他把为人民办实事、为人民谋幸福、不断提高人民群众的物质文化生活水平作为党和国家工作的根本目的。他提醒我们的领导干部“要想一想，我们给人民究竟做了多少事情呢？我们一定要根据现在的有利条件加速发展生产力，使人民的物质生活好一些，使人民的文化生活、精神面貌好一些”①。他认为不发展生产力，不提高人民的物质文化生活水平，是不符合社会主义要求的。他强调经济建设这个中心不能动摇，要努力实现“三步走”的发展战略，其目的一是富民，二是强国。

邓小平充分尊重群众的首创精神，善于集中群众的智慧，从群众中来

① 邓小平．邓小平文选：第2卷．北京：人民出版社，1994：128.

到群众中去，既是其民主性思维方式的体现，又是他一贯坚持的工作作风。民主革命时期他是这样，社会主义建设和改革时期，面对更加复杂的矛盾、更加艰巨的任务，他更自觉地发扬这种精神，在广大干部中提倡这种精神。他认为群众的首创精神具有开辟新道路的无穷力量，一切革新都要依靠群众。他说，联产承包是农民提出来的，乡镇企业也是群众创造的，我的功劳是把群众的创造加以理论的概括。事实说明，脱离群众，不向群众学习，不从群众那里汲取智慧，任何领导者都将一事无成。

在判断改革的得失成败、考虑方针政策变还是不变等问题上，邓小平总是着眼于“人民拥护不拥护”“人民赞成不赞成”“人民高兴不高兴”“人民答应不答应”。他说，实践证明现在的政策是正确的，是行之有效的。人民生活确实好起来了，国家兴旺发达起来了，国际信誉高起来了。1992 年春，他在南方谈话中又进一步指出：“在这短短的十几年内，我们国家发展得这么快，使人民高兴，世界瞩目，这就足以证明三中全会以来路线、方针、政策的正确性，谁想变也变不了。”① “谁要改变三中全会以来的路线、方针、政策，老百姓不答应，谁就会被打倒。”② 可见，人民的利益、人民的愿望和要求，是我们党制定路线、方针、政策的基本依据。

邓小平在治党、治国、治军的实践中重视发挥集体的智慧，反对权力过分集中，反对宣传个人，也是其民主性思维方式的重要表现。作为我们党第一代中央领导集体的成员、第二代中央领导集体的核心，无论是在揭批林彪、“四人帮”反党集团的重大斗争中，还是在抵制“两个凡是”的错误观点时，无论是在设计现代化的蓝图之际，还是在动乱的政治风波面前，他身边都团结了一大批老一辈的无产阶级革命家，同心同德，发挥领导集体的力量，解决党和国家的重大问题。他坚持党的民主集中制原则，反对权力过分集中。他认为：“权力过分集中，妨碍社会主义民主制度和党的民主集中制的实行，妨碍社会主义建设的发展，妨碍集体智慧的发挥，容易造成个人专断，破坏集体领导，也是在新的条件下产生官僚主义的一个重要原因。”③ 邓小平致力于解决这个问题，提出了关于党和国家领

①② 邓小平. 邓小平文选：第 3 卷. 北京：人民出版社，1993：371.

③ 邓小平. 邓小平文选：第 2 卷. 北京：人民出版社，1994：321.

导制度改革的意见。他尖锐地指出，从党和国家的领导制度、干部制度方面来说，主要的弊端就是官僚主义现象，权力过分集中的现象，家长制现象，干部领导职务终身制现象和形形色色的特权现象。这些弊端严重地阻碍着社会主义民主制度的实行，阻碍着社会的发展。总结我们党的历史，从1958年批评反冒进、1959年反右倾以来，党和国家的民主生活逐渐不正常，一言堂、个人决定重大问题、个人崇拜、个人凌驾于组织之上一类家长制现象不断滋长，"文化大革命"时期发展到"顶峰论"。邓小平认为，如果不坚决改革现行制度中的弊端，过去出现过的一些严重问题今后就有可能重新出现。"只有对这些弊端进行有计划、有步骤而又坚决彻底的改革，人民才会信任我们的领导，才会信任党和社会主义，我们的事业才有无限的希望。"① 邓小平以党的事业为重，领导政治体制改革。他身体力行，健全党的民主集中制，坚决克服官僚主义，反对个人崇拜，带头废除领导干部职务终身制，大力培养社会主义事业的接班人，实现了党的第二代中央领导集体向党的第三代中央领导集体的顺利过渡，为国家的长治久安和完成社会主义现代化建设的伟业奠定了坚实的基础。

在评价和宣传领袖人物问题上，邓小平坚持历史唯物主义的基本观点，反对宣传个人，尤其反对突出他的作用。早在1980年他在与意大利记者奥琳埃娜·法拉奇谈话时，就说到了老一辈无产阶级革命家毛泽东、刘少奇、周恩来、朱德等的伟大贡献，记者问道："你为什么不提自己的名字?"邓小平回答说："我算不了什么。当然我总是做了点事情的，革命者还能不做事?"② 1984年10月他又说，现在报刊都是讲我在里边起了什么作用。有作用，但主要的工作是别的同志做的。主意出了一点，但处理的问题、繁重的事情，处理得有条不紊的是他们这些做实际工作的同志。1989年9月他又语重心长地说："我历来不主张夸大一个人的作用，这样是危险的，难以为继的。把一个国家、一个党的稳定建立在一两个人的威望上，是靠不住的，很容易出问题。"③ 这些观点非常朴实，却深刻地道出

① 邓小平．邓小平文选：第2卷．北京：人民出版社，1994：333.
② 同①352.
③ 邓小平．邓小平文选：第3卷．北京：人民出版社，1993：325.

了一代历史伟人对人民、对集体、对国家的热爱和尊重，道出了邓小平民主性思维方式的根由。

整体性、唯实务实、开放性、自主性、民主性，就是邓小平哲学思维方式的主要特点。应当说，邓小平哲学思维方式在根本上仍然是唯物辩证的思维方式，但其体察之深、运用之妙，确实独具特色，具有强大的穿透力。我的学习、研究还很肤浅，但有一点让我印象很深，那就是贯穿于邓小平哲学思维方式中的创造性和革命精神，也许这是其中最珍贵的东西。一个人的思维方式是同他的世界观、人生观、理论素养、实践经验分不开的。邓小平作为伟大的中国人民和中国共产党的领袖、世界杰出的政治家，他的思想及其哲学思维，是同历史的源流、时代的脉搏、人民的呼吸、民族的命运息息相通的。因此，我们学习他的哲学思维方式，不能舍本求末，必须首先学习他作为“人民的儿子”的全心全意为人民服务的革命品质，在此基础上才能领会其思维方式的精微之处，用以指导我们去分析和解决问题。

五、论贯彻“三个代表”重要思想的关键、核心和本质*

江泽民同志“5·31”讲话是对2001年“七一”讲话的深化和发展，是指导全党全面把握“三个代表”重要思想要求，不断开拓马克思主义理论发展新境界，不断开创现代化建设新局面的重要文献。“5·31”讲话明确指出：“三个代表”重要思想同马克思列宁主义、毛泽东思想和邓小平理论一脉相承，反映了当代世界和中国的发展变化对党和国家工作的新要求。“三个代表”重要思想是我们党的立党之本、执政之基、力量之源，是加强和改进党的建设、推进我国社会主义制度自我完善和发展的强大理论武器。我们要从坚持和发展马克思主义的高度，从开创建设有中国特色社会主义事业新局面的高度，认真贯彻“三个代表”重要思想要求，切实

---

* 本节内容发表于《学术探索》2002年第5期。

履行好时代和人民所赋予的历史使命。

江泽民同志在“5·31”讲话中强调指出，贯彻“三个代表”重要思想要求，关键在坚持与时俱进，核心在保持党的先进性，本质在坚持执政为民。这是对中国共产党的历史经验，特别是对近几年全党实践“三个代表”重要思想的新鲜经验的深刻总结，对全党贯彻“三个代表”重要思想要求具有十分重要的指导意义。

（一）与时俱进是马克思主义的永恒主题，必须用发展着的马克思主义指导新的实践

江泽民同志指出，贯彻好“三个代表”重要思想的要求，必须使全党始终保持与时俱进的精神状态，不断开拓马克思主义理论发展的新境界。与时俱进是马克思主义的内在要求。这种内在要求来自马克思主义的实践性和时代性特质。马克思主义创立100多年，历久弥新，就因为它能随时代的变化和实践的发展而发展。马克思主义的价值不仅在于它揭示了人类社会的发展规律，论证了社会主义代替资本主义的历史必然性，更重要的在于它为人们提供了一种推动思想解放和开拓未来的科学世界观和创新精神。江泽民同志总结马克思主义发展的历史经验，洞察社会主义运动的历史轨迹，第一次以“与时俱进”四个大字概括了马克思主义的理论品质，体现了当代中国共产党人对马克思主义科学性的新认识。

从马克思主义的发展史看，马克思主义在指导俄国革命的实践中，形成了列宁主义，马克思主义在指导中国革命和建设的实践中，形成了毛泽东思想、邓小平理论和“三个代表”重要思想，这些理论上的飞跃，都体现了马克思主义与时俱进的理论品质，使我们认识到与时俱进是马克思主义发展的永恒主题，也是马克思主义发展的内在根据和基本规律。

马克思主义如何在与时俱进中获得丰富和发展？

第一，与各国具体国情结合，总结人民群众实践经验，是马克思主义与时俱进的基本途径。

马克思主义的基本原理是从客观实际中抽象出来又经过反复验证的真理。它的基本原理对各国的革命和建设具有普遍的指导作用。与此同时，

各国的革命和建设又具有各自的特殊性和个性，只有实现马克思主义基本原理与本国具体实际相结合，正确地回答本国的革命与建设问题，才能确保革命与建设的胜利。马克思主义中国化的过程，就是马克思主义基本原理与中国具体实际相结合，总结人民群众实践经验，不断丰富和发展马克思主义的过程。正如江泽民同志在“七一”讲话中指出的：“以毛泽东同志为核心的第一代中央领导集体和以邓小平同志为核心的第二代中央领导集体，带领我们党坚持把马克思列宁主义基本原理同中国具体实际紧密结合，形成了毛泽东思想、邓小平理论。这两大理论成果，是中国化了的马克思主义，既体现了马克思列宁主义的基本原理，又包含了中华民族的优秀思想和中国共产党人的实践经验。”① 这一崭新的论断，既是对马克思主义中国化的科学总结，也是对马克思主义发展规律的高度概括。马克思主义中国化所取得的光辉成果，源于中国共产党人的集体奋斗，源于党在领导人民进行革命和建设的实践中，坚持解放思想、实事求是的思想路线和与时俱进的理论创新精神。可以说，马克思主义的中国化是马克思主义与时俱进理论品质最显著最集中的体现。

马克思主义中国化是一个长期的历史过程。只要中国坚持沿着马克思主义开辟的科学社会主义道路继续前进，马克思主义中国化的进程就不会停止。党的十四大以来，以江泽民同志为核心的党的第三代中央领导集体，肩负历史的重任和中国人民的殷切期望，高举邓小平理论的伟大旗帜，沿着马克思主义中国化的道路继续前进。江泽民同志在新的历史时期阐述的许多重要思想和观点，是对邓小平理论的丰富和发展。他在“七一”讲话中系统论述的“三个代表”重要思想，是马克思主义中国化的新的里程碑，开辟了马克思主义中国化的新境界。

第二，把握客观情况的变化，回答时代提出的新课题，是马克思主义与时俱进的必然选择。

世界是不断变化的，人类社会的生活是不断发展变化的，这些变化无不影响到各国的革命和建设。所以，江泽民同志指出：“坚持与时俱进，

① 中共中央文献研究室．十五大以来重要文献选编：下．北京：人民出版社，2003：1900.

就一定要看到《共产党宣言》发表一百五十多年来世界政治、经济、文化、科技等发生的重大变化，一定要看到我国社会主义建设发生的重大变化，一定要看到广大党员干部和人民群众工作、生活条件和社会环境发生的重大变化，一定要充分估计这些变化对我们党执政提出的严峻挑战和崭新课题。”① 只有把握客观情况的变化，应对新挑战，解决新课题，才能发展马克思主义，推进革命和建设事业。作为无产阶级政党的领导集体，作为创造性的马克思主义者，其最可贵的品质和最重要的作用就在于把握时代的脉搏和契机，以开拓创新的精神解决时代提出的新课题。在中国革命、建设和改革的不同时期，党的三代中央领导集体把握客观情况的变化，着力于捕捉新形势提出的具有全局性的根本问题，并在回应这些问题中，形成一系列新思想新观点，用发展着的马克思主义指导新的实践。以毛泽东同志为核心的党的第一代中央领导集体，着力解决的最根本的问题，是在半殖民地半封建的中国如何进行革命、如何夺取政权的问题。以邓小平同志为核心的党的第二代中央领导集体，在世界社会主义运动遭受严重挫折的情况下，重新认识社会主义，着力解决的是在中国这样一个经济文化比较落后的国家如何建设社会主义的问题。以江泽民同志为核心的党的第三代中央领导集体，面对国际国内形势发生深刻变化的历史关头，所要着力解决的是建设一个什么样的党和怎样建设党的重大时代课题。“三个代表”重要思想，就是对我们党所面临的这个重大时代课题的科学回答。

第三，坚持解放思想的科学精神，善于汲取世界先进文明成果，是马克思主义与时俱进的时代要求。

马克思主义是我们党的指导思想的理论基础，任何时候都不能动摇这个基础，我们绝不能搞意识形态的多元化。但是，马克思主义从来不拒绝世界的先进文明。相反，它本身就是世界文明成果的结晶。马克思主义经典作家早就指出，马克思主义绝不是偏狭的宗派主义的东西，而是沿着世界文明大道前进的开放的学说。它的产生有其深厚的理论来源，它的发展也离不开汲取世界文明的优秀成果。“三个代表”重要思想正是基于对当

① 中共中央文献研究室．十五大以来重要文献选编：下．北京：人民出版社，2003：2413-2414.

今世界形势的深刻分析，对世界经济、科技、文化发展的高度关注，都蕴含着对世界优秀文明成果的借鉴和汲取。

20世纪70年代后期以来，世界形势发生了巨大变化，世界多极化趋势继续发展，经济全球化进程加快，科技进步日新月异，我们要充分重视世界各国特别是发达国家所创造的物质文明和精神文明的成果，要认识到它们所创造的文明成果，虽然有其历史的具体性甚至阶级的局限性，但优秀的文明成果是全球相通的，是世界共有的。我们应当继承历史、立足现实、放眼世界、前瞻未来，把握时代发展的要求，着眼于我国改革开放和现代化建设的全局，以马克思主义的理论勇气，批判地汲取世界先进文明成果，丰富马克思主义的内容，使马克思主义始终保持生机与活力。这也是贯彻党的解放思想、实事求是思想路线的具体体现。

认识马克思主义与时俱进的理论品质，就是要把握马克思主义的发展规律，用发展着的马克思主义指导实践。马克思主义的与时俱进决定了我们党也必须与时俱进。马克思主义在与时俱进中获得丰富和发展，党在与时俱进中获得蓬勃生机，这就是“三个代表”重要思想的真谛所在。

(二) 保持党的先进性是党的生命力所在，必须根据历史发展的要求加强和改进党的建设

贯彻“三个代表”重要思想的核心是保持党的先进性，因为中国共产党是中国工人阶级的先锋队，是中国各民族人民的先锋队，它必须根据中华民族和中国人民在新时期遇到的新的挑战和机遇，用马克思主义的立场、观点和方法去研究实践中出现的新问题，提出新的理论，指导新的实践。这样，它才能总是站在时代的前列，保持自己的先进性，起到先锋队的作用。“三个代表”重要思想的内容涵盖了经济、政治、文化等领域，而贯穿其中的核心是保持党的先进性问题。党能否保持先进性决定着党的前途命运，决定着社会主义事业的成败。

对于如何认识和保持党的先进性，江泽民同志在“七一”讲话中做了精辟论述，“5・31”讲话又提出了新的观点。我们认为其中有几点是十分重要的。

第一，要用历史唯物主义观点认识党的先进性。

江泽民同志指出："党的先进性是具体的历史的，必须放到推动当代中国先进生产力和先进文化的发展中去考察，放到维护和实现最广大人民的根本利益的奋斗中去考察，归根到底要看党在推动历史前进中的实际作用。"① 这是以历史唯物主义为指导对党的先进性的深刻认识。党的先进性固然有其一以贯之的东西，那就是在任何时候，它都要起到工人阶级先锋队的作用，都要起到推动历史前进的作用；但是在不同历史时期，其先进性的内涵也是变化的。因为党的先进性是同党所面对的形势任务和一定时期要实现的奋斗目标紧密联系的，也就是说，革命和建设事业的发展进程会赋予党的先进性新的内容。衡量其是否具有先进性，应当历史地把握两个基本尺度：一个是社会发展的科学尺度，即是否符合一定时期解放和发展生产力的要求，领导人民推动历史前进；另一个是与一定社会主体需要相联系的价值尺度，即是否符合人民群众的根本利益。这两个尺度是统一的。我国民主革命时期，党的先进性体现为中国共产党领导人民群众进行革命斗争，推翻帝国主义、封建主义、官僚资本主义的统治，建立新中国，实现人民解放和国家的独立，进而建设社会主义。今天，我们国家经过50多年的建设已经进入了新的发展阶段，即全面建设小康社会，加快推进社会主义现代化的新的发展阶段。我们党作为全国人民的领导核心，其先进性就要体现为领导和团结全国各族人民，推进我国社会主义制度自我完善和发展，加快社会主义现代化建设，为在新世纪实现中华民族的伟大复兴而奋斗。所以，"三个代表"重要思想创新的历史必然性深藏在世界历史发展和中国社会发展的进程中，是党的建设历史经验的科学总结，也是新形势下加强党的建设的客观要求。"三个代表"重要思想正是把党的先进性"放到推动当代中国先进生产力和先进文化的发展中去考察，放到维护和实现最广大人民的根本利益的奋斗中去考虑"的生动体现。

第二，认真把握保持党的先进性的新要求。

当今世界形势发生了深刻变化，和平与发展成为时代的主题。但是世

① 中共中央文献研究室．十五大以来重要文献选编：下．北京：人民出版社，2003：2414.

界并不安宁，国际风云诡谲。面对国际霸权主义的新发展，面对国际敌对势力加紧对我实行“西化”“分化”图谋，我们绝不可掉以轻心；我国加入世界贸易组织，全面参与到全球性的经济、金融、科技、文化、政治的激烈竞争中，机遇与挑战并存，利益与风险同在；我国改革进入关键阶段，各种矛盾错综复杂，各种观念强烈碰撞，我们还要克服重重困难，付出巨大的努力；党的建设也面临着许多新的问题，例如如何提高党自身的素质，如何增强党的阶级基础和巩固党的物质基础和群众基础，如何发扬党的优良作风，都是党的建设的当务之急。总之，我们党正在经历着历史性的严峻考验。经得住考验，我们就能迎难而上，阔步前行；经不住考验，就可能红旗落地。在世界上一些社会主义国家发生剧变，社会主义运动处于低潮之际，中国共产党人肩负着推进社会主义事业的时代重任，我们必须增强忧患意识，把党建设得更加坚强有力。江泽民同志正是在这样的形势下，提出了保持党的先进性就要“使我们党在世界形势深刻变化的历史进程中始终走在时代前列，在应对国内外各种风险考验的历史进程中始终成为全国人民的主心骨，在建设有中国特色社会主义的历史进程中始终成为坚强的领导核心”①。这是时代的发展对党的先进性提出的新要求，应对这个新的要求，是当代中国共产党人的神圣使命。

要实现上述对党的先进性的新要求，就需要做多方面的努力。其中最根本的，就是要用马克思主义武装全党，高举邓小平理论伟大旗帜，以“三个代表”重要思想为指导，加强和改进党的建设。全党同志要深化对人类社会发展规律、社会主义建设规律和党的执政规律的认识，牢固树立科学的世界观，坚定社会主义和共产主义理想信念，无论遇到什么困难和风险，都坚信马克思主义的科学真理是不可战胜的，坚信社会主义事业的光辉前景是不会改变的。只要全党同志始终保持共产党人的蓬勃朝气、昂扬锐气、浩然正气，我们的党就坚如磐石，就能成为坚强的领导核心，成为全国人民的主心骨。

第三，把保持党的先进性同发挥社会主义制度的优越性落实到建设有

---

① 中共中央文献研究室．十五大以来重要文献选编：下．北京：人民出版社，2003：1912．

中国特色社会主义的伟大事业中。

我们的党之所以坚强有力，是因为其具有先进性；我们的社会主义事业之所以兴旺发达，是因为发挥了社会主义制度的优越性。保持党的先进性和发挥社会主义制度的优越性是紧密相连和不可分割的，两者统一于建设有中国特色的社会主义实践中。如果社会主义事业不能向前发展，人民群众不能从中获得实际利益，就谈不上党的先进性和社会主义制度的优越性。江泽民同志指出："我们党要承担起推动中国社会发展的历史使命，必须始终紧紧抓住发展这个执政兴国的第一要务，把保持党的先进性和发挥社会主义制度的优越性，落实到发展先进生产力、发展先进文化、维护和实现最广大人民的根本利益上来。"① 在这里，江泽民同志提出了把发展作为执政兴国的第一要务的重要思想，深刻地揭示了"三个代表"重要思想同建设有中国特色社会主义事业的本质联系。中国共产党是领导中国人民建设社会主义的执政的党。执政为了什么？就是为了兴国。如何才能兴国？就是要全面推进社会主义现代化事业。所以，发展先进生产力，发展先进文化，实现人民群众的根本利益，是党的先进性和社会主义制度优越性的共同体现。党的先进性和社会主义优越性，归根到底，都要在推动社会历史前进中经受检验。

（三）执政为民是党的宗旨在执政条件下的具体体现，必须把人民利益作为一切工作的出发点和归宿

立党为公、执政为民，是共产党与一切剥削阶级政党的根本区别。马克思主义认为，只有实现全人类的解放，工人阶级才能最终解放自己。中国共产党从它诞生的时候起，就把全心全意为人民服务确定为党的宗旨，执政为民是党的宗旨在执政条件下的具体体现。贯彻"三个代表"重要思想的要求，就是把为人民谋利益作为党的最高的价值追求，背离了这个价值追求，就背离了人民，背离了社会主义，也就谈不上"三个代表"。在"三个代表"重要思想中，每一个"代表"都有特定的内涵，但三者又是

① 中共中央文献研究室．十五大以来重要文献选编：下．北京：人民出版社，2003：2414.

有机统一的整体。江泽民同志在“七一”讲话中对这一有机整体的分析，清楚地说明了“三个代表”的本质在于执政为民。在“5·31”讲话中，江泽民同志对执政为民问题做了新的阐发，我们应在以下几个问题上加深理解：

第一，把执政为民和执政兴国统一起来。

关于执政为民的问题，党的三代中央领导集体都有许多深刻论述，党在实践中也认真贯彻了这一思想。在新的世纪，为了实现中华民族的伟大复兴，如何更好地做到执政为民，是需要认真研究和解决的问题。江泽民同志在“5·31”讲话中提出了“执政兴国”的重要概念，并把发展作为执政兴国的第一要务，这不仅深化了党执政为民的科学内涵，而且指明了维护和实现最广大人民群众根本利益的重要途径。邓小平在1992年南方谈话中曾经尖锐地指出，“不坚持社会主义，不改革开放，不发展经济，不改善人民生活，只能是死路一条”；进而提出了“三个有利于”标准，其核心就是发展，发展是硬道理。江泽民同志的上述观点是同邓小平的思想一脉相承的。中国共产党作为中国的执政党，其执政的使命就是要使社会主义事业兴旺发达、国家繁荣富强、人民生活富裕，这是执政兴国的要务，也是执政为民的体现。执政兴国和执政为民相统一，是“三个代表”重要思想的内在要求。在现阶段，把发展作为执政兴国的第一要务，就是要全面建设小康社会，加快推进社会主义现代化事业。

第二，进一步解决提高党的领导水平和执政水平、提高党的拒腐防变和抵御风险能力这两大历史性课题。

解决这两大历史性课题，是江泽民同志所反复强调的。这个问题的提出，赋予我们党长期执政新的执政理念，反映了新形势新任务对我们党的新要求，是对党的严峻考验。只有解决好这两大历史性课题，我们党才能始终成为“三个代表”，才能实现执政为民和执政兴国的历史使命。

如何进一步解决好这两大历史性课题，江泽民同志在“5·31”讲话中进一步指出：“一定要准确地把握当代中国社会前进的脉搏，改革和完善党的领导方式和执政方式、领导体制和工作制度，使党的工作充满活力；一定要把思想建设、组织建设、作风建设有机结合起来，把制度建设贯穿其中，既立足于经常性工作，又抓紧解决存在的突出问题。”① 这两个“一定要”具有很强的现实针对性，我们要在实际工作中认真贯彻。所谓准确地把握当代中国社会前进的脉搏，也就是说党的领导方式和执政方式、领导体制和工作制度的改革和完善，要适应新形势发展的要求；党的各方面的建设，要赋予新的时代内容。这就要求我们在党的建设中有所创新，包括领导方式和执政方式的创新、领导体制和工作制度的创新。必须认识到，这些方面的改革和创新，不只是方式方法问题，从根本意义上讲，是对人民群众的立场和态度问题。我们应当以最广大人民的根本利益为出发点，以创新的精神进行改革，使党的工作充满活力。事实表明，执政方式和领导方式的改革，对于提高党的领导水平和执政水平是十分重要的。在农村开展的“三个代表”重要思想的学习教育，取得了良好成效，其中有许多宝贵经验值得总结提高。这里仅举一个基层党组织的例子，这个党组织在“三个代表”重要思想的学习教育活动中，立足于解决人民群众的实际问题，受到了群众的好评。老百姓的反映是：干部受教育，群众得实惠。党支部书记把工作的体会概括为：带着深厚的感情下去，带着群众的问题上来，再带着解决问题的办法和措施下去，换回的是民心。所谓民心，就是人民对党的信任、对“三个代表”重要思想的拥戴。

第三，发展社会主义民主，建设社会主义政治文明。

执政为民的一个重要内容就是要发展社会主义民主，建设社会主义政治文明。绝不能将执政理解为处于领导岗位的干部为民做主，而群众是受动者。执政的实质在于体现人民群众当家作主，因而必须紧紧依靠人民群众，集中群众的智慧，发挥群众的积极性和创造性。江泽民同志在“5·31”讲话中指出：“发展社会主义民主政治，建设社会主义政治文明，是社会主义现代化建设的重要目标。”② 政治文明这一概念，相对于物质文明和精神文明而言，属于政治上层建筑范畴。这三个方面的文明构成现代社会文明的完整形态，反映了现代社会的要求。建设社会主义政治文明，是发展社会主义民主政治的题中应有之义。在如何发展社会主义民主问题

① 中共中央文献研究室．十五大以来重要文献选编：下．北京：人民出版社，2003：2417．
② 同①2416．

上，“5·31”讲话提出了一个很重要的新观点：“发展社会主义民主政治，最根本的是要坚持党的领导、人民当家作主和依法治国的有机结合和辩证统一。”① 这一观点正确地界定了党的领导、人民当家作主和依法治国三者的关系，指明了建设社会主义民主政治所要坚持的原则。我们认为，在三者的辩证统一中，人民当家作主是根本的，党的领导必须体现人民的意志和要求、维护和实现人民的利益，依法治国是坚持党的正确领导、发展社会主义民主的政治保证。这三者的辩证统一，是有中国特色的社会主义民主政治，其优势就在于把发挥党的先锋队作用和人民群众创造历史的作用统一起来，把发展社会主义民主和加强社会主义法制结合起来，确保我们的事业在党的领导下沿着社会主义方向发展。

“5·31”讲话还强调指出：“加强和改进新形势下党的群众工作，对于巩固党的执政基础具有决定性的意义。我们党的最大政治优势是善于组织群众、宣传群众、联系群众，党执政后的最大危险是脱离群众。”② 这把党的群众工作的重要性提到了一个新的高度。中国共产党是在群众中生、在群众中长的，只有永远同人民群众心连心，才能有强大的生命力和凝聚力。广大党员干部是心系人民，急人民群众之所急，想人民群众之所想的。但也有一些干部没有摆正自己的位置，严重脱离群众，有的甚至凌驾于人民群众之上，颐指气使，作威作福，鱼肉百姓，这是党纪国法所绝不允许的。我们各级党组织必须按照“三个代表”重要思想的要求加强和改进党的群众工作，使党的群众工作适应新形势的发展要求。2002 年以来，中央和各地的报刊、电视、电台组织了大规模的宣传报道，生动地展现了许多党组织和党员干部与人民群众心连心，为人民群众办好事，带领群众搞建设、促发展的先进事迹。这些事迹感人至深，令人敬佩，催人奋进，充分显示了“三个代表”重要思想的伟大精神力量。我们相信，全面贯彻“三个代表”重要思想要求，必将使党的群众工作的优势得到充分发挥，必将使党和人民群众的血肉联系更加紧密，必将为社会主义的建设和改革开创新的局面。

---

① 中共中央文献研究室．十五大以来重要文献选编：下．北京：人民出版社，2003：2416．

② 同①2417－2418．

第十三章　马克思主义基本原理和马克思主义科学体系的研究

2005年到2007年，我作为首席专家参加了马克思主义理论研究和建设工程重点教材《马克思主义基本原理概论》的编写工作。这本教材不仅是编写组的研究成果，而且凝聚着马克思主义理论研究和建设工程咨询委员会老一辈理论家的心血，凝聚着广大马克思主义理论课教师的智慧。教材写出初稿后，中宣部、教育部召开了征求意见的座谈会，全国100多所高校的马列部主任和骨干教师参加座谈会，提出了修改意见。当时，我参加了第二小组的讨论。有的同志提出，这本教材在体系和内容上都有许多创新之处，但是对如何理解教材的体系、如何把握教材的重点内容感到有些困难；还有的同志提出教材的第一章“物质世界的发展规律”吸取了理论界的研究成果，以实践观贯穿其中，改变了以往对唯物主义的解释方式，不仅阐明了自然界的物质统一性，而且阐明了自然和社会的物质统一性，但是理解起来仍有一些不够清晰之处。针对这些问题，在随后的答疑大会上，我做了一个发言，简要地回答了同志们提出的问题。有的同志说，我的发言是对他们有启发作用的。后来，我经过进一步的思考，把答疑会上的发言整理成文，并加以充实，以《把握整体　贯穿主线　突出重点——学习〈马克思主义基本原理概论〉的初步体会》发表于《思想理论教育导刊》2007年第7期。同年，我结合编写《马克思主义基本原理概论》的体会，申报了国家社科基金项目“整体把握马克思主义科学体系研究”。在研究过程中，我撰写了《关于整体把握马克思主义科学体系的几个问题》一文，发表在《思想理论教育导刊》2009年第11期。项目成果的主要内容被收录在《国家社科基金项目成果选介汇编》（第八辑），名字叫《马克思主义是严整的发展的科学体系》。在这一章中，还收录了关于马克思主义基本理论研究的两篇文章。一篇是《马克思主义是高扬的时代旗帜》，这篇文章是我主编的《马克思主义在当代的历史使命》一书的第一章；另一篇文章是《划清马克思主义与反马克思主义的界限》，这篇文章是中共云南省委宣传部1999年主持编写的《当代中国理论问题是非辨》一书的第一篇，原标题为《高举马克思主义旗帜——划清马克思主义与反马克思主义的界限》，该书还有另外的六章，主要划清其他六个方面的界限。

一、学习《马克思主义基本原理概论》的初步体会*

“马克思主义基本原理概论”课是我国高等院校新开设的四门思想政治理论课之一。党中央对高校思想政治理论教育高度重视，将四门课程教材的编写纳入了马克思主义理论研究和建设工程，并提出了三个“充分体现”和一个“有针对性”，即充分体现马克思主义中国化的最新成果，充分体现中国特色社会主义实践的最新经验，充分体现马克思主义理论研究的最新进展，有针对性地回答大学生关心的重大问题。一年多来，在中宣部、教育部的直接领导下，《马克思主义基本原理概论》教材的编写经过了反复研究和多次修改，得到中央马克思主义理论研究和建设工程咨询委员会数十位专家的悉心指导，听取了广大思想政治理论课教师的意见，集中集体的智慧，较好地贯彻了中央的精神。我作为教材的编写者之一，谈

* 本节内容发表于《思想理论教育导刊》2007年第7期。

一些个人对该教材的初步认识和体会。

（一）创新教材体系，体现马克思主义的整体性

马克思主义基本原理是马克思主义基本范畴、基本理论的科学体系，在理论内容上具有普遍意义，在体系结构上是一个有机统一的整体。教材体系固然与理论体系有区别，但它应当源于理论本身，并且符合教学规律。

《马克思主义基本原理概论》教材的编写注意了把马克思主义基本原理作为整体来加以阐释。首先是考虑马克思恩格斯所创立的马克思主义的主体内容，同时也研究马克思主义在实践中的发展。就马克思主义的主体内容讲，包括马克思主义哲学、马克思主义政治经济学和科学社会主义。这三个主体部分具有相对的独立性，都有各自的理论体系。但是，从马克思主义的根本性质和整体功能讲，它首先是一个有着严密逻辑结构的不可分离的统一体，是一个严谨的科学体系。对于这个问题，恩格斯、列宁都有过重要的论述。恩格斯指出，马克思发现了人类历史的发展规律，发现了现代资本主义生产方式和它所产生的资产阶级社会的特殊的运动规律。“这两个伟大的发现——唯物主义历史观和通过剩余价值揭开资本主义生产的秘密，都应当归功于**马克思**。由于这些发现，社会主义变成了科学”①。列宁指出：“马克思的**历史唯物主义**是科学思想中的最大成果。”②“剩余价值学说是马克思经济理论的基石。”③“资本主义社会必然要转变为社会主义社会这个结论，马克思完全是从现代社会的经济的运动规律得出的。”④ 从上述重要论述中可以看出，马克思主义理论体系的逻辑主线是：唯物史观—剩余价值学说—科学社会主义。马克思主义的三个主体部分有着不可分割的内在联系。其中，马克思主义哲学是马克思主义全部理论的基础，马克思主义政治经济学是马克思主义理论最深刻、最全面、最详细的证明和运用，科学社会主义是马克思主义的实质、核心和落脚点。

---

① 马克思，恩格斯. 马克思恩格斯选集：第3卷. 北京：人民出版社，1995：740.

② 列宁. 列宁选集：第2卷. 北京：人民出版社，1995：311.

③ 列宁. 列宁全集：第23卷. 北京：人民出版社，1990：46.

④ 同②439.

《马克思主义基本原理概论》教材既考虑了马克思主义的三个主体部分的内容，又力求体现三个主体部分的内在联系和有机统一，从整体上阐述马克思主义基本原理和方法。整个教材的内容贯穿了人类社会发展规律这条主线，突出了马克思主义世界观和方法论这个重点。

《马克思主义基本原理概论》教材除绪论外，分为三个部分共七章。

绪论主要讲授什么是马克思主义、马克思主义在实践中的发展、马克思主义的基本特征以及如何学习和运用马克思主义，使学生了解马克思主义是科学性与阶级性相统一、理论与实践相统一的科学真理，具有与时俱进的理论品质。

一至三章讲授马克思主义哲学的基本原理。由于其是《马克思主义基本原理概论》教材中的一个部分，所以在结构与内容上与马克思主义哲学教材有较多的不同。第一章将唯物论与辩证法结合在一起，主要阐明物质世界的发展规律，包括世界物质统一性的原理、物质世界的普遍联系与发展的一般规律，以及客观规律性和主观能动性辩证统一等原理。第二章主要讲授认识的本质和发展规律、真理与价值的辩证统一等内容。第三章主要讲授唯物史观的基本原理，阐明人类社会的发展规律。这一部分内容体现了唯物论、辩证法、认识论相统一，以及唯物主义自然观与唯物主义历史观相统一的思想，强调了马克思主义基本原理的世界观和方法论意义，为正确认识资本主义和社会主义奠定了理论基础。

四至五章主要讲授资本主义的形成及其本质、资本主义发展的历史进程及其必然为社会主义所代替的历史趋势。这两章的思路是运用唯物史观的基本理论审视和分析资本主义。其中包含了马克思主义政治经济学中的劳动价值论和剩余价值论等重要理论，还包含了对当代资本主义新变化的分析等内容。在对资本主义进行考察时，既有对生产力与生产关系方面的考察，也有对政治制度和意识形态方面的考察；既考察它的历史和现实，也分析它的发展趋势。纵横结合，全面地、深刻地认识资本主义，凸显其在历史发展中的重要地位和非永恒性。

六至七章主要讲授社会主义社会及其发展以及共产主义社会是人类最崇高的社会理想。这两章概述了马克思主义关于科学社会主义的基本理论和基本观点，但又不是科学社会主义理论的全面展开，仍然是着力于马克思恩格斯对未来社会基本特征和发展趋势的科学预见。其中包括了社会主义制度的建立、社会主义在实践中的发展以及社会主义的发展前途，还包含了中国特色社会主义建设的实践经验。这一部分的教学目的在于使学生了解实现社会主义和共产主义是历史发展的必然趋势，为其树立建设中国特色社会主义的共同理想和共产主义的崇高理想提供理论指导。

这样的结构和内容是符合马克思主义的基本思想的，体现了马克思主义的整体性，有利于学生在有限的教学课时内了解马克思主义的基本原理，领会和把握马克思主义的立场、观点和方法。诚然，对马克思主义整体性的研究是一个重大的理论课题，研究的角度和方法也可以是多样的，研究的内容不仅包括马克思主义创始人的理论，还应包括当代发展了的马克思主义，这是一个很艰巨的任务。《马克思主义基本原理概论》教材主要是根据高校思想政治理论课的要求和特点并结合学生的实际概述马克思主义的基本原理。

（二）贯穿一条主线，认识人类社会的发展规律

在《马克思主义基本原理概论》教材的内容中，贯穿着一条主线——人类社会的发展规律。这是马克思主义基本原理中具有根本性意义的原理，也是“马克思主义基本原理概论”课教学要着力引导学生理解和把握的重要内容。在马克思主义产生以前，虽然人类社会是按其固有的规律发展的，但是，那时的哲学家们实际上不承认社会发展的客观规律性。旧唯物主义者在自然观上是唯物主义的，而在社会历史领域内则陷入唯心主义。唯心主义把社会历史的发展归结为一种精神的力量。如列宁所说，“以往的历史理论至多只是考察了人们历史活动的思想动机，而没有研究产生这些动机的原因，没有探索社会关系体系发展的客观规律性，没有把物质生产的发展程度看作这些关系的根源”①。因而它把人们的思想动机看作社会历史发展的决定力量。马克思创立的唯物史观正确地解决了社会

① 列宁．列宁选集：第2卷．北京：人民出版社，1995：425.

存在与社会意识的关系问题，阐明了物质资料的生产方式是人类社会存在和发展的基础；认为人类社会像自然界一样是客观的物质系统，有其运动变化的规律。社会规律的实现尽管有人的参与，但人们不能主观地改变和取消社会发展的客观规律，只能以自己的实践活动加速或延缓客观规律的实现。马克思主义关于人类社会发展规律的理论，为人们认识社会历史、考察社会发展的历史进程提供了科学的指导。

《马克思主义基本原理概论》教材以人类社会发展规律为主线，能够更好地体现马克思主义的整体性，有利于围绕主线展开相关原理的论述，给予教学明晰的思路，并留下详略取舍的空间。对于学生来说，了解人类社会的发展规律，有助于树立符合社会发展要求的理想信念。因为正确的理想信念不是凭空产生的，它只能来自对客观规律的洞察和把握。不了解资本主义的本质及其发展规律，就不可能破除资本主义万世永存的观念；不了解社会主义和共产主义是社会历史发展的必然趋势，就不可能树立起社会主义和共产主义的理想信念。

《马克思主义基本原理概论》教材从物质世界的发展规律，到认识物质世界的发展规律、人类社会的发展规律，再到对资本主义和社会主义发展规律的考察，是一个从一般到特殊再到个别的认识过程，它们之间是相互联系、相互贯通的。对于社会发展一般规律的把握，是认识一切社会形态发展规律的基础。

在理解人类社会发展规律时，要弄清社会规律与自然规律的联系和区别，要了解社会基本矛盾及其辩证运动的规律。无论是对资本主义还是对社会主义的认识，都应当从其内在的基本矛盾运动中把握它们的发展规律和发展趋势，即从生产力和生产关系的矛盾、经济基础和上层建筑的矛盾的辩证运动中去认识它们的发展变化。《马克思主义基本原理概论》教材正是根据上述思想来安排后四章的内容的。

例如在资本主义部分，是把资本主义放在人类社会发展的历史进程中加以考察的。在人类社会发展规律的作用下，人类社会经过原始社会和奴隶社会，进入封建社会，而后又进入资本主义社会。同以往其他社会的更替一样，资本主义社会代替封建社会，也是生产力与生产关系、经济基础与上层建筑矛盾发展的必然结果。马克思指出："资本主义社会的经济结构是从封建社会的经济结构中产生的。后者的解体使前者的要素得到解放。"① 这种解放促进了生产力的巨大发展，也推动了上层建筑的变革，使资本主义的上层建筑得以产生。

资本主义制度建立以来的几百年中，资本主义社会的发展也是在人类社会发展规律的作用下，在社会基本矛盾的辩证运动中实现的。应当说在一定的历史时期，资本主义社会的基本矛盾基本上是相适应的，因而能够推动社会的进步。在基本矛盾不相适应时，资产阶级的国家政权也千方百计地通过调整和改革来缓解其矛盾。当代资本主义的新变化就是与调整生产力和生产关系、经济基础和上层建筑的矛盾分不开的。但是，资本主义的本质决定了资本主义社会基本矛盾的对抗性，这种对抗的矛盾是资本主义制度本身无法根本解决的。所以，合乎逻辑的结论，只能是马克思恩格斯在《共产党宣言》中所说的：资产阶级的灭亡和无产阶级的胜利同样是不可避免的。当然，资本主义向社会主义的过渡是一个长期的历史过程。正如马克思所说："无论哪一个社会形态，在它所能容纳的全部生产力发挥出来以前，是决不会灭亡的；而新的更高的生产关系，在它的物质存在条件在旧社会的胎胞里成熟以前，是决不会出现的。"②

又如，对社会主义社会的产生和发展、社会主义发展道路的多样性以及社会主义本质特征等问题的论述，也是围绕社会历史发展的必然性展开的。由于社会主义是一个崭新的事物，所以对其本质联系和发展规律的认识不可能一蹴而就，只能在实践中不断地进行探索。这就造成了社会主义前进过程的曲折性。我们正是在总结曲折前进的经验教训中，逐步深化对社会主义本质及其发展规律的认识。中国共产党和中国人民所实行的社会主义改革和中国特色社会主义建设道路的成功开辟，就是一个光辉的范例。

关于共产主义的问题，《马克思主义基本原理概论》教材遵循着这样一个思想，即马克思恩格斯是在剖析资本主义世界中阐发未来新世界的特点的。在这一章的内容里，教材着力于阐明马克思主义经典作家展望未来社

① 马克思，恩格斯．马克思恩格斯全集：第23卷．北京：人民出版社，1972：783.

② 马克思，恩格斯．马克思恩格斯选集：第2卷．北京：人民出版社，1995：33.

会的立场、观点、方法，并从其立场、观点、方法中领会实现共产主义是历史发展的必然要求，是人类最伟大的事业。当然，实现共产主义是一个长期的实践过程，是千秋万代的伟业。我们今天所投身的社会主义建设事业正是在向着共产主义的前途迈进。也就是说，共产主义作为崇高的理想目标，要在未来才能实现，而作为一种追求理想的实际运动，则已融入我们的实际生活中。当前，为建设中国特色社会主义而奋斗就是为共产主义而奋斗。

总之，人类社会发展规律是贯穿《马克思主义基本原理概论》教材的一条主线，我们在解读《马克思主义基本原理概论》教材和进行教学时要予以充分关注。

（三）突出教学重点，掌握马克思主义的世界观和方法论

《马克思主义基本原理概论》教材力求体现以世界观和方法论为重点。中宣部、教育部在关于“马克思主义基本原理概论”课的教学要求中提出，重点讲授马克思主义的世界观和方法论。这个要求具有深刻的意义。首先，从根本上讲马克思主义是科学的世界观和方法论，它在实践的基础上，用彻底的、完整的、内容丰富的发展观去考察自然和社会，揭示事物发展规律，给人们提供研究和解决问题的指导思想，因而内在地具有世界观和方法论相统一的特点和功能。马克思主义的创始人及其后继的马克思主义者，都曾反复阐明：马克思主义的整个世界观不是教义，不是某种一成不变的神圣不可侵犯的东西，而是为人们提供进一步研究的出发点和供这种研究使用的方法。我们学习马克思主义就要从世界观和方法论的统一中去把握其基本原理，提高认识世界和改造世界的能力。其次，从大学生的情况看，他们正处于世界观、人生观形成的关键时期。科学的世界观不会自发产生，意识形态领域的各种社会思潮都会对他们产生影响。当代大学生思想开放，有求新和创新意识，但在错综复杂的社会生活面前，在纷至沓来的各种社会思潮的冲击下，往往由于缺乏辨析能力而产生认识上的偏离，甚至接受某些错误的思想观点，所以高校的思想政治理论课应当把帮助学生树立正确的世界观和人生观作为教学的重要内容和重要任务。各门课程应根据自己的内容和特点，围绕这一重点进行教学，形成一种合

力，引导学生健康成长。“马克思主义基本原理概论”课的任务在于从基础理论入手，使学生了解什么是马克思主义的世界观，怎样才能确立马克思主义的世界观，并运用这种世界观和方法论去分析和解决社会生活领域和人生道路上的各种矛盾和问题。

《马克思主义基本原理概论》教材在绪论中就明确提出了重点学习马克思主义世界观和方法论的要求，前三章中论述马克思主义的世界观和方法论的基本理论。它表明马克思主义的世界观和方法论就是辩证唯物主义和历史唯物主义的世界观和方法论。这一世界观给予人们一个绝不同任何迷信、任何反动势力、任何资产阶级压迫所做的辩护相妥协的革命精神。这一世界观的根本特点是在实践基础上的科学性与革命性的统一，是认识世界（包括自然、社会和思维）的根本观点和根本方法。

在马克思主义世界观和方法论中包含着一系列相互联系的基本原理。《马克思主义基本原理概论》教材着重阐述了以下几个方面：

世界物质统一性的原理。世界的真正统一性在于物质性，这是为科学和哲学的长期发展所证明了的。这一原理确立了辩证唯物主义的物质概念和实践概念，阐明了物质世界的客观性、实践是自然与人类社会分化和统一的基础、实践是社会生活的本质等理论。它要求人们树立物质第一性和实践是基础的观点，坚持一切从实际出发的根本原则。

唯物辩证法的原理。这一原理以事物的普遍联系与永恒发展为总特征，阐明了以对立统一规律为核心的自然、社会、思维发展的一般规律以及事物发展的客观规律性和人的主观能动性的辩证统一的理论。它要求人们树立唯物辩证的观点，善于分析矛盾和解决矛盾。

主观与客观、理论与实践具体地历史地统一的原理。这一原理是辩证唯物主义认识论的高度概括，阐明了认识的本质和发展规律，真理的客观性、绝对性与相对性，以及真理与价值的辩证统一等理论。它要求人们树立实践是认识的基础的观点，坚持解放思想、实事求是、与时俱进、在实践中检验和发展真理。

社会存在与社会意识辩证关系的原理。这一原理划清了唯物史观与唯心史观的根本界限，阐明了社会存在决定社会意识、社会意识对社会存在具有能动作用的原理，为认识社会历史和社会生活提供了科学的理论基础和方法论指导。

社会基本矛盾的原理。这一原理阐明了生产力与生产关系的矛盾、经济基础与上层建筑的矛盾是贯穿人类社会发展过程的基本矛盾，生产关系一定要适应生产力发展要求的规律、上层建筑一定要适应经济基础要求的规律是人类社会发展的基本规律，从而正确地回答了人类社会为什么会发展及怎样发展的问题。它要求人们遵循社会发展的客观规律去认识和改造世界，要求无产阶级政党遵循社会发展的客观规律制定正确的纲领、路线和方针、政策，争取实现社会进步和人类解放。

阶级和阶级斗争的理论。阶级与阶级斗争是阶级社会基本矛盾的具体表现，是阶级社会发展的直接动力。阶级与阶级斗争虽然只存在于社会发展的一定历史阶段，但这一理论在马克思主义原理中具有特殊重要的意义，它为认识阶级社会及其发展提供了一条新的基本线索，为无产阶级和革命群众打碎旧世界找到了一条根本途径。在社会主义建设时期，要十分注意正确认识和处理阶级斗争问题，正确处理人民内部矛盾的问题。

人民群众是历史创造者的原理。这一原理阐明了人民群众是历史的主体，社会规律的实现离不开人民群众的创造性活动，社会历史的发展是无数个人合力的结果。它要求人们树立相信群众、依靠群众、全心全意为人民服务的群众观点，无产阶级政党必须维护好、实现好、发展好人民群众的根本利益。

上述这些原理都是马克思主义世界观中具有创新性的理论。马克思主义所实现的伟大变革，首先是世界观的变革，是以实践为基础的新唯物主义对旧唯物主义的批判性否定。学习马克思主义的世界观和方法论，应当深入领会这些原理的丰富内涵和意义。

学习马克思主义世界观和方法论，不仅要深入理解上述基本原理，而且要学习马克思主义创始人及其后继者是如何运用科学世界观和方法论考察与分析社会生活和社会历史的发展的。这方面有着十分丰富和深刻的内容。《马克思主义基本原理概论》教材的后四章可以看作马克思主义世界观和方法论的进一步展开和应用，是这一世界观的连贯性叙述。马克思恩格斯既在分析人类社会的历史中发现了社会发展的客观规律，揭示了资本主义的本质，论证了社会主义代替资本主义的历史必然性；又在这些分析中进一步丰富了马克思主义的世界观和方法论。历史表明，马克思主义的历史唯物主义是经得起实践检验、具有强大生命力的。至于马克思主义对未来共产主义社会的设想，也贯穿着科学的世界观和方法论。所以，我们在学习时，要把世界观和方法论这个重点贯穿在马克思主义基本原理的全部内容中，要特别重视思考和研究马克思主义的创始人及其后继者是如何运用科学世界观和方法论分析和解决问题的。

（四）反映研究成果，丰富马克思主义原理的教学内容

《马克思主义基本原理概论》教材注意吸取理论研究中的新成果，使教学内容更具有现实性和生动性。诸如，马克思主义的生命力、实践观点、和谐理念、科学发展、主体选择性、非理性因素在认识中的作用、真理与价值的统一、经济全球化、劳动价值论的现实意义、当代资本主义的新变化、社会主义代替资本主义的长期性、社会主义的基本特征、“两个必然”与“两个决不会”的关系以及共产主义的理想信念等，都注意吸取相关理论研究中的新思想，蕴含着一些新的见解。这些问题不在此一一说明，只选择几例述之。

关于马克思主义的生命力问题。这是《马克思主义基本原理概论》教材中蕴含的重要思想，也是教学中要引导学生把握的重要内容。马克思主义之所以具有生命力，是因为它本身是科学的真理，是实践基础上科学性与革命性的统一；是因为它深刻揭示了人类社会的发展规律和指导人们认识世界与改造世界；是因为它为群众所掌握就能变成巨大的物质力量，推动人类文明的发展。中国共产党把马克思主义基本原理与中国具体实践相结合，形成了毛泽东思想、邓小平理论、“三个代表”重要思想和科学发展观等马克思主义中国化的理论成果，并指导中国人民取得了革命、建设和改革的伟大胜利，就是马克思主义具有强大生命力的光辉范例。教材在绪论中，从马克思主义最根本的世界观和方法论、马克思主义最鲜明的政治立场、马克思主义最重要的理论品质、马克思主义最崇高的社会理想四

个方面，论述了马克思主义的理论特质，具有重要的理论意义。这四个方面是对马克思主义为什么是科学真理、为什么具有强大生命力的新的理论概括，具有深刻的内涵和鲜明的中国特色。在学习马克思主义基本原理时，我们要理论联系实际，认真领会马克思主义的这些特质，增强学习马克思主义的自觉性，努力掌握马克思主义的立场、观点、方法。

关于马克思主义的实践观问题。这是理论界研究较多的一个重要问题，对此有许多新的见解。《马克思主义基本原理概论》教材在第一章第一节就注意了吸取理论界研究的积极成果，明确提出马克思主义实践观问题，使教材内容更具科学性。这一节主要讲授马克思主义唯物论的基本原理，说明物质世界的客观性和世界的物质统一性。要说明这些原理，就必须从马克思主义哲学所实现的变革入手，把实践观点引进哲学。马克思在《关于费尔巴哈的提纲》中指出："从前的一切唯物主义（包括费尔巴哈的唯物主义）的主要缺点是：对对象、现实、感性，只是从**客体的**或者**直观**的形式去理解，而不是把它们当作**感性的人的活动**，当作**实践**去理解，不是从主体方面去理解。"① "全部社会生活在本质上是**实践的**。"② 这就表明旧唯物主义具有不彻底性，缺乏实践的观点。马克思把实践引进哲学，阐明了实践是人类最基本的社会活动，在人类社会产生、存在、发展中起着决定性的作用。实践是自在世界与人类世界、客观世界与主观世界分化和统一的基础，它决定着社会的人的本质、决定着社会生活的本质。离开实践就不可能理解自然和社会的关系，不可能理解社会的物质性，因而也就不可能真正说明世界的物质统一性。第一节的标题确定为"物质世界与实践"，其意义就在于从实践与物质世界的联系中去把握唯物论的基本原理。首先说明自然界对人具有先在性，人类社会是自然界长期发展的产物，在人类社会的形成中劳动起了决定性的作用。继而说明物质是世界的本源，不仅自然界是物质的，人类社会也具有物质性，社会运动也是物质运动的一种特殊形式。再进一步具体说明马克思主义的实践概念，以及如何从实践出发去理解社会生活的本质，以深化对唯物论基本原理的理解。这样的

① 马克思，恩格斯. 马克思恩格斯选集：第1卷. 北京：人民出版社，1995：54.
② 同①56.

论述也是符合马克思主义的本来意义的。同时，在理解这一原理时，也要注意强调实践的基础作用，绝不能把实践看作世界的本源或本体，绝不能否定物质世界的客观性，而是以物质世界的客观存在为前提。不管从事实上讲，还是从逻辑上讲，都是先有物质世界，后有实践，人的实践是物质世界长期发展的产物。人们的实践活动依赖于客观世界，客观世界及其发展的规律性对人的实践活动是决定性的。人们通过实践改造世界，必须认识和运用客观规律，不按客观规律办事就不能取得实践的成功和胜利。

关于真理与价值的关系问题。教材的第二章中，以较多的篇幅讲了真理与价值的辩证统一。除了论述价值及其特性、价值评价及其特点、价值评价的功能与树立正确价值观的意义外，着重讲了价值与真理在实践中的辩证统一。这个问题是理论研究的热点，也是学生比较关注和感兴趣的问题。真理与价值究竟是什么关系？人们在实践中为什么要遵循真理尺度和价值尺度？如何才能使两者达到统一？搞清这些问题对于认识真理、追求真理、坚持真理，有着重要的意义。把真理观与价值观统一起来，丰富了辩证唯物主义真理观的内容，凸显了辩证唯物主义真理观的实践品格。当代大学生具有追求真理、实现人生价值的思想特点，认真学习这一理论，必将对他们树立正确的真理观和价值观、实现人生的理想起到良好的作用。

关于主体选择性问题。教材的第三章在讲到社会形态更替的一般规律和特殊形式时，着重讲了社会形态更替的必然性与人们的历史选择性的关系，分析了社会形态的更替过程是一个合目的性、合规律性相统一的过程。历史的发展、社会形态更替的规律，归根结底会通过人民的意志和人民的选择表现出来。这一问题的论述既体现了马克思主义经典作家的思想，也包含着理论研究的一些新认识，对历史主体在社会发展过程中正确地进行历史选择也是有意义的。

关于劳动价值论的当代意义问题。教材第四章在讲到以私有制为基础的商品经济的基本矛盾时，论述了马克思的劳动价值论。劳动价值论揭示了商品经济的一般规律，为创立剩余价值理论奠定了基础。那么又如何认识劳动价值论的当代意义？劳动价值论是否已经过时？教材在阐述这一问题时认为，必须深化对劳动价值论的认识，并提出了要在四个方面深化。

一是深化对创造价值的劳动的认识，对生产性劳动做出新的界定。二是深化对科技人员、金融管理人员在社会生产和价值创造中所起作用的认识。三是深化对科技、知识、信息等新的生产要素在财富和价值创造中作用的认识。四是深化对价值创造与价值分配关系的认识。这些方面的认识是结合我国社会主义市场经济的实践和理论界的研究成果而加以概括的，是在继承基础上的创新。马克思的劳动价值论虽然是在工业化初期资本主义条件下提出的，但至今仍有重要的指导意义。正如邓小平所说，计划与市场都是手段，市场经济并非资本主义所独有，社会主义也可以搞市场经济。它们既然都是市场经济，那么必有其共性。所以，马克思的劳动价值论没有过时，我们应当重视对劳动价值论及其意义的研究，使其为社会主义建设服务。

关于当代资本主义的新变化问题。第二次世界大战结束以来，资本主义在许多方面已经出现并在发生着变化。如何认识资本主义的新变化，也是大学生关注的问题。教材在第五章中客观地、具体地阐述了当代资本主义在生产资料所有制、劳动关系和分配关系、社会阶级和阶层，以及经济调节机制与经济危机形态等方面的变化。在分析这些新变化的原因时，教材指出，科学技术革命和生产力的发展，是资本主义变化的根本推动力量。主张改良主义的政党对资本主义制度的改革、对资本主义的变化也发挥了重要作用，它们采取了一系列措施对资本主义生产关系的某些环节进行调整，修补了传统资本主义经济运行机制的缺陷，使资本主义进入新的发展阶段。关于如何认识当代资本主义新变化的实质，教材提出了两个重要观点。其一，当代资本主义发生的变化从根本上说是人类社会发展一般规律和资本主义经济规律共同作用的结果。在当代资本主义条件下，科学技术的不断进步和生产社会化程度的不断提高，必然要求调整和变革那些不适应生产力发展要求的旧的生产关系。这种在人类社会发展一般规律和资本主义基本矛盾推动下的资本主义生产关系的变化和发展，就是资本主义生产方式为适应生产力发展要求而做出的自我调节的结果。其二，当代资本主义的新变化是深刻的，其意义也是深远的。但是，这种新变化是在资本主义制度基本框架内的变化，并不意味着资本主义生产关系的根本性质发生了变化，并没有改变资本主义制度的性质，也没有改变马克思主义关于资本主义的基本原理的真理性。那种把资本主义的部分变化夸大为根本变化的认识是不科学的。同样，那种完全否定当代资本主义新变化的意义的观点也是不可取的。

关于共产主义的理想信念问题。大学生应当是有理想、有道德、有文化、有纪律的社会主义新人。正确的理想信念为人们昭示前进的方向，激励人们为实现美好前途而奋斗。帮助大学生树立建设中国特色社会主义的共同理想和共产主义崇高理想，是“马克思主义基本原理概论”课的内在要求。教材在第七章论述了共产主义理想是建立在科学基础上的社会理想，来自对实现共产主义客观必然性的认识，并且引用了恩格斯、列宁、毛泽东、邓小平的精辟论述，说明共产主义理想的科学性以及学习马克思主义对树立共产主义理想的重要性。毛泽东曾说，他最初就是在学习了《共产党宣言》等著作之后，建立了对共产主义的信仰的，而且自接受了马克思主义对历史的正确解释以后，对马克思主义的信仰就没有动摇过。这就说明掌握马克思主义的科学真理同树立社会主义、共产主义理想信念具有高度的一致性。同时，我们还要认识到，理想的实现是一个过程，理想的追求也是一个过程。共产主义理想在人类的社会政治理想中是最高的理想，因而它的实现需要比较长的时间，每一代共产主义者对共产主义理想的追求，都为这个理想的最终实现做出了贡献，这种追求无疑是有价值的。当前，为实现共产主义理想而奋斗，就集中体现在为建设中国特色社会主义而奋斗上。当代大学生是民族的希望、祖国的未来，应当把追求个人理想与追求社会理想结合起来，把追求共同理想与追求远大理想结合起来，勤于学习，善于创造，乐于奉献，为祖国的繁荣富强、为世界的和平与发展做出贡献。

二、关于整体把握马克思主义科学体系的几个问题*

2005年中央实施马克思主义理论研究和建设工程，把马克思主义理论

---

* 本节内容发表于《思想理论教育导刊》2009年第11期。

确定为一级学科。近几年来，关于马克思主义的整体性、马克思主义的科学体系等问题的研究成为理论界关注的热点。许多专家学者在原来理论积累的基础上，阐发了不少有价值的见解。同时，对一些问题的认识还存在着分歧。这些见解和认识上的分歧，对我们“整体把握马克思主义科学体系”具有重要的借鉴意义。现仅就有关的几个问题，谈一点认识，以期得到同行们的指教。

(一) 马克思主义三个组成部分的观点能否成立

众所周知，明确做出这一界定的是列宁于1913年写的《马克思主义的三个来源和三个组成部分》。马克思恩格斯等人以及后来的考茨基、拉法格、普列汉诺夫都没有明确地把马克思主义归纳为三个组成部分。我国理论界对这一提法有诸多不同的见解，具有代表性的观点大致有三类。

一是肯定马克思主义包括马克思主义哲学、马克思主义政治经济学、科学社会主义，把握马克思主义的整体性就要研究这三个主体部分的内在联系，阐明它们是有机统一的整体，是一块整钢。如有学者认为马克思主义基本原理的最大特点和优点就在于，从整体上把握马克思主义，从马克思主义三个组成部分的有机结合上去把握马克思主义的科学体系。……马克思主义是一个整体，是一个完整的科学体系，用列宁的话说，是由三个组成部分构成的一块整钢。许多马克思主义经典著作就是把马克思主义作为整体来阐明的，比如《德意志意识形态》《共产党宣言》等，就是《资本论》也贯穿着哲学科学社会主义思想。所以，列宁称《资本论》是大写的逻辑。从整体上研究和讲解马克思主义，不仅是发展马克思主义的现实的需要，也是马克思主义的本意①。

二是否定马克思主义三个组成部分的观点。如有的学者认为，把马克思主义分为马克思主义哲学、马克思主义政治经济学、科学社会主义，是对马克思恩格斯文本思想的误解，不符合马克思主义的理论内容，游离了马克思主义的原生形态，也不利于在实践中运用和发展马克思主义。他们

---

① 靳辉明. 关于开设“马克思主义基本原理”课的几点思考. 思想理论教育导刊，2005(8)：16.

认为，马克思主义就是科学社会主义，但不同于“三个组成部分说”的科学社会主义部分，而是关于社会主义革命和社会主义建设的思想体系。过去以《反杜林论》为依据，说马克思恩格斯创立了“三个组成部分”的体系是极大的误解。马克思的两大科学发现是马克思主义对人类思想宝库的主要贡献和马克思恩格斯思想的主要内容。这两大发现就其实质而言是关于社会主义的学说，因此，无论是唯物史观还是剩余价值学说，都属于科学社会主义体系的内容。过去由于把马克思主义哲学、马克思主义政治经济学和科学社会主义都看成独立的学科，使其得到了片面的发展，把本来具有有机联系的马克思主义体系弄得支离破碎、残缺不全，极大地损害了马克思主义的完整性和科学性①。

三是承认马克思主义包含马克思主义哲学、马克思主义政治经济学、科学社会主义三个组成部分，但认为以往分学科的研究和解释框架，使马克思主义的整体性被马克思主义各学科的体系化消解了。

在这里，我们不想对以上观点做具体的评析，仅对列宁的《马克思主义的三个来源和三个组成部分》谈一点认识。

列宁的《马克思主义的三个来源和三个组成部分》是一篇精致而短小的文章，不可能详尽阐明马克思主义的基本内容和科学体系，但却简明扼要地阐明了马克思主义的主要理论贡献和基本思想，体现出马克思主义的整体性。

列宁的文章分为四个部分。在前言部分，列宁首先指出，马克思主义“绝不是**离开**世界文明发展大道而产生的一种故步自封、僵化不变的学说。恰恰相反，马克思的全部天才正是在于他回答了人类先进思想已经提出的种种问题。他的学说的产生正是哲学、政治经济学和社会主义极伟大的代表人物的学说的直接**继续**”②。这说明了马克思主义产生的理论渊源及其时代性和开放性。紧接着，列宁明确地指出：“马克思学说具有无限力量，就是因为它正确。它完备而严密，它给人们提供了决不同任何迷信、任何反动势力、任何为资产阶级压迫所作的辩护相妥协的完整的世界观。”③ 这

① 郭大俊.“马克思主义三个组成部分说”献疑. 江汉论坛，2001（2）：50.

②③ 列宁. 列宁选集：第2卷. 北京：人民出版社，1995：309.

是一个提纲挈领的十分重要的观点，是认识马克思主义整体性、理解马克思主义科学体系的立足点和出发点。它阐明了马克思主义的本质，揭示了马克思主义的科学性和批判精神，马克思主义就是由于有了这个世界观作为理论基础，才形成了严整的科学体系。

文章的第一部分写了马克思的第一个伟大发现，这就是唯物史观的创立。列宁指出，马克思主义的哲学就是唯物主义，马克思恩格斯十分坚决地捍卫了唯物主义，但是，马克思并没有停止在18世纪的唯物主义，而是把哲学向前推进了。马克思把唯物主义“对自然界的认识推广到对**人类社会**的认识。马克思的**历史唯物主义**是科学思想中的最大成果。过去在历史观和政治观方面占支配地位的那种混乱和随意性，被一种极其完整严密的科学理论所代替，这种科学理论说明，由于生产力的发展，如何从一种社会生活结构中发展出另一种更高级的结构，例如从农奴制中生长出资本主义”①。这些观点，精辟地阐明了唯物史观的基本思想和创立的重大意义，指出了人类社会的发展是有其客观规律的，生产力的发展是社会发展的决定力量。学习和研究马克思主义就要认识和把握社会发展的规律性，正确理解社会的过去和现在，把握社会发展的趋势。所以，列宁进一步指出，马克思的哲学把伟大的认识工具给了人类，特别是给了工人阶级。

文章的第二部分是讲马克思的第二个伟大发现。列宁指出：“马克思认为经济制度是政治上层建筑借以树立起来的基础，所以他特别注意研究这个经济制度。马克思的主要著作《资本论》就是专门研究现代社会即资本主义社会的经济制度的。”② 列宁还指出：“凡是资产阶级经济学家看到物与物之间的关系（商品交换商品）的地方，马克思都揭示了**人与人之间的关系**。”③ 这些观点表明，马克思不仅创立了历史唯物主义，而且运用这一伟大的认识工具分析人类社会特别是分析资本主义社会的经济制度，揭示了资本主义的本质，创立了剩余价值学说。列宁认为：“剩余价值学说是马克思经济理论的基石。”④ “一切资本主义国家（无论老的或新的）的

---

①② 列宁．列宁选集：第2卷．北京：人民出版社，1995：311．

③④ 同①312．

经验，使工人中一年比一年多的人清楚地看到了马克思这一学说的正确性。”① 其必然的结论就是“资本主义在全世界获得了胜利，但是这一胜利不过是劳动对资本的胜利的前阶”②。列宁的这些论述，是符合《共产党宣言》《资本论》的基本思想的。

文章的第三部分讲了马克思的阶级斗争学说，讲了扫除旧制度和创立新制度的依靠力量，讲了空想社会主义为什么不能指出真正的出路；并且指出：“只有马克思的哲学唯物主义，才给无产阶级指明了如何摆脱一切被压迫阶级至今深受其害的精神奴役的出路。只有马克思的经济理论，才阐明了无产阶级在整个资本主义制度中的真正地位。”③ 这两个“只有”点明了列宁这篇文章的主题，阐述了马克思“两个伟大发现”的重要意义以及马克思主义理论体系中最基本的原理。列宁认为，无产阶级的历史使命就是要在斗争中锻炼自己的力量，同一切被压迫阶级团结起来，打碎旧世界，建设新世界，为实现全人类的解放而奋斗。只有实现全人类的解放，无产阶级才能最后解放自己。

全文的内容是具有深刻的内在联系的。文章并非独立地阐明马克思主义的三个组成部分，更没有把三个组成部分分割开来；而是以新世界观为统领，以“两个伟大发现”为理论基础，通过分析人类社会特别是资本主义社会的本质和发展规律，指明了无产阶级的历史使命，体现了马克思主义是严整的科学体系，是一块整钢。

我们把列宁的观点同恩格斯的观点对照起来看，不难窥见其相似之处。恩格斯指出，马克思发现了人类历史的发展规律，发现了现代资本主义生产方式和它所产生的资产阶级社会的特殊的运动规律。这两个伟大的发现——唯物主义历史观和通过剩余价值揭开资本主义生产的秘密，都应当归功于马克思。由于这些发现，社会主义变成了科学。

由此可见，把马克思主义的三个组成部分看作各自独立的，不是列宁的文章，而是后来的研究中出现的情况，是某些研究者的误解。列宁关于马克思主义包含三个组成部分的观点是能够成立的，关键在于认识它们是

①② 列宁. 列宁选集：第2卷. 北京：人民出版社，1995：313.

③ 同①314.

有机统一的整体。我们赞同有的学者所说的，把博大精深的马克思主义理论概括为三大组成部分，这是列宁长期研究马克思主义的独到体会。列宁独特的见解，有助于人们掌握马克思主义理论的重点，有助于人们分门别类地深入研究马克思主义的主要内容。但是，不能把这种划分绝对化、凝固化，而忽视马克思主义的整体研究。

关于如何看待理论界以往对马克思主义哲学、马克思主义政治经济学、科学社会主义的分科研究，我们不同意所谓的“消解”论，即“消解”了马克思主义的科学体系。因为马克思主义的科学体系是客观存在的，是由其基本原理的整体性构成的。从三个方面分门别类地研究不可能“消解”其科学体系，就是那种企图肢解马克思主义科学体系的做法也是无济于事的。正如有的学者所说，这种分门别类的研究，是非常必要的，有利于对这些领域的基本知识和规律的深入理解和把握，有利于马克思主义的分支学科的建设，这种分门别类的研究今后还会继续下去。但是，问题在于，不能只有分解没有综合，只有部分没有整体①。

(二)“马克思主义是世界观方法论体系”的论断是否准确

在研究马克思主义科学体系时，有学者提出，马克思主义是世界观方法论体系。其主要理由有：一是马克思恩格斯多次说过，他们创立的学说是一种“世界观”，或“新世界观”。二是这一新世界观如一条红线贯穿于马克思主义理论的全部内容中。对此观点，有的学者提出了不同看法②。

我们认为这个问题的提出对于研究马克思主义科学体系、把握马克思主义的整体性是有意义的。恩格斯确曾不止一次地讲过马克思主义世界观问题。1859 年马克思出版了《政治经济学批判》这部著作，恩格斯当年写了评论，他说“我们党有个很大的优点，就是有一个新的科学的观点作为理论的基础，研究这个观点已经够忙了”③。1885 年恩格斯在《反杜林论》

---

① 靳辉明. 关于开设“马克思主义基本原理”课的几点思考. 思想理论教育导刊，2005(8)：16.

② 谭希培，等. 马克思主义理论前沿问题研究. 长沙：中南大学出版社，2009.

③ 马克思，恩格斯. 马克思恩格斯选集：第 2 卷. 北京：人民出版社，1995：39-40.

第2版序言中又写道："论战转变成对马克思和我所主张的辩证方法和共产主义世界观的比较连贯的阐述，而这一阐述包括了相当多的领域。"① 他指出："我们的这一世界观，首先在马克思的《哲学的贫困》和《共产党宣言》中问世，经过足足20年的潜伏期，到《资本论》出版以后，就越来越迅速地为日益广泛的各界人士所接受。"② 恩格斯的这些思想充分说明新的科学世界观在马克思主义科学体系中的重要地位和作用，它如一条红线贯穿于马克思主义的全部内容中。中宣部和教育部在组织编写马克思主义理论研究和建设工程重点教材《马克思主义基本原理概论》的时候，就曾提出三句话的要求，即"重点学习科学世界观和方法论，从整体上把握马克思主义，引导学生了解人类社会的发展规律"。为什么要重点学习科学世界观和方法论？因为它是马克思主义的理论基础，只有把握住这个重点，才能深刻理解马克思主义的基本原理。该教材较好地体现了这一要求。教材的七章中，前三章集中讲马克思主义的世界观和方法论，后四章是这一世界观和方法论的进一步展开和应用，用以分析资本主义和社会主义的本质及发展趋势，从而凸显了马克思主义的整体性。但是，把马克思主义理论体系归结为世界观方法论体系似乎不够确切。从马克思主义科学体系的内容看其还包含了相当广的领域，有关于人类社会发展一般规律的揭示，有对资本主义社会发展趋势的分析，还有关于经济、政治、文化、科技等领域的理论，从而形成了一系列马克思主义的基本原理，正是这些相互联系的基本原理构成了马克思主义科学体系。这些基本原理虽然是在科学世界观指导下得出的，但不等于世界观本身。不仅世界观领域有基本原理，其他相关领域也有基本原理，两者既相联系又相区别。所以，把马克思主义归结为世界观方法论体系，虽然抓住了马克思主义的根本，但对马克思主义科学体系的内容的理解是不全面、不完整的。我们认为，还是如恩格斯所言，把新世界观作为"理论基础"来理解较为恰当。研究和把握马克思主义科学体系，既要认真理解新世界观在马克思主义形成和发展中的基础性作用，又要认真理解马克思恩格斯是如何运用新世界观分析问题而形

①② 马克思，恩格斯．马克思恩格斯选集：第3卷．北京：人民出版社，1995：347.

成一系列基本原理的。

（三）如何确定马克思主义科学体系的基本范畴

范畴是理论之网上的网结，若干相关范畴的联结，形成严整的理论之网，没有范畴作为基础就不能建立一种理论。马克思主义理论体系的建立也是从一系列基本范畴开始的。如物质、实践、辩证法、认识论、社会生产方式、社会形态以及阶级和阶级斗争等，马克思恩格斯通过对这些范畴的内容和相互关系的分析，揭示了人类社会存在的基础及其发展规律。商品、货币、资本、剩余价值等，也是马克思主义的基本范畴，通过对这些范畴及其相互关系的分析，马克思揭示了资本主义的秘密，创立了剩余价值学说。所以，把握马克思主义的科学体系，不能不研究马克思主义的基本范畴。然而，问题就在这里产生了。马克思主义理论体系中有许许多多范畴，究竟哪些是基本范畴，它们之间的关系是怎样的？有学者认为，所谓马克思主义的基本范畴，不应是马克思主义某一理论领域的基本范畴，而应是整体覆盖和适应马克思主义基本理论的范畴，不是马克思主义理论中原有范畴的梳理和展示，而是在原有范畴基础上的提升和转换。对此，我们百思不得其解。如何提升，如何转换？实在找不到一条可行的出路。我们也试图提出不超过 10 对的范畴，作为马克思主义的基本范畴，覆盖面和适应面是大了，但总有以偏概全的感觉。还有一个问题，基本范畴可不可以分领域、分层次？如果按照前述学者的意见，要覆盖和适应整个马克思主义，那就不能分领域、分层次了，那就只有世界观领域的范畴才是基本范畴了。这似乎也是不妥当的。经过反复研究，我们认为：第一，马克思主义科学体系的基本范畴，只能从马克思主义创始人及其后继者对马克思主义的发展的内容中去确认，而不能离开已有的范畴去重新设立；如果它本身就是基本范畴，那也不必要去提升和转换。第二，马克思主义科学体系的基本范畴是可以分领域、分层次的。任何一个系统都具有层次性，理论体系本身也是一个系统。像马克思主义这样内容十分丰富的理论，它的范畴、原理必然涉及不同领域，必然具有不同层次。问题在于如何从众多的范畴中去理解和把握其基本范畴，并揭示它们之间的逻辑联系。第三，某个理论的基本范畴应该是围绕这一理论的主题的展开而形成的基础性范畴，并从这些范畴的相互联系中展示出一系列基本原理。为此，我们选取了这样一个角度，就是围绕马克思主义的主题——无产阶级和全人类的解放来确定马克思主义的基本范畴，阐明它们的内涵及相互联系。其中包括三个方面的内容。

一是关于无产阶级和人类解放“立论基础”的基本范畴。这一部分大致包括：世界的物质性和统一性，实践是人的存在方式，世界的普遍联系和永恒发展及矛盾的同一性和斗争性，主观能动性与客观规律性，认识和实践的主体与客体及其相互关系，客观真理、绝对真理和相对真理，真理与价值，社会本质、社会结构和社会基本矛盾，阶级与阶级斗争，人民群众是历史的主体和历史的创造者等范畴。

二是关于无产阶级和人类解放历史必然性“具体证明”的基本范畴。这一部分大致包括：生产力和生产关系、经济基础和上层建筑、所有制和所有权、商品生产和价值规律、劳动价值论和劳动价值论体系、资本和剩余价值、资本原始积累和资本主义生产方式、资本主义经济特征和生产目的、世界贸易和世界市场、资本主义经济基础和资本主义上层建筑等范畴。

三是关于无产阶级和人类解放“条件和目的”的基本范畴。这一部分大致包括：无产阶级政党、无产阶级革命、无产阶级专政、社会主义民主、社会主义基本特征、社会主义改革、共产主义基本特征等范畴。

这样的划分和选择，虽然范畴较多，但它是同马克思主义的主题紧密相关的，也是理解马克思主义基本原理和科学体系所必需的，具有连贯性和系统性。这样的选择和划分是否恰当，是否科学，期望理论界同仁批评指正。

（四）怎样认识马克思主义的基本原理

马克思主义基本原理是马克思主义科学体系的内在组成部分。这里关联到几个问题。

第一，什么是马克思主义。

对此也有多种见解。我们认为，马克思主义理论研究和建设工程重点教材《马克思主义基本原理概论》对这个问题做了比较明确的回答，既从不同角度给马克思主义以界定，又从整体上回答了什么是马克思主义。该书绪论的标题——马克思主义是关于无产阶级和人类解放的科学，就是对马克思主义的整体性概括，它表明了马克思主义的研究对象、主题和核心内容。20世纪80年代编撰的《中国大百科全书·外国历史卷》中“马克思主义”词条，曾经以36个字给马克思主义下了一个定义：“国际无产阶级领袖和导师卡·马克思和弗·恩格斯创立的无产阶级和全人类解放的科学。”1990年《中国大百科全书·外国历史卷》出版时，这一词条被删减为：“国际无产阶级领袖和导师K·马克思和F·恩格斯创立的思想体系。”我们赞同《马克思主义基本原理概论》和上述的提法。我们课题组对于马克思主义科学体系的研究也是围绕这一主题展开的。

第二，什么是马克思主义基本原理。

对于这个问题，《思想理论教育导刊》曾刊登过一些学者的文章，学者们的认识也不尽相同。这里不做评析。我们是从以下几个方面来认识这个问题的：

（1）马克思主义基本原理应当是马克思恩格斯在创立马克思主义的过程中提出的具有创新性的原理。前人没有提出过，也不可能提出。因为马克思主义是时代的产物，是马克思恩格斯的革命实践与理论创造相结合的产物。

（2）马克思主义基本原理是马克思主义立场、观点、方法最基本、最直接、最集中的体现。总体上说，马克思主义基本原理是对世界本质及其发展过程普遍规律和对自然、社会、思维三大领域各自普遍规律的反映。特定条件下的个别论断和观点不属于马克思主义基本原理。

（3）马克思主义基本原理在其自身发生作用的范围内具有稳定性、持久性、真理性，并随着时代的变化、实践的推移、科技的进步，不断丰富其内容。无产阶级政党在社会主义运动中把马克思主义基本原理同本国的具体实践相结合，进行理论创新和实践创新，不断丰富和发展了马克思主义基本原理。特别是无产阶级革命取得胜利的国家，在什么是社会主义、如何建设社会主义和发展社会主义，以及怎样建设马克思主义政党等方面，对丰富马克思主义基本原理做出了重要贡献。

(4) 马克思主义基本原理是经过实践检验的科学真理。一百多年来世界社会主义运动的历史证明，马克思主义基本原理具有普遍的指导意义。

总之，可以认为“马克思主义基本原理”就是“马克思主义普遍真理”。

第三，如何认识马克思主义基本原理的主要内容。

我们是把规律和原理结合起来思考的。因为事物发展的规律虽然是客观的，但是同人类社会发展相关联的规律，只有通过人的自觉活动，包括认识和实践活动，才能得以实现。所以规律和原理具有内在的统一性。与规律紧密联系的原理必然是重要的、基本的原理。马克思主义阐明和论述了三个不同层面的规律：一是关于世界本质和自然、社会、思维发展的普遍规律；二是关于资本主义发展和资本主义转变为社会主义的客观规律；三是关于社会主义发展和社会主义过渡到共产主义的客观规律。这三个方面都包含着一系列马克思主义的基本原理。至于每个方面究竟包含了哪些基本原理，这里就不赘述了。

第四，如何认识马克思主义基本原理在马克思主义科学体系中的地位。

对于这个问题，我国理论界的认识是比较一致的。有的学者从马克思主义理论一级学科和二级学科的关系说明其重要地位，有的学者从马克思主义的整体性论述其重要地位，有的学者从马克思主义基本原理的科学内涵和世界观、方法论意义论述其重要地位，有的学者从马克思主义发展史论述其重要地位，都认为马克思主义基本原理是马克思主义科学体系的核心内容，离开了马克思主义基本原理，就谈不上坚持和发展马克思主义。我们赞成这样的观点。

三、马克思主义是严整的发展的科学体系*

我主持完成的国家社会科学基金项目“整体把握马克思主义科学体系

---

* 本节内容收录于《国家社科基金项目成果选介汇编》(第八辑)(社会科学文献出版社，2012)。

研究”的最终成果为《一种新的研究视角——整体把握马克思主义科学体系》。研究开始于2005年中央实施马克思主义理论研究和建设工程，2007年申报国家社科基金项目并获批立项研究。研究的目的在于深化对马克思主义科学体系的理解，从整体上把握马克思主义的基本理论和立场、观点、方法。研究之初相继提出了有关体系结构、思路、基本观点等方面的14个问题，例如什么是马克思主义，马克思主义三个组成部分的内在联系是怎样的，如何理解马克思主义整体性，什么是马克思主义的本质，怎样认识马克思主义的历史起点和逻辑起点、主题主线和价值目标，怎样概括马克思主义的基本范畴和基本原理，马克思主义发展过程中是如何一脉相承又与时俱进的，等等。对这些问题，课题组认真阅读原著，借鉴理论界的研究成果，进行了比较深入的探讨，于2010年撰写出30余万字的学术专著，2010年通过专家评审。下面对研究成果的主要内容和重要观点、学术价值和应用价值做简要介绍。

（一）主要内容和重要观点

研究成果包括绪论和5个专题。

绪论：整体把握马克思主义科学体系是时代性的课题。第一专题，本质属性论：马克思主义是关于无产阶级和人类解放的学说。第二专题，科学体系论：马克思主义完整的共产主义世界观。第三专题，基本原理论：马克思主义科学体系的内在组成部分。第四专题，继承创新论：中国特色社会主义理论体系是马克思主义的继承和发展。第五专题，发展趋势论：马克思主义面临的挑战和历史使命。

绪论主要论述本课题的意义、研究思路和框架结构，并论述了与这一课题紧密相关的几个重要理论问题，例如马克思主义三个组成部分的观点能否成立、“马克思主义是世界观方法论体系”的论断是否准确、如何确定马克思主义的基本范畴、怎样认识马克思主义基本原理等。

第一专题的主要内容有：（1）强调对马克思主义的理论来源要从整体上加以把握。以往对马克思主义理论来源形成了一种机械对接的观点，似乎马克思主义哲学的理论来源就是德国古典哲学，马克思主义政治经济学的理论来源就是英国古典政治经济学，科学社会主义的理论来源就是英国和法国的空想社会主义。这是明显的误解。事实上，马克思主义理论来源具有综合性和整体性，我们根据马克思相关原著对马克思主义理论来源做了整体考察。(2) 解读了胡锦涛同志关于“马克思主义最根本的世界观和方法论、最鲜明的政治立场，最重要的理论品质、最崇高的社会理想”的重要思想。“四个最”集中概括了马克思主义的基本内容和基本特征，深化了对马克思主义本质的认识。(3) 指出马克思主义不仅具有真理性，而且具有价值性，两者统一于实践之中。

第二专题的主要内容有：(1) 关于马克思主义的逻辑起点、历史起点及形成问题。研究认为，马克思主义的逻辑起点是社会化大生产（“两个必然”不是马克思主义的逻辑起点）。马克思主义的历史起点是无产阶级的历史使命。《共产党宣言》对马克思主义做了“完整的、系统的、至今仍然是最好的阐述”。《反杜林论》丰富和完善了马克思主义的科学体系。整体性是马克思主义本质的体现，整体性精神是马克思主义的基本精神。(2) 关于马克思主义的主题、主线和价值目标。研究认为，马克思主义科学体系的主题是无产阶级和人类的解放。马克思主义科学体系的主线是生产力与生产关系的矛盾运动及社会形态更替规律。马克思主义科学体系的核心价值目标是每个人自由而全面发展。(3) 关于马克思主义科学体系的基本范畴。整体把握马克思主义基本范畴是把握马克思主义科学体系的基础和必要条件之一。怎样确定马克思主义基本范畴尚无先例。成果围绕无产阶级和人类解放这一主题，从三个层面论述了马克思主义的基本范畴。一是关于无产阶级和人类解放“立论基础”的基本范畴。二是关于无产阶级和人类解放历史必然性“具体证明”的基本范畴。三是关于无产阶级和人类解放“条件和目的”的基本范畴。这三个层面的基本范畴具有内在联系，体现了马克思主义科学体系的逐步展开和深入。(4) 对马克思主义、毛泽东思想、中国特色社会主义理论体系是一脉相承的统一的科学体系，从三个方面做了论述。

第三专题的主要内容有：(1) 关于什么是马克思主义基本原理。我们认为，马克思主义基本原理是对世界本质及发展过程普遍规律和对自然、社会、思维三大领域普遍规律的反映，是马克思主义立场、观点、方法的具体体现。(2) 马克思主义究竟有哪些基本原理。我们仍然是围绕无产阶级和人类解放这一主题，从规律的角度加以梳理和论述。马克思主义包括了三个方面的基本原理：一是关于世界本质和自然、社会、思维发展普遍规律的原理，二是关于资本主义发展和资本主义转变为社会主义客观规律的基本原理，三是关于社会主义发展和社会主义过渡到共产主义客观规律的基本原理。这些原理不是孤立存在的，而是一个具有层次性的有机整体。(3) 关于马克思主义基本原理的实现条件与现实反差的辩证认识。马克思主义基本原理虽然具有普遍指导意义，但其具体运用是有条件的、相对的，因为基本原理的运用要服从历史条件变化，而不是倒过来。我们既不能教条地用基本原理来裁剪现实，也不能用现实中的反差现象否定基本原理的内在规定性。

第四专题的主要内容有：(1) 马克思主义基本原理同各个国家、民族的具体实践相结合的过程就是马克思主义本土化的过程。本土化是马克思主义发展的历史趋势，并且由于马克思主义的本土化，马克思主义必然形成不同范式、不同理论形态，要正确认识这些不同理论形态的同一性和差异性，正确认识马克思主义发展的丰富性和多样性。(2) 中国特色社会主义理论体系是马克思主义整体性的当代形态。一是中国特色社会主义理论体系体现了马克思主义理论所固有的整体性，即理论本质的内在一致性，具体表现为“以人为本”作为价值立场的同一性和“实事求是”作为根本原则的同一性；二是这种整体性和内在一致性在实践上进一步体现为对社会主义初级阶段实际进程中三大全局性、根本性问题的全面把握和持续创新。(3) 在当代中国坚持中国特色社会主义理论体系就是真正坚持马克思主义。这是上述两个重要观点符合逻辑的展开，是中国共产党始终坚持用发展着的马克思主义指导新的实践的具体体现。

第五专题的主要内容有：(1) 对马克思主义面临的挑战做了分析，阐明了在当代中国必须坚持中国特色社会主义理论体系，必须以社会主义核心价值体系引领社会思潮，坚持马克思主义在意识形态领域的指导地位。(2) 论述了诸如人的本质、劳动价值、公平与效率关系、全球化等重大理论和实践问题。（3）阐明了要充分认识马克思主义的发展性和创新性，正确处理坚持与发展、多样性与同一性的关系。把握马克思主义的发展规律和历史趋势，马克思主义中国化、时代化、大众化是中国共产党人坚持和发展马克思主义的基本经验。

（二）学术价值和应用价值

成果的学术价值和应用价值主要表现在以下几个方面：

（1）成果在肯定马克思主义三个组成部分的基础上，提出了整体把握马克思主义的框架结构和基本思路，明晰了马克思主义的历史起点和逻辑起点以及主题、主线和核心价值目标，论述了马克思主义科学体系的形成发展以及构成这一体系的基本范畴和基本原理，可以说是一次理论上的新探索。其中一些新的思想观点，无论是否成立，都对深入研究马克思主义基本理论具有参考性的意义。

（2）成果涵盖了马克思主义学科的诸多内容，吸取和发挥了高校《马克思主义基本原理概论》教材的一些重要思想，对马克思主义的学科建设、教材建设和科学研究有一定的应用价值。

（3）成果出版后，可以作为高校思政课教师和学生的参考书，有助于师生对马克思主义科学性和整体性的理解，有助于教师的教学研究和科学研究。

四、马克思主义是高扬的时代旗帜*

当今世界，风云变幻。第二次世界大战以来，尤其是20世纪50年代中期以来，资本主义转入相对稳定发展阶段，一些发达资本主义国家出现了20年来经济高速增长的黄金时期。与此同时，社会主义运动的重点从外延扩大型的社会革命转入内涵完善型的建设发展阶段。而在这一过程中，一些社会主义国家出现了严重的曲折，苏联、东欧的剧变，给社会主义事

---

* 本节内容收录于《马克思主义在当代的历史使命》（云南教育出版社，1997）。

业蒙上一层阴影。马克思主义还是不是时代的旗帜？马克思主义的历史命运如何？社会主义代替资本主义的必然性是否改变？社会主义向何处去？这些问题确实成为众所瞩目的大问题。

马克思主义的历史命运问题，实质上是科学社会主义的发展道路问题。马克思恩格斯建立的科学社会主义理论，一百多年来经历了从理论到实践、从一国实践到多国实践的飞跃，其中有高潮，也有低潮。我们深知，研究这个问题难度很大。但是作为马克思主义的理论工作者，我们有责任对这个问题进行探讨，有义务坚持马克思所开创的科学社会主义道路。我们中国人民正在中国共产党的领导下开拓前进，邓小平创立的建设有中国特色的社会主义理论及其在这一理论指导下的伟大实践，提供了研究这个问题的思想武器，坚定了我们研究这个问题的信念。

研究这个问题，不能不从历史与现实的联系中、从马克思主义的发展和社会主义运动的经验教训中、从中国与世界的相互关系中、从社会主义与资本主义的并存斗争中加以辨证考察。研究的目的在于客观地、科学地揭示马克思主义在当代和未来的历史使命。

（一）马克思主义理论的历史命运

马克思主义是科学，它产生于实践并在实践中发展。它的命运取决于无产阶级和广大人民群众的革命实践。

1. 马克思主义理论的时代性和超前性

马克思主义是时代的产物，这已经是众所周知的。马克思主义作为一种理论，它是欧洲社会实践和科学发展的必然结果。产业革命和资本主义大工业在欧洲的发展，资产阶级经济、政治统治的加强，资本主义社会基本矛盾的加剧，无产阶级的壮大和登上历史舞台，是马克思主义产生的社会历史条件。没有这样的条件，马克思主义也不会产生。

从科学发展的角度讲，马克思主义是世界文明的结晶和升华，特别是近代文明的结晶和升华。正如列宁所说：马克思主义是欧洲整个历史科学、经济科学和哲学科学的最高发展。

马克思主义的建立开辟了一个新的历史时代，这就是在马克思主义指导下，无产阶级进行革命并建立社会主义的时代。这是一个要经历相当长时间的大的历史时代。在这个大的时代中，社会主义同资本主义的并存和斗争是必然的、长期的，斗争中会有曲折和反复，但社会主义代替资本主义的历史总趋势是不会改变的。由于世界形势和各种矛盾的发展变化，这个大的时代会呈现出不同的阶段和特征，但时代的根本性质也是不会改变的。这个认识不是共产党人从头脑中构想出来的，而是社会发展的必由之路。正是基于这种客观必然性的认识，无产阶级和共产党人才自觉地为实现马克思主义的历史使命——人类的彻底解放而奋斗，即使遇到严重挫折也不会动摇。

正确认识时代和把握时代，是一个国家、一个政党制定发展战略和方针政策的基本依据。列宁曾经这样强调时代问题的重要性：“即首先考虑到各个‘时代’的不同的基本特征（而不是个别国家的个别历史事件），我们才能够正确地制定自己的策略；只有了解了某一时代的基本特征，才能在这一基础上去考虑这个国家或那个国家的更具体的特点。”①

马克思主义创立于19世纪40年代，这时资本主义处于自由竞争时期，马克思恩格斯根据资本主义自由竞争时期的矛盾性，认为任何一个国家的无产阶级进行的革命，都有可能遭到几个资本主义国家的联合镇压而陷于失败，因此欧洲的社会主义革命至少在几个先进国家同时爆发才有可能获得胜利。19世纪末20世纪初，欧美资本主义由自由竞争阶段发展到垄断阶段，即帝国主义阶段。“从前的‘和平的’资本主义时代被当今帝国主义时代所代替”②。列宁在分析帝国主义形成的缘由、基本矛盾和发展趋势的基础上，提出了社会主义革命有可能首先在落后国家爆发并获得胜利，即“一国胜利”学说。俄国十月革命的胜利证明了列宁的预见的科学性。这说明，认清时代特征的变化，对于制定和实现革命战略、策略具有极端重要性。这里需要说明的是：列宁所说的“帝国主义时代”，实际上是马克思主义所开创的无产阶级革命时代中的小时代，或者说是大时代中的一个发展阶段，不能认为是又一个新时代的开始。

---

① 列宁．列宁全集：第26卷．北京：人民出版社，1988：143．

② 列宁．列宁选集：第2卷．北京：人民出版社，1995：472．

20世纪50年代中期以后，世界形势又发生了深刻变化。社会主义世界与资本主义世界的力量对比出现了较稳定的均势；世界大战的危险虽然没有消除，但制约战争、维护和平的因素有了很大发展；不同社会制度国家之间既和平共处，又激烈竞争，经济竞争成为各国家之间竞争的主要内容和手段。因而和平与发展成为当今时代的主题。这种变化虽然没有改变无产阶级革命和社会主义胜利的大时代的本质，但斗争的内容、形式和斗争的进程与50年代以前有了很大的不同。马克思主义只有适应时代的变化，正确地分析和解决新形势下面临的新问题，才能把社会主义事业推向前进。

把握马克思主义的时代性，不是一个空洞抽象的命题，不能停留在历史的结论上，更不能用历史的结论来裁剪现实。马克思主义的历史使命就在于立足时代，反映时代，把握时代的脉搏和契机，指导无产阶级和共产党人去正确地认识世界和改造世界，逐步实现人类的解放事业。

理解马克思主义的本质及其历史使命，不仅要注意它的时代性特征，还要注意其理论的超前性特征，时代性特征和超前性特征是紧密联系的。马克思主义理论是一种科学的预见，这种科学预见正是建立在对时代本质及其发展变化趋势的认识的基础上的。

从历史的角度看，马克思恩格斯所创立的科学社会主义理论，不是在社会主义社会的基地上直接萌发的，不是在社会主义制度已经建立并有了丰富的实践经验之后的理论概括，而是他们运用辩证唯物主义和历史唯物主义的世界观和方法论考察现代资本主义，揭示资本主义基本矛盾的发展必然向更高的社会形态——社会主义和共产主义转变的产物。这就是说，科学社会主义的理论创立在先，社会主义制度的建立在后，理论来自实践又指导实践，在运动中理论变为现实。理论的这种超前性是不足为奇的。如果理论不具有超前性，就失去了指导实践的意义。

凡是以规律性认识为依据、真理性强的具有超前性的理论，都具有开拓思路、扩展视野的科学功能，能够帮助人们增强社会实践的能动性。但是，又要看到这种理论因其推断是超前的，所以不能不较为抽象，它只能预见事物发展的趋势、方向，而不能描绘事物发展的具体进程和细节。马克思主义正是这样的理论，它的关于科学社会主义的学说，只是为人类指明一条通向未来的崭新的解放之路，指明一种崭新的社会制度。至于各个国家如何实现自己的社会主义任务，走什么样的具体道路，采取何种社会主义模式，则要根据自己的条件和国际环境而定。所以，在实践马克思的科学社会主义学说时，必须注意以下几点：第一，正确解决从抽象到具体、从一般到特殊的问题，把马克思主义普遍原理同各国的具体实践结合起来，走自己的道路。绝不可照搬别人的经验、别国的模式。第二，这种结合不可能一蹴而就，这是一个由一般到特殊的反复实践过程，需要多方求索、不断创新，才能开拓出正确的道路。这正是科学社会主义理论在多样化的实践中获得新发展、新突破的必由之路。第三，既然是探索，就不能保证都能成功，难免会有失误。这就要求用实践不断检验自己的理论，以修正、丰富和完善理论，切忌把理论变成僵死的教条并用以裁剪现实。从科学社会主义理论创立并付诸实践的一百多年的历史看，如果说当科学社会主义尚处于形成过程中，着力于解决它与空想社会主义的关系时，突出的是在批判中继承，而当科学社会主义初露锋芒受到敌论围攻时，突出的是坚持和捍卫；那么，在各社会主义国家致力于探索社会主义建设道路，实行改革以求社会主义发展的今天，突出的则应是创新。当然，所谓创新不是背离马克思主义的基本原理，而是在新的历史条件下创造性地运用这些原理以解决实际问题，使马克思主义始终生机勃勃，永葆科学青春。在中国，以邓小平同志为核心的党的第二代中央领导集体所创立的建设有中国特色的社会主义理论，正是马克思主义具有强大生命力的表现和证明。

对马克思主义科学社会主义理论超前性的认识，是我们坚持和发展马克思主义、正确把握马克思主义历史命运的一个重要问题。只有真正解决好这个问题，才能处理好理论与现实、历史与未来的关系。

2. 社会主义事业的前进性和曲折性

社会主义从空想到科学，从理论到实践，从一国实践到多国实践，表明社会主义在前进。这是众所周知的事实，也是为人们所理解的。问题在于社会主义在前进过程中呈现出曲折性，甚至出现了严重的反复，有的社会主义国家蜕变为资本主义。这又是不少人所不理解的，由此而产生了对社会主义事业的怀疑和困惑。而社会主义的敌对势力则以此为据断言社会主义已经失败。研究马克思主义的历史命运，也不能不正确回答这个问题。

事物在前进过程中出现曲折，这并不奇怪，这是事物发展规律性的表现。尤其是在新事物的产生和发展过程，这种曲折性表现得尤为明显。社会主义作为人类历史上出现的新的事物，在其发展中产生曲折是由以下因素决定的：一是社会主义产生的时间还不长，世界上第一个社会主义国家——苏联从诞生到发生剧变只有69年，中国和其他社会主义国家也只有几十年的历史，因此社会主义的发展还不完善、不成熟，其基础还不巩固。如何巩固社会主义、如何建设和发展社会主义，是一切社会主义国家面临的历史课题。有的国家解决得好一些，有的国家没有解决好，即使是解决得比较好的国家也是经历了反复探索，不是一帆风顺的。这当中必然呈现出前进中的曲折性。二是在当代，在世界范围内，社会主义同资本主义还处于并存斗争的态势，而且资本主义比社会主义生存的时间长得多，在经济、政治、文化等方面有着相当的实力和优势。以美国为首的帝国主义联合起来对付社会主义，这就决定了社会主义同资本主义斗争、较量的艰巨性。在斗争过程中会出现力量上的此消彼长或彼消此长，这也必然造成社会主义前进中的曲折性。三是国际共产主义运动内部存在的分歧、矛盾和斗争，以及民主社会主义等非马克思主义的思潮影响和削弱着社会主义的力量，阻碍着社会主义事业的发展，从而加剧了曲折过程，甚至会把社会主义的航船推向灾难的深渊。四是社会主义国家自身在建设和改革中出现失误，其中有的失误是不可避免的，有的失误是可以避免的。有的国家能及时纠正错误，继续前进；有的国家则在错误的道路上越走越远，以致葬送社会主义事业。这里面的根本问题是执政的共产党能不能实行一条正确的马克思主义的路线，能不能真正代表人民群众的利益和要求，能不能找到符合本国国情的社会主义道路。

所以，社会主义在前进中出现曲折，并不能表明社会主义的失败，也不能说明资本主义制度比社会主义制度优越。只能说明社会主义事业的艰巨性，说明社会主义同资本主义的并存斗争是一个长期的过程。

东欧和苏联的剧变确实在不少人的思想上投下了阴影。世界社会主义运动处于低潮的事实动摇着一些人的社会主义信念。这种思想状态的产生主要还是对社会主义的曲折性缺乏科学的认识。其实低潮是相对于高潮而言的，所谓社会主义运动的低潮就是指社会主义革命或建设出现曲折或遭受重大挫折，社会主义的力量和影响受到不同程度的削弱，社会主义前进的步伐受到阻碍和遏制。低潮并不表明这个事物已经失去了存在的价值，没有前途。在事物发展过程中高潮和低潮总是交替出现的，当然这里有两种不同的情况，一种是生长着的事物的高潮和低潮，一种是衰亡着的事物的高潮和低潮。前者是发展性的，除极特殊的情况外，一般说来，每一次低潮后的高潮都是新的飞跃。后者是停顿性、没落性的，每一次高潮后的低潮都会促使其灭亡的因素增加。社会主义运动属于前者，因为它是具有生命力的新生事物；资本主义运动属于后者，因为它是逐渐趋于消亡的事物。

纵观世界社会主义运动的历史，从马克思主义诞生到现在的一个半世纪，社会主义运动已先后经历了三次高潮和三次低潮。第一次高潮期在19世纪40年代初至70年代初。这一时期马克思主义获得广泛传播，工人运动蓬勃发展。1864年成立了第一个世界性的工人运动组织——国际工人协会（第一国际），之后在欧洲国家相继诞生了一批马克思主义政党。1871年爆发了震惊世界的巴黎公社起义，社会主义革命取得了宝贵的经验教训。巴黎公社起义被镇压下去后至20世纪初，是社会主义运动的第一个低潮。其主要标志是：欧美资本主义进入一个相对和平发展的时期，修正主义思潮逐步汇集，无产阶级及其政党必须从内部进行思想上、政治上和组织上的建设，从而逐步积蓄力量，革命斗争不得不转入低潮。第二次高潮是20世纪初至俄国十月革命胜利的20年间。这一时期资本主义已由自由竞争阶段发展到垄断阶段，帝国主义的矛盾日益激化，马克思主义又一次兴起并在欧洲和亚洲得到广泛传播，列宁主义的诞生在新的历史条件下发展了马克思主义。在马克思列宁主义的指导下，殖民地半殖民地的人民革命斗争蓬勃兴起，俄国共产党和人民群众奋起推翻沙皇的反动统治，建立了第一个社会主义国家。这一高潮实现了社会主义从理论到实践的伟大飞跃。俄国十月革命胜利后，作为第一个社会主义国家的苏联遇到了极大的困难，帝国主义国家联合起来进行武装干涉。苏联虽然抵御住了帝国主义的围攻，但欧洲其他一些国家的革命却因这种联合干涉、镇压而失败，社会主义运动由此而陷入第二次低潮。这次低潮与第一次低潮不同的是，社会主义的苏联在困难中前进，在探索中发展。资本主义爆发了世界性的总危机，帝国主义国家之间的矛盾加深，导致了第二次世界大战。反对帝国主义、殖民主义的斗争继续发展，中国共产党及其他一些国家的无产阶级政党把马克思主义普遍真理与本国革命实践相结合，找到了正确的道路。这些都为社会主义运动迅速转入高潮准备了条件。第三次高潮在 20 世纪 40 年代中期至 60 年代中期。其主要标志是：战后社会主义由一国发展到多国，特别是中国革命的胜利，苏联经济、科技的发展，使社会主义的威望大为提高，社会主义的力量大为增强，许多新独立的民族国家的执政党都宣布要实现社会主义的目标，发达国家的社会主义力量也显著增强。但是，由于国际社会主义运动中大党、大国沙文主义的影响，由于社会主义国家间持续发生的矛盾、冲突，由于社会主义发展过程中的新问题没有得到较好的解决，因而，70 年代以来，大多数社会主义国家经济发展缓慢，政治局势不稳，人民生活水平提高不快。而发达资本主义国家却借第三次世界科技革命的强大力量，赢得了 20 来年经济发展的黄金时期。帝国主义的经济、科技实力迅速增强，社会主义的国际威望和影响日益下降，社会主义运动进入第三次低潮。到 20 世纪 80 年代末 90 年代初，东欧和苏联剧变，给社会主义运动带来巨大的危害。这次低潮是社会主义运动史上一次最严重的挫折，其经验教训是十分深刻的。

社会主义运动的三次低潮和三次高潮都有其各自的历史原因和历史内涵。其发展变化具有历史必然性，有一定的规律可循。例如，低潮和高潮是交替出现的，低潮和高潮的形成都同社会主义自身的发展及社会主义同资本主义的斗争紧密相关，低潮时期都孕育着向高潮转化的条件，这些都反映出社会主义运动曲折前进的历史趋势。西方社会主义的敌对势力断言，东欧、苏联的剧变标志着社会主义的末日即将到来，20 世纪之末是社会主义彻底失败之时。这是没有根据的谎言。事实上，在这次低潮中，中国的社会主义改革和建设事业正在蓬勃发展，处于一浪高过一浪的历史时期，这表明只要社会主义国家的执政党能够把马克思主义与本国的实践结合起来，就会推动社会主义事业向前发展。有人提出这样的问题：这次低潮是否到了谷底，何时才能走出低潮进入新的高潮？据我们的分析，这次低潮的程度是相当大的，14 个社会主义国家中已经有近 2/3 的国家发生蜕变，尚在坚持社会主义的国家也面临重重困难。可以说低潮已经达于谷底。理由何在？一是如果社会主义运动还要向坏的方面发展，那就是资本主义在地球上吃掉社会主义，再次形成资本主义一统天下的局面，这是不可能的。从理论上说，任何人都改变不了社会主义代替资本主义的历史趋势，马克思主义的唯物史观和剩余价值学说的科学性、真理性不会失效。从事实上看，中国和其他一些社会主义国家的改革和建设事业不仅没有因东欧、苏联的剧变而急转直下、摇摇欲坠，相反是在总结历史经验教训的基础上迎着困难坚定地前进，不存在发生类似东欧、苏联剧变的内部条件。二是资本主义本身也是矛盾重重、危机不断，20 世纪 70 年代中期以后发达资本主义国家经济已转向走下坡路，出现了滞胀的局面，根本不可能以其实力来战胜社会主义。仅以美国同中国在各方面的较量来看，美国也不是在各方面都占优势的。三是马克思主义、社会主义的影响在世界上仍广泛存在，许多走上资本主义道路的发展中国家都向往着社会主义的前途，这也是一种历史的趋势，是不可能人为地消灭的。至于何时走出低潮进入高潮，很难做出明确的判断，它将取决于以下几方面的因素：一是中国同其他社会主义国家改革和建设的进展、经济实力的增强以及社会主义制度优越性的发挥；二是社会主义运动中马克思主义的创造性运用和民主社会主义思想影响力的消长；三是发展中国家经济、政治的发展状况及其同发达资本主义国家的矛盾斗争；四是社会主义同资本主义并存斗争中力量的对比和变化。其中最根本最主要的是社会主义国家自身的建设，如果在经济、政治、科技等方面都能取得较好较快的发展，社会主义的吸引力就会越来越大，高潮的到来就是不可避免的。也许这次低潮的时间将比前两次低潮的时间长，因为这次的挫折比较严重，积累转化的条件更困难一些；但是，我们可以说，现在的低潮中已经开始呈现出向高潮转化的趋势，已经在积累着向高潮转化的条件。从整个世界看，争取和平、反对帝国主义和霸权主义的力量在增长，社会主义国家在总结历史经验教训特别是东欧、苏联剧变的经验教训的基础上，正通过改革来发展自己的社会主义事业。可以预见，在21世纪20年代之后国际局势和社会主义与资本主义的力量对比会发生较大的变化，社会主义运动高潮的到来绝不是遥遥无期的。当然，社会主义运动的新的高潮不会是以往高潮的内容和形式的重复，其具体表现将由历史来抉择。

以上是从马克思主义理论的科学性和超前性，以及社会主义运动的发展来观察马克思主义的历史命运，这是研究马克思主义历史使命的基本依据之一。马克思主义作为无产阶级和劳动人民打破旧世界建立新世界的思想武器，已经在实践中发挥了重大作用，有了新的发展。社会主义运动在马克思主义指导下已经实现了两次重大的飞跃，尽管道路是曲折的，但前途是光明的。马克思主义的历史使命是要解放全人类，实现共产主义的伟大目标。完成这个使命还要经过长期而艰苦的奋斗，还要不断解决社会主义运动中已经面临和将要遇到的许多新问题。在今后的实践中，曲折仍然是不可避免的，马克思主义的历史使命也只能是通过曲折前进的道路才能实现。

（二）马克思主义面临的新课题

研究马克思主义的历史使命，需要解决的另一个重要问题，就是要正视马克思主义面临的新课题，并寻求科学的答案。实践在发展，时代在变化，马克思、恩格斯、列宁、毛泽东的思想理论都是一定历史条件的产物，都只能解决他们所面临的重大问题，他们对未来的设想和预见，也都要在实践中检验和发展。我们今天所面临的新课题和今后将遇到的新课题，必须依靠今天和今后的马克思主义者来研究、来回答。这也正是历史赋予一代又一代马克思主义者和共产党人的光荣责任。

1. 研究马克思主义面临的新课题的切入点

研究马克思主义面临的新课题的切入点就是时代的变化。马克思主义历来主张用科学的态度去考察和认识时代，认为只有认清时代的基本特征，才能以此为根据来估量这国和那国的更详细的特点，才能够正确制定自己的策略。我们也可以说，只有认清时代的基本特征，才能深刻把握和正确解决时代提出的新课题。在前一个问题中我们已经提到，和平与发展是当今时代的主题，以和平与发展为特征的现时代并不意味着社会主义与资本主义的矛盾斗争的消失，但斗争的内容、形式却发生了巨大的变化。如果说从20世纪初期开始，帝国主义战争和蓬勃发展的无产阶级革命运动是当时的主要历史潮流，马克思主义和无产阶级所面临的主要课题和任务是进行革命斗争，摧毁资本主义的政权，建立社会主义制度；那么，在今天，在两极对立的格局基本终结、世界向多极化演变的时候，“世界上真正大的问题，带全球性的战略问题，一个是和平问题，一个是经济问题或者说发展问题。和平问题是东西问题，发展问题是南北问题。概括起来，就是东西南北四个字”①。这里所说的“和平”是一个政治概念，意指全世界范围内的和平，不发生世界大战和核战争，但不包括某些局部的战争和地区冲突。这里所说的“经济”是一个综合性的社会概念，涉及生产力以及同生产力相联系的生产关系和上层建筑。今天的马克思主义不能不研究这些问题，否则马克思主义就不能发展，社会主义运动就难以前进。和平与革命不是根本对立的，经济与政治也不是互不相干的。然而，如果离开当今世界的两大主题来谈社会主义革命、无产阶级政治，那只能是隔靴搔痒、无的放矢，只能是空洞的教条，不解决实际问题。所以，马克思主义的研究也面临一个转轨问题。所谓转轨绝不是抛弃马克思主义的基本原理，而是立足于活生生的实际，研究在新的历史条件下如何推进世界的和平与发展，从而推进社会主义运动。研究在已经建立社会主义基本制度的国家，如何进行社会主义改革和建设，探索巩固与发展社会主义的必由之路，发挥社会主义的优越性，增强社会主义的吸引力。应当承认，马克思、恩格斯、列宁、毛泽东所创立的马克思列宁主义、毛泽东思想，对社会发展规律的分析和对无产阶级历史使命的论述是科学的。但是，由于所处的历史条件和面临的任务的特殊性，他们的理论的侧重点是放在阶级斗

① 邓小平．邓小平文选：第3卷．北京：人民出版社，1993：105.

争、无产阶级革命和无产阶级专政方面，他们所提出的战略策略思想也是与此相联系的。对于社会主义革命取得胜利之后，如何建设社会主义，如何巩固和发展社会主义，他们虽然也有不同程度的论述或预见，但毕竟存在着历史的局限性。这个任务是更加艰巨的任务，它赋予马克思主义理论研究广阔的余地与丰富的内容。

另外，当今时代又是科学技术迅猛发展的时代。第二次世界大战后迅速掀起了一场以电子技术为核心的新技术革命，信息科学、航天技术、新型材料合成技术、新能源技术、海洋技术、生物技术、遥感技术等一大批新兴技术以令人瞩目的速度发展起来。新科技革命对社会发展的影响十分广泛而深刻。它有力地推动了社会生产力的发展，使生产工具和劳动方式发生了根本性变化，生产的组织管理进一步完善。它促进了社会分工进一步发展，使生产的社会化程度越来越高，社会生产的具体形式更趋多样。科学技术已成为第一生产力，决定着生产关系和上层建筑的变化。无论是马克思主义哲学、马克思主义政治经济学、科学社会主义，都很有必要认真研究新科技革命所引起和将要引起的各方面的新变化，从而把握现代社会生产力和生产关系、经济基础和上层建筑矛盾运动的新特点，揭示其新的运动规律。这方面的问题也是十分复杂的。西方的专家、学者已提出了许多理论，马克思主义应当采取科学的态度加以研究。我们绝不能囿于原有的理论观点而加以一概否定。

科技革命对资本主义的发展也产生了巨大影响，使资本主义出现了一系列新情况和新特点。例如，随着战后科技革命的蓬勃兴起，生产的社会化程度迅速提高，这加剧了资本主义的基本矛盾。为了缓和矛盾，资产阶级在不损害资本主义私有制的前提下，不断地进行着生产关系的自我调节，由此推动了私人垄断资本向国家垄断资本和国际垄断资本发展。国家垄断资本主义成了发达资本主义国家现今的主要形式。在资本的所有权形式上大大不同于马克思、列宁所处的时代。与此相联系，资本主义国家的经济结构、阶级结构、政治体制以至意识形态也发生了显著变化。这些都需要我们运用马克思主义的立场、观点、方法加以深入研究。我们要研究资本主义基本矛盾在现实条件下的发展趋势，研究资本主义经济运行的机制及其内在的矛盾，研究资本主义阶级矛盾及其发展的前景，研究资本主义国家无产阶级的状况及其进行斗争的策略和方法，等等。又如，近二三十年来，发达资本主义国家的剥削形式也出现了许多新的特点，“资本民主化”、“经济计划化”、“管理民主化”、福利制度等都在不少资本主义国家广泛实行，对经济发展产生了重要影响。再如，由于科技革命的发展，资本主义国家之间经济、政治不平衡的状况加剧，在世界范围内形成了美、日、西欧三足鼎立、激烈竞争的局面，而第三世界资本主义国家的经济发展却受到了严重的打击，这些国家的无产阶级和劳动人民受的剥削日益加重。发达资本主义国家把危机转嫁到第三世界国家，造成了世界范围内的两极分化。不同资本主义国家中特别发达的和发展中国家的无产阶级的状况大不一样。这一切都是马克思主义在考察社会主义的前途和命运时不能不研究的问题。

总之，和平与发展成为当今世界的主题，科技革命成为当今世界社会发展的强大动力，它们对世界经济、政治及人类的前途和命运产生着决定性的影响，制约着世界上的各种矛盾。在这样的条件下，究竟如何推进社会主义运动，是摆在全世界马克思主义者和共产党人面前的新课题。

2. 马克思主义面临的新课题的焦点和实质

我们必须正视以下的一些事实：

第一，资本主义还有一定的生命力，特别是发达的资本主义国家在经济、政治、科技、军事等方面有着较为强大的实力。资本主义的生产关系、上层建筑固然有其腐朽的一面，阻碍着生产力的发展，但科技革命和资产阶级对生产关系的不断调整，仍然在为生产力的发展开辟着道路。所以，发达资本主义国家在世界形势的发展方面仍然起着重要的作用。

第二，社会主义代表着时代的发展方向，社会主义国家在自己的建设中确实取得了巨大成就。如苏联在20世纪五六十年代已经发展为世界上的超级大国，与头号帝国主义国家——美国势均力敌；中国和其他社会主义国家经过三四十年的努力，其经济有了很大发展，实力有了很大增强，使社会主义已经具有同资本主义相抗衡的力量。但是，如何建设社会主义、如何巩固和发展社会主义仍然是社会主义国家面临的艰巨任务。

第三，目前，全世界的资本主义国家中，绝大多数都是发展中国家。这些发展中国家同样受着国际垄断资本主义的剥削和压迫，不少国家向往社会主义的前途，它们是争取世界和平与发展的重要力量。但是由于经济、文化比较落后，又受着帝国主义的遏制，因而它们的社会发展比较缓慢。对它们来说，加速经济发展，增强国家实力，争取社会主义前途，建设富强、民主的现代化国家，也是任重道远的。

第四，一些发达的资本主义国家，有着相当力量的工人阶级的政党，有的还在地方议会选举中赢得了执政权，在全国议会中也有一定的席位。但是，在这些国家民主社会主义思潮影响较大，阶级矛盾更为复杂。在社会主义运动中这些国家的无产阶级及其政党如何正确对待民主社会主义，克服其消极影响，处理复杂的矛盾解决本国的革命任务，也是一个难题。

第五，已经发生剧变的东欧和苏联的原社会主义国家中，共产党还存在，革命的力量也在生长、积聚中，反对现存统治的运动已经兴起。但是，从内部条件和外部条件看，这些国家要重新走上社会主义的道路将有一个艰苦斗争的过程。它们在世界历史潮流中将如何发展、起何种作用，还需在实践中观察。

以上几个方面的事实表明，马克思主义面临的新课题的焦点，是如何在新的历史条件下坚持和发展科学社会主义，在坚持和发展中逐步取得同资本主义相比较的优势。这种优势就社会主义国家来说不仅要表现在政治上、思想上，还要表现在经济、科技和教育文化上。如果社会主义在实践中不能逐步取得这种优势，那就难以同资本主义相抗衡，就不能证明社会主义的优越性和生命力。当然，这种比较优势的形成需要一个过程，需要做大量的工作，不能凭主观愿望，急于求成。其发展方向和趋势是要逐步增强自己的实力，否则社会主义运动要走出低潮是难以实现的。

如何坚持和发展科学社会主义？最根本的是从当今的时代出发，从各国的实际出发，从现存的条件出发，创造性地运用马克思主义的基本原理解决实际问题。所以，我们认为马克思主义面临的新课题虽然是多方面的，但其根本性、实质性的问题，是如何把马克思主义同具体实践相结合的问题。这个问题包括两个方面：一是已经走上社会主义道路的国家如何把马克思主义与本国具体实践结合起来；二是有社会主义前途的资本主义国家中的工人阶级及其政党如何把马克思主义同本国具体实践结合起来。这是一百多年来，社会主义运动兴衰成败的历史经验所证明了的，也是现实的社会主义革命和建设的实践所要求的。这个问题解决得好，科学社会主义就能坚持和发展，马克思主义的科学性和革命性就能充分体现出来，社会主义运动就能推向前进。

3. 马克思主义能够回答和解决不断出现的新课题

马克思主义是科学的真理，是开放的、发展的学说，它不仅能够在社会主义的胜利中找到继续前进的力量，也能在社会主义的挫折和失误中获得新的生命力。它的力量源泉就在于它从实践中来，并在实践中检验和发展。历史已经表明，从马克思恩格斯到列宁，从毛泽东到邓小平，马克思主义和社会主义经历了风风雨雨，走过了坎坷不平的道路，遇到了许多新的课题，但它始终在开拓前进。虽然马克思主义不断遭到这样那样的攻击，但马克思主义真理的光辉是不会被磨灭的。虽然社会主义运动处于低潮，但马克思主义仍在生机勃勃地发展，这是活生生的事实。有人说东欧、苏联的剧变，是社会主义的失败和马克思主义的破产。说社会主义在东欧、苏联遭到暂时的失败，不无道理，但说马克思主义破产则是无根据的。东欧、苏联的剧变绝不表明马克思主义的破产，而正是因为背离马克思主义，没有把马克思主义的基本原理同本国的具体实践结合起来，没有走一条有本国特色的社会主义道路。我们不妨看看西方学者和舆论工具的观点。据美国《洛杉矶时报》记者迈勒斯和麦克马纳斯的采访报道，尽管“苏联共产党垮台了，但是共产主义的思想并没有全部消亡。尽管一些保守分子宣称取得了胜利，但是马克思主义的遗产对政治学和经济学仍然具有影响”。“马克思主义的社会思想在西方的学术成就上已经留下了不可磨灭的印记。这个世界的政治学、社会学和经济学中许多论点是通过马克思主义的多棱镜分析得出的，并且以马克思主义的语汇来描述。”他们所说的多棱镜，就是我们所说的马克思主义的世界观和方法论。马克思主义的辩证唯物主义和历史唯物主义的世界观和方法论，为人们提供了伟大的认识工具，能够通过事物的现象认识事物的本质，揭示事物的内在联系和发展规律。马克思恩格斯正是把辩证唯物主义推广到社会历史领域，揭示了社会发展的规律，特别是资本主义社会的本质及其发展规律，才建立了科学社会主义理论。列宁、斯大林、毛泽东及其他无产阶级的领袖之所以能够使科学社会主义的理论变为实践，也是由于创造性地运用马克思主义的立场、观点、方法分析和解决本国革命实践中的问题。如果说马克思主义经典作家理论中的某些具体论断、观点会因实践的发展、条件的变化而不适用于现实，那么，贯穿在马克思主义理论中的科学世界观和方法论是不会过时的。它是我们研究新情况、解决新问题、推进社会主义运动、发展马克思主义的根本。

马克思主义能够回答和解决不断出现的新课题，是由于共产党人吸取了历史的经验教训，破除了把马克思主义教条化的倾向，懂得了必须从实际出发，而不能从原则出发，不能从理性或人的主观愿望出发。这一认识上的突破，使人们在马克思主义的研究中获得了思想解放，获得了自由，也使马克思主义真正成为人们认识世界和改造世界的锐利武器。马克思主义的本质力量得到了充分的体现。本来马克思主义就不是教条，而是行动的指南，如果你把它教条化，它就起不到行动指南的作用，就不能转化为改造世界的物质力量。如果你把它作为行动的指南，就能在实践中找到解决新问题的答案。总结中国这些年来的经验，我们可以清楚地看到，思想的解放使我们摆脱因袭的重担和枷锁，敢于超越过去。创造性的理论探索，使我们解决了横亘在前进道路上的许多难题，找到了正确的方向、途径和方法。可以说，我们党在思想解放形势下的理论研究，为发展马克思主义、为中华民族腾飞于当今世界做出了不可磨灭的贡献。

诚然，马克思主义面临的新问题很多，解决这些新问题需要付出巨大的创造性劳动，这是一个艰苦的过程。而且一些问题解决了，另一些问题又产生了。就拿对资本主义和社会主义的认识来说，我们未知的领域还很多，资本主义还在变化，社会主义还在前进，我们只有把它们视作实实在在的发展变化的事物，才能去探索它的奥秘，获得认识上的自由。

（三）马克思主义发展的规律及途径

马克思主义是人类精神文明的结晶，是时代的产物。当今时代比起马克思主义创始人所处的时代已发生了广泛而深刻的变化。现时代社会发展中出现的许多新问题，已远远超出了马克思所预见的范围。面对当代世界的深刻变化，面对社会主义运动中出现的新问题和西方各种理论思潮的挑战，马克思主义必须研究世界的新变化、新情况，不断向前发展。

1. *马克思主义发展的规律*

马克思主义是真理，真理是在同谬误的斗争中发展的，这无疑是正确的观点。但是真理同谬误的斗争，绝不能理解为概念上的斗争，真理的发展也不能理解为逻辑上的推演。真理是在实践中发展的，真理只有在实践中为自己开辟道路，解决新的问题，获得新的内容，才能得到真正的发展。列宁发展马克思主义建立列宁主义，毛泽东发展马克思列宁主义建立毛泽东思想，邓小平发展马列主义、毛泽东思想创立建设有中国特色社会主义理论，都是在一定的革命的实践中，在群众的集体奋斗中，总结实践的新鲜经验，进行科学的理论概括而形成的。发展马克思主义，固然包括在马克思主义理论中增添新的内容，但更主要的是指在新的历史条件下，开拓马克思主义的新境界，探索社会发展的规律，开辟社会发展的新道路。因此，马克思主义的发展是同历史与时代、实践与群众、探索与解放分不开的。

研究马克思主义的发展，应当总结马克思主义发展的规律，即马克思主义是怎样发展的，怎样才能发展，发展马克思主义是为了什么。根据马克思主义发展的历史轨迹，特别是我们中国共产党人所实现的两次伟大飞跃的经验，我们认为，在实践中不断解放思想，进行理论创造，从而在实践中开拓新境界，解决新问题，是马克思主义发展的规律。这是一个“实践—解放—探索—创新—实践”的无止境过程。

实践是认识的基础，也是发展马克思主义的基础。在实践中，新的问题呈现在人们面前，要求人们去研究、去解答，实践也为人们去研究和解答这些问题提供了可能。在实践中，原有的科学理论发挥着指导探索的作用，但也经受着检验。一切似乎神圣不可侵犯的观念和原则都重新受到审查、检验。在实践中，人们的行动可能成功，也可能失败，无论是成功还是失败都为新的开拓提供了选择和创造的条件。实践作为主体见之于客体的物质性活动，作为主体与客体联系的桥梁，必然引起实践主体对历史的回顾、对现实的沉思、对未来的展望，因而能起到打开思想闸门的作用。

解放，指的是人的思想解放，它是主体能动性的突出表现。思想解放是在主体与客体的现实关系中寻找实现人的主体性的必由之路。实践虽然为人的思想解放提供了可能，但由于实践是发展的，所以人的思想往往落后于实践，而且容易受到传统观念和原有理论原则的束缚，导致不能对旧事物进行理性的批判，不能摆脱旧的羁绊、进行新的创造。所以，人的思想解放是思想理论发展的前提，没有思想解放就没有批判与扬弃，就没有探索和创新。人的思想所具有的巨大创造潜力，可以通过思想解放和探索释放出来。历史表明，人类文明的每一次显著进步都是其创造力的结晶，马克思主义的每一次新的飞跃都是思想解放的成果。我国在 20 世纪 70 年代进行的全国范围的关于真理标准问题的讨论，引发了一场新的思想解放运动。正是全党全国人民的思想大解放，把我国的社会主义建设事业推进到一个新的历史时期，使马克思主义发展到一个新的阶段。

探索和创新就是在实践中对旧事物的扬弃，对新事物的探寻和认定。思想的解放释放了思想的潜力，开阔了思想驰骋的天地，为思想的发展创造了必要的前提。但它毕竟不是思想发展本身。只有在艰苦探索中经过反复的比较与分析、鉴别与选择、扬弃与创新，才能获得有价值的思想成果，把握事物发展的未来。思想解放的意义就在于获得有价值的思想成果，借以为人类文明的发展和社会的进步做出贡献。对于马克思主义来讲也是如此，它只能在探索现实运动的必然性中得到发展。诚然，由于探索是寻求未知、面向未来的，具有试验的性质，不可能保证每一步探索都是正确的；所以，不能因为一两次试验未获得理想成果就停止探索，也不能因为探索中出现失误就立即刹车。不准出错误，不敢大胆进行试验，无异于取消探索。建设有中国特色的社会主义道路，就是在不断的反复的探索中实现的。其中也有失误的情况，但由于注意了及时总结经验，所以能够纠正失误，进一步开辟未来。其实，正确与错误也只有在探索中才能显现出来，从而供判断和选择。马克思主义也只有在探索中才能得到坚持和发展。不去解决新问题、创造新经验、开拓新境界，也许不会犯错误，但那样一来，社会主义事业就不能前进，马克思主义也不能发展。

在实践的基础上，通过思想解放和探索创新，获得新的认识成果后，还要回到实践中去。正如马克思所说，思想根本不能实现什么东西。为了实现思想，就要有使用实践力量的人。作为实践和认识主体的人，在实践中从思想解放开始，经过思想探索，进入思想实践，这是一个互相联系、有机统一的过程，是认识过程的质的飞跃。新的实践环节具有多重作用：一是用新的思想理论成果指导实践，发挥马克思主义改造世界的功能，促成事物的转化，达到革命的目的；二是理论同实践结合，验证理论成果的真理性，纠正不符合客观实际的成分，实现主观同客观的一致；三是为进一步地解放思想，进行思想探索创造条件，使有成效的思想理论探索持续地发展下去。

“实践—解放—探索—创新—实践”是一个循环往复的过程，它同毛泽东所说的“实践—认识—实践”的循环往复的过程是一致的。而从马克思主义的发展史，从国际共产主义运动的历史经验来看，要真正坚持和发展马克思主义，强调思想解放和理论探索创造是十分必要的。尤其是在马克思主义面临许多新问题的今天，没有开辟社会主义革命和建设道路的巨大政治勇气，没有开拓马克思主义新境界的巨大理论勇气，没有坚持不懈而又敢于试验的探索精神，要发展马克思主义是不可能的。

2. 发展马克思主义的途径

马克思主义来自实践，也必然在实践中发展。发展马克思主义的根本途径是：在实践中研究新情况，解决新问题，创造新思路，开拓新境界，以不断丰富马克思主义的内容，创造符合时代要求的新理论。

列宁关于“一国胜利”学说的理论和实践、毛泽东关于新民主主义革命和社会主义改造的理论和实践、邓小平关于建设有中国特色社会主义的理论和实践等等，都是在上述的过程中实现的。这条途径的核心是研究新情况，解决新问题。

在实践中发展马克思主义，主要有以下几个方面：

第一，在社会主义建设和改革的实践中发展马克思主义。这条途径旨在探索不同社会主义国家如何建设社会主义、如何巩固和发展社会主义的问题。它包括如何建设社会主义的经济、政治、文化，如何坚持改革开放的政策，如何正确处理社会主义条件下两类不同性质的矛盾和阶级斗争，如何充分利用当代科技革命的成果建设物质文明和精神文明，如何实现社会主义的发展战略等内容。从总体上说，就是要深化对社会主义本质的认识，把握社会主义的发展规律，发挥社会主义制度的优越性，实现建设具有高度富强、民主、文明的社会主义国家的目的。由于社会主义国家的国情不同及其所处的历史条件不同，其建设和改革都将呈现出多样性和丰富性的内容，从而必定使马克思主义的发展异彩纷呈。

第二，在世界人民反对帝国主义、霸权主义，争取和平与发展的斗争实践中发展马克思主义。只要帝国主义存在，就会有世界范围内的剥削和压迫，全世界人民（包括发达资本主义国家的人民）反对资产阶级统治的斗争就不会停止。这种斗争会因条件的不同而采取不同的形式，具有不同的内容，而当代全球性的问题是东西和南北问题，即和平与发展问题。这一问题的解决也是当代无产阶级历史使命的重要内容，它有助于革命力量的发展和人类解放事业的推进。各国无产阶级和革命人民反对本国资本主义的斗争，是解决这一全球性任务的组成部分，既可以推动世界的和平与发展，又可以在世界的和平与发展中逐步解决本国的革命问题。这是新形势下无产阶级进行斗争的新特点，马克思主义必将在解决这一长期的、艰巨的任务中得到新的发展。

第三，在社会主义与资本主义并存斗争的实践中发展马克思主义。社会主义取代资本主义，是多种因素交互作用的结果。资本主义制度不会自行灭亡，社会主义也不会自行产生。从现实的力量对比和发展趋势看，社会主义与资本主义的并存将是长期的，斗争是曲折复杂的。这种斗争必然表现在经济、政治、思想、文化、科技、教育、军事、外交等诸多方面，并且互相影响、互相制约，造成各种矛盾，形成各自的发展态势。在这个过程中，谁进谁退、谁兴谁衰、谁胜谁负，是一场长期而艰巨的较量，取决于各自的发展。社会主义要在斗争中处于主动有利的地位，就必须有正确的战略、策略和路线、方针、政策。这一方面也要求马克思主义有一个新的发展。

第四，在批判资产阶级各种理论思潮中发展马克思主义。当今，由于科技革命的发展和世界形势的变化，资产阶级学者提出了种种关于未来社会发展的理论，关于哲学、经济学、社会学、政治学、人类文化学等的理论。可以说是观点纷呈、学派林立，其中也有不少经过严肃研究的积极成果，有反映社会进步而能为马克思主义所吸取的因素。但是从总的政治倾向看，又多是为维护资产阶级狭隘利益服务、与马克思主义相对立的东西。有的是露骨地反对和攻击马克思主义，破坏和阻挠社会发展和人类进步的伪科学。马克思主义无疑要对这些理论思潮进行科学的分析和批判，吸取其有价值的真理性因素，批判其错误的思想、理论，在斗争中发展自己。

第五，在总结世界社会主义运动的实践经验中发展马克思主义。世界社会主义运动虽然处于低潮，但运动的火焰仍在燃烧。且不说中国及其他社会主义国家的事业正在发展，就是第三世界的众多国家也在探索和争取社会主义前途，发达资本主义国家的共产党和无产阶级并未停止革命斗争。资本主义在东欧、苏联虽然复辟了，但沉痛的教训从反面教育了无产阶级和革命人民，包括本国的无产阶级和革命人民。总之，世界社会主义运动仍在进行中，马克思主义也将在总结经验和教训中获得新的发展。

3. 社会主义的中国应该而且能够为发展马克思主义、实现马克思主义的历史使命做出重大的贡献

尽管世界风云变幻，社会主义事业遭受严重挫折，但中国始终高扬社会主义和共产主义的伟大旗帜，中国的社会主义建设和改革正在蓬勃发展。其根本原因就在于中国共产党坚持把马克思主义普遍原理同本国的具体实践相结合，走自己的道路，建设具有本国特色的社会主义。这种结合，赋予社会主义强大的生命力，赋予马克思主义强大的生命力。

中国共产党人在自身实践中，创造着社会主义的未来，也为马克思主义的发展做出应有的贡献。邓小平创立的建设有中国特色的社会主义理论

就是对马克思主义的重大的新贡献。正如江泽民同志所说："建设有中国特色社会主义的理论，是在和平与发展成为时代主题的历史条件下，在我国改革开放和社会主义现代化建设的实践过程中，在总结我国社会主义胜利和挫折的历史经验并借鉴其他国家社会主义兴衰成败历史经验的基础上，逐步形成和发展起来的。"① "建设有中国特色社会主义的理论，是马克思主义同中国实际相结合的最新成果，是当代中国的马克思主义，是指引我们实现新的历史任务的强大思想武器。"②

作为当代中国的马克思主义，建设有中国特色社会主义理论对马克思主义的新贡献是多方面的，它第一次比较系统地初步回答了中国这样的经济、文化比较落后的国家如何建设社会主义、如何巩固和发展社会主义的一系列基本问题，用新的思想、观点继承和发展了马克思主义。这一理论是为解决中国的问题而创立的，对中国的社会主义事业已经起到并继续发挥着指导作用。其影响已经超出国界，这不是什么革命理论的输出，而是一种科学理论必然具有的渗透力所致。

中国的社会主义事业正在蓬勃发展，可以预见，随着现代化建设步伐的加快，中国将迎来新的社会主义高潮，对世界的和平与发展做出更大的贡献。

为了马克思主义的新发展，我们必须做出更大的努力。

第一，坚定不移地走建设有中国特色的社会主义道路，坚持"一个中心、两个基本点"的基本路线，深化改革，扩大开放，发展社会主义市场经济，建设社会主义物质文明和精神文明。在这个过程中，我们要加强党的建设，加强社会主义精神文明建设，加强社会主义民主法制建设，维护社会的稳定，密切党和人民群众的联系，为社会主义中国的腾飞努力奋斗。

第二，进一步解放思想，研究新情况，解决新问题，不断完善和发展建设有中国特色社会主义理论。实践无止境，真理无尽头，建设有中国特色社会主义理论为我们开辟了社会主义成功之路，但这条道路还崎岖漫

① 江泽民．江泽民文选：第1卷．北京：人民出版社，2006：221.

② 同①246.

长，要实现“解放生产力，发展生产力，消灭剥削，消除两极分化，最终达到共同富裕”①，还必须做出艰苦的努力。我们要继续破除僵化观念的束缚，大胆进行探索，开拓前进的道路，创造性地贯彻建设有中国特色社会主义理论，发展它、完善它。

第三，为着人类进步事业，为着解决世界的和平与发展问题，与世界各国人民团结合作，坚定地反对任何形式的霸权主义、强权政治和侵略扩张行为，为建立和平稳定、公正合理的国际新秩序做出不懈的努力。在争取和平的前提下，一心一意地搞现代化建设，发展自己的国家，建设具有中国特色的社会主义。中国的社会主义建设搞好了，经济发展了，实力强大了，就会增强制止侵略战争、维护世界和平的坚定力量，就会有利于社会主义事业的发展。这也是中国共产党和中国人民对无产阶级解放事业的贡献、对马克思主义的贡献。

五、划清马克思主义与反马克思主义的界限*

马克思主义是我们立党之本、立国之本，是指导我们思想的理论基础。我们党早在成立之初就郑重地把马克思列宁主义写在自己的旗帜上，党的七大又郑重地把毛泽东思想写在自己的旗帜上，党的十四大再郑重地把邓小平建设有中国特色社会主义理论写在自己的旗帜上。有了马克思主义，无产阶级才由自在的阶级成为自为的阶级，自觉地肩负起人类解放的历史使命；有了马克思主义，社会主义才实现了从空想到科学、从理论到实践的伟大飞跃；有了马克思主义，我们这个有 5 000 多万党员的大党才有今天这样坚强的战斗力，我们这个有着 12 亿人口的大国才有今天这样强大的凝聚力，我们这个经历了 50 年的风风雨雨的人民共和国才有今天这样辉煌的业绩。是否毫不动摇地坚持马克思主义，旗帜鲜明地反对各种反马克思主义思潮，关系到社会主义事业的兴衰成败，关系到党和国家的前途

* 本节内容收录于《当代中国理论问题是非辨》（云南人民出版社，1999）。

① 邓小平．邓小平文选：第 3 卷．北京：人民出版社，1993：373.

和命运，关系到人民群众的祸福安危。对于反马克思主义思潮，我们绝不能漠然视之。江泽民同志也多次强调划清马克思主义与反马克思主义的界限，党的十四届六中全会又把划清这个界限庄重地写进党的决议中。这不仅是理论上的一个根本问题，而且直接关系到社会主义的实践。所以，做好这篇文章，应该是全党的一件大事，是建设有中国特色社会主义的一件大事。

（一）马克思主义是颠扑不破的真理

划清马克思主义与反马克思主义的界限，首先要真正懂得马克思主义是科学的真理。我们信仰马克思主义绝不是一种迷信和盲从，而是因为马克思主义是科学，是来自实践而又经过实践检验的真理。它从诞生以来对人类所产生的深刻影响，是历史上任何理论和学说都不可比拟的。

马克思主义作为一种新的科学理论，离不开一定的社会条件，也离不开前人思想、文化、科学发展的成果。

从 16 世纪到 19 世纪初，一些进步的思想家提出了社会主义学说，但那是具有空想性质的学说。由于历史条件的限制，他们不可能对资本主义社会矛盾运动及其发展规律做出科学的分析，主要是抨击资本主义的弊端和提出对未来社会的预测。到了 19 世纪中叶，资本主义经济的发展、科学技术的进步，以及因资本主义社会矛盾日益尖锐而兴起的工人阶级的解放运动，为揭示自然界和社会发展的规律提供了客观可能。马克思恩格斯投身工人运动，深入调查研究，进行理论创造，他们在充分吸取人类优秀文化成果，特别是德国古典哲学、英国古典政治经济学、英国和法国空想社会主义以及法国复辟时代的历史学的科学成果的基础上，创立了崭新的理论——马克思主义。这一理论具有其自身的鲜明特点。第一，它不是从抽象的人性和理性出发的纯思辨的理论，而是以社会实践为基础的科学真理。它把理论建立在现实的基础之上，与具体的时代条件和无产阶级的革命实践结合在一起，把社会主义“同唯物主义的基础协调起来，并在这个基础上加以改造”①，从而在社会思想领域实现了伟大的变革，因而它是实

---

① 马克思，恩格斯. 马克思恩格斯选集：第 4 卷. 北京：人民出版社，1995：230.

践的产物、时代的产物，不是某个天才头脑的偶然发现。第二，它不是离开人类文明大道的偏狭顽固的学说，而是人类所创造的全部优秀思想文化的继承和发展。马克思主义对其他一切学派，不论是历史上的，还是现实中的，从不采取宗派主义的态度。恰恰相反，它认真汲取和继承各个学派一切有价值的内容，包括点滴的合理的思想。这不仅体现在马克思主义创立的过程中，也体现在后来马克思主义的发展中。马克思主义的科学性正是来自它的实践性和对人类优秀文化成果的继承与发展。

尤其需要指出的是，马克思主义是适应无产阶级的斗争需要而产生的。它是无产阶级利益、要求、思想、感情的科学表现，是工人阶级科学的世界观。认清这个问题对于正确理解马克思主义的科学性质、功能和作用，对于澄清各种误解，对于坚持和发展马克思主义都有重要意义。

从理论形态讲，马克思主义是由哲学、政治经济学、科学社会主义三个主要部分组成的严整的科学体系。它的三个基本方面对自然界、人类社会和思维的规律做了深刻的揭示。其中哲学是马克思主义思想体系的根本的理论基础，政治经济学是其主要内容，科学社会主义是纲领和由以上两方面得出的结论。这三个方面的结合提供了对社会生活的本质和错综复杂的社会关系内在联系的科学认识，揭示了人类社会运动的一般规律，并在此基础上揭示出社会主义代替资本主义的历史必然性，以及对未来共产主义社会的科学预见。所以，从根本上讲，马克思主义为人们提供的是认识世界和改造世界的科学世界观和方法论，而不是一种一成不变的药方。

对这个问题，马克思恩格斯都曾多次加以论述。1859 年马克思出版了《政治经济学批判》这部划时代的著作，恩格斯在评论时说，“我们党有个很大的优点，就是有一个新的科学的观点作为理论的基础”①。恩格斯后来又说，“我们这一世界观，首先在马克思的《哲学的贫困》和《共产党宣言》中问世，经过了二十余年的潜伏时间，到《资本论》出版以后，就以日益增长的速度，扩大它的影响”②。正因为马克思主义是科学的世界观和

① 马克思，恩格斯．马克思恩格斯选集：第 2 卷．北京：人民出版社，1995：39-40.
② 马克思，恩格斯．马克思恩格斯全集：第 20 卷．北京：人民出版社，1971：11.

方法论，因而它提供的不是现成的教条，而是进一步研究的出发点和供研究使用的方法。这是一个十分重要的思想，我们应该依据这个思想来对待马克思主义。

在马克思主义的理论中，它的科学世界观和在这一世界观指导下形成的基本原理，是具有普遍意义的，我们应当坚持，并根据新的条件加以运用和发展。至于某些研究特殊社会矛盾和革命形势而得出的个别结论，在当时有着直接的现实性，但由于时空条件的限制，它们会因形势和环境的变化而变成过时的东西。我们不应机械地搬用这些具体结论，也不能因为这些个别结论失效而否定马克思主义的基本原理。

马克思主义之所以是真理，是因为它是开放的、发展的科学体系。马克思主义深深植根于实践，实践性是它的鲜明特色，它不仅是对以往哲学社会科学的继承和发展，而且随时代的前进、实践的进化、科学的进步，在概括新的实践经验和科学成果的基础上，不断丰富自己的内容，改变自己的形式，这正是马克思主义的生命力所在。

历史表明：第一，马克思恩格斯在创立马克思主义的过程中，总是在实践的基础上，不断发展和完善自己的学说。他们不接受任何僵化的教条，也反对把自己的学说封闭起来，并公开宣布："我不主张我们树起任何教条主义的旗帜"①。他们认为，任何理论，哪怕它是那个时代最先进的理论，如果在新的条件下故步自封，也会失去生命力，变成枯燥和反动的东西。正是这种思想，使马克思主义不断丰富和完善。第二，马克思主义从创立到现在，已经实现了三次历史性飞跃。列宁把马克思主义普遍真理与俄国革命的具体实践相结合，创立了列宁主义，指导俄国革命取得了胜利。毛泽东把马克思主义的普遍真理与中国革命的具体实践相结合，创立了毛泽东思想，指导中国革命取得了胜利，并实现了从民主革命向社会主义革命和社会主义建设的伟大转变。邓小平把马克思主义基本原理与中国社会主义建设的实践相结合，创立了邓小平理论，第一次比较系统地初步回答了中国这样的经济文化比较落后的国家如何建设社会主义、如何巩固

① 马克思，恩格斯．马克思恩格斯全集：第47卷．北京：人民出版社，2004：64.

和发展社会主义的一系列基本问题。邓小平理论，是当代中国的马克思主义，是马克思主义在中国发展的新阶段，开创了改革开放与社会主义现代化建设的新的历史时期。

马克思主义三次历史性飞跃的事实给我们的启示是很多的。最根本的就是要坚持马克思主义的科学体系，坚持把马克思主义的普遍真理与各国的具体实践相结合。社会主义运动中的一切成功和失败的关键也在这里。世界上某些社会主义国家变质了，这绝不是马克思主义的失败，恰恰是没有真正坚持和发展马克思主义的结果。正如邓小平所说："一些国家出现严重曲折，社会主义好像被削弱了，但人民经受锻炼，从中吸收教训，将促使社会主义向着更加健康的方向发展。因此，不要惊慌失措，不要认为马克思主义就消失了，没用了，失败了。哪有这回事！"① 他还说："我坚信，世界上赞成马克思主义的人会多起来的，因为马克思主义是科学。"②这是来自实践的真理，是对待马克思主义的科学态度。

（二）抨击马克思主义"过时论"

马克思主义是以马克思主义哲学、马克思主义政治经济学和科学社会主义为主体的完整的科学世界观。它是关于自然、社会和思维发展普遍规律的科学，特别是关于资本主义转变为社会主义，以及社会主义和共产主义发展规律的科学。这就是说，马克思主义的历史使命同无产阶级的历史使命是一致的，它是无产阶级同资产阶级进行斗争的思想理论武器，它的任务就是要指导无产阶级进行旨在推翻资本主义制度的社会主义革命和共产主义革命，而"共产主义革命就是同传统的所有制关系实行最彻底的决裂；毫不奇怪，它在自己的发展进程中要同传统的观念实行最彻底的决裂"③。

马克思主义在创立初期，从历史发展的规律上揭示了资本主义必然灭亡的历史命运，从而不可避免地遭到各种资本主义辩护士的忌恨。所以，

---

① 邓小平．邓小平文选：第3卷．北京：人民出版社，1993：383．

② 同①382．

③ 马克思，恩格斯．马克思恩格斯选集：第1卷．北京：人民出版社，1995：293．

马克思恩格斯在《共产党宣言》的开头就不无幽默而尖锐地指出："一个幽灵，共产主义的幽灵，在欧洲游荡。为了对这个幽灵进行神圣的围剿，旧欧洲的一切势力，教皇和沙皇、梅特涅和基佐、法国的激进派和德国的警察，都联合起来了。"① 马克思主义产生以后的发展过程中，尤其是当社会主义运动发生挫折、资本主义出现表面繁荣之时，马克思主义更面临种种挑战。回顾历史，在欧洲1848年革命、1871年巴黎公社革命、1905—1907年俄国革命、1924—1927年中国大革命失败之后，在历次资本主义经济危机之后，资产阶级及其代理人总是再掀起攻击马克思主义的恶浪。这时，人民群众也不免提出种种问题要求给予回答。真正的马克思主义者当然要挺身而出，认真应对各种挑战，研究新情况，解决新问题，在实践中向前推进马克思主义。在这方面，马克思本人为我们树立了典范。他在19世纪50年代至70年代革命低潮时期，认真总结经验，写出如《1848年至1850年的法兰西阶级斗争》《路易·波拿巴的雾月十八日》《法兰西内战》等名篇，并深入研究资本主义社会运动的规律，创作出《资本论》这样的巨著，为无产阶级的社会主义运动指明了方向，率领群众坚持斗争，迎来了新的革命高潮。后来，列宁、毛泽东也如马克思一样，在实践中旗帜鲜明地反对各种反马克思主义思潮，并在实践中发展了马克思主义。

20世纪反马克思主义思潮的出现不是偶然的，它有国际背景和深刻的社会原因。

社会主义运动的严重挫折，尤其是东欧、苏联一些社会主义国家的剧变，既为资本主义的辩护士攻击马克思主义提供了借口，又使国际共产主义运动内部的反马克思主义思潮得以滋长。事情往往如此，当革命处于高潮时，许多人涌进革命队伍，信仰马克思主义；但当社会主义运动在国际范围内遭受挫折时，不少人放弃原有的信念，甚至与资产阶级同流合污，反对马克思主义。第二国际时期的伯恩斯坦修正主义是如此，20世纪80年代末90年代初的戈尔巴乔夫"人道的民主的社会主义"也是如此。他们都从根本上否定马克思主义的基本原理，并给社会主义事业造成极大危

---

① 马克思，恩格斯．马克思恩格斯选集：第1卷．北京：人民出版社，1995：271.

害。戈尔巴乔夫的“全人类利益高于一切”的所谓“新思维”，误导人们的思想，在国际上助长了反马克思主义、反社会主义思潮。

第二次世界大战以后，由于各种原因，发达资本主义国家出现了二三十年经济快速发展时期，资本主义生产关系、阶级结构发生了新的变化，资产阶级的剥削形式出现了新的特点。某些资产阶级学者以这些变化为依据，提出了所谓“知识价值论”“中间阶级论”“阶级融合论”“社会主义与资本主义趋同论”等理论观点和各种貌似科学的“新理论”，企图否定马克思主义基本原理，动摇人们的马克思主义信念。

20世纪五六十年代以来，世界形势发生了重大变化，和平与发展成为时代的主题。然而，西方敌对势力是注定要反对社会主义的，它们加紧对社会主义国家实施“和平演变”战略，并把意识形态作为它们的主要战场。它们利用社会主义国家进行改革开放的机会，大搞“西化”和“分化”，极力宣传资产阶级的“民主、自由、人权”，散布歪曲和攻击马克思主义的言论。这也是反马克思主义思潮泛起的一个重要原因。

当代社会实践的发展提出了许多新问题。例如，当代科技革命与资本主义的新变化，当代社会主义的历史经验和教训以及未来的前途命运，都需要马克思主义做出新的科学解释。而要回答这些问题，在实践中坚持和发展马克思主义，并非易事，只有大量占有历史的和现实的材料，进行长期的艰苦深入的潜心研究，才能得出正确的认识。当马克思主义还未对这些问题做出科学回答的时候，有些人就以此为借口否定马克思主义，或者提出一些片面的根据和错误的观点，混淆视听，占领思想阵地。

我们认清反马克思主义思潮滋长的背景和原因，是为了开启思路，用全面的发展的本质的观点分析问题，通过科学的研究，在实践中发展马克思主义，并以此来回答反马克思主义的挑战，而非仅仅为了纯理论的批判与驳斥。

在世界范围内，资本主义与社会主义两种制度并存斗争的局面将会长期存在。社会主义代替资本主义的历史趋势不会改变，但这种代替取决于多种因素，是一个相当长的历史过程。社会存在决定社会意识，两种社会制度的长期并存决定了社会主义思想体系与资本主义思想体系的斗争也必定是长期的。社会主义要发展，就一定要坚持以马克思主义为指导，把马克思主义的基本原理与本国的具体实践结合起来。资本主义要继续生存下去，也就会千方百计地发挥其思想体系的作用。而且这两种思想体系的斗争是相当复杂的，从世界观到人生观、价值观，从政治、法律观点到哲学、道德乃至社会生活的各个领域，资产阶级意识形态是无孔不入的。因此，坚持和扩大社会主义思想体系是十分艰巨的任务。这不仅取决于敢于并善于同资产阶级思想进行斗争，还取决于社会主义经济的巨大发展、政治的不断完善、文化的伟大进步、社会主义优越性的充分发挥。

历史和现实都告诉我们，马克思主义和反马克思主义的斗争是长期的和复杂的，是一个十分复杂的事情。我们必须采取科学的态度，不能简单化，不能把一般学术问题当作政治问题，不能把理论探讨中的失误和某些与马克思主义相悖的具体观点视为反马克思主义。在改革开放和建立社会主义市场经济体制的过程中，新的情况和新的问题不断出现，需要我们解放思想，勇于探索，善于创新，提出新的理论，这样在探索中就难免会出现一些偏颇的看法，但只要大方向是完善和发展社会主义制度，就应当鼓励，不能将其视为反马克思主义。在新的历史时期，有的人受教条主义的束缚，思想落后于形势，对改革开放的方针不理解，有抵触情绪，也不能将其视为反马克思主义。

那么究竟如何判断马克思主义与反马克思主义呢?

我们认为：第一，要坚持整体性观点。马克思主义是由一系列基本原理构成的严整的科学体系，而且是不断发展的。坚持马克思主义就是坚持它的不断发展的科学体系，坚持它的立场、观点、方法。所谓反马克思主义就是否定马克思主义科学体系和基本原理，否定马克思主义的立场、观点、方法。第二，要坚持实践的观点。马克思主义是在实践中产生并在实践中检验和发展的。坚持马克思主义就是要坚持实践是检验真理的标准，坚持把马克思主义与具体实践结合起来，使之不断向前发展。反马克思主义思潮不仅在理论上反对马克思主义科学体系和基本原理，而且在实践中从根本上反对社会主义革命和社会主义建设，否定世界工人阶级的革命斗争，损害工人阶级和广大劳动人民的根本利益。所以，我们讲的反马克思主义是从本质上讲的，而不是从枝节上观察，是指根本否定马克思主义、社会主义的倾向和观点，而不是指一般性的错误观点。

在现今的中国，划清马克思主义与反马克思主义的界限，归根结底要看是不是真心拥护和坚持贯彻邓小平理论。这是因为，这一理论是马列主义、毛泽东思想的继承和发展，是当代中国的马克思主义。

反马克思主义思潮的一个重要手法，是在马克思主义经典作家自身或经典作家之间制造分歧和对立。例如，制造“两个马克思”的对立，制造马克思与恩格斯的对立，制造列宁与马克思恩格斯的对立，制造毛泽东与马克思、恩格斯、列宁的对立，制造邓小平与毛泽东、列宁、马克思、恩格斯的对立，其用意在于贬低和曲解马克思主义，割裂马克思主义的科学体系，以达到从总体上反对马克思主义的目的。

应当说明，对上述这五个关系问题，我国理论工作者在看法上也存在着分歧，这是在探讨其内在联系和发展阶段中出现的分歧，属于学术问题，可以通过自由的学术研究和讨论逐步取得一致。国外一些马克思主义者对上述一些关系的理解与我们也有分歧。有些国外马克思主义者对马克思主义有曲解，他们片面强调马克思主义理论体系的某些方面，忽视或否定另一些方面。但这些仍然属于对马克思主义的认识问题。

当前反马克思主义思潮，主要是宣扬马克思主义“过时论”，否认马克思主义意识形态的主体地位。

马克思主义“过时论”，就是借口时代的变化，否定马克思主义的普遍真理，否定马克思主义的科学性。这是一种国际性的思潮。早在20世纪60年代初，美国实用主义哲学家杜威就认为：马克思主义在它宣称是科学的问题上已经“过时了”。法兰克福学派的理论家，从新技术革命与当代资本主义发生的变化出发，断言马克思主义的劳动价值论已失去应用前提。在我国也有人鼓吹马克思主义“过时论”，说“马克思主义是19世纪创立的学说，今天早已过时”，提出要用“马克思主义理论体系的新形态”取代马克思主义的经典理论，甚至提出要“弃之如臭抹布”。这种思潮不是鉴于时代的变化而用新的理论丰富和发展马克思主义，而是从根本上抛弃马克思主义。事实上，马克思主义是打不倒也抛弃不了的。因为马克思主义是发展的学说，是经过长期实践检验的真理。100 多年的实践证明，它的个别观点、个别原理会失效，但它的基本原理不会过时，而是随实践的发展而不断丰富和完善。

与马克思主义“过时论”相呼应，有的人否定马克思主义意识形态的主体地位。众所周知，马克思主义是指导社会主义事业的理论基础，否定马克思主义意识形态的主体地位，就是否定马列主义、毛泽东思想和邓小平理论对我国社会主义革命和建设的根本指导作用。西方敌对势力对社会主义国家搞“和平演变”正是以意识形态为突破口的。它们把意识形态作为一种“超级武器”，认为“经济力量和意识形态的号召力”，在对社会主义国家进行“和平演变”中“将起决定作用”。近年来，在我国出现了一种“消解”马克思主义意识形态的论调，主张“疏离”主流意识形态，即“疏离”马克思主义。用什么来“消解”和“疏离”？有人认为大众文化“是一种潜移默化的力量”，“可以消解正统意识形态”。用什么来取代呢？有人主张西方的“后现代观念，在现代的中国，有瓦解、解构正统意识形态的作用”。还有人主张“儒学成为中华民族精神世界的主要成分”。这些观点显然不是一般的学术观点，而是要改变指导我们思想的理论基础。毫无疑问，我们在发展马克思主义意识形态中，要批判地吸取中国传统文化和西方现代文化中有价值的积极成果，要走马克思主义中国化的道路，但绝不能否定马克思主义在社会意识形态中的主体地位。因为正如马克思所指出的，占统治地位的思想，是统治阶级的思想，各个时代都是如此。马克思主义是工人阶级的世界观，是维系社会主义制度存在和发展的精神支柱，在任何时候都必须坚持这一科学世界观，都不能动摇这个精神支柱。

在中国，20 世纪 70 年代后期以来，资产阶级自由化思潮几度泛起，也是同国际上反马克思主义、反社会主义思潮紧密联系在一起的。这种思潮的实质在于否定四项基本原则，反对社会主义制度。邓小平曾多次提出，在新的历史时期我们必须坚持四项基本原则，旗帜鲜明地反对资产阶级自由化思潮。四项基本原则是我们立国之本，改革开放是我们强国之路，两者是有机统一的，绝不能把两者对立起来。有的人不喜欢社会主义制度，进而反对社会主义制度。特别是在东欧、苏联发生剧变，世界社会主义运动遭受严重挫折之后，国际敌对势力弹冠相庆，叫嚣社会主义“大失败”，攻击俄国十月革命犯了“原罪”，等等。在我国也有人宣称共产主义是“乌托邦”，说“科学社会主义，在中国人民心目中破了产”。一时之间，“社会主义破产论”甚嚣尘上。他们把社会主义诬为“乌托邦”，不是出于对马克思主义的不理解，而是蓄意的攻击。有的人把马克思恩格斯关于未来社会主义的一些论断、原则当成不变的公式和教条，用以裁剪现实，当他们发现这些原则不符合当前的实践，便认为科学社会主义是空想。这种认识主要是教条主义的思想方法造成的。而反马克思主义者攻击社会主义是空想，则是从根本上否定社会主义。

搞资产阶级自由化的人，为了反对社会主义，必然否定共产党的领导，否定无产阶级专政，否定马克思主义，否定社会主义，以所谓“思想自由化”“政治多元化”为幌子，企图破坏社会主义的改革开放和现代化建设事业。邓小平在1986年就明确指出：“搞资产阶级自由化，否定党的领导，十亿人民没有凝聚的中心，党也就丧失了战斗力，那样的党连个群众团体也不如了，怎么领导人民搞建设?”① 所以，他提出要旗帜鲜明地反对资产阶级自由化。1992年，他再一次强调：“在整个改革开放的过程中，必须始终注意坚持四项基本原则。十二届六中全会我提出反对资产阶级自由化还要搞二十年，现在看起来还不止二十年。资产阶级自由化泛滥，后果极其严重。”② 对此，我们应当予以高度重视。

还有人宣扬所谓“告别革命”，否定无产阶级与人民革命斗争的历史。这是一种以学术研究为幌子，用歪曲历史、攻击现实的手法来反对马克思主义的思潮。近几年来，在“非意识形态化”的旗号下，对旧民主主义革命、新民主主义革命乃至一般革命的非历史的批评，正与海内外文化保守主义相唱和。作为这种文化保守主义的滋生土壤，现实生活中的种种难题和精神困惑，正被某些人巧妙地用来证伪革命，证伪自五四运动以来传入中国的马克思主义的根据。有的人重新翻开中国近代的历史，提出了“反对激进主义、告别革命”的主张，革命在他们的字典里成了贬义词。他们

① 邓小平．邓小平文选：第3卷．北京：人民出版社，1993：197.

② 同①379.

接受了一些外国学者的提法，把五四运动以来中国现代史的主题称为“救亡压倒启蒙”的双重变奏。由于所谓“救亡压倒启蒙”，所以封建主义复活，洪秀全从西方搬来的基督教，在其“中国化”中合乎规律地变成封建化，马克思主义在中国化过程中，也被本土的系统改造，失去原来的意义。因此，他们认为，中国近现代的一系列革命，包括从太平天国的革命斗争到中国人民不屈不挠的反帝运动，从孙中山领导的推翻封建清政府的辛亥革命到毛泽东领导的新民主主义革命和社会主义革命都是历史性的错误。这一系列的革命带来的不是民族振兴和社会进步，而是混乱、分裂、落后、贫困和深重的灾难。故此，由他们歪曲了的中国近百年的历史被用来作为证伪革命、证伪马克思主义的根据。这种虚伪的观点当然不是用历史虚无主义所能解释的，而是一种从根本上否定人民革命斗争的反马克思主义思潮。然而，中国近百年的革命历史是否定不了的，马克思主义在中国的实践中所取得的伟大胜利也是否定不了的。马克思主义与中国具体实践相结合已经实现了两次历史性飞跃，它所带来的是中国人民的解放和中华民族的振兴，而绝不是什么混乱和分裂。当前中国人民正在马列主义、毛泽东思想、邓小平理论指导下，艰苦奋斗，自力更生，为建设富强、民主、文明的社会主义现代化国家而努力，我们的目的一定要达到，也一定能达到。

反马克思主义思潮有种种表现，其实质在于从根本上否定马克思主义的科学世界观，否定马克思主义的科学理论体系，否定马克思主义作为党的指导思想的地位，其危害性是显而易见的。我们划清马克思主义同反马克思主义的界限，就是为了坚定不移地、始终不渝地把马克思主义作为党的指导思想。

（三）高举邓小平理论旗帜

在当今中国，划清马克思主义与反马克思主义的界限，归根结底要落实到牢固确立邓小平理论在全党的指导地位。因为邓小平理论是马克思列宁主义、毛泽东思想的继承和发展，是当代中国的马克思主义，是马克思主义在中国发展的新阶段。

党的十五大把邓小平建设有中国特色社会主义理论，明确表述为邓小平理论，并把马克思列宁主义、毛泽东思想、邓小平理论作为党的指导思想。这是党的十五大的历史性贡献。它保证我们党将始终沿着建设有中国特色社会主义道路胜利前进。江泽民同志在党的十五大报告中对邓小平理论做了深刻的论述，并有新的发展。我们应当认真学习，深刻领会，切实贯彻。

马克思主义是由一系列基本原理构成的科学体系。马克思主义随实践的发展而发展，它的科学体系也是不断发展的。江泽民同志在党的十五大报告中指出："在当代中国，马克思列宁主义、毛泽东思想、邓小平理论，是一脉相承的统一的科学体系。"① 这是一个十分重要的观点。我们讲坚持马克思主义就是坚持马克思主义科学体系，这个科学体系不仅包括马克思主义创始人的基本理论，也包括他们的后继者所发展了的马克思主义理论，如列宁主义、毛泽东思想、邓小平理论等，把它们割裂开来或对立起来，都是错误的。同时，马克思主义作为一个整体，它的各个发展阶段的理论也是一个严整的科学体系。邓小平理论在新的条件下科学地把握社会主义本质，第一次比较系统地初步回答了中国这样的经济文化比较落后的国家如何建设社会主义、如何巩固和发展社会主义的一系列基本问题，因而形成了自身的严整科学体系。这一理论的内容是极其丰富和深刻的，它在马克思主义哲学、经济学、政治学以及党的建设学说等广泛领域中都有新的创造，在社会主义发展道路、发展阶段、根本任务、发展动力、外部条件、政治保证、战略步骤、领导力量和依靠力量、祖国统一等重大问题上，形成了一系列相互联系的基本观点，构成了一个完整的科学体系。在这个理论的科学体系中，解放思想、实事求是是精髓，它贯穿于邓小平理论创立和发展的全过程，渗透在邓小平理论的全部内容中。从根本意义上说，邓小平理论对马列主义、毛泽东思想的丰富和发展，源于精髓理论的丰富和发展。邓小平在新时期的理论创造，就是从哲学世界观的高度开始的。我们要把握邓小平理论的精神实质，坚持邓小平理论的科学体系，首

---

① 江泽民．江泽民文选：第2卷．北京：人民出版社，2006：12.

先就要掌握解放思想、实事求是这一精髓，全面领会其理论的内在联系，并在实践中创造性地加以运用。

马克思主义作为统一的科学体系，经历了一系列发展阶段。迄今为止，主要有马克思恩格斯创立并发展理论阶段、列宁主义阶段、毛泽东思想阶段、邓小平理论阶段。邓小平理论是在总结历史经验、把握时代特征、正确认识国情、重新认识社会主义及其发展规律的基础上逐步创立和发展的。邓小平理论成为马克思主义在中国发展的新阶段，扼要地说，有以下几点根据：

第一，这一理论以实践唯物主义世界观开启了新的思想解放运动。在解放思想、实事求是的思想路线指引下，破除教条主义和陈旧观念的束缚，充分发挥人民群众的创造精神，集中群众的智慧，开辟了马克思主义的新境界。

第二，把握时代的主题，坚持马克思主义基本原理同中国具体实践相结合，创立了关于社会主义建设的一系列新的理论。特别是社会主义本质理论、社会主义初级阶段理论、社会主义改革开放理论、社会主义市场经济理论，是对马克思主义的重大发展，并指引我国的社会主义建设事业蓬勃发展。

第三，适应社会主义现代化建设的要求，着力于解放生产力和发展生产力，开创了社会主义改革开放的新时期，建立了新的社会主义改革观，使我国的社会主义事业充满生机和活力。

第四，尊重实践，掌握社会主义建设的客观规律，按辩证法办事，正确处理改革、发展、稳定的关系，以及其他带全局性的关系，开创了经济发展与社会全面进步的新局面。

第五，立足现实，面向未来，抓住机遇，加快发展，确立了社会主义现代化建设“三步走”的新的发展战略，指导全党和全国人民为其实现而努力奋斗。

第六，把高度的原则性和高度的灵活性统一起来，提出了“一国两制”的伟大构想，开辟了完成祖国和平统一大业的新途径。

第七，从根本意义上讲，邓小平理论的创立，解决了如何坚持和发展马克思主义这个重大问题，开辟了在新的历史条件下认识真理、发展真理的广阔道路。

总之，邓小平理论对马列主义、毛泽东思想的发展是系统的、全面的，它是关于社会主义运动过程中一个相当长的历史阶段——社会主义建设阶段的基本理论，是我国社会主义建设的强大思想武器，对世界社会主义运动也有重要意义。

江泽民同志在党的十五大报告中指出："实践证明，作为毛泽东思想的继承和发展的邓小平理论，是指导中国人民在改革开放中胜利实现社会主义现代化的正确理论。在当代中国，只有把马克思主义同当代中国实践和时代特征结合起来的邓小平理论，而没有别的理论能够解决社会主义的前途和命运问题。"① 当前，社会主义事业既面临新的挑战，也面临新的机遇，为了国家的富强和民族的振兴，我们要深刻领会和全面贯彻党的十五大精神，高举邓小平理论的伟大旗帜，把建设有中国特色社会主义事业全面推向 21 世纪。

高举邓小平理论旗帜，就要懂得旗帜问题至关重要。旗帜指引方向，旗帜显示形象，旗帜凝聚力量。我们党高举毛泽东思想的伟大旗帜，克服重重困难，取得了民主革命和社会主义革命的胜利。高举邓小平理论伟大旗帜是时代的要求、人民的愿望，它将指引我们从胜利走向胜利。

高举邓小平理论旗帜，就要认真学习邓小平理论，用这个理论所体现的立场、观点、方法观察和分析问题；分清什么是马克思主义，什么是非马克思主义和反马克思主义；分清什么是真理，什么是谬论；提高政治鉴别力和政治敏锐性，提高贯彻执行党的路线方针的自觉性。

高举邓小平理论旗帜，就要把这一理论付诸实践，指导社会主义建设和改革，坚决贯彻执行党在社会主义初级阶段的基本路线。我国社会的各条战线、各个领域都要以邓小平理论为指针，密切联系实际，创造性地开展工作，不断解决实践提出的新问题。

高举邓小平理论旗帜，各级领导干部要起好模范带头作用，要旗帜鲜

---

① 江泽民．江泽民文选：第 2 卷．北京：人民出版社，2006：9.

明，立场坚定，善于排除“左”和右的干扰，特别要防止“左”。要带头在全党营造认真学习的风气、民主讨论的风气、积极探索的风气、求真务实的风气。努力提高马克思主义理论水平和解决实际问题的能力，在改造客观世界的同时改造主观世界，真正做到全心全意为人民服务，为建设有中国特色社会主义做出应有的贡献。

第十四章　学习研究和宣传习近平总书记系列重要讲话精神

2012年，我们党召开了第十八次全国代表大会，我一如既往地认真学习了胡锦涛同志在大会上做的政治报告，认真学习了习近平总书记在第十八届中央政治局常委与中外记者见面时的发表的重要讲话，其中讲到的“人民对美好生活的向往，就是我们的奋斗目标”使我深受感动。这简短的十几个字，生动地体现了党的总书记深厚的爱民情怀、务实风格和担当精神。随后，我又学习了习近平总书记其他一系列重要讲话，深感他的讲话具有强大的感召力和吸引力。2013年，我患严重眼疾，读书写字都很困难，但仍然坚持不懈地学习习近平总书记系列重要讲话。到2014年，我已经阅读了《之江新语》《干在实处　走在前列》《习近平谈治国理政》等论著中的大部分文章，还阅读了中宣部组织编写的《习近平总书记系列重要讲话读本》。我认为，讲话中提出的许多新思想、新观点丰富和发展了中国特色社会主义理论体系。此后，凡是习近平总书记的重要讲话我都仔细阅读。在这个过程中，也写了一些心得体会，参加了省委和省委宣传部组织的学习习近平总书记系列重要讲话的座谈会和研讨会。我想，这几年还是有一些事情值得记载下来。在此，仅选择几件予以书写。

一、建议在高校思政课教学中贯彻习近平总书记系列重要讲话精神

马克思主义具有与时俱进的理论品质，高校的思政课教学及时贯彻党的理论创新成果是我们对大学生进行思想政治教育的一大优势，对于增强教学内容的科学性和教学的实效性具有重要意义。20 世纪 90 年代以来，我们实施了邓小平理论、“三个代表”重要思想、科学发展观的“三进”工作，取得了显著成效。我想到，应当及时把习近平总书记系列重要讲话精神贯彻到高校思政课教学之中。2014 年，中共云南省委高校工委陶晴副书记和宣传统战部桂正华部长、徐华副部长来我家看望我，在座的还有昆明理工大学马克思主义学院的王海云书记。座谈中，我建议组织一个课题组研究如何在教学中贯彻习近平总书记系列重要讲话精神。他们都深表赞同。经研究，该课题由云南省高等学校思想政治理论课教学研究会牵头实施，由我提出思政课贯彻习近平总书记系列重要讲话精神的总体要求，陈路负责撰写“马克思主义基本原理概论”课贯彻意见，王海云负责撰写“毛泽东思想和中国特色社会主义理论体系概论”课贯彻意见，张建国负责撰写“中国近现代史纲要”课贯彻意见，蒋红负责“思想道德修养与法律基础”课贯彻意见，阮金纯负责撰写“中国特色社会主义理论与实践研究”课贯彻意见，王威负责撰写“中国马克思主义与当代”课贯彻意见。

我提出的总体意见内容如下：

（一）高校思政课贯彻习近平总书记系列重要讲话精神的重要意义

党的十八大以来，习近平同志就坚持和发展中国特色社会主义、做好党和国家各项工作、实现中华民族伟大复兴的中国梦等重大问题发表了一系列重要讲话，提出了许多富有创见的新思想、新观点、新论断、新要求，为我们做好新形势下的各项工作提供了强大的思想武器。高等院校担

负着培养社会主义建设者和接班人的重要使命，全体师生必须认真学习和深刻领会习近平总书记系列重要讲话精神，并以讲话精神指导自己的思想和行动。

高校思政课是对大学生进行马克思主义理论教育的主渠道。我们党历来重视以党的理论创新成果武装青年学生。改革开放以来，高校思政课根据党中央的部署扎实开展，从邓小平理论“三进”到中国特色社会主义理论体系“三进”，显著增强了青年学生的理论自觉和理论自信。习近平总书记系列重要讲话是坚持和发展中国特色社会主义理论体系的最新成果，其内涵丰富、思想深邃、博大精深，贯穿着坚定信仰追求、历史担当意识、真挚为民情怀、务实思想作风、科学思想方法，闪耀着马克思主义真理光辉。

在各门思政课中学习贯彻习近平总书记系列重要讲话精神，对于大学生深刻理解讲话的精神实质，坚定中国特色社会主义信念，树立正确的世界观、人生观、价值观和共产主义远大理想，培育为人民服务的思想品德和理论联系实际的学风，践行社会主义核心价值观，都具有十分重要的意义。

学习习近平总书记系列重要讲话，要从整体上把握讲话精神实质，要把学习讲话精神同学习马克思列宁主义、毛泽东思想结合起来，同学习邓小平理论、“三个代表”重要思想、科学发展观结合起来，准确把握党的科学理论一脉相承又与时俱进的内在联系，增强对讲话精神的思想认同、理论认同、情感认同。

（二）高校思政课贯彻习近平总书记系列重要讲话精神的基本要求

由于高校思想政治理论课教材由国家统一编写，所以教师要在认真、全面吃透教材的基础上，实现由教材体系向教学体系的转化，并着力推进习近平总书记系列重要讲话精神进学生头脑的工作。为此，应遵循以下基本要求：

（1）认真学习，正确把握。全体师生都要认真学习习近平总书记系列重要讲话，准确把握讲话的主要内容及新思想、新观点、新论断。只有这样，才能做到言之有理、论之有据，使学生逐步理解习近平总书记系列重要讲话的精神实质。

（2）有机结合，突出重点。各门思政课都有其特定的教学要求和教学内容，在教学中要紧密结合各门课程的基本理论，阐明习近平总书记系列重要讲话的有关思想观点。同时，要突出重点，加深理解，避免面面俱到。

（3）联系实际，启发思考。习近平总书记系列重要讲话，具有深刻的理论性和鲜明的实践性。在教学中，要联系学生的思想实际和社会生活实际进行科学分析，启发学生思维，引导学生思考，努力做到使习近平总书记系列重要讲话精神进入学生头脑。

（4）内化于心，注重实效。学习的目的全在于运用，运用之要在于内化于心。要通过教学使习近平总书记系列重要讲话精神转化为学生的思想认识，并用以指导自己的行动。内化于心非一朝一夕之功，必须持之以恒，孜孜以求，反复学习，反复体会。

（三）高校思政课贯彻习近平总书记系列重要讲话精神的主要内容

习近平同志的讲话内容十分丰富，并将随着实践的发展而发展。中央有关领导同志曾经从八个方面对习近平同志系列重要讲话精神做了阐述。

（1）关于坚持和发展中国特色社会主义的重要论述。中国特色社会主义是党和人民长期实践取得的根本成就，是当代中国发展进步的方向，只有社会主义才能救中国，只有中国特色社会主义才能发展中国。习近平指出："中国特色社会主义，是科学社会主义理论逻辑和中国社会发展历史逻辑的辩证统一，是根植于中国大地、反映中国人民意愿、适应中国和时代发展进步要求的科学社会主义"①。他还强调，"我们党领导人民进行社会主义建设，有改革开放前和改革开放后两个历史时期，这是两个相互联系又有重大区别的时期，但本质上都是我们党领导人民进行社会主义建设的实践探索。中国特色社会主义是在改革开放历史新时期开创的，但也是

① 习近平．习近平谈治国理政．北京：外文出版社，2014：21.

在新中国已经建立起社会主义基本制度、并进行了20多年建设的基础上开创的。虽然这两个历史时期在进行社会主义建设的思想指导、方针政策、实际工作上有很大差别，但两者决不是彼此割裂的，更不是根本对立的。不能用改革开放后的历史时期否定改革开放前的历史时期，也不能用改革开放前的历史时期否定改革开放后的历史时期。”①

（2）关于实现中华民族伟大复兴中国梦的重要论述。习近平根据近代以来中华民族发展的历程，提出了实现中华民族伟大复兴的中国梦。他指出，中国梦“凝聚了几代中国人的夙愿，体现了中华民族和中国人民的整体利益，是每一个中华儿女的共同期盼”②。“中国梦是国家的、民族的，也是每一个中国人的。”③“实现中华民族伟大复兴的中国梦，就是要实现国家富强、民族振兴、人民幸福”④。习近平还强调，实现中国梦必须走中国道路，必须弘扬中国精神，必须凝聚中国力量⑤，“空谈误国，实干兴邦”⑥。

（3）关于全面深化改革的重要论述。习近平指出，“改革开放是当代中国发展进步的活力之源，是我们党和人民大踏步赶上时代前进步伐的重要法宝”⑦，“改革开放只有进行时没有完成时”⑧。“坚持把完善和发展中国特色社会主义制度，推进国家治理体系和治理能力现代化作为全面深化改革的总目标。”⑨“以促进社会公平正义、增进人民福祉为出发点和落脚点。”⑩

（4）关于推动科学发展的重要论述。习近平指出，要“坚持以科学发展为主题、以加快转变经济发展方式为主线，按照稳中求进的工作总基

① 习近平．习近平谈治国理政．北京：外文出版社，2014：22-23.

② 同①36.

③ 同①49.

④ 习近平．出席第三届核安全峰会并访问欧洲四国和联合国教科文组织总部、欧盟总部时的演讲．北京：人民出版社，2014：16.

⑤ 同①39-40.

⑥ 同①44.

⑦ 中共中央文献研究室．习近平关于全面深化改革论述摘编．北京：中央文献出版社，2014：3.

⑧ 同①69.

⑨ 同①90.

⑩ 同①95.

调，及时加强和改善宏观调控”①，“发展社会主义市场经济，既要发挥市场作用，也要发挥政府作用，但市场作用和政府作用的职能是不同的”②。要“加快从要素驱动、投资规模驱动发展为主向以创新驱动发展为主的转变”③，要“把生态文明建设融入经济建设、政治建设、文化建设、社会建设各方面和全过程”④。

（5）关于社会主义民主政治和依法治国的重要论述。人民民主是我们党始终高扬的旗帜，社会主义政治文明是我们党始终不渝的追求。习近平指出：“坚持中国特色社会主义政治发展道路，关键是要坚持党的领导、人民当家作主、依法治国有机统一，以保证人民当家作主为根本，以增强党和国家活力、调动人民积极性为目标，扩大社会主义民主，发展社会主义政治文明。”⑤ 他还强调：“宪法是国家的根本法，是治国安邦的总章程，具有最高的法律地位、法律权威、法律效力，具有根本性、全局性、稳定性、长期性。”⑥ “依法治国，首先是依宪治国；依法执政，关键是依宪执政。”⑦ 他指出，要“全面推进科学立法、严格执法、公正司法、全民守法，坚持依法治国、依法执政、依法行政共同推进，坚持法治国家、法治政府、法治社会一体建设，不断开创依法治国新局面”⑧。

（6）关于宣传思想工作的重要论述。习近平指出，“经济建设是党的中心工作，意识形态工作是党的一项极端重要的工作。……宣传思想工作就是要巩固马克思主义在意识形态领域的指导地位，巩固全党全国人民团结奋斗的共同思想基础。”⑨ “要深入开展中国特色社会主义宣传教育，……要加强社会主义核心价值体系建设，积极培育和践行社会主义核心价值观，……党性和人民性从来都是一致的、统一的。……要旗帜鲜明坚持党

---

① 习近平. 习近平谈治国理政. 北京：外文出版社，2014：111.
② 同①77.
③ 同①120.
④ 同①211-212.
⑤ 同①139.
⑥ 同①138.
⑦ 同①141.
⑧ 同①144.
⑨ 同①153.

性原则。……要树立以人民为中心的工作导向”①。

（7）关于国际关系和我国外交战略的重要论述。习近平指出：“这个世界，各国相互联系、相互依存的程度空前加深，人类生活在同一个地球村里，生活在历史和现实交汇的同一个时空里，越来越成为你中有我、我中有你的命运共同体。”②“中国走和平发展道路，不是权宜之计，更不是外交辞令，而是从历史、现实、未来的客观判断中得出的结论，是思想自信和实践自觉的有机统一。和平发展道路对中国有利、对世界有利，我们想不出有任何理由不坚持这条被实践证明是走得通的道路。”③他还提出，要“构建中美新型大国关系”④，要“坚持亲、诚、惠、容的周边外交理念”⑤，要推进“一带一路”建设。

（8）关于党的建设的重要论述。面对我们党肩负的繁重任务和面临的严重考验，习近平围绕党要管党、从严治党，从思想建设、组织建设、作风建设、反腐倡廉建设和制度建设等方面做了系统的论述。他指出，“理想信念就是共产党人精神上的‘钙’，没有理想信念，理想信念不坚定，精神上就会‘缺钙’，就会得‘软骨病’”⑥，要“严明党的纪律特别是政治纪律”⑦。他强调：“工作作风上的问题绝对不是小事，如果不坚决纠正不良风气，任其发展下去，就会像一座无形的墙把我们党和人民群众隔开，我们党就会失去根基、失去血脉、失去力量。”⑧“反腐倡廉必须常抓不懈，拒腐防变必须警钟长鸣。……保持惩治腐败的高压态势，做到有案必查、有腐必惩，坚持‘老虎’、‘苍蝇’一起打，切实维护人民合法权益，努力做到干部清正、政府清廉、政治清明。”⑨

此外，习近平总书记的系列重要讲话，还有关于加强国防和军队建设

---

① 习近平．习近平谈治国理政．北京：外文出版社，2014：154.
② 同①272.
③ 同①267.
④ 同①279.
⑤ 同①296.
⑥ 同①15.
⑦ 同①376.
⑧ 同①387.
⑨ 同①392.

的重要论述、关于学习马克思主义的重要论述、关于马克思主义哲学的重要性以及唯物史观的基本原理的重要论述、关于毛泽东思想及其活的灵魂的重要论述、关于坚持马克思主义群众观和党的群众路线的重要论述、关于弘扬中华民族传统优秀文化的重要论述、关于世界文明的相互交流和相互借鉴的重要论述、关于对青年的鼓励和殷勤的期望的重要论述等。

中共中央宣传部编写了《习近平总书记系列重要讲话读本》。我们要认真地、全面地学习领会习近平同志系列重要讲话精神，并参照中宣部编写的《习近平总书记系列重要讲话读本》，在各门思政课教学中加以贯彻。

中共云南省委高校工委高度重视学习和贯彻习近平总书记系列重要讲话精神，要求各高校把中国特色社会主义理论体系的“三进”工作和贯彻学习习近平总书记系列重要讲话精神的工作作为整体认真实施。在实施过程中，要发挥思想政治理论课的主渠道作用。

思想政治理论课教师要做到守土有责、守土尽责；同时，还要发挥好党团组织、哲学社会科学课教师、辅导员和班主任、学生社团组织的重要作用，形成强大合力，以期取得良好效果。

经过一段时间的研究，课题组圆满完成了任务，形成了高校思政课各门课程贯彻习近平总书记系列重要讲话精神的教学建议，并上报了省委高校工委，由省委高校工委发文至全省高校参照执行。

二、撰写论文《群众路线是社会主义民主政治的根本路线》

2013 年，云南省委连续召开了两次群众路线与民主政治建设的研讨会。第一次是省内的专家学者进行研讨，第二次是省委邀请中共中央党校、中国社会科学院等单位的专家学者来昆明一同研讨，主要是讨论党的群众路线对于民主政治建设的重要性以及在民主政治建设中如何贯彻党的群众观点和群众路线。我在两次会议上都发了言并写成了文章，刊登在了《云南日报》上，内容如下：

（一）群众路线与人民民主在本质上是统一的

群众路线是群众观点在实践中的创造性运用，群众观点是辩证唯物主义和历史唯物主义的基本观点。马克思拨开社会历史的重重迷雾，抹去蒙在社会历史表层的厚厚尘埃，从社会存在决定社会意识的基本前提出发，认为社会历史在根本上是物质资料生产发展的历史，从而提出从事物质资料生产的人民群众是历史发展的决定力量的群众史观。人民群众是一个历史范畴，在不同的国家、不同的历史时期、不同的历史条件下，有着不同的具体内容。但是，无论在何种条件下，人民群众都是历史的创造者。人民群众不仅是社会物质财富和精神财富的创造者，而且是社会变革的力量。在阶级社会里，生产关系的变革和社会制度的更替，都是通过人民群众推翻旧的反动统治阶级的社会革命来实现的。

中国共产党以辩证唯物主义和历史唯物主义为指导，逐步形成了正确处理党同人民群众之间关系的群众观点和群众路线。群众路线是我们党的优良传统和作风，是取得革命和建设胜利的法宝，是我们党从事一切活动的根本路线。党的群众路线的基本内容就是“一切为了群众，一切依靠群众，从群众中来，到群众中去”，坚持党的群众观点和群众路线，是我们党永葆生机与活力的源泉。

群众路线与人民民主不可分割地联系在一起。民主属于上层建筑，具有阶级性。民主这个概念，一开始就是与权力和统治联系在一起的。人民民主的实质就是人民群众真正成为社会历史的主体，真正成为自己国家的主人，真正行使管理国家的权力，真正体现人民群众是历史的创造者。在马克思主义民主观的视野中，人民民主、人民主权，不是抽象的伦理概念，也不能仅仅停留在法律条文上，而必须实现于社会政治实践的现实中。这就是人民自己创立国家，自己建设国家，自己监督国家，拥有对国家的经济、政治、文化、社会的管理权力。从这里可以发现，在社会历史主体、社会历史的创造者、人民主权、人民利益等问题上，群众路线与人民民主具有高度的一致性，可以说群众路线在本质上就是人民民主路线。中国革命的实践表明，群众路线是实现人民民主的根本路线，人民民主政权的建立是中国共产党实行群众路线的历史必然。所以，群众路线成为毛泽东思想活的灵魂的重要内容。

(二) 人民民主的历史性跨越

人民民主是有史以来人民大众的愿望和追求。欧洲文艺复兴运动时期，资产阶级高举民主、自由、人权的旗帜，为资产阶级革命准备了思想理论条件。资产阶级革命的胜利，开辟了资产阶级民主的新道路，这是民主发展进程中的光辉实践。但是，资产阶级民主的阶级局限性是显而易见的，它不是真正的人民民主，只是资产阶级的民主。

鸦片战争以来，中国逐步沦为半殖民地半封建社会，广大群众处于水深火热之中，毫无民主自由可言。为了改变中国的命运，争取民族独立和人民的解放，中国人民进行了艰苦的斗争。孙中山先生以“民族、民权、民生”的三民主义为政治纲领，反映了人民的愿望。他领导的辛亥革命，结束了统治中国人民几千年的封建专制制度，对推动中国进步具有重大意义，但辛亥革命未能改变中国半殖民地半封建的社会性质。五四运动开启了中国人民觉醒的新征程。中国共产党依靠人民，团结一切可以团结的力量，进行了长期的英勇奋斗，推翻了压在中国人民头上的三座大山，建立了中华人民共和国，进而建立了崭新的社会主义民主制度，广大人民群众真正成为新中国的主人。

社会主义民主制度是人民的选择、历史的选择。中国人民在实践中认识到，照搬西方民主制度是一条走不通的道路。我国从自己的国情出发，从社会主义建设的需要出发，从保障最广大人民群众的利益出发，建立了人民民主专政的国家政权。我们建立了人民代表大会制度、中国共产党领导的多党合作和政治协商制度、民族区域自治制度等。人民代表大会制度是人民当家作主的根本途径和最高实现形式，也是党在国家政权中充分发扬民主、贯彻群众路线的最好形式。人民通过人民代表大会把国家民族的前途命运牢牢掌握在自己手中，共同致力于建设社会主义的伟大国家，致力于中华民族的伟大复兴。中国共产党领导的多党合作和政治协商制度是中国特色社会主义的政党制度，执政的中国共产党与参政的民主党派不是互相竞争的关系，而是长期共存、互相监督、肝胆相照、荣辱与共，这一制度使各方的力量和作用得到最大限度的整合和发挥，各方的利益得到最高限度的实现。民族区域自治制度，是我国实现民族平等、保障少数民族权利的重要政治制度，不仅保证各民族不论大小都享有平等的经济、政治、文化和社会权益，而且使各民族共同维护国家的统一和民族团结，实现共同发展和共同繁荣。

（三）弘扬群众路线优良传统，推进中国特色社会主义民主政治

党的十一届三中全会重新确立了党的实事求是的思想路线，逐步形成了中国特色社会主义理论，中国特色社会主义民主政治建设是这一理论体系中的重要内容。在建设中国特色社会主义民主政治的过程中，党的群众观点、群众路线与民主政治相辅相成、相互促进、相伴而行，都得到了丰富和发展。党的十三届六中全会将群众观点概括为六个方面的内容，指出"要牢固树立人民群众是历史的创造者的观点，向人民群众学习的观点，全心全意为人民服务的观点，干部的权力是人民赋予的观点，对党负责与对人民负责相一致的观点，党要依靠群众又要教育和引导群众前进的观点"。这是总结历史经验，结合执政党的任务和使命对群众观点的新的阐释，有着深远的指导意义。

与此同时，社会主义民主政治建设不断向前推进。党的十五大报告提出：推进政治体制改革，必须有利于增强党和国家的活力，保持和发挥社会主义制度的特点和优势，维护国家统一、民族团结和社会稳定，充分发挥人民群众的积极性，促进生产力发展和社会进步。这是指导我们中国特色社会主义民主政治建设的重要原则，也是评价我国民主政治的基本标准。

党的十六大、十七大相继对发展社会主义民主政治做了全面部署。党的十六大报告强调，推进政治体制改革要有利于增强党和国家的活力，发挥社会主义制度的特点和优势，充分调动人民群众的积极性创造性。党的十七大报告指出，人民当家作主是社会主义民主政治的本质和核心；必须

以保障人民当家作主为根本，以增强党和国家的活力、调动人民积极性为目标，扩大社会主义民主，建设社会主义法治国家，发展社会主义政治文明。

党的十八大进一步提出，建设社会主义民主政治，要更加注重改进党的领导方式和执政方式，保证党领导人民有效治理国家；更加注重健全民主制度、丰富民主形式，保证人民依法实行民主选举、民主决策、民主管理、民主监督；更加注重发挥法治在国家治理和社会管理中的重要作用，维护国家法制统一、尊严、权威，保证人民依法享有广泛权利和自由。

上述这些思想都体现了群众路线与民主政治的有机统一，表明群众路线是推进中国特色社会主义民主政治建设的根本路线。

十八大以后，以习近平同志为核心的党中央在新的历史条件下，坚持人民群众是历史的创造者、是真正的英雄的重要思想观点，在全党开展群众路线教育实践活动，中央政治局以身作则、率先垂范，要求全党特别是各级领导务必做到为民、务实、清廉，深得党心民心。

实践表明，改革开放以来我们的社会主义民主政治建设所取得的重大成就，是同实行群众路线密不可分的。我们应当把握两者的有机统一，弘扬群众路线的优良传统，扎实有效地开展群众路线教育实践活动，增强党和国家的生机活力，发展社会主义政治文明，建设富强、民主、文明、和谐的社会主义现代化国家。

三、参与完成“习近平对马克思主义哲学的实践把握和理论创新”重大课题的研究

这个课题的研究源于一次学习心得的交流。2014 年我到省委宣传部去办事，适逢赵金部长在办公室工作。我临时想到去向他汇报一下学习习近平总书记系列重要讲话的体会。经联系，他欣然同意。我向他谈了几点想法。我感到：第一，习近平总书记十分重视马克思主义哲学，他亲自主持

中央政治局学习历史唯物主义和辩证唯物主义的基本原理，这在党的历史上是很少见的。他还提出，领导干部要努力把马克思主义哲学作为自己的看家本领，切实解决好世界观、人生观、价值观这个“总开关”问题。第二，习近平总书记系列重要讲话，充满着深刻的哲理性和鲜明的时代性，蕴含着丰富的辩证唯物主义和历史唯物主义的思想，形成了一系列治国理政的哲学思想。例如，他对中国近现代历史的哲学思考，对中国特色社会主义理论体系的哲学分析，以及党的群众路线教育实践活动与全面建成小康社会、全面深化改革、全面依法治国、全面从严治党、生态文明建设、国际关系和外交政策等都蕴含着深刻的哲学思想。第三，习近平总书记在治国理政的实践中，善于创造性地运用马克思主义哲学世界观和方法论指导工作。根据这些体会，我建议省委宣传部设立一个课题，深入研究习近平总书记系列重要讲话中的哲学思想。

赵部长说，学习研究宣传习近平总书记系列重要讲话精神，是宣传部的长期的重要政治任务，研究习近平总书记系列重要讲话的哲学思想是一个意义十分重大的课题，省委宣传部已经把它作为一个重要课题，并组建了一个课题组，希望我发挥重要作用。他认为，习近平总书记不仅十分重视马克思主义哲学的学习与研究，而且对马克思主义哲学的基本原理有着深刻的理解。习近平总书记系列重要讲话蕴含着深刻的辩证唯物主义和历史唯物主义的思想，在治党治国治军新的实践中创造性地发展了马克思主义。习近平总书记在主持中央政治局学习历史唯物主义和辩证唯物主义时的讲话，系统地阐明了马克思主义哲学的基本观点。习近平总书记系列重要讲话中蕴含着他深刻的哲学思想。赵部长还认为，习近平总书记具有深邃的理论思维，提出的战略思维、历史思维、辩证思维、创新思维、底线思维具有重要的世界观和方法论意义。省委宣传部已经把这个课题作为今年的重点课题进行研究。

经过近两个小时的交谈，我们初步提出了十来个问题，并将其作为研究的主要内容。

随后，他具体指导省委宣传部研究室拟出了研究的思路、提纲和创新的方向，并且确定了由省委宣传部研究室、理论处和省委党校、昆明理工大学、省社科院、云南大学、云南民族大学等 10 多位同志组成的课题组。在此基础上，由赵金同志主持召开了课题开题会和研讨会，认真讨论了课题的研究提纲，初步确定了 13 个专题，并进行了分工。这 13 个专题是：第一专题，“马克思主义哲学是领导干部的看家本领”，由赵金负责；第二专题，“中华民族伟大复兴中国梦的哲学基础”，由张建国、王威负责；第三专题，“对中国特色社会主义的哲学分析”，由向翔负责；第四专题，“习近平总书记全面深化改革论述的哲学思想”，由黄小军负责；第五专题，“坚持和发展马克思主义群众观和党的群众路线”，由王志等负责；第六专题，“继承和弘扬中华优秀传统文化”，由张巨成负责；第七专题，“大力推进生态文明建设的哲学意蕴”，由韩跃红负责；第八专题，“国际关系和我国外交战略中的哲学思想”，由樊勇负责；第九专题，“做好宣传思想工作的哲学智慧”，由字振华和研究室的同志负责；第十专题，“习近平总书记社会主义民主政治和依法治国重要论述蕴含的哲学思想”，由吴莹负责；第十一专题，“‘四个全面’辩证统一的战略思维”，由欧黎明负责；第十二专题，“解决民族问题的求真与务实”，由陈国新负责；第十三专题，“学习习近平总书记的崇高思想、理论思维和实践品格”，由赵金、王展飞负责。

会上，赵金同志提出了明确要求。第一，要系统全面地学习习近平总书记系列重要讲话；第二，要深入研究各专题中蕴含的哲学思想；第三，要认真思考习近平总书记在治国理政中对马克思主义哲学的创造性运用。总之，要从哲学层面研究习近平总书记的系列重要讲话，拿出高质量的研究成果。

经过三个多月的潜心研究，各专题提交了初步成果。随后，在赵金同志的具体指导下，由王展飞、向翔、陈国新、张建国组成的统稿小组进行了三次统稿。省委宣传部研究室的苏学顺、陈文丽和昆明理工大学的王威也参加了统稿工作。在统稿中，对各专题的成果或由作者本人或由统稿小组进行了多次修改，每次统稿都向赵金同志做了汇报，听取了他的指导意见。第二次统稿后，赵金同志提出，要适当精简专题的数量，调整专题的结构，以十个专题左右为宜。为此，合并了三个专题，并将“学习习近平总书记的崇高思想、理论思维和实践品格”作为“绪论”。

在完成本课题的研究后，云南省社科规划办邀请有关专家进行了鉴定，得到了评审专家的高度评价，认为这是一个比较系统深刻地研究习近平总书记哲学思想的重要成果，对深入理解习近平总书记系列重要讲话精神、理解习近平总书记对马克思主义哲学的创造性运用具有重要的理论意义和实践意义。

四、学习习近平总书记在哲学社会科学工作座谈会上的讲话的体会

2016 年 5 月 17 日，中央召开了哲学社会科学工作座谈会，习近平总书记在座谈会上做了重要讲话。此后，云南省委也召开了学习贯彻习近平总书记“5·17”重要讲话精神的座谈会，我在会上谈了体会，写成了题为《学习“讲话”精神肩负历史使命》的文章，内容如下：

习近平总书记在哲学社会科学座谈会上的讲话，视野广阔、思想深邃、内容丰富、观点新颖，具有鲜明的时代性和深刻的哲理性。在此，仅谈一点初步体会。

（一）以全球视野和历史思维看待哲学社会科学的重要性

习近平同志开篇明义地指出：“一个没有发达的自然科学的国家不可能走在世界前列，一个没有繁荣的哲学社会科学的国家也不可能走在世界前列。”这是历史经验的总结，也是当今世界的认知。我们党历来重视哲学社会科学，毛泽东、邓小平、江泽民、胡锦涛等党的领导人都对哲学社会科学工作有一系列指示，阐发了许多重要思想，指导着我国哲学社会科学工作的开展。

当今世界形势发生了重大变化，经济交往更加密切，文化交流更加频繁，科技竞争十分激烈，文明互鉴逐步深化，社会思潮奔腾激荡，实力强盛的国家都想占据世界科技高峰，都力图把握思想文化的话语权和主动权。在新的历史条件下，习近平总书记的上述科学论断无疑具有世界性和时代性意义。

习近平同志还强调指出：“历史表明，社会大变革的时代，一定

是哲学社会科学大发展的时代。当代中国正经历着我国历史上最为广泛而深刻的社会变革，也正在进行着人类历史上最为宏大而独特的实践创新。”“这是一个需要理论而且一定能够产生理论的时代，这是一个需要思想而且一定能够产生思想的时代。”这是何等精彩、何等深刻的科学论断！回顾党的历史，1921年中国共产党成立后，中国人民展开了波澜壮阔的斗争，开启了中国社会伟大变革的征程。正是在这个过程中产生了毛泽东思想，它指导中国革命取得了伟大的胜利。在改革开放的新时期，又产生了邓小平理论、“三个代表”重要思想、科学发展观。党的十八大以来，以习近平同志为总书记的党中央善于领导、敢于担当、攻坚克难，把中国特色社会主义事业推进到一个新的阶段。习近平同志运筹帷幄，进行理论创新和实践创新，提出了一系列新思想、新观点、新论断，形成了新的理论，这就是中华民族伟大复兴的科学理论。这一理论是中国特色社会主义理论体系的最新成果，指引全党和全国人民为建设富强、民主、文明、和谐的社会主义现代化国家而奋斗。

（二）以坚定的文化自信和创新精神发展哲学社会科学

习近平同志在讲话中提出了文化自信的新概念。何谓文化自信？我认为，一个国家、一个民族对历史积淀的优秀传统文化的肯定和对现实创造的新文化的珍视以及发挥其重要作用，应当是文化自信的重要内容。我们的文化自信既包括对中华优秀传统文化的自信，也包括对社会主义新文化的自信。文化自信的要义在于弘扬以爱国主义为核心的民族精神和以改革创新为核心的时代精神。正是这种民族精神和时代精神的凝聚迸发出巨大的力量，推动着文明的发展和社会的进步。在当今中国，坚定文化自信应当体现在以下几个方面：一是坚持马克思主义在意识形态领域的指导地位；二是对中华传统文化进行创造性转化和创新性发展；三是建设社会主义先进文化；四是借鉴世界优秀文明成果；五是培育和践行社会主义核心价值观。

关于以创新精神发展哲学社会科学，习近平同志提出了一个十分重要的任务，就是要构建中国特色哲学社会科学。习近平同志在讲话中对中国特色哲学社会科学的科学内涵以及如何构建中国特色的哲学社会科学做了全面而深刻的论述。习近平同志指出："要按照立足中国、借鉴国外，挖掘历史、把握当代，关怀人类、面向未来的思路，着力构建中国特色哲学社会科学，在指导思想、学科体系、学术体系、话语体系等方面充分体现中国特色、中国风格、中国气派。"根据习近平同志讲话精神，我体会到，构建中国特色哲学社会科学一是要以马克思主义为指导。习近平同志指出，"坚持以马克思主义为指导，是当代中国哲学社会科学区别于其他哲学社会科学的根本标志"，只有坚持以马克思主义为指导，才能保证发展哲学社会科学的正确方向，才能发挥哲学社会科学的解释世界和改造世界的功能。二是要坚持以人民为中心的研究导向。三是要着力于"三个体现"，即体现继承性和民族性、体现原创性和时代性、体现系统性和专业性。

构建中国特色哲学社会科学是一个宏伟而艰巨的任务，是复杂的系统工程。我们要知难而上、勇于探索、勇于实践、勇于创造、努力前进。

（三）以满腔热情关怀和指导哲学社会科学人才队伍建设

习近平同志在讲话中对哲学社会科学工作者讲了很多感人肺腑、励人心志、催人奋进的话。他指出，要把哲学社会科学这支队伍关心好、培养好、使用好。"让广大哲学社会科学工作者成为先进思想的倡导者、学术研究的开拓者、社会风尚的引领者、党执政的坚定支持者。"他还深情地指出："一切有理想、有抱负的哲学社会科学工作者都应该立时代之潮头、通古今之变化、发思想之先声，积极为党和人民述学立论、建言献策，担负起历史赋予的光荣使命。"这体现了党对哲学社会科学工作者深情的关怀、殷切的期盼、崇高的要求、严肃的鞭策。我们一定要奋发有为，殚精竭虑，做出应有的贡献。

（四）弘扬优良传统、发挥优势，努力做好云南的哲学社会科学工作

我从事理论工作60多年，大部分时间在云南，与哲学社会科学相伴而生、相向而行，深知云南十分重视思想理论建设和哲学社会科学

工作，取得了丰硕成果和丰富经验；深知云南高校马克思主义理论教育颇具特色、成绩显著，云南理论界和高校对马克思主义理论研究和建设工程做出了令人欣慰、令人瞩目的重要贡献。我也知道云南一些特色学科曾跻身于全国前列。我们要充分发挥这些优势资源的作用，努力发展哲学社会科学。为此，提出几点具体建议：

一是建议省里研究和建立习近平理论研究中心或习近平中华民族伟大复兴理论研究中心；二是建立哲学社会科学咨询委员会，为党和政府献言献策；三是在云南高校建设马克思主义一级学科博士点，培养高水平的理论人才；四是加强对中青年哲学社会科学工作者的培养，造就一批学术领头人；五是振兴云南优势和特色学科，加强新兴学科的建设；六是认真贯彻习近平总书记讲话精神，制定求真务实的发展规划，推进云南哲学社会科学创新发展。

五、聆听习近平总书记在庆祝中国共产党成立95周年大会上的讲话的思考

2016年党的生日前夕，王威同志告诉我云南电视台将于7月1日采访我对习近平总书记在庆祝中国共产党成立95周年大会上的讲话的体会。作为一名共产党员，我十分高兴地表示同意。7月1日上午，电视台的同志来到了我家，一同聆听了习近平总书记的重要讲话。随即，我谈了一些粗浅的体会，主要有以下三层意思：

一是习近平总书记的重要讲话充分体现了对党的热爱，体现了对人民的忠诚，体现了对广大党员的殷切期盼。讲话充满着坚定的信仰追求、强烈的历史担当和长远的战略考量。

二是习近平总书记的重要讲话充满着历史的思考。他回顾了中国共产党成立95年来团结带领中国人民所走过的波澜壮阔的历史进程，深刻阐述了中国共产党对中华民族做出的“三个历史贡献”，实现了“三个伟大飞跃”。“三个历史贡献”和“三个伟大飞跃”对中华民族的历史、科学社会

主义运动的历史以及人类文明的历史产生了十分重大的影响。通过回顾历史，习近平总书记对中国共产党95年历史所昭示的规律、所形成的经验以及历史给我们的现实启示进行了高度总结，体现了中国共产党人高度的执政自信和历史自觉。

三是习近平总书记的全部讲话中贯穿了一条红线，就是不忘初心、继续前进。我体会，“不忘初心”表达了一种信念，即共产主义理想信念；表达了一个宗旨，即共产党人全心全意为人民服务的根本宗旨；表达了一种精神，即为共产主义事业艰苦奋斗、英勇牺牲的精神；表达了一种誓言，即入党时的誓言。“不忘初心”就是要铭记中国共产党是怎样成立的，是为什么成立的，中国人民是如何选择了中国共产党的；“不忘初心”就是要铭记中国共产党是如何紧紧依靠中国人民，克服艰难险阻取得了新民主主义革命和社会主义革命的伟大胜利的；“不忘初心”就是要铭记中国共产党如何在社会主义建设和改革中开辟了中国特色社会主义的光辉道路的。也就是像习近平总书记所说的：“要永远保持建党时中国共产党人的奋斗精神，永远保持对人民的赤子之心。一切向前走，都不能忘记走过的路；走得再远、走到再光辉的未来，也不能忘记走过的过去，不能忘记为什么出发。”①

“不忘初心”是为了更好地“继续前进”，也就是要续写好中国特色社会主义这篇大文章。面向未来，面对挑战，必须始终牢记中国共产党在团结带领人民进行革命、建设和改革伟大实践中形成的宝贵经验，坚持道路自信、理论自信、制度自信、文化自信，毫不动摇地坚持走中国特色社会主义道路，弘扬中国精神，凝聚中国力量，为实现中华民族伟大复兴的中国梦而努力奋斗。

习近平总书记的“七一”讲话的内容十分丰富，是一篇闪耀着马克思主义真理光辉的纲领性文献，在党的思想理论发展史上具有里程碑意义。讲话精神中蕴含的新思想、新观点、新论断，需要我们认真学习领会。

① 习近平．在庆祝中国共产党成立95周年大会上的讲话．人民日报，2016-07-02.

后　记

2016年9月，正当本书稿即将完成时，中共云南省委宣传部决定授予我“云岭楷模”称号。9月22日，云南电视台举行了“云岭楷模”发布会。发布会上宣读了中共云南省委宣传部的表彰决定，朗读了省诗词学会专家撰写的《破阵子·写王展飞教授》：“立志钻研马列，痴情真理传播。育种军营春雨润，高校耕耘硕果多。青春铁砚磨。放眼前程宽广，初心半寸未挪。展翅鲲鹏飞万里，更越峰峦凌碧波。红旗赋凯歌。”发布会上还赠送了省楹联学会专家撰写的《赞王展飞教授》楹联一副：“著论几多酬素志，育人无数见丹心。”

《云南日报》《春城晚报》先后发表署名文章指出，马克思主义哲学、马克思主义基本原理“在王展飞教授眼中，是一份长达60多年的热爱”，“投身马列理论研究是他60多年的执着”，称赞我“老骥伏枥，志在马列”，称我为“德高望重的老专家”“云南省理论界的一面旗帜”。此外，《云南教育：视界》以及新华网、中国新闻网、中国文明网、云南网等多家媒体也进行了报道。

对此，我感到非常欣慰，并要感谢马克思主义对我的哺育，感谢党和人民对我的教诲，感谢同志们对我的帮助。

图书在版编目（CIP）数据

亲历与思考：高校思想政治理论课建设与改革研究/王展飞著. —北京：中国人民大学出版社，2017.6

（高校马克思主义理论教学与研究文库）

ISBN 978-7-300-24448-8

Ⅰ.①亲… Ⅱ.①王… Ⅲ.①高等学校-思想政治教育-课程改革-研究-中国 Ⅳ.①G641

中国版本图书馆CIP数据核字（2017）第116090号

国家出版基金项目

高校马克思主义理论教学与研究文库

亲历与思考：高校思想政治理论课建设与改革研究

王展飞　著

出版发行	中国人民大学出版社		
社　　址	北京中关村大街31号	**邮政编码**	100080
电　　话	010－62511242（总编室）		010－62511770（质管部）
	010－82501766（邮购部）		010－62514148（门市部）
	010－62515195（发行公司）		010－62515275（盗版举报）
网　　址	http://www.crup.com.cn		
	http://www.ttrnet.com（人大教研网）		
经　　销	新华书店		
印　　刷	天津中印联印务有限公司		
规　　格	165 mm×230 mm　16开本	**版　　次**	2017年6月第1版
印　　张	31.25插页1	**印　　次**	2018年9月第2次印刷
字　　数	460 000	**定　　价**	98.00元